上海市公共管理一流学科项目资助
上海市I类高原学科公共管理学科资助

Ian Shapiro   Casiano Hacker-Cordón

DEMOCRACY'S EDGES

剑桥·公共安全管理译丛
吴新叶 主编

[美] 伊恩·夏皮罗　卡西亚诺·海克考登　主编

民主的边界

张熹珂　孟玫　译

中央编译出版社

图书在版编目(CIP)数据

民主的边界/(美)夏皮罗(Shapiro,I.)，(美)海克考登(Hacker-Cordón,C.)主编；
张熹珂译；孟玫译.—北京：中央编译出版社，2016.2
书名原文：DEMOCRACY'S EDGES
ISBN 978-7-5117-2178-5

Ⅰ.①民…
Ⅱ.①夏… ②海… ③张… ④孟…
Ⅲ.①民主-研究
Ⅳ.①D082

中国版本图书馆 CIP 数据核字(2015)第 302187 号

This is a Simplified Chinese translation of the following title(s) published by Cambridge University Press：
DEMOCRACY'S EDGES and ISBN:9780521643894
This Simplified Chinese edition for the People's Republic of China (excluding Hong Kong, Macau and Taiwan) is published by arrangement with the Press Syndicate of the University of Cambridge, Cambridge, United Kingdom.
© Cambridge University Press and Central Compilation and Translation Press 2014.
This edition is authorized for sale in the People's Republic of China (excluding Hong Kong, Macau and Taiwan) only. Unauthorised export of this translation edition is a violation of the Copyright Act. No part of this publication may be reproduced or distributed by any means, or stored in a database or retrieval system, without the prior written permission of Cambridge University Press and Central Compilation and Translation Press.

民主的边界

出 版 人：刘明清
责任编辑：盛菊艳
责任印制：尹 珺
出版发行：中央编译出版社
地　　址：北京西城区车公庄大街乙5号鸿儒大厦B座(100044)
电　　话：(010)52612345(总编室)　　(010)52612335(编辑室)
　　　　　(010)52612316(发行部)　　(010)52612315(网络销售)
　　　　　(010)52612346(馆配部)　　(010)55626985(读者服务部)
传　　真：(010)66515838
经　　销：全国新华书店
印　　刷：山东鸿君杰文化发展有限公司
开　　本：787毫米×1092毫米　1/16
字　　数：350千字
印　　张：24.75
版　　次：2016年9月第1版第2次印刷
定　　价：68.00元

网　　址：www.cctphome.com　　邮　　箱：cctp@cctphome.com
新浪微博：@中央编译出版社　　　微　　信：中央编译出版社(ID：cctphome)

本社常年法律顾问：北京市吴栾赵阎律师事务所律师　闫军　梁勤
凡有印装质量问题，本社负责调换。电话：010-55626985
此版本仅限在中华人民共和国国境内(不包括香港、澳门特别行政区及台湾省)销售。

民主的边界

民主的浪潮虽已席卷全球，但仍存有缺陷。共产主义运动的挫折，使得民主制度在世界上大部分地区都不再拥有势均力敌的竞争者。民主政治的灵活性，及其对于平等代表权的内在承诺，对于反对党之政治合法性的认可，这些都是不应被轻易忽视的制度特征。但民主仍有许多不足之处。它很容易被强大的利益集团所挟持；往往无法保护弱势群体，或以其他方式促进社会公平；并且不能很好地应对当前政治局势的若干特点。强烈的政治认同感、边界的划定与重新划定，以及全球环境问题等，均是当前最急需解决的问题之一。简而言之，虽然民主的价值毋庸置疑，但民主与许多其他政治价值观的相互适配实属不易，并且在很多方面尚未达到它所面临的需求。

在本卷（及其姊妹篇《民主的价值》）中，当今世界最著名的几位政治理论家和社会科学家们，对这些日趋紧迫而又令人深感棘手的主题进行了深入探讨。《民主的边界》一书思考的是民主政治研究中最经久不衰的问题之一：如何民主地构建民主政治的边界。而《民主的价值》一书则主要关注了民主的性质与价值，尤其关注民主与公正、平等、效率和自由等善行之间的张力问题。这两本著作为读者展现了当前民主理论研究领域顶尖水准的深入思考。

伊恩·夏皮罗是美国耶鲁大学政治学教授。他的著作主要涉及当代政治理论与社会理论,现阶段的研究重点则主要集中在民主理论方面。已出版的著作包括《自由理论中权利的演变》（*The Evolution of Rights in Liberal Theory*,1986）、《政治批判》（*Political Criticism*,1990）、《理性选择理论的病变》（*Pathologies of Rational Choice Theory*,1994,与唐纳德·格林合著）、《民主的场域》（*Democracy's Place*,1996），以及《民主正义》（*Democratic Justice*,1999）等。除此之外，他还参与编辑了一系列著作，其中包括自1992年以来陆续出版的NOMOS系列图书。

卡西亚诺·海克考登是耶鲁大学的博士研究生。他主要致力于当代政治哲学和社会理论的研究。

当代政治理论丛书

丛书主编：伊恩·夏皮罗

编辑委员会成员：拉塞尔·哈丁、斯蒂芬·霍尔姆斯、杰弗瑞·艾萨克、约翰·基恩、伊丽莎白·基斯、苏珊·穆勒·奥金、菲利普·范·派瑞尤斯、菲利普·佩蒂特

随着21世纪的来临，全新且重要的政治挑战已然出现，然而与此同时，政治社会最为持久的一些难题与困境仍然没有得到解决。共产主义运动的挫折与"冷战"的终结，体现了民主和自由的价值理念在东方世界的胜利，然而在不少曾经培育了这些理念的西方国家，城市老化与衰败、阶层冲突与族群冲突、政治合法性丧失等问题却日益严峻。环境问题，疾病，以及对女性、少数族群、少数民族和少数宗教群体的压迫，全球人口的不断增长等，这些问题进一步加剧了旷日持久的全球性不公平和不平等现象。在这种情况下，对人类政治社会的基本原则进行的创造性思考的必要性是显而易见的。本套研究当代政治理论的系列丛书，即旨在培育和促进这种系统而规范的思考。

丛书相信，重申问题导向的政治理论研究之重要性的时机已然成熟。也就是说，更关注那些由理解、批判性思考并试图解决现实世界问题的冲动所激发的研究主题，而不是主要产生于学术争论的议题。该系列丛书具有跨学科研究的特征，其范围涉及传统上属于哲学、法律、历史和人文科学研究领域的议题。研究素材的范围和研究方法的选取应取决于所探讨的问题，而不是由传统的学术争论或学科分支所决定。

纪念理查德·阿什克拉夫特（Richard Ashcraft）

目 录

本书作者 ··· 1
前 言 ·· 1
1 外部边界与内部边界 ··· 1

第一部分 外部边界 ··· 19

2 国际组织能否是民主的？一个怀疑主义的视角 ·························· 20
3 对达尔的怀疑主义的评论 ·· 43
4 民主秩序、经济全球化与生态限制：论实体民主与形式
  民主的关系 ·· 49
5 民主与集体危害品 ·· 77
6 政治共同体的转型：在全球化背景下重新思考民主 ···················· 103
7 全球化时代的公民权利：对赫尔德的评论 ······························ 137
8 对赫尔德世界主义的评论 ··· 155
9 女权主义社会批判与谋求将妇女权利作为基本人权的国际运动 ········ 165

第二部分 内部边界 ·· 203

10 民主的自由与地域的暴政 ··· 204
11 民主与承认政治 ··· 241

12　群体诉求与民主政治 …………………………………………… 263

13　美国民主与基督教新右翼：对政治自由主义的批判 ………… 279

14　在自由主义与困境之间 ………………………………………… 335

15　理性、民主与有漏洞的边界：垂直模块化与水平模块化的对比 ……… 347

索　引 ……………………………………………………………… 374

译后记 ……………………………………………………………… 381

本书作者

布鲁克·A.阿克利(Brooke A. Ackerly)：加州大学洛杉矶分校政治学系

艾尔玛·阿尔特瓦特(Elmar Altvater)：柏林自由大学政治学系

詹森·C.毕文思(Jason C. Bivins)：印第安纳大学政治学系

罗伯特·达尔(Robert Dahl)：耶鲁大学政治学系

马修·F.费尔纳(Matthew F. Filner)：印第安纳大学政治学系

卡西亚诺·海克考登(Casiano Hacker-Cordón)：耶鲁大学政治学系

拉塞尔·哈丁(Russell Hardin)：纽约大学政治学系

戴维·赫尔德(David Held)：开放大学政治与社会学系

苏珊·赫尔利(Susan Hurley)：华威大学哲学系

杰弗瑞·艾萨克(Jeffrey Isaac)：印第安纳大学政治学系

考特尼·荣格(Courtney Jung)：社会研究新学院政治学系

伊丽莎白·基斯(Elizabeth Kiss)：杜克大学凯南伦理研究与政治学系

威尔·吉姆利卡(Will Kymlicka)：渥太华大学哲学系

苏珊·穆勒·奥金(Susan Moller Okin)：斯坦福大学政治学系

道格拉斯·雷伊(Douglas Rae)：耶鲁大学管理学院

伊恩·夏皮罗（Ian Shapiro）：耶鲁大学政治学系

詹姆斯·托宾（James Tobin）：耶鲁大学经济系

亚历山大·温特（Alexander Wendt）：达特茅斯学院政治学系

前　言

本书和《民主的价值》一书中的论文均选自于1997年2月在耶鲁大学召开的"为新世纪重新思考民主"国际学术研讨会。这一学术盛会由耶鲁大学"伦理学、政治学和经济学"项目发起，并得到了耶鲁大学欧姆斯塔德基金（Olmsted Fund）、卡斯特基金（Castle Fund）和肯普夫基金（Kempf Fund）的资助。感谢凯丽恩·法恩姆（Kellianne Farnham）出色的会议组织工作并协助我们征集会议论文。衷心感谢剑桥大学出版社的约翰·哈斯兰姆（John Haslam）先生，自项目伊始，他就十分关注我们的工作，并积极促成本书尽快面世。

伊恩·夏皮罗

卡西亚诺·海克考登

1

外部边界与内部边界

伊恩·夏皮罗、卡西亚诺·海克考登
(Ian Shapiro and Casiano Hacker-Codón)

民主理论面临着一个由来已久的尴尬境地，在面对有关其自身范畴的问题时，总是显得无能为力。根据民主术语的涵义，民主看似存在于其运作已被视为理所当然的（政治）单位中。民主的运作取决于决策机制，通常是指多数决定原则及其变体；但是这一决策机制得以运作的前提，是已成功解决"哪些大多数人"的问题。如果这一问题尚未得到民主解决，那么遵照所谓民主决策机制所得出的结论，又在什么意义上能被认为是真正民主的呢？由此可见，民主（理论）的核心，隐藏着一个"先有鸡还是先有蛋"的问题。厘清有关民主的疆界和成员身份的问题似乎比民主决策本身更重要，然而与之相悖论的是，他们又呼吁以民主方式解决这个问题。

人们不需要诉诸如北爱尔兰、前南斯拉夫，或（约旦河）西岸这样的极端案例以找寻支持这一观点的证据，虽然他们的确是这样做的。有关德国境内土耳其"客工"的法律地位的争论，解除英联邦成员国的完整英国公民身份权，或者说拒绝向加利福尼亚州非法移民的子女提供公共教育，这些问题引发人们去思考**民主**政治的本质，部分原因是由于这些问题都涉及一个尚有疑问的假设，即哪些人构成了多数决策的适当的民众基础。事实上，一个国家有关移民或少数民族的政策，其方方面面都可能以某种方式涉及这一悖论。民主理论通常都坦承困难的存在，但令人惊讶的是，有关这方面的研究几乎没有取得任何值得一提的进展。①

随着时间的推移，如果政治疆界的争议性特征逐渐弱化，那么这个"先有鸡还是先有蛋"的问题或许也会随之弱化。可是几乎没有迹象表明人们愿意对民主理论的困境持宽容态度。在过去的十年间，认同政治在世界各地得以复苏，其跨度从苏联旧地直到非洲大部分地区——更不用说像澳大利亚、加拿大这样民主政治确立已久的国家。在世界各地的数十个国家中，反政府组织都对现行疆界的合法性提出了质疑，并要求重新划定疆界以更好地反映他们的意愿。有时候，这些要求仅限于在国家疆界内要求对某些事项拥有一定范围的自主权，比如1997年以全民公投形式同意设立威尔士议会和苏格兰议会。事实上，很多联邦或邦联体制内部有关权力分配的一般性争端，都属于这一类别。然而，很多要求往往涉及坚持完全独立或是创建新的民族国家，比如美利坚合众国、巴基斯坦或是斯洛伐克共和国的建立。读者只需想一下魁北克、巴勒斯坦国家和南非白人自治邦（Afrikaner Volkstaat）的独立建国要求，白俄罗斯与俄罗斯的再次合并，以及车臣和库尔德共和国的独立要求——列举几个明显的例子——就会意识到当今世界仍然充斥着很多潜在的分裂主义者和统一论者，他们反对现存边界的民主合法性并试图对其重新划定。

即便国家疆界不存在任何争议，有关权力的国际现实也能使民主的边界变得捉摸不定。在当今世界，跨国力量对国家政策的影响力往往甚于民选政府的决策。世界银行、国际货币基金组织、联合国和欧盟这些机构的行动，常常凌驾于国家政策选择之上。这些机构往往有其自身的政治议程，其内容包括了私有化、在全球经济范围内解除规制，以及罔顾某些国家政府的反对而要求该国实施劳动法规和监管体制。只有部分国际组织遵守弱化的大众控制模式，但我

---

① 达尔（1989年）曾说："民主的倡导者们——包括政治哲学家——通常都预设'人民'已经存在。人民的存在被假定为是已然事实、是历史的创造。然而该事实的真实性却是有问题的。这个问题常常受到质疑——在1861年的美国就是如此，这一问题无法通过协商来获得共识或一致意见，最终不得不诉诸暴力。"

们并不清楚这是否赋予其更高的民主合法性。

此外，民主的边界还常常遭到跨国力量的洞穿，后者甚至反对间接的民众控制。货币投机人士、跨国投资者和全球共同基金经理的决策，能够在国际舞台的私人机构着手采取行动之前，使国内政府做出最好的反应，或是最坏的情况——孤立无助。1991年的英镑危机就是一个戏剧性的例证，并迫使英国退出欧洲货币汇率机制。但是在一系列更平凡而较不起眼的方式中，世界各地的民主政府发现它们的税收、福利、就业、举债和公共支出越来越多地受到反复无常的国际投资者的限制。关于这种趋势，20世纪90年代创建独立银行的潮流就是一个活生生的例子，据称独立银行标志着资本市场的稳定——这是把对货币政策的民主控制拱手让给技术官僚的一种委婉说法，投资者更容易预测技术官僚的做法，因为他们不受民主问责机制的影响。

本书作者的所有言论都是针对这一现实维度。本书一部分关注传统的边界问题，深入探讨由此产生的"先有鸡还是先有蛋"悖论的可能解决方案。一部分内容关注如何重塑民主决策的规则与边界之间的关系，以降低这一悖论的重要性或者使其完全消失。还有部分内容重点研究跨国机构，探究它们是否受到民众的控制，以及如何实现更有实质性意义的民众控制，或是如何使其在民主原则的范围内合法化。部分章节研究分离主义者的愿望，以及跨国机构在削弱或促进国家民主中的角色。部分章节则主要思考民主制度，无论是国内的还是国际的，在处理环境危害方面的能力，而环境危害几乎不——而且越来越不——把国家边界放在眼里。还有的作者建议，对于民主边界的探寻应当唤起我们借鉴政治理论的当代实践，以及认知科学基础等领域内的发展成果，在此基础上再度思考民主本身的意义。本书所有的内容都致力于加深我们对于民主理论长期受到忽视的一些方面的理解，20世纪后期不断变化的权力流动性已经使得这些问题异常突出。

I. 外部边界

在第 2 章，罗伯特·达尔（Robert Dahl）证明了民主的外部边界有可能仍然与民族国家的边界相毗连。达尔认为，要理解民主，至少需要衡量对决策的民众控制，他认为民众控制的有效性与决策的重要性之间存在着反比关系。在较小的团体中，其成员能够对团体决策拥有广泛的控制，但是这些小团体往往对于世界上的决策结果不起作用。相比之下，较大的实体在世界上可能比较重要，但是对其进行民主控制的难度也比较大。民族国家很大，因此对其进行有实质意义的民主控制就非常困难，但是达尔认为至少在某些地区仍是可能的。达尔认为，外交政策是国家层面最难以进行民主控制的领域之一，注意到这一点对于思考国际组织内部的民主是有启发意义的。外交政策决策中的利害得失往往在本质上艰深难懂，距离选民的日常生活经验也很遥远。其结果就是，民众的控制被限定为一种反应性的行动。只有当外交政策对人民的日常生活产生广泛影响时，比如美国在越南的战争，人民才可能会起来反对这些政策；在其他时候，这些政策都掌握在精英手中。

像联合国这样的国际组织基本上都没有受到民众的控制，哪怕仅仅是有限的民众控制，这也是国家民主中外交政策的特征。因此达尔认为，我们根本不应该认为它们是民主的。我们应该更好地看清国际组织的本来面目：官僚谈判体系。达尔并不是认为国际组织是不可取的或不受欢迎的。它们可以实现很多有意义的目的，或许是不可或缺的。事实上，像联合国这样的国际组织可以推动某些地区的民主发展，而这些地区当前仍处于缺乏民主的状态。然而即便在这种情况下，按照达尔的标准，国际机构本身仍不太可能是民主的。由此带来的一个重要挑战便是，提出用以评价不民主的国际机构之合法性的合理标准，达尔认为目前尚无人能够圆满地解决这一问题。

在第 3 章中，詹姆斯·托宾（James Tobin）从经济学家的角度对达尔的观点进行了述评。他提出，如果按照达尔的标准去评判，大部分国际组织都是不民主的，因为它们是各参与国签订协议的结果，通常这些参与国不论其国内人口多少都拥有平等的投票权。借鉴赫希曼（Hirschman，1970 年）的研究成果，托宾提出了一个思考其合法性的视角。托宾认为，我们是否认为一个机构的合法性应该与其民主程度相关，这取决于该机构本身。特别是当其退出成本较低时，要求其进行民主运作可能就没有必要了，甚至是不明智的。允许临时团体的成员在民主治理中拥有发言权，这很可能被认为是不公平的，因为他们在集体决策中的利害关系并不相同。和达尔一样，托宾认为民族国家之间进行国际竞争的需求会影响民主，特别是当其涉及货币交付、汇率，甚至是独立政权的财政政策，从而使其免受选举竞争需求的影响时。因为根本无法逃离现代国际货币汇率体制的影响，按照托宾的逻辑，这一体制也应处于民主控制之下。事实上，它们并未造成当代政治中合法性的所谓"民主赤字"，也并没有使得侵蚀民主的国内根源更为严重，例如金钱在形成公共议程中的作用。

艾尔玛·阿尔特瓦特（Elmar Altvater）在第 4 章中进一步深入探讨了对跨国民主的怀疑主义批评，他认为，无论国际政治组织是否是通过民主设计而来，它们都不太可能促进民主。大多数超国家的出现，部分是经济关系全球化的结果，部分是为了对其进行回应。通常，全球经济组织帮助跨国经济力量削弱国家的民主主权、促进福利国家（政策）的紧缩，并对弱势群体给予制度保障，后者在世界上老牌民主国家中通过几代人的国内民主冲突才得以确立，可谓来之不易。此外，近年来选举政治在世界上许多国家的发展，本身也受到全球化的影响，虽然人们在获得正式民主权利的同时，并没有对实质性的决策领域有多大影响力。在这种情况下，对于由国际经济组织的控制者所发起的私有化和解除规制的过程而言，民主化使其获得了合法性。阿尔特瓦特同意达尔和托宾的观点，认为全球化（在一定程度上）造成了老牌民主国家的民主赤字，并且，他认为新兴民主国家的前景更为黯淡，它们在世界经济中处于更加不利的地位。

　　阿尔特瓦特还提出了在未来的几十年间，什么可能成为民主政治最严峻的挑战之一（不用提人类物种）：防止全球生态大灾难。他指出，即便是对跨国民主治理模式的可能性抱持相对乐观的态度，仍没有明显的理由认为这些机构具有将全球经济增长限定在生态可持续发展水平的能力。相反，有鉴于经济全球化的结构动力所释放的政治责任，"生态民主"的潜力亦是有限的。致力于环境敏感经济政策的社会运动与非政府组织，正面临着将世界上的人们划分为独立民族国家的边界——这设定了正式民主机构的内部空间——与人类自然环境的边界之间的不一致性。在这方面，由于生态问题与分配问题交织在一起，使得有效政治行动的障碍非常复杂。民族国家体系维持了全球收入与财富的不平等，这将成为国际环境监管任何真正的努力都需面对的挑战。在第 5 章中，拉塞尔·哈丁（Russell Hardin）把这个问题作为民主与集体危害品研究的一个部分进行了讨论。尽管民主政治混乱的程序通常被认为不足以处理像环境污染这样的集体危害问题，可是哈丁认为，事实上在过去的几十年间，民主政治对这些问题的处理要优于那些专制国家。在西方国家实现控制污染与保持经济发展并存的同时，东方国家却出现了经济崩溃与生态灾难相伴而生的局面。哈丁认为，其原因在于民主更适合于解决协调问题，而不是那些表现出明显的分配维度的问题。在西方国家，普遍认为污染问题是全球性的危害，因此就使得共同应对变得可行。可惜，作为全球化副产品出现的国际环境问题涉及明显的分配冲突。新兴工业化国家的污染问题极其严重，发达国家过去 150 多年来的发展是建立在利用廉价化石燃料的基础上，如果新兴工业化国家走上同样的发展道路，就会对地球的承载能力产生威胁。但是如果新兴工业化国家放弃了（成本）低廉的发展道路，那么就需要对这种放弃所带来的成本进行分配。而这正是民主政治表现拙劣的地方。

　　哈丁也不认为我们可以从欧盟、北美自由贸易协定或关贸总协定中受到鼓舞，把这些看作为所需要的组织机构模式。这些机构的出现是为了解决协调问题：消除障碍以获得更好的结果，这些障碍是民族国家体制的副产品，若是没有这些障碍的存在，经济和其他活动就会自然而然地发生。想要解决像全球环境损害这样的国际集体危害问题，就需要更强大的跨国组织，而不仅仅是削弱国家机构。此外，鉴于这些集体危害问题（包含着）大量的分配性内容，如果这些机构想要行之有效，就不可能是民主的。因此，尽管国家民主在处理国内环境问题方面的记录相对较为成功，但是当这些问题呈现出越来越多跨国特征的时候，哈丁与阿尔特瓦特一样对此持悲观态度。

与这些怀疑主义的观点相反，戴维·赫尔德（David Held）在第 6 章中认为民主理论和政治能够对全球化挑战做出建设性的回应。与阿尔特瓦特一样，赫尔德认为社会交往多个维度——经济、文化和政治——的国际化，已经以各种方式限制了民族国家的政策自主性，其结果就是造成许多国家政府越来越多地扮演"决策执行者"的角色——他们对跨国行为者和更强大的外国政府的行动做出回应。全球金融市场、跨国公司和金融机构对国家政策和战略具有单方面的决定性影响，这种趋势正愈演愈烈。然而，与针对这些过程的很多讨论相反，赫尔德详尽地区分了民族国家的**政策自主性**与主权之间的区别。也并非只有跨国力量和机构能够限制国家的政策自主性。在强调法律—政治主权与政策自主性的关键区别的同时，赫尔德阐述了世界上有的政府如何变得越来越强大，超越了其合法主权的范畴。它们决定了能够在世界各地具有影响力的贸易、犯罪、环境和监管政策。这些决定对有的国家的人民产生一定影响，因为其政府在这些政策方面显得无能为力，无论对国家主权的尊重是否在实际上会成为国际关系中显而易见（但合格）的准则。

赫尔德的独特见解来自于他的观察，他认为围绕着全球化的动态并非像通常所认为的那样新颖。他指出，在过去的几个世纪里，全球化在很多重要方面与现代民族国家的兴起相伴而生。同样，它也涉及超越了传统政权单位的权力关系的出现：对内实行中央集权，对外遵循威斯特伐利亚模式的绝对主义国家；他们承认并不存在超级权威，将国际法限定为霍布斯秩序中正式平等实体之间的共存原则。

赫尔德有效地指出，现代民主在绝对主义之后出现，在某种程度上是对绝对主义的反应。民主理想原本被认为适用于小国寡民的同质化政治实体，如何将其改造成适用于疆域辽阔的多元化民族国家，代议制政府理论解决了这一挑战。代议制政府的理念把民主理论从陈旧的故纸堆，转变成为与其时代相对应的意识形态，塑造了民族国家所采取的民主化形式。他认为，现在所需要的是一种具有相当创新性的理念，以回应正在削弱国家民主政体的全球化。赫尔德的选项是跨国民主法律秩序或是跨国**法治国家**的理念：由民主公法予以限制和合法化的国际秩序。国际法的民主化就要求"建立所有民主共同体的共同体"；一种能够要求所有民主人士拥戴的世界共同体。赫尔德的建议就是，跨国民主**法治国家**或许可以驯服跨国的独裁力量和机构，就像代议制政府驯服了绝对主义国家一样。在赫尔德看来，这种驯服不应该以牺牲民主的民族国家的拥戴为代价；相反，民主主义者应该开始认识到，他们是多个政治实体的公民，拥戴多个政治实体。但是对于这一努力而言，跨国法治体系的基本要素非常重要，民主主义者更应将其视为未来几十年间谋求创建（跨国法治体系）的核心——即便不是首要的——任务。

在第7章中，威尔·吉姆利卡（Will Kymlicka）认为全球化正在国内层面削弱了有实质意义的民主公民权利的能力。吉姆利卡认为，国内公民权的前景要比赫尔德所认为的更为乐观。他进一步指出，不仅民族国家仍然拥有相当程度的决策自主权，而且其公民也仍然拥有这种自主权，这使得他们可以按照各自不同的方式行动，反映他们自己的国家政治文化和沿袭至今的国家团结。赫尔德也承认上述观点，虽然没有予以强调。但是吉姆利卡提出，为何公民不再认为政治参与有实质性意义，其原因与全球化几乎没有任何关系。相反，原因可追溯至选举和立法制度的缺陷，这些缺陷在全球化之前便已存在，并且独立于全球化而存在，无论何时只要有政治意愿同意进行，便可对这些缺陷予以补救。尽管有全球化的存在，在西方民主国家，国家层面的民主公民权利仍然是欣欣向荣的。与达尔和阿尔特瓦特的疑虑一样，吉姆利卡同样质疑这一观点，即认为存在于国家层面的民主赤字可以通过跨国组织的民主化予以弥补，这些跨国组织对重要的经济、环境和安全决策的影响日益增加。他认为，跨国组织并不存在大众参与的前提条件，在可预见的将来，也很难看到这些前提条件的出现。

亚历山大·温特（Alexander Wendt）在第8章中对这些观点进行了进一步探讨。他对**世界主义民主**和**国际民主**进行了区分，在世界主义民主中，个人对跨国机构的治理进行投票，而在国际民主中，主权国家才拥有投票权。按照温特的观点，从中期来看，前者实现的可能性比后者更低，原因有几个方面。尽管强势的选民——特别是在金融世界里——对政治全球化开放，但是其他相关力量却对其持反对态度。国家是精心守护主权的监护人，而主权是由威斯特伐利亚体系所创立的，后者维持着当时的国际政治秩序。人们已经融入了国家政治秩序，因此他们往往对政治权力的跨国化持反对态度。因此，温特认为，国际国家的形成应该有别于赫尔德所提到的现代早期国内国家的形成。把政治权力集中到中央集权国家手中的过程通常是通过征服来完成的，与这一过程不同，主权制度的路径依赖可能导致国家在**事实上**的国际化，却并没有**法理上**的国际化。我们可以预期，国家权力将会越来越分散，或是将名义上独立的国家行为者"去中心化"，这种可能性要大于世界政府组织的出现。在温特看来，跨国民主主义者可能需要很长时间——如果能够的话——才能建立集中统一的国际治理（机关）和制度权力的制高点。基于这个原因，温特对于赫尔德关于国内和国际政府形成过程之比较的可信度持怀疑态度。

对这一局限性的反思，使温特提出了一个问题，国际民主是否应当被达尔以及其他如斯建议的民主主义者视为令人反感的东西。在温特看来，国际民主建立在群体权利的概念上。尽管民主主义者往往认为自己反对群体权利的观念，温特指出，在民主政治中集体必然优先于个人，这一点十分重要。只是由于"先有鸡还是先有蛋"的问题，个人的民主权利一定会寄生在群体权利的某种形式上。此外，温特还推测道，如果有人进行调研，要求受访者想象一下世界主义民主,就会发现在那些坚定不移地反对自己国内群体权利的人群中,有很多人会要求在国际层面大力保护他们的国家,无论是采取联邦制形式、权力下放原则、基于国际"参议院"而不是"众议院"基础上的治理,还是保护其国家认同的其他制度形式。按照民主理论的观点,在国家间对某些团体进行保护,要比在国内对其保护更加引人注目,而在温特看来,这不应该被视为跨国民主合法性的可行基础。

在第9章中,布鲁克·A.阿克利(Brooke A. Ackerly)和苏珊·穆勒·奥金(Susan Moller Okin)提出,尽管全球化在某些方面对民主形成了威胁,但在其他方面确实增进了民主的可能性。她们以国际妇女运动为个案进行了研究,特别是试图重新定义人权概念的那部分妇女运动,很多国际机构和国家政府接受这些运动,包括对妇女权利的明确承认。尽管全球化对民主化有着复杂的影响,世界各地的女性运动者却把全球意识和交流,与有关真实的、多样的以及分散的本土女性经历的知识结合在一起,使得有关人权的国际政策对她们更具包容性。在她们围绕女性议题或妇女利益组织运动时,她们形成并发展了社会批判方法,这种方法不需要依赖协商民主理论所需要的理想条件便可进行协商。以"将妇女权利提升为基本人权"运动为例证,阿克利和奥金将现实世界中女权主义活动家们所使用的方法描述为试图使国际舆论更具包容性。尽管阿克利与奥金在总体上对当代世界跨国政治的民主资格持怀疑态度,她们的论文旨在呼吁人们关注非民主的全球组织中的民主亮点。

II. 内部边界

在第10章中,道格拉斯·雷伊(Douglas Rae)把我们的注意力从民主的外部边界转移到较少受到注意的内部边界。被其描述为"二战"以来美国不断发展的空间经济的核心发展,就是大量有能力的人"寻求飞地"行为的增加。直到20世纪40年代，城市居住区都受到追捧且非常抢手，因为城市居住区能够提供更好的交通条件和就业机会，其周边地区也较为繁荣。然而市中心（人口）密度的逐渐增大意味着生活质量的下降，城郊社区就作为合乎逻辑的选择出现了，而辅助道路系统的完善以及中产阶级足以承担的机动车辆的价格，进一步支持了（人们）对城郊社区的选择。在大部分东北部和中西部城市里，随着贫穷的黑人因种族隔离政策，或是寻找更好的经济机会而逃离南方，中产阶级白人纷纷避往郊区。这些迁移人口迅速填补了中产阶级白人在市中心所留下的真空，并加速了他们撤离的步伐。其结果就是，这些黑人的迁徙把南方**法理上**的种族隔离转换成了一种新的、且行之有效的**事实上**的种族隔离形式。自从20世纪70年代以来，由于贫穷黑人的收入和生活机会与中产阶级和富人之间的差距比以往更加明显，这一趋势遂有愈演愈烈之势。

雷伊进一步提出，信息革命以及随之而来"家庭办公室"现象进一步加剧了这种空间隔离模式，因为那些不属于大规模城市贫困黑人群体的成员越来越没有理由在市中心立足了。无论是因为距离还是"社区门禁"造成无法随意到访——在美国现有超过5万个受私人保护的"飞地"——他们的自由民主生活由能够排除他人的空间予以保护。这个现象的另一个方面，就是城市中心成为了仅剩的真正意义上的公共空间，此处的公共指的是无需任何资源就能进入。在那里，自由民主仅仅存在于原则上，因为不得不生活在那里的人们缺乏最基本的，甚至只是消极自由所需要的受保护空间。他们缺乏无需害怕暴力而四处迁徙的自由，他们的孩子缺乏有意义的教育愿景和机会，缺乏竞争就业或积累财产的现实可能性，以及缺乏以大体上平等的条件参与集体决策的权利，这些集体决策会对他们及其家人施以法律影响。因此，由于被剥夺了民主自由的基本要件，他们实际上被排除在民主公民权利之外。在雷伊看来，我们无须走得太远就能发现民主的边界。它们就在我们的周围——或者相反地，我们就在它们的周围。在"隔离式民主"的世界里，那些被排除在外的人受到了双重欺压，既因为被排除在外而受到欺压，又因为在他们的日常生活中，政治秩序的基本问题尚未得到解决而受到欺压。赫尔德认为在国际领域里各个国家之间彼此对抗,对于(被排除在民主之外的)他们而言,情况则有过之而无不及,民主原则并未能够制约"霍布斯问题"。

如果试图通过重建公认边界的方式把民主的内部边界转变成外部边界,情况又会怎么样呢?托宾认为,这一问题可能无法在民主理论的范围内予以解决,而伊丽莎白·基斯(Elizabeth Kiss)和伊恩·夏皮罗(Ian Shapiro)的观点则与此相反,在接下去的两章中,基斯与夏皮罗提出了各不相同,但互为补充的处理亚群体之愿望的民主方式。在第11章中,基斯主张以个案方式逐项审查亚群体的诉求。相对于自我表达的愿望,她更关注所谓的具体伤害。这些伤害包括了文化伤害和象征性伤害,但是她认为,应该由申诉人承担起建立其应有之义的责任。(案例的)背景意味着一切;每一个案例都应该从其特殊的复杂性角度去理解,以便确定亚群体的那些诉求应该得到承认,以及如何以民主方式予以实现。通过举例说明罗马尼亚国内的匈牙利民族要求获得承认的诉求,基斯阐释了这种研究方法,罗马尼亚国内的匈牙利族人所面对的特定伤害的特性,决定了其补偿措施并不容易推广到其他情况。

夏皮罗同样也认为(个案)背景对于评价亚群体的愿望至关重要,但是在第12章中,他认为民主理论已经提出了用于评价亚群体愿望的一些通用标准的适当性。他首先指出,关于这一问题的大部分哲学研究成果人为地将该问题定义为不同群体和亚群体可能对所谓"希望"的抽象思考。他认为,在现实中,通常都是由具有特定目标的政党或政治领袖(出来)要求群体的权利,因此只有充分考虑这些特定目标,才能对其诉求进行公正的评价。评价群体的权利要求的适当标准——达到并包括独立的权利——与其对民主政治的可能影响有关,这被理解为要求那些受到集体决策影响的群体的包容性参与,以及包容民主秩序中忠诚的反对派。通过参考近来在南非和中东相互竞争的一系列群体的愿望,夏皮罗对这些标准进行了探讨。他指出,虽然不能同时满足一些相互冲突的群体意愿,但是能满足其中的部分意愿。在零和情况下,应优先考虑更好地符合民主标准的群体,但是更有价值的制度挑战则是找到改变群体意愿的方式,即改变与民主不相容的那些愿望以使其符合民主要求并得以实现。为了进一步探讨这一观点,夏皮罗在更广泛的意义上讨论了政治团体身份认同的基础,以及多多少少可能引导这些身份认同向民主方向发展的制度安排。

若要对有威胁性的身份认同进行重塑以使其与民主相容,一种选择就是使其完全远离政治。通过建立和强化对合法政治领域的内部限制来追求这一目标,这就将自由民主政治与其他类型的变体区分了开来。为此,英国与欧洲宗教战争所宣称的道德,也是美国宪法第一条修正案之成立条款的作者所铭记在心的,即宗教与身份认同相互分离,这就可以同时为两者提供有益的保护。自由民主所秉持的这种制度化的"封堵法则",对于政治合法性与政治稳定均至关重要[霍姆斯(Holmes),1988年]。约翰·罗尔斯(John Rawls)可能是近年来最不遗余力地为这一观点辩护的学者,他坚持认为合法政治的边界就是那些"公共理性";世界上存在着多个相互矛盾的"善"的概念,在塑造公共机构时唯一需要掌握的观点便是吸引各种相互竞争的观点形成"重叠共识"。这种"政治的、而不是形而上学"的方法回避了认为国家应该对各种不同的综合世界观进行评判的想法;而唯有基于那些不同观点的支持者们都能够接受的前提条件,才能被认为是有效的公共意见[罗尔斯(Rawls),1993年]。

这就是杰弗瑞·艾萨克(Jeffrey Isaac)、马修·费尔纳(Matthew Filner)和詹森·毕文思(Jason Bivins)在第 13 章中予以采纳但认为尚有欠缺的观点。他们认为,在"二战"后期大多数西方国家相对快速发展和繁荣的年代里,自由民主的观点得到了充分的发展,但是对于我们现在所知道的以艰难时世和身份政治的复兴为标志的世界,自由民主的观点并不适用。他们提出,在当今世界,自由主义的重叠共识正面临着崩溃的危险,因为像新基督教右翼(New Christian Right)这样的团体发现,受到质疑的共识似乎包括了世俗的和温和的宗教世界观,却将他们这些原教旨主义团体排除在外。自由民主的冲动想要将这些群体排除在公共生活之外,往往强化了这一严重依赖司法审查而不是问责民主制度的立场。有学者认为这会削弱自由民主的合法性，艾萨克、费尔纳和毕文思同意这一观点。他们认为应该代之以与这些群体相接触的建设性民主。他们提出，与采取排除策略相比，通过将这些群体吸引到以他们自己的术语进行的公共辩论中，民主主义者更有可能使得原教旨主义者考虑与他们自己不同的观点。此外他们还认为，这种接触能够开启探寻共同利益的方式，即带有偏见的身份政治在当前过度考虑的其他各事项中的共同利益。

考特尼·荣格（Courtey Jung）在第 14 章中对艾萨克、费尔纳和毕文思的观点提出了异议。一方面，她认为他们把宗教的身份政治具体化为政治形势的固定特征，必须将其纳入政治秩序中以免对其造成破坏。事实上，她认为身份认同的政治化或非政治化是对内置于制度和政治企业家活动中的刺激措施的一种回应。人们总是需要做出选择，如允许和鼓励哪些政治化形式，有的形式要比其他形式更支持民主。另一方面，她也认为，从民主的角度来看，宗教原教旨主义特别顽冥不化，因为宗教原教旨主义往往对包容型的宽容原则持反对态度，而后者恰恰是民主所必需的。当他们处于在野状态时，原教旨主义者往往利用这些（宽容）原则（或许还抱怨这些原则是针对他们的），但是当他们执掌政权之后，却很少将这种包容型的宽容扩展到他们的对手身上。我们不应对此感到惊讶，在荣格看来，坚持认定单一的"全能教义"才是真理，这已经成为原教旨主义信仰的性质之一，这使得他们特别抵制基斯和夏皮罗在前面几章中曾讨论过的制度设计类型。在荣格看来，艾萨克、费尔纳和毕文思认为能够通过他们所提出的建设性接触对原教旨主义者进行教化，或认为通过在其他问题上的联合，能够使原教旨主义者所关注的焦点从身份政治中转移出来，这实在是太天真了。对于民主主义者而言，更好的做法可能是找到将他们的愿望非政治化的方式。

本书的所有作者以不同的方式对传统观点提出了质疑，该观点认为民主边界的划定是外在于民主原则的运作的。一方面，即使边界问题得到了解决，如果没有经由民主考量就予以施行，或是不能以民主方式进行修改，那么（这些边界）仍然可能被认为缺乏合法性。此外，有关纳入和排除的困境仍将存在，这表明没有一种名副其实的民主理论能够把边界问题完全视为外在的。根据其性质，这些边界会复制决策权力的不平等，这种不平等总是会受到民主价值的质疑。另一方面，"先有鸡还是先有蛋"的问题虽然是真实存在的，但是多少能够以民主方式予以解决，并且从民主价值的立场来看，无论其结果是好还是坏。这些思考自然而然地就引出了苏珊·赫尔利（Susan Hurley）在第 15 章中所探讨的问题：把边界问题视为完全内生于民主运作的问题，是否可能更为合适？管辖权决策对有关民族自决、自治、尊重权利、平等和可竞争性等民主价值都有影响力，并且可以认为这是保持或发扬这些价值的最好方式。

　　赫尔利首先通过类比，探讨了理性在认知科学各种不同观点中的作用。传统理论认为思想依赖于垂直的模块化组合的基本过程，在这个过程中，不同模块表示不同的处理阶段，并将其结果表示传递到下一个模块以进行进一步处理。感知模块从诸如颜色、运动和位置等输入内容中获取信息，一旦它们通过垂直体系进行了处理，就被化合成了认知，认知是连接感知和行动的核心模块。这也是理性思考与协商的发生过程。理性被视为一个内部过程，操控由前一个模块传递过来的内部符号。与这种垂直观点不同，赫尔利和其他学者提出了水平模块的观点，认为思想应被视为由特定内容层层叠加的网络。每一层都用于执行特定任务，并且是动态的：它们以各种不同的反馈循环，从输入延伸到输出，然后再反过来延伸到输入。在水平模块的观点看来，诸如围绕着感觉、认知或运动过程的垂直边界，甚至是围绕着整个机体的垂直边界，并没有消失不见；但它们是相对可渗漏或是有漏洞的。根据这一观点，理性就不能再被视为完全属于内部的。由于不存在不同阶段之间的线性序列，理性就被重新认定为来自于由各种分散的、高阶的关系所构成的复杂体系，这里的高阶关系指的是不同水平层之间的相互抑制、促进和协调的关系。这是生物与其结构化环境之间复杂的适应模式的高阶特性。

赫尔利认为,有关边界问题的外源性观点与有关思想的垂直模块观点相类似,而内生性观点则与水平模块的观点相类似。她对这一富有创意的比较的影响和启示进行了探讨,并按照这一方法对民主边界的很多传统问题进行了改造。赫尔利的研究方法的优点之一,就是鼓励我们思考集体生活中某些领域的民主政治影响其他领域的方式,特别是跨国行动和跨国组织中不同程度的民主如何在国家层面影响民主的机会。根据这种观点,民主被看作是复杂的、全球分布的、动态的系统或网络的突显特性。不需要用执著于垂直模块化的内部或程序性术语去理解民主。它可以与体系内不同成分间的水平关系共存,甚至是依赖。因此,制度设计——或再设计——的挑战可以被认为是在它们这部分(的任务),同时还关系到整个体系,因此它——以及它们——可能会逐渐朝着更加民主的方向发展。由此,赫尔利的哲学观点对本书其他作者以各种不同方式进行探讨的几方面内容进行了支持和补充。她对这一问题的建议和阐释,提供了一系列未来有关民主的理论创新的新途径。

参考文献:

Dahl, Robert A. 1989. *Democracy audits Critics*. New Haven and London: Yale University Press.

Hirschman, Albert O. 1970. *Exit, Voice and Loyalty*. Cambridge, MA: Harvard University Press.

Holmes, Stephen. 1988. "Gag rules or the politics of omission." In Jon Elster and Rune Slagstad (eds.), *Constitutionalism and Democracy*, pp. 19 – 58. Cambridge: Cambridge University Press.

Rawls, John. 1993. *Political Liberalism*. New York: Columbia University Press.

第一部分　外部边界

2

国际组织能否是民主的?
一个怀疑主义的视角[1]

罗伯特·A.达尔
(Robert A. Dahl)

---

[1] 感谢马丁·吉林斯(Martin Gilens)在"美国舆论"(American opinion)中的民意调查数据,感谢本特·哈格威特(Bernt Hagtvet)和鲁恩·普莱姆夫斯(Rune Premfors)向我提供研究北欧国家和奥地利就是否加入欧盟举行全民公投的相关论文,虽然部分论文尚未公开发表。

国际组织、国际机构和国际化进程能否是民主的？笔者认为不能。按这一方式表达的各种论述都会提及一个问题，即"民主是什么？"或者更确切地说，"我所指的民主是什么？"如果我能够说出民主是什么，想必也能够说出民主不是什么，或者换句话说，什么不是民主。② 简言之，一个国际组织不是，或许也不能够是民主的。

民　主

可以说，论述民主是什么和不是什么远比我们想象的复杂。这是由多方面的因素造成的，我只提出以下三个方面的原因：

第一，众所周知，民主是一个已经被滥用了的词语，而这种滥用仍将持续下去。③ 尽管民主一词最常见的用法是指一种政府管理的形式，但它并不限于用来形容政府管理的各种形式。更重要的是，政府管理（government）这个词本身就具有多重涵义。不仅仅国家需要政府管理，工商企业、工会、大学、教会机构、志愿者组织以及其他各种数不清的人类组织同样都需要管理，从家

---

② 关于这一问题的另一个论述，请参见施密特和卡尔（1991年）。
③ 耶恩斯·克里斯托弗森（Jens Christophersen，1966年）曾对民主的涵义做过非常出色的分析，虽然这一研究常常被忽视。他的研究为我们提供了民主的几十种不同用法，其中有许多用法由一些著名作者所使用，而其中大部分又互相矛盾。

庭、部落到国际组织、经济组织、军事组织、法律组织和犯罪组织等，无不如此。即使当民主一词用于描述管理，并进一步限定于一个国家的政府管理时，民主的概念仍然展现出几个复杂的维度。④ 然而，民主一词在实际应用中的涵义几乎是无限的（unbounded）——几乎是不受限制地任意使用，甚至于被用于独裁统治。⑤

为了解释为何国际组织与进程不可能是民主的，我仅将民主众多内涵中的两个方面纳入我分析的范畴：作为大众控制政府政策与决策的民主，以及作为基本权利的民主。

如果从最基本，或许也是最为人熟知的角度来思考民主，我们可以将其解释为由以下几个部分组成：人民或是平民统治，政府能够回应民众并对民众负责，人民大会直接决定重大政治事项或是由其代表组成最高权力机关间接决定重大政治问题，抽签决定最高权力机关的代表、在现代民主政体中则通过选举的方式选出。从第二个角度来看，民主则可以解释为提供了广泛的权利，至少包括以下两类：第一类权利包括公正、自由、民众控制与运作民主制度的机会，如言论和集会的自由；另一类则由一系列广泛的权利、自由和机会构成，如隐私权、财产权、最低工资、消除就业歧视等，尽管这些内容并不是民主制度的运作所严格必需的，但民主统治自我的人们通常都享有这些权利。

人们可以用其中一个标准来衡量民主，或者更可能的是，同时使用两个标准，当然也包括其他原因。不过，我将主要关注第一个视角，即把民主视为普

---

④ 例如，在我自己的著作中，我认为对民主进行一致和充分的评估，至少需要说明理想的标准、它们的道德原则、现实中被我们称为民主政治制度的不同类型（也就是说，或多或少符合民主的理想标准），主要是多元民主，以及对于现实民主政治制度而言有利的或不利的条件。

⑤ 克里斯托弗森说："巴贝夫（Babeuf）的声明就是最明显的例证，他认为'民主'和'罗伯斯庇尔主义'是完全相同的，后者指的是革命性专政，或是严格而无情的紧急控制措施，任何阻挡革命胜利的拦路石都将被其摧毁。"（克里斯托弗森，1996 年）列宁及其追随者同样将民主等同于无产阶级专政，或无产阶级民主。

通民众控制政府政策和决策的一种制度体系⑥;从这个意义上说,普遍包含各类政府的国际组织不会被认作是民主的,我将从几个方面给出理由予以说明。关于欧盟的民主赤字(democratic deficit)问题已经被广泛讨论,但看起来欧盟的民主赤字程度并未有所减轻;而其他地区的民主赤字状况则还要严重得多。

第二,要说明民主是什么和不是什么,就需要确定如何定位(民主的)起点和终点,以及哪里是(民主的)起点与终点。即便我们可以在民主与非民主之间划定一条明确的、清晰的界限,似乎这对于我们处理民主问题也不是很有用。想象一下,假如我们有两种尺度来衡量民主,就像我们用两种不同的标准来测量温度一样。一种尺度涉及从理论上完全民主的、理想的制度,到理论上完全不民主的制度;另一种尺度涉及的范围则从实际的或现实世界中的、充分满足民主的理想标准因而被称为民主政治的制度,到我们能够在人类历史上所找寻到的最不民主的制度。这就好比用来测气温的温度计,测量的范围从零度一直到水的沸点。如果我们将衡量民主的两个标准彼此并列,那么在衡量现实民主制度的标尺上居于顶端的那些政治制度,在衡量理想民主的标尺上的位置则毫无疑问会大大下降——甚至毫无疑问地,会处于底部。当我们判定某一政治制度是民主的或是非民主的,它们在衡量现实民主制度的标尺上又处于什么位置呢?很不幸,从民主到非民主的过渡并不像水的冰点那么明确。尽管如此,即使大家认同民主的起点是模糊不清的,我也想指出,国际组织的民主程度处于任何一个合理的起点之下。

定义民主的第三个难点在于,实际上所有的民主制度,可能除了一小部分委员会制之外,都允许(实际上是依靠权力和权威的委托授权)公民团体授权另外一部分人就某些问题进行决策。规模和复杂性使委托授权非常必要。尽

---

⑥ 尽管更明晰的概念辨析会有益于更详尽的分析,但我在使用政策、决定和决策等术语时,并没有进行明确的区分。

管（古希腊）雅典人十分注重维护公民大会的权威，他们也无法避免授权行为。在现代代议民主政治中（有时我称其为多元政治），委托授权的范围十分广泛，理论上包括了从普通民众到选举产生的代表、到高级行政官员、到最高决策者，以及冗长的官僚等级阶层。民众能够在什么程度上有效地控制重要的最终决策？这已经是一个广受争议的经验问题，而不是一个关键的意识形态问题。但我想，在现实中我们会同意，委托授权如此广泛，以至于推动政治制度超越了民主的门槛。⑦

我相信这一点符合包括欧盟在内的大多数国际组织和机构的实情。

问　题

如果上述判断被证明是合理的，一个民主主义者可能会说，我们不能违背良心地支持民主国家的权力和权威向国际组织和机构委托授权。然而，这个说法并没有足够的说明力。在民主理论和实践中，潜藏着一个根本性的困境，却往往并不为人所注意。事物或多或少都是平等的，在一个较小的民主实体中，普通公民参与执政的机会远大于较大规模的民主实体。但是民主实体的规模越小，就越可能出现以下情况，即对于公民而言非常重要的一些事情，却超出了其政府有效处理的能力。如果需要处理更广泛的事务，就需要较大的规模；但是一旦民主实体的规模扩大了，公民有效参与执政的能力就会随之下降。简言之，尽管政府控制各种问题的能力增强了，但你影响政府的能力却被削弱了。

---

⑦ 吉列尔莫·奥唐奈（Guillermo O'Donnell, 1994年）区分了"民主"制度和"委托民主"，前者的公职人员由竞争性选举产生并对选民负责，而在"委托民主"中，他们仅对委托授权的彼此负责。

在极端的情况下，举例说，一个仅有 20 人的民主实体，就能给每一个成员提供不受限制地参与决策的机会，并且不需要任何委托授权代表。另一个极端情况，假设为了应对贫穷、饥饿、健康、教育和环境等广泛存在的问题，我们成立了一个世界性政府。在这一世界性政府的统治下，普通公民有效参与政府决策的机会几乎等同于零。在这种情况下，谈"授予权威"就是一个让人误解的假象，或许仅仅对统治者有用。[8]

乐观主义者和怀疑论者

20 世纪后半期，随着人们越来越频繁地用国际组织、国际机构和国际化进程来处理超出了单一国家政府能力的事务，这一困境开始重现。于是就产生了一个问题：民主政府的理念和实践在什么程度上可以被用于国际组织、国际机构和国际化进程？认为民主能扩展到国际领域的人们给出了一个乐观的答案。他们认为国际机构不仅应该民主化，而且实际上也能够民主化［阿奇布吉和赫尔德（Archibugi and Held），1995 年；赫尔德，1995 年］。菲利普·施密特（Philippe Schmitter）这样的怀疑论者则表达了相反的观点，他认为即便是在"新兴的欧洲国家组织"（无疑是最有希望民主化的国际组织），也很难发展出公认的民主政治制度。尽管我的研究途径和施密特不同，但却得出了相似的结论，我将在此表述我的理由。

我的怀疑态度不仅适用于欧盟，同时也更适用于普通的国际组织。我并不是指我们应该拒绝国际组织和机构的优势和益处。这些益处有时候甚至包括帮助和促进非民主国家的民主化。但是我相信我们应该坦承国际决策不可能是民

---

[8] 我曾在此前论述过这一困境，请参见达尔（1967 年），第 953—970 页；达尔（1989 年），第 317 页以后；达尔、塔夫特（1973 年），第 13 页以后。

主的。用民主价值所衡量的成本是否少于用其他价值所衡量的收益，甚至是否可能少于非民主国家民主化所带来的收益，这显然取决于人们如何衡量民主（的价值）。从总体上进行判断可能要么空洞无物，要么极具争议。在这里，我只想提一点，即国际决策过程通常都不是民主的。

我的观点简单明了。在民主制度和实践较为成熟稳定，以及存在着相当稳固的民主政治文化的那些民主国家⑨，公民也很难对外交事务中的关键决策进行有效控制，这是人所共知的。那么我们又何以认为，参与国际体系的不同国家的公民，就能够像他们在自己国家那样对决策具有同等的影响力和控制力？

外交事务与民众控制：标准的版本

多年来，学者和其他评论员观察到，普通民众试图对外交政策施加影响和控制，是一件艰巨的任务。以美国为例。标准版本⑩的外交事务离普通民众的生活、经历以及熟悉的知识范围均非常遥远。尽管可能存在着一小部分"专注的公众"，"政治精英们在他们面前进行讨论和辩论"[阿尔蒙德（Almond），

---

⑨ 为了避免定义过多，我略去对我所指的"民主国家"含义的论述。不同学者使用的标准相似但不完全相同，可他们名单上的国家却基本相同。我用"民主国家"这个术语来指那20个国家，或者那些自1950年或更早就确立了多元政治制度的国家，以及那些已确立多元政治制度，并且其发展水平相当于"老"民主国家的国家，至于何为多元政治制度，我已经在其他地方对此进行过论述。

⑩ 阿尔蒙德（1950年）的研究非常经典，而且至今仍有重要的现实意义。

1950年，第139页]，但绝大部分民众对外交事务缺乏了解，更谈不上深入理解。[11] 对于普通民众而言，他们在外交事务方面的具体经验、个人理解、社会和职业关系，以及关于相关历史、资料和动态的知识都很薄弱，甚至完全缺乏，因此很容易就被广播、电视和报纸评论的各种观点所左右。此外，对于大部分，可能是绝大部分民众而言，很多国际事务极其复杂，仅凭他们的能力根本无法对此做出即时评价。其结果是，关键的外交政策通常都是由政策精英决定的，他们很少征询大众的意见，也无需对他们负责。[12]

1993年底，美国加入北美自由贸易区的决定就非常接近这种模式。在众议院就北美自由贸易协定进行投票表决的一周前，哥伦比亚广播公司（CBS）和《纽约时报》（*New York Times*）的民意调查结果显示，79%的受访者并不确定或干脆不知道他们选区的众议员将会投反对票还是赞成票。"有部分美国人对北美自由贸易协定非常关注。但绝大多数人对此既不了解，也没有对其充分关注以期理解。其结果就是，公众舆论在这一议题上基本保持了中立，对最后结果几乎没有任何影响。"[纽豪斯（Newhouse）和马修斯（Mathews），1994年，第31—32页；同样也可参见莫利纽克斯（Molyneux），1994年，第28—30页。]

---

[11] 从20世纪30年代到1994年，美国的民意调查中共有553个问题与外交事务有关。在所有这些问题中，"只有14%的问题能够得到至少3/4受访者的正确回答……另外28%的问题能够得到约1/2到3/4受访者的正确回答……至于其他半数以上的问题，能够正确回答的受访者还不到一半。36%的问题只有1/4到1/2的受访者有所了解。在20世纪40年代，这些问题所涉及的知识范围包括了瑞典和前南斯拉夫的政府形式……以及美国正在向希腊提供军事援助。最后，还有将近1/4的问题，只有不到1/4的受访者能够回答。这些几乎不为人所知的内容，包括20世纪40年代美国曾经与英国和加拿大分享原子弹的有关信息……20世纪60年代在越南战争中战死的士兵人数，20世纪70年代用于国防和外交援助的联邦预算金额……"[德里·加宾尼（Dellli Carpini）和吉特（Keete），1996年，第82—86页］。

[12] 我将使用政治精英、政策精英、政治领袖和社会活动家等术语，尽管不够精确。阿尔蒙德（1950年，第139页之后）区分了4种类型的外交政策精英：政治精英、行政官僚、利益集团和传媒精英。在意大利广泛使用的一个词语"政治阶层"，尽管很少在英语中出现，但该词内涵丰富，可以包含上述各种类型的精英，对我们也有所助益。

美国并不是唯一的例子。⑬例如，期待欧洲国家的公民对欧洲货币联盟及其优势有准确的判断，这是否现实？近来，《经济学人》（*Economists*）的编辑发现，"在欧洲，关于这一问题的公开讨论非常少……拥护派和反对派完全无视对方的意见，根本无法形成交锋"。（《经济学人》，1996年，第17页）

读者对这一标准版本可能会有一种反应：那又怎么样？既然普通民众对外交事务不感兴趣，也完全无法形成明智的判断，把这些问题留给政治领袖和社会活动家们岂不是更好？

包括民主政府在内，任何政府的任何决策总是会有损于部分人的利益，这是显而易见的。所有的收益都会产生相应的成本。如果每个人对于利弊的权衡都是一样的，那么集体决策就会等同于个人决策；可是每个人的利弊权衡并不相同。通常情况下，每一项决策的相关成本和收益并不是平均分配的。因此，老问题又来了：什么是最好的决定？谁能做出最佳决策？怎样才能做出最佳决策？

老生常谈的答案便是：评价政府决策的固有标准是公众的福祉、全体民众的利益、集体福利以及其他类似的，但也许不是严格相同的表述。可众所周知的是，如何定义公众的福祉？又如何达成这些目标？这些问题都很难回答。

关于公众利益问题的解决方案大致可以分为两类：实质性的和程序性的。实质性的解决方案包括提供一个评价标准，如幸福、福利、健康、效用等；提供可用于判断和总结评价相关人员的衡量标准；以及决定分配的原则，即如何公平、公正地把利益分配给民众。程序性的解决方案则规定决策程序和批准相关决策的程序，如多数人统治、成熟的民主进程、监察权、司法认定等。然而如果进一步深入研究，我们就会发现，无论实质性的还是程序性的解决方案都不足以解决问题；两者都需要彼此相互配合。实质性的方案无法自行立法，而

---

⑬ 与某些欧洲国家的民众相比，美国人是否对外交事务更为无知？这也很难说，因为不同国家的公民在认知上的差异随着议题的不同而变化很大。参见加宾尼和吉特，1996年，第90—91页，表2.8和表2.9。

是需要一定程序来决定什么结果在实质上是最好的；而程序，包括民主程序，都只是达到目的的手段，程序本身并不是目的，它们的理由并不仅仅在于纯粹的程序价值。

实际上，所有的实质性方案都有争议，甚至是高度争议；除了一些公式化的表述之外，如帕累托最优、大多数人的最大幸福等，没有一种方案能得到普遍的认同。由于对实质性标准缺乏一致的认同，民主国家的人们就倾向于认为程序性方案就足以解决问题，至少在大部分情况下如此。当我们不同意的时候，他们就会说，那就让多数人来决定吧，如果无法直接决定，那就让代表们来决定。这虽然可以接受，但多数决定不仅须遵循正确的程序，而且不得超越一些普遍认同的边界，如权利、自由和最低限度的公正等。[14]

作为一个现实的问题，在人口高度同质化的政治单位中，定义公共利益的问题就比较容易解决。完全同质化当然会有一定局限性，集体决策的影响的差异性将会消失，可显然这种局限性几乎不存在，哪怕在家庭这样的小单位中都很难达成完全一致。在任何情况下，随着政治单位规模的增大，相伴生的就是人口中利益、目标和价值多样性的增加。因此，一旦民主实体的规模扩大、增加了新的疆域和人口，民众的异质化程度就会增加。而多样性同样会增加政治利益的数量和分裂的可能性，经济地位、语言、宗教、地域、族群和种族认同、文化、国家归属、历史记忆和组织依附等问题上的差异都会产生分裂。

随着人口数量和利益多样性的增加，公共福祉和公共利益这样的想法就变得更加困难。在上文中，我已经提到了公众控制外交决策的某些认知和情感上的障碍。这些障碍使得公众更难以感知和理解远在他方的、在某些关键方面与自己不同的公民的状况、条件、需求、愿望、目标和目的。即便他们能够对这些问题有所了解，他们舍己利人的动机也十分淡漠或根本不存在。超出自己亲

---

[14] 民主理论越来越关注民主决策的协商过程，如果民主决策要具备实质上的正当性，其协商过程就被视为是一个必要的关键步骤。参见葛特曼（Guttman）和汤普森（Thompson），1996年，以及和费什金（Fishkin），1991年。

属之外的利他主义是非常罕见的,在大多数人中都是微弱到可以忽略不计。总之,在目的、目标、利益和诉求各不相同甚至有所冲突的一大群人中,全体一致同意是不可能实现的,对于最佳政策的分歧是可以预见的,公民道德的力量太过薄弱、无法超越个体利益和集团利益。⑮ 假如外交事务方面的公共利益是可合理证明的;如果柏拉图式的精英确实具有必要的理性和足够的美德,为他们所理解的公共利益而奋斗;如果普通民众没有意见,或者持有明显有悖于其最佳利益的观点,那么我们或许可以反驳道,政治领袖和社会活动家们应被授予外交事务的决策权。然而国际问题上的公共利益与国内问题同样备受争议,而且我们没有理由相信,精英们的观点显然是客观正确的。然而,精英们的共识往往具有很强的影响力,而其他公民的观点则微不足道,这就意味着某些群体,甚至可能是大部分人的利益和观点并没有在决策中得到充分代表。如果某些观点能在政治讨论中得到有效表达并引起普通民众的注意,它们在民众心目中的影响往往就有所加强,而争议则悄然隐藏。其他观点就没有能够引起普通民众的关注,就算对政策精英而言并非如此。因此,如果民众能够更好地理解他们的利益,如果他们的观点得到了充分的阐述、表达和动员,决策可能就是另一种方式。

与国内议题相比,这些条件在外交事务方面更有可能出现。有时候,政治精英们明显青睐某一重要政策选择;很多民众对此茫然不解,或是无所谓,甚至全然不知;而那些确实有所主张的民众则可能倾向于与政治领袖和社会活动家们相反的选择。因此,公开的辩论可能是片面的、不充分的,而且呈现一边倒的情况,最后政治领袖和社会活动家的观点和利益占了上风。

给这一推测提供令人满意的经验证据是一个大工程,如果有人试图对几个民主国家的经验进行比较,那工作量就更大了。我能提供的最好证据,就是以下几个零散的例子:

---

⑮ 我曾在 1987 年和 1995 年的著作中阐述过这个问题。

——我在上文中已经提到过的，美国关于北美自由贸易协定的决策过程显得非常符合这一模式。

——从1973年到1991年，在12个欧洲国家中，几个"意见领袖"国家对欧洲统一的支持力度明显高于其他几国［韦瑟尔斯（Wessels），1995年，第143—144页，表7.2和表7.3］。根据不同时期支持力度的变化，作者总结为：

> 如果没有政治领袖和社会活动家、政党以及"专注的公众"的持续关注，像欧共体这样的国际治理体系是别指望获得支持的。这并没有把欧洲一体化进程变成为独立于公众舆论之外的一个过程。恰恰相反，由于公众的支持与合法性是非常必要的，精英和政治人物必须努力争取他们（的支持）。（韦瑟尔斯，1995年，第162页）

修订后的标准版本：偶尔能唤醒民众的关注

在标准版本中，精英的观点往往能够占上风，特别是当精英们达成一致的时候。但是，假设精英们所一致认同的政策会对一大部分公民的利益、目标和健康造成严重危害，或是可能造成极大的危害。我们只需要回忆一下越南战争。越战的相关决策在最初几乎完全是由"最优秀和最聪明"的人、精英中的精英决定的，直到战争的徒劳无益和所造成的人力浪费已经十分明显，以至于公众的反战情绪十分强烈，**并且**在政治领袖和社会活动家之中也造成了日益严重的分歧。在这种情况下，政治人物分裂为针锋相对的阵营，普通民众也积极行动起来，公众纷纷对外交事务发表看法，公众舆论变得对关键的外交事务决策有重要的影响［阿德里奇（Aldrich）、苏利文（Sullivan）和博尔迪加（Bordiga），1989年］。

说美国人从不涉入外交事务，这就有误导之嫌。"你认为当今美国所面临的最重要问题是什么？"这是盖洛普民意调查的标准问题。从1935年到1985

年间，在共 150 次民意调查中，约有 1/3 的受访美国人认为外交事务是最重要的。在这 50 年间，每 18 年至少有一次，美国人把外交事务看作最重要的问题。这毫不奇怪，外交事务的重要性在战争时期就会飙升："二战"、朝鲜战争和越南战争。总之，这是他们对环境恰如其分的反应。⑯ 在"二战"期间，精英和大众都普遍支持战争行动；然而在朝鲜战争和越南战争期间，至少在一些很有影响力的地区，精英们的观点落后于普通民众的公众舆论。

在欧洲国家，本国与欧盟及其前身欧共体的关系问题，往往会唤醒大部分选民的关注⑰，唤起他们强烈的政治热情，并在普通民众中造成针锋相对的意见分歧，有时候与政治领袖和活动家们所主导的观点恰恰相反。政治活动与激烈的意见分歧在某些时刻特别明显，比如 1972 年挪威就是否加入欧共体所举行的全民公投，法国在 1992 年就是否批准《马斯特里赫特条约》进行的公投，以及挪威和瑞典分别在 1994 年就是否加入欧盟所举行的公投。哪一种选择最有利于公民自身？哪一种选择最适合自己的国家？在上述 4 次全民公投中，民众对此争论不休、各执己见，意见的分歧程度丝毫不亚于一些争议性的国内议题。在法国关于《马斯特里赫特条约》的公投中，选民基本上按照阶层和职

---

⑯ 1939 年，美国公众关注的重点开始从国内问题转移到对外事务，在希特勒入侵波兰之后，对外事务上升到第一位，直到"二战"结束后被国内事务所取代；而在 20 世纪 40 年代末期，随着"冷战"阴影的到来，外交事务重回第一位。"从那时起直到 20 世纪 60 年代初，外交事务一直牢牢把持着公众的注意力，48%～56% 的受访者和往往超过一半以上的公众将其放在第一位……1963 年，外交事务的霸主地位被民权运动的兴起所打破……直到 1965 年，随着越南战争的爆发，外交事务重返首要位置。从 1960 年到 1970 年，越南战争和其他国际问题一直左右着公众的注意力。唯一的例外就是 1967 年 8 月发生的种族骚乱，把社会控制问题推到了前沿。而在过去 10 年间（1974—1984 年），除了少数例外，经济问题始终主导着公众的注意力，常常有 60% 以上的公众将其置于首要位置"［史密斯（Smith），1985 年］。

⑰ 奥地利就是否加入欧盟进行全民公投的投票率是 82%，超过了 1994 年大选的投票率；芬兰是 74%，差不多与 1991 年大选的投票率持平；瑞典是 83.3%，比随后进行的大选投票率略低 3.5 个百分点；挪威则是 89%，超过了之前所有选举的投票率［雅恩（Jahn）和斯多尔斯伏德（Storsved），1995 年］。

业的分野,分为两大对立的阵营(51%赞同,49%反对)。[18] 挪威在1972年就是否加入欧共体举行了全民公投,结果大部分挪威人否决了这一提案,并且在1994年的公投中再度否决了加入欧盟的提案。在公开辩论中,主张加入欧盟的一方强调欧盟在经济、安全和文化上的优势,而他们的对手则往往更强调民主的价值、环境保护问题、福利国家的价值观和政策、反主流文化以及两性平等,并且不想受到来自布鲁塞尔的繁文缛节和官僚主义的约束。对投票结果的分析显示,挪威民众(在这一问题上的立场)存在着显著差异。"反对票"主要集中在北部和西部边远地区、渔业和农业社区、教会成员、女性选民、第一产业从业人员或公共部门工作人员,特别是从事社会服务和公共卫生服务的工作人员。而"赞成票"则主要集中在城市地区,特别是奥斯陆周边地区,以及受过高等教育、收入水平较高的选民群体。基督教民主党(Christian Party)、农本主义(Agrarian)和社会主义左派党(Left Socialist Party)的支持者们大多反对加入欧盟,而工党和保守党的选民则坚决支持加入欧盟。[19] 在瑞典的公投中,选民们意见分歧的情况大致与此相似。顺便说一下,值得注意的是,瑞典的民意调查结果显示,仅仅在一年之内,同意加入欧盟的选民就从多数沦为少数,但此时木已成舟。关于公众舆论对外交政策之影响的标准版本,可以做如下修正:相较于国内问题而言,民主国家的民众通常对外交事务的兴趣并不大;但是在特定情况下,他们的热情会被唤醒,并且在某些关键的外交决策中发挥重要的,甚至是决定性的作用。如果某项政策会对一部分,甚至大部分公民的利益、目标和健康造成伤害,或有可能带来伤害,他们就会群起而反对,

---

[18] 70%的农场雇工、62%的农场主和60%的城市劳工投了"反对票"。在低阶白领、手工业者和小型企业雇员中,赞成和反对的意见大约各占一半。而大公司雇员、管理阶层、专业人士、学者、科学工作者、教师、医护人员和社会工作者,则绝大部分都投了赞成票[布鲁勒(Brulé),1992年]。

[19] 请参见佩特森(Petterson)、叶森(Jenssen)和里茨豪格(Listhaug),1996年;汉森(Hansen),1996年;比约克隆德(Bjorklund),(未注明日期)。尽管不同因素之间互相重叠,多元回归分析的结果显示,文中所列出的那些因素具有重要的独立影响作用。

政治活动家们会起来争取他们的权利，而政治领袖内部也会分裂。此时，这一问题看起来更像是困难重重的国内问题。如果该政策可能产生的成本非常明显、具体和直接，而预期的收益则是抽象的、空洞的和久远的，那么支持这一政策的政治领袖可能会以失败告终。

然而即使在修订后的标准版本中，像越战这样的情况也是十分少见的：对于美国本土民众而言，美军在越战中的伤亡是显而易见的，而预期的政策收益，如防止南亚和东南亚地区像多米诺骨牌一样相继失守，则对大部分美国人来说都是遥远的、不确定的，并且几乎完全停留在理论上。同样地，加入欧盟能给一部分欧洲人带来长期的、抽象的保证，却会使另一部分人认为会给自己造成具体的、简明易懂的损失。

但像这样的外交决策并不常见。即便是加入北美自由贸易区这样的决策也没能引起很多选民的关注，尽管反对者们试图使人们担忧这一政策所产生的后果。结果，大多数美国人都很少关注这一问题。事实上，加入北美自由贸易区的决策是由政治领袖和活动家们决定的，而普通民众对此没有发挥多大影响。

国际组织和进程

既然民众（对政策）的控制在民主国家很难实现，在国际组织中当然就更难解决这一问题。假如挪威加入了欧盟，挪威民众是否能够像他们影响和控制挪威议会与内阁的决策一样，对地处布鲁塞尔和斯特拉斯堡的欧盟各机构的决策产生影响和控制？与挪威人民相比，瑞典人民对欧盟政策的影响力可能要高一些，但又有谁会宣称他们对欧洲议会的影响力要大于本国议会呢？丹麦人民会吗？这几个国民同质化程度相对较高的小国家只会强化这一论点。国家规模和国民的异质化程度对此有重要的影响。但是像英国这样的较大的国家也会面临同样的问题。

假如民众对国际组织的影响和控制能够达到他们影响民主国家决策的程度，国际组织需要解决民主国家目前也同样面临的几个问题。政治领袖需要建立一些政治制度给公民们提供政治参与、影响和控制的机会，就像民主国家现行的那些制度一样。如果想要利用这些机会，民众就需要关注和了解国际组织的决策，就像他们了解本国政府的决策一样。而政治精英和传媒精英在就各政策选择进行公开辩论和讨论时，需要选择合适的方式以引起公众的注意和激情，从而使公众充分了解国际组织的相关决策。若要使公开辩论得以进行，就必定要建立政党之间和谋求公职者个人之间的国际竞争，就像他们在国内政坛的竞争一样。[20] 民主国家的立法部门能够对行政部门进行有效控制和制衡，国际组织中的民选代表或类似机关也应该对重要的国际官员进行控制和制衡。

这就派生了一个新的问题：如何在不同国家的民众之间分配国际民意代表的席次？由于不同国家的人口规模差异极大，没有一种代表制度既能体现每个公民"票票等值"的原则，又能避免小国在议席分配上被大国远远超越；因此，能够为较小的民主国家所接受的方案，就无法在较多人口中实现政治平等。像美国和其他联邦制国家一样，能够接受的方案可能就是把两者拼凑在一起，欧盟就是这样做的。可无论达成什么样的妥协，日后都很容易成为国际组织内部关系紧张的根源，特别是在缺乏共同身份认同的情况下。

国际组织是很有可能出现紧张关系的，就像在民主国家里，绝大部分政策都会损害某一部分民众的利益，国际组织也是一样的。有些政策最沉重的负担是由特定群体、地区和国家所承担的。为了缓解这种紧张关系，支持特定制度的政治文化将会有所助益——甚至可能是必要的。但是政治文化的培育和发展需要很长时间，也许需要历经数代人之久。此外，如果说政策决定的利益受损者也能普遍接受并严格执行该政策，那么就有可能建立共同的身份认同，就如

---

[20] 雷蒙·瓦格斯-玛祖卡（Ramon Vargas-Machuca）在其1994年的著作中对其中几个问题进行了论证，他的结论比我的要乐观。

同民主国家的现况。就目前现状而言，连欧洲各国居民都无法建立共同的身份认同。[21] 我们又怎么能够期望其他地区呢？

总而言之：既然普通民众很难对他们本国的外交决策加以影响，难道我们不能认为影响国际组织的障碍会更大吗？正如在民主国家，很多重大政策实际上是由公民委托政治精英决定的，国际组织成员国的公民难道不会将有效控制权委托给国际政策精英吗？国际组织中委托授权的范围难道不会远远超过可接受的民主门槛？

结　论

认为国际组织不是民主的，或不太可能是民主的，这并不等于说他们是不受欢迎的。民主政府最有利于倡导民主的人类需求和目标，但显然国际组织对同样的需求和目标也很必要，我在本文开始就提到过，有时候国际组织能帮助非民主国家完成从高度不民主状态到更民主的政府形态的艰难转型。此外，国际组织也有助于人权和法治的发展，后者是民主的一个重要组成部分，我已在此前强调过。就算与民主控制的损失相比，这些都是重要的潜在收益。

尽管可能存在这些好处，我仍然看不出有什么理由可以为国际组织穿上民主的外衣，从而赋予它们更大的合法性。

可是，如果其政府不能被认定为民主的，它们又该被怎样认定？在当今世界，除了民主之外，并没有什么其他选择可以作为合法性的来源。自治的科层体制很难被认为是正当的，虽然确实存有正当的理由。工商企业中的科层制能

---

[21] "作为一个经济、政治和行政实体，很明显欧洲引起了看法和态度的变化，但那种感觉却不同于对民族国家那样的实体所拥有的归属感。假如在将来，欧盟能够产生一系列新的归属感，以我们所知道的情况来判断，很难想象它将会变成什么样……目前，欧洲认同是一个超前的现象。"（Duchesne and Frognier, 1995 年，第 223 页）。

够获得合法性，因为它被认为是，有利于市场经济的运作，而主要由私人所有的市场经济几乎被一致认为是当今所有可行选择中的最佳方案。㉒ 民主国家里私人部门或非盈利部门——包括大学、研究中心、医院、宗教组织和很多其他部门——所存在的科层体制，使政府的不民主因素有了存在的理由，理由是统治者无论在知识还是在专业方面均远远超过被统治者，并且充分关注决策受众们的福祉。

另一种观点与民主理念和民治政府的实践同样久远，甚至更为久远，即精英们无论在知识还是道德方面都优于普通民众，精英监管（统治）无疑比民主政治优越。虽然我们这些倡导民主思想的人不同意这种观点，但当这种理念被应用于一国政府时，包括民族国家和国家政府，就被我们视为无效，那么关于国际组织适用监管统治的说法是否能受到认可呢？如果答案是不能，而我在本文中已经论述国际组织是不可能实现民主的，那还剩下什么选择呢？或者我应该这样说，什么样的选择才是合适的呢？

尽管我也并不能明确地回答这个问题，但我想提几个方面的想法和建议。

1. 我们需要警惕民主的合法性向非民主体制转移。在本世纪，我们已经观察到有不少人试图给非民主体制穿上民主的外衣。如"真实的"民主、"真正的"民主、"股东"民主等等。所有这些（词语）实际上指的是官僚统治、等级制和威权统治等非民主形式。虽然国际组织并不是民主的，难道我们就没有义务说出真相？

2. 既然国际组织的治理方式并不是民主的，那又是什么样的呢？我认为可以称之为**官僚谈判体制**。就像大部分威权政府的统治者们会在某种程度上，以一定的方式对被统治者的意见和诉求做出回应——即便是企业管理者也不能

㉒ 在民主国家，主要（不是完全！）以市场为导向的经济是唯一可行的选择，我同意这种观点。我也认为工商企业中现行的科层体制并不必要或合理，他们对此的辩驳并不能让我满意。参见达尔，1985年。目前，持这种或类似观点的人显然是相当少数的。如果将来这种观点被广泛认同和接受，那么对现存绝大部分企业的管理当然就会成为一个大问题。

无限期地忽视其下属的意愿——同样地，官僚谈判体制的领导人也不能无限期地忽视根据其治下成员的意见和诉求所设定的限制。如果这样一种被高度稀释的回应都能称得上是"民主的"政治制度，那我就不知道什么样的政治制度才是非民主的。

3. 在衡量官僚谈判体制是否适用于国际组织时，必须清楚地表明**民主的成本**并加以计算。即使我们断定（民主的）收益或预期的收益超过了成本，也没有理由对成本完全忽略不计。欧盟内部的官僚谈判体制就被批评为"民主赤字"，这也应被认作是所有"国际政府"（international government）的成本。

4. 有一种观点认为，随着全球化的进一步深入，国家和地方政府能力的大幅下降是不可避免的，而民主理论的支持者应抵制这一观点。可以肯定，推动更广泛的经济、政治、军事、社会和人类生活的文化领域国际化的力量非常强大。然而，我看不出我们如何才能确信全球化是不可避免或理所应当的。在过去的3个世纪里，所谓"不可避免"的说法充斥其间，又如肥皂泡一个一个破灭。我们应根据每一种情形的特点对其进行评价，而不是屈从于"不可避免的必然性"的欢呼。

5. 如果我们判定人类的重要需求需要国际组织的存在，那么就算会产生一定的民主成本，我们也不仅要监督和批评它不民主的方面，还要对它提出进一步民主化的建议并坚持采纳。㉓

6. 最后，即便国际组织的治理将无限期地沿用非民主的官僚谈判体制，我们是否就没有责任去制定对其进行评判的标准？判定某一政府是否达到民主政府的标准，在这方面我们已经建立一些有用的标准，虽然在某些细节方面还未形成一致意见。尽管国际组织的官僚谈判体制会造成一定的民主成本，可是

㉓ 事实上，对国际组织的民主化抱有比我更乐观态度的学者们早已提出了这方面的建议。例如，可参见赫尔德，1995年，第12章。

假如我们仍然认定该国际组织是有必要存在的，那么我们应使用什么样的标准去评价该组织？以及我们又根据什么标准去证明我们所提出的替代方案更合理？这些问题可能很难，甚至是令人尴尬的，但是我想我们也不应该把非民主体制说成是民主的，以回避问题的存在。

参考文献：

Aldrich, John H., John L. Sullivan, and Eugene Bordiga. 1989. "Foreign affairs and issue voting: do presidential candidates 'waltz before a blind audience'?" *American Political Science Review* 83(1):124 – 141.

Almond, Gabriel. 1950. *The American People and Foreign Policy*. New York: Harcourt Brace.

Archibugi, Daniele and David Held (eds.). 1995. *Cosmopolitan Democracy, An Agenda for a New World Order*. Cambridge: Polity Press.

Bjorklund, Tor. n. d. "Change and continuity: the 'no' majority in the 1972 and 1994 referendum concerning Norwegian membership in the EU" (ms).

Brulé, Michel. 1992. "France after Maastricht." *The Public Perspective* 4 (1):28 – 30.

Christophersen, Jens A. 1966. *The Meaning of Democracy*. Oslo: Universitetsvorlaget.

Dahl, Robert A. 1967. "The city in the future of democracy." *American Political Science Review* 61:953 – 1670.

1985. *A Preface to Economic Democracy*. Berkeley: University of California.

1987. "Dilemmas of pluralist democracy: the public good of which public?" In Peter Koslowski (ed.), *Individual Liberty and Democratic Decision-Snaking*, pp. 201 – 214. Tubingen: J. C. B. Mohr.

1989. *Democracy and its Critics*. New Haven: Yale University Press.

1994. "Democratic dilemma: system effectiveness versus citizen participation." *Political Science Quarterly* 109:23 - 34.

1995. "Is civic virtue a relevant ideal in a pluralist democracy?" In Susan Dunn and Gary Jacobsohn (eds.), *Diversity and Citizenship*, pp. 1 - 16. Lanham, MD: Rowman and Littlefield.

Dahl, Robert A. and Edward R. Tufte. 1973. *Size and Democracy*. Stanford: Stanford University Press.

Delli Carpini, Michael X. and Scott Keeter. 1996. *What Americans Know About Politics and Why It Matters*. New Haven: Yale University Press.

Duchesne, Sophie and André-Paul Frognier. 1995. "Is there a European identity?" In Oskar Niedermayer and Richard Sinnott (eds.), *Public Opinion and International Governance*, pp. 193 - 226. New York: Oxford University Press.

The Economist. 1996. "The wrong design." 14 December, p. 17.

Fishkin, James. 1991. *Democracy and Deliberation*. New Haven: Yale University Press.

Guttman, Amy and Dennis Thompson. 1996. *Democracy and Disagreement*. Cambridge, MA: Harvard University Press.

Hansen, Tore. 1996. "The regional basis of Norwegian EU-resistance" (ms).

Held, David. 1995. *Democracy and the Global Order, From the Modern State to Cosmopolitan Governance*. Stanford: Stanford University Press.

Jahn, Detlef and Ann-Sofie Storsved. 1995. "Legitimacy through referendum? The nearly successful domino-strategy of the EU referendums in Austria, Finland, Sweden and Norway." *West European Politics* 18:18 - 37.

Molyneux, Guy. 1994. "NAFTA revisited: unified 'opinion leaders' best a reluctant public." *The Public Perspective, A Roper Center Review of Public Opinion and Polling* (January/February):28 - 30.

Newhouse, Neil S. and Christine L. Mathews. 1994. "NAFTA revisited: most Americans just weren't deeply engaged." *The Public Perspective, A Roper Center Review of Public Opinion and Potting* (January/February): 31 – 32.

O'Donnell, Guillermo. 1994. "Delegative Democracy." *Journal of Democracy* 5 (1): 56 – 69.

Pettersen, Per Arnt, Anders Todal Jenssen, and Ola Listhaug. 1996. "The 1994 EU referendum in Norway: continuity and change." *Scandinavian Political Studies* 19 (3): 257 – 281.

Schmitter, Philippe C. 1996. "Is it really possible to democratize the Europolity." Unpublished.

Schmitter, Philippe and Terry Lynn Karl. 1991. "What democracy is … and is not." *Journal of Democracy* 2(3): 75 – 88.

Smith, Tom W. (1985). "The polls: America's most important problems, Part I: National and international." *Public Opinion Quarterly* 49: 264 – 274.

Vargas-Machuca, Ramon. 1994. "How to be larger and more accountable: the paradoxical challenge of European political parties." A paper presented at the Center for Advanced Study in the Social Sciences of the Juan March Institute, Madrid, on 15 – 17 December.

Wessels, Bernhard. 1995. "Support for integration: elite or mass driven?" In Oskar Niedermayer and Richard Sinnott (eds.), *Public Opinion and International Governance*, pp. 137 – 162. Oxford: Oxford University Press.

3

对达尔的怀疑主义的评论

詹姆斯·托宾
(James Tobin)

达尔对国际环境中民主可行性的几个方面进行了讨论。对于这一问题他是悲观的，当然也是令人信服的。针对这一主题，我想从一个经济学家的视角提出几点看法。

国际机构的治理

国际组织的典型成员是各民族国家，而国际组织的运作基于各成员一致同意并签署的章程。成员国之间在人口规模上差异极大，而且并不是所有的成员国都是民主国家。那么民主治理意味着什么呢？即便所有的成员国都是民主国家，它们也不太可能同意每一个成员国根据其人口比例分配投票权。例如，那些向世界银行和国际货币基金组织（IMF）缴纳高份额的国家，就不会同意让中国管理这些机构。德国和法国也不愿意将欧洲央行的运作交给由欧盟成员国按照人口比例分配席次的董事会。

退出代替发言

阿尔伯特·赫希曼（Albert Hirschman，1970年）指出，内部民主并不是一个组织道德合法性的唯一可能来源。如果其成员是自愿的，如果该机构允许成员"退出",而且退出的成本并不十分高昂,那么根据成员的"发言权"进行治理就不是那么重要了。事实上,有一些成员只是零星地参与国际组织的治理,如果这些成员与长期以来"忠实"参与国际组织的成员国享有同等的话语权,那也是不公平的——这是赫希曼的第三个观点。如果存在着竞争性的组织,或者能够建立一个竞争性的组织,退出机制本身就是一种公平。如果(国际组织)不允许成员退出,或退出成本十分高昂,那么就需要民主来保证公平。当然,退出成本和转到其他组织的成本都涉及一个程度问题,因此,发言权与退出机制的各种务实结合就是比较合适的。

达尔将雇员民主,或者说雇员民主、顾客民主和股东民主,视为企业治理的原则,很遗憾我始终无法认同他的观点。达尔还赞成与此类似的大学治理,即把全体成员之大多数决定的民主原则用于大学机构的治理,我同样无法认同这一观点。

如果"退出"机制无法生效,那么在单一的管辖范围内,答案就一定是反垄断政策或是由民主国家提出的其他法规和保护制度。在许多情况下,特别是在达尔所论述的国际背景中,既不存在类同组织间的相互竞争,也不存在民主治理,我们能看到的只有达尔所谓的官僚谈判体制,往往对规模较大的(国际)组织进行监督和管理。

联盟、联邦和宪章

不受限制的多数人统治会成为少数人的灾难,"法律面前人人平等"原则的灾难,也会成为民主自身发展和延续的灾难。因此宪法和宪章是必不可少的。这就是为什么把地方性议题的决策权下放到各级地方的民主政府,即便没有赋予它们额外的国家决策权重,也能够很好地保护少数人的利益不受"多数人暴政"的侵犯。理想(的解决模式)并不容易确定。在民族国家中,联邦是一种典型模式；其宪法是由联盟或联邦与其成员之间所签订的合约，以及公民权利法案所组成。在美国的联邦宪法中，联邦参议院就是一个不民主的异类，可如果没有这样的妥协，或许就无法形成联邦，也可能无法适应人口与经济的变迁。

正如达尔所提议的，我们应该期待欧盟在治理过程中达成类似的妥协。欧洲议会的席次分配就是按照成员国的人口，而不考虑其疆域，或许这也就是其始终无法具有主权地位的一个原因。

哪些人群，可以被称为主权独立之民主国家的人民？

这是民主理论中一个相当棘手的问题。是的，多数人统治和民族自决，可是为谁统治和决定呢？地域是否足以确定一个主权国家？种族？宗教？历史？包括爱尔兰、苏格兰和威尔士的不列颠群岛是一个合法单位吗？1914年之前的联合王国是否是一个联邦？爱尔兰民族主义者得到了爱尔兰岛上大部分居民的支持，他们声称对爱尔兰全岛拥有主权。新教徒在爱尔兰北部6郡中占人口的多数，他们想要留在联合王国并获得了成功。可是其中天主教占多数的两个郡却想成为自由邦。民主理论并没有告诉我们这一地区应如何在主权国家之间进行划分，它们是否能够作为成员加入联邦。

在当今世界，与此类似的冲突可谓比比皆是——南斯拉夫、车臣、索马里、苏丹、卢旺达与布隆迪、刚果、利比里亚、亚美尼亚与阿塞拜疆、库尔德人聚居区等——很不幸，这些地区常常发生流血冲突。虽然当今各国公民都认为本国的领土疆域自然而神圣，可事实上，很少有哪一个国家的疆域不是通过武力和侵略确定的。

承诺与信誉

达尔怀疑一个主权国家的民主政府是否能够完全承认本国，而非本届政府与他国所签订的协议。当然独裁者可以随意更改他们的意愿，比如希特勒和斯大林。实际上，各国通常都会遵守条约所规定的义务，即便这些协议和条约是由反对党政府所签订的（然而，美国国会曾有一个例外，他们反对支付联合国会费）。

由于政党轮替而导致的政策变动问题不仅仅限于外交政策。在选举竞争中，每一个任期、每一次选举，（选民们都）根据政党和候选人的承诺与成就进行选择。然而各届政府确确实实做了一些实事，也通过了不少具有长期意义和长远影响的法律。在意识形态和施政规划上处于两极的政党若轮流执政或政党轮替，（对政策的连续性而言）就会有潜在的威胁。一次选举之后实行社会主义，下一轮选举之后则推行私有化？商业和金融——债券市场！——团体坚持要有信用，这是当前经济理论特别强调的。而强大的利益集团则提出，实际上，"我们必须要有可靠的货币政策、财政政策、金融政策和税收政策，否则我们就不付钱"。

其结果就造成了推动经济政策与民主政治相分离的运动。在美国，美联储正变得越来越独立。美国国会长期致力于提出有关要求平衡联邦预算的宪法修正案。在英国，工党政府在 1997 年第一次赋予英格兰银行在执行货币政策中的独立性。在欧洲，《马斯特里赫特条约》使欧盟成员国丧失了独立的货币政策、利率和财政政策。这些趋势会缩小民主选择的范围，从而危及民主本身。

参考文献：

Hirschman, Albert O. 1970. *Exit, Voice, and Loyalty: Responses to Decline in Firms, Organizations, and States*. Cambridge, MA: Harvard University Press.

4

民主秩序、经济全球化与生态限制：论实体民主与形式民主的关系

艾尔玛·阿尔特瓦特

(Elmar Altvater)

导论：民主秩序的三个困境

在民主秩序中，原则上，公民在自由与平等的条件下进行政治决策。这种决策的程序和节奏源自特殊历史时空下所形成的统治方式，后者是在"自由主义时代"伊始以来漫长的历史过程中逐渐形成的。主权独立的民族国家的地理疆界规定了民族国家"多元"（pluriverse）［施密特（Schmitt），1963年，第54页］范围内的有限领土。领土赋予了公民参与决策过程的权利（和义务）。但由于公民也会参与各种经济活动，于是他们就会构建一个超出了政治领土限制的经济领域。在相关行动的时空问题上，经济的无限性与政治的有限性之间就会产生矛盾，亚当·斯密曾对此进行过概念化论述［罗桑瓦伦（Rosanvallon），1988年］。时至今日，政治的属地性与经济（全球）领域之间的矛盾已成为"全球化"论述中一个常见的话题。

除了（政治）参与的形式和程序维度之外，公民平等也具有实体性和实质性。"二战"之后，实体公民权之实质内容的个人诉求形式主要包括社会、经济和文化权利（"第二代人权"），这些内容主要源自于集体福利国家理论，并受到了联合国的确认。在"二战"后，这些内容已成为现代民主论述的先决条件，并在某些情况下代表着宪法原则的尊严。但近年来，全球化过程一方面包括了政治主权的消解，另一方面则是生态危机频发，这都会削弱实质性权利的诉求。因此,民主秩序面临着许多新的困境,下文将对此进行讨论。

1. 比瑟姆(Beetham,1993年)提出了解释市场与民主关系的4个定理:(1)"必要性"定理,即市场的良好运作需要民主秩序;(2)"相似性"定理,概述了自由民主与自由市场经济如何遵循相似的原则;(3)"优势"定理,认为市场在向公民提供自由方面具有优势;(4)"无效"定理,与"必要性"定理相比,"无效"定理阐释了自由民主如何成为自由市场效率的障碍。该模型表明,在市场中,只有拥有钱财的公民才能得到认可。在"金钱—选票—民主"中,钱包里的美元、德国马克或日元越多,他们和他们的选票就越重要。然而,在民主的"政治市场"中,"一人一票"的原则仍然是有效的,公民严格平等的条件包括:每个人都有同等的话语权,公民的财产(银行账户)独立。

正如福利国家实现了最低程度的社会平等,马克思关于**公民**政治平等的讨论阻挡了**资产阶级**与**无产者**之间的不平等,并在某种程度上推动了国际政治领域的经济和社会人权。在某种程度上,这或许是因为形式民主的实质标准其实是最低的,因此可广为接受,例如"在当今世界,民主没有强劲的政治对手,虽然存在着各种问题、失败和不确定性,但它仍是时代的胜利者"(夏皮罗,1996年,第3页),或者像温斯顿·丘吉尔曾经说过的:民主是最坏制度中最好的。在"新世界秩序"中,至少在原则上,民主没有反对者。根据"里斯本小组"的分析,"全球民主化"是全球化最显著、最无争议的特征。(里斯本小组,1997年)。民主政治制度是"善治"的基本条件之一,后者则是国际组织所要求的(如世界银行、国际货币基金组织和欧盟等)。民主社会的人们更接近康德的"永久和平"理想,因为只有在民主社会,拥有宣战媾和权的决策者与承担战争后果的人们之间能达成一致。如果政治是由非敌即友(以及两者之间的"冲突")的二元逻辑所构成的,那么民主问题看起来就被非政治化了(施密特,1963年)。然而问题从不会那么简单,更不用说"冷战"期间,国家认同基本上建立在充满敌意和威胁的定义之上。

2. 对于民主的程序合理性而言,更重要的问题在于国家政治边界与全球化经济的超国界性之间所存在的矛盾。这一问题可以追溯到现代性的起源时期，即在文艺复兴、地理大发现和"统治世界的欧洲合理性"获得胜利之后。在始于17世纪的"大转型"［波兰尼，1957年（1944年）］历史过程中，经济摆脱了社会的控制，而资本主义积累的规律和获得（acquisition）的内在理性则征服了社会。比瑟姆（1993年）的研究十分有说服力，他认为即便是在民主程序的形式上，这种理性与政治理性都不相容。经济决策者们一方面否认政治的疆域性，同时又将其视为套利投机的机会，即融入全球化经济空间并作为其中一部分，从而将其降格为经济的计算。于是，就像波兰尼所提出的，工具的、形式的经济合理性超越了政治协商和社会关系的"温床"，并与其脱嵌。自马克斯·韦伯以来，社会（和政治）决策的形式与实质之间的矛盾已广为人知，时至20世纪末，这一矛盾看似有逐渐增强的趋势，并涉及全球化与民族国家、"制度限制"和解除政治规制之间日趋明显的紧张关系。以上这些都意味着政治—行政体制对基本经济变量失去了控制。

3. 这导致了民主合理性的第三个问题。为决定程序的应用范围和期限，民主政治需要以时间和空间为坐标以确保"治理绩效"，因为治理绩效从来都不是指作为整体的全球性制度。① 为确保形式民主的程序，边界仍是必要的。此外，它们也是一种基本架构，正是在这一框架中，个人（人权）与人民（民权）的实质性权利得以生效和存续。② 参与合理性的建立不仅是形式上的，

---

① 治理绩效有别于治理。"全球治理委员会"的成立，就明确宣告了治理是一项全球性任务。语言的变化很有意思：在20世纪70年代，"三边委员会"致力于阐明克服治理绩效不彰的前提条件，并重建提升西方国家治理能力的条件。而20年后，成立于20世纪90年代的"全球治理委员会"，则旨在建立国家、私营经济部门、国际组织和非政府组织之间进行新型制度化全球合作的"软性"全球规则。［关于三边委员会，请参见斯科拉（Sklar），1980年；关于全球治理委员会，请参见全球治理委员会，1995年，福尔克（Falk），1995年］

② 这正是社会民主与社会主义民主的基本理念。例如，莱利奥·巴索（Lelio Basso）认为根据人类的需求和利益，"有意识和负责任的参与"必须是可能的，这是"社会主义的基本要素"（巴索，1980年）。很显然，这一类型的参与必须以有限的领土条件为前提。

也是实质性的。因此,"民主游戏"的参与者,与其所有悖论与困境一样,都具备了,首先是作为人的完整性,其次是具体的、不仅仅是形式上的而且是实质性的权利。这些权利可谓是历史"成就",大部分都是社会和政治冲突的结果,并已成为社会和政治标准。"西方"理性构成了形式民主和理性选择理论的背景,并有着重要的历史基础,以下三点"三位一体":(1)资本主义的社会形式;(2)化石能源的使用,以及将化石能源转化为作功(work)所必需的各种技术;(3)自从启蒙时代以来的理性主义传统(阿尔特瓦特,1994年)。

然而,标准是一种"地位商品"[哈罗德(Harod),1958年;希尔施(Hirsch),1980年],其地位越高,其国际接受度就越高。至于它们所引发的大量诉求,某些权利(在实体意义上)是不能被民主化的,它们是"寡头的"或"地位性的":虽然人们可以平等地参与投票,却不可能做到平等地参与自然资源的消费。所以说,这是民主进程的一个悲剧:形式上的"游戏规则"却与"游戏的赌注"不匹配。这种差异是决定性的:在这里,"游戏规则",即**形式**民主的规则,向**实质**性原因屈服了。在社会科学研究中,加勒特·哈丁(Garrett Hardin)将这一困境描述为"公用地悲剧"(哈丁,1968年),这一理论同时也可应用于研究民主程序的合理性。③ 因此,如果没有考虑到**历史(当然还有政治的)空间和时间,以及(全球)公共物品的(生态)承载能力**,对于"民主游戏"规则的讨论就称不上是充分的。如果距其边界较远,那么对于决策的形式规则而言,实质内容就不那么重要;一旦接近增长的极限,或"环境空间"的边界[乌帕塔尔研究院(Wuppertal Institut),1996年],实质内容就具有至关重要的意义,必须予以仔细考虑。

---

③ 加勒特·哈丁从其论文中所得出的结论一定是(本文)无法接受的(把公用地变为私有财产)。当资源和池塘的承载能力超负荷时,我们或许可以采取两种不同的应对方式:其一,并不是所有人都能够像"西方人"那样大量消耗自然资源(寡头解决方式);其二,包括"西方人"在内,所有人都必须根据自然的承载能力来调整其对资源的消耗(民主—平等的解决方式)。

在对问题进行概述之后，我们将在本章的第一部分中讨论经济全球化对主权独立的民族国家所带来的问题。显然，国家边界的洞穿（perforation）正在形塑民主政治的空间和时间，因此**主权的含义**也在发生变化。鉴于这些趋势可能会被贴上"传统的民主问题"的标签，我们将在本章的第二部分讨论"新的民主问题"，例如，**新的生态边界**的出现同样会重塑民主政治的空间与时间，但其方式却迥异于前面一部分所提到的。

地域性与全球性

尽管全球化极大地加强了政治与经济之间的区别，但两者之间的区别早已深植于资本主义世界体系的漫长历史中，早在15世纪的欧洲，民族国家与世界市场体系的形成时期，这种区别就已存在。民族国家的界定包括了它们所设定和保卫的疆界，包括对内排斥那些不被认为是公民的人，也包括对外反对其他民族国家及其公民。这样，一方面产生了公民权的问题，另一方面则产生了主权民族国家的"pluriverse"组织。例如，某一国际体系的章程。"威斯特伐利亚体系"（由1648年在明斯特市和奥斯纳布吕克市所签订的威斯特伐利亚和约所建立）的建立是就是一种解决方案，既要求民族国家之间相互尊重，又允许区分敌友关系。从民族国家的角度而言，世界上的国家可以据此分为体系内和体系外的，后者就是战争的对手或是可预期的敌人，也是"全面战争"的潜在对象（施密特，1963年，第102页）。很显然，"全面战争"阴影下的敌我建构不会允许协商民主程序的存在。

而经济竞争的原则就更复杂了，因为经济领域是以竞争者为特征的，而不是（政治）敌人。因此，除了双边垄断之外，政治的二元逻辑在经济领域并不适用。根据卡尔·波兰尼的理论，缺乏规制的市场所遵循的是不受约束的理性和报价，由于具有一定的社会和生态破坏性，它并不是一个融洽的乌托邦，而亚当·斯密、奥古斯特·孔德（Auguste Comte）和赫伯特·斯宾塞（Herbert Spencer）等思想家自从 18 世纪以来都仅仅把发展视为工业—商业原则的胜利进行曲。所以亚当·斯密和自由主义思想家们主张由"看不见的手"所调节的自由市场经济，而波兰尼则主张"看得见的手"，即对经济领域进行政治和社会规制。因此，经济理性的纯粹形式就是**解除规制**，而政治理性的纯粹形式则是**监管**。经济上解除规制就会削弱政治主权，并进而影响政治规制的能力，反之亦然：政治监管是"重新嵌入"和"约束"经济理性的方式。

民族国家正在成为现代资本主义市场经济不可或缺的机构。亚当·斯密以来的自由主义思想家们也充分意识到，国家履行了非常重要的社会职能。亚当·斯密在《国富论》第二卷第五册中论述了"为便利社会商业发展"而必需的国防、司法、公共工程和公共机构的"费用"，为教育、教学，以及最后但并非最不重要的、维持"君主尊严"的"费用"。根据这一观点，完全去政治化的市场经济是不可能存在的。因此，社会从来都不可能主要依靠"看不见的手"的运作，所以政治领域的必要机构就需要建立规则。首先，这些规则包括招募人员的程序、任命政治—行政体系中各职位的程序，以及培训、教育和控制官僚与官僚机构。其次，包括了通过适当程序将政治决策合法化的规则。第三，这些规则还涉及全球化条件下经济自由与政治平等的关系问题。第四，通常还涉及一些受人关注的问题，如公民行动的限制（法律的框架与规则），国家与社会的关系（"宪政国家"的形成），以及对人权和民权的定义。换句话说：即便是出于经济效益的原因，需要国家对市场经济进行规制，社会自身也要能够控制国家、机构及其人员。于是，在我们开始的分析中，在**形式**和程序意义上，规范公民自由和平等的程序能够被认为是民主的："如果民主不是一套（避免流血）和平解决冲突的规则，那么民主是什么呢？"［鲍比奥（Bobbio），1987 年，第 193 页］。可是，是否就那么明确和简单？

由于社会是由领土构成的，还包括关于"国家权力"分配和控制的正式决定，因此解除规制就会牵涉到国家主权的部分缺失。民主过程会导致与社会和经济相关的政治决策的作用递减。这是由于国家的边界是有关领土的决策**达成一致**的先决条件，而边界决定了正式的规则和程序所能达到的时空范围。这是一个国家能被认为是"命运共同体"的唯一方式（赫尔德，1991年）。遵守这一原则的程序性规则——在鲍比奥的最低意义上——几乎就界定了分权制衡的民主制度：于是，不仅在民族国家制度体系之内，各种相互差异和对立的社会利益的代表在原则上得到了维持，而且政府与其治下民众之间的交流也是规则的一部分。因此，民族国家的领域是决策者与政策相关者之间、选民与当选者之间达成一致的先决条件，因此也是保证民主程序之有效性的先决条件。

在经济全球化的压力之下，这一情况也发生了变化。由于国家领土和公民之间同一性的消解，两者之间的一致性也在逐步消失。先前十分明确的国土财产、国家权力和人民都在逐渐消失。权利与义务的明确分配、参与决策的规则与合法化机制都不再明晰。在跨国移民的时代，关于公民权如何产生或消失的问题无法找到简洁明了的答案。移民，使现代关于（国家）公民的发明看起来更加不自然，因为生活在同一片土地上，同时又在语言、源起、宗教和民族起源等方面均保持一致的人们越来越少了。

从政治的角度来看，全球化和随之而来的规制解除也意味着，私有化的决策被"非政治化"了：它不再需要公民对其合法化。经济领域和媒体世界的"非宪法性权力"仅仅需要向**消费者**提供有吸引力的市场供给、使**股东**获利以及获得较高的收视率；它们仅仅需要遵循经济（和媒体）领域的规则。这些非宪法性权力与政治决策并不挂钩；构成政治共同体的公民首先感兴趣的是作为一个经济主体，特别是作为消费者。因此，既然"世界市场的制度限制"并不是一个严重的问题，以及国家对某一领土的主权是自然的、不言自明的假设，那么全球化就会产生并不在议程中的、复杂的新问题。

一个民族国家的政治决策和经济决策都会对其他民族国家产生影响。这个问题早已为人所知，并已对其进行了深入探讨，例如，关于跨国公司对发展中国家政府决策的影响。德国央行（德国联邦银行）有关优惠利率的决定会影响从葡萄牙到波兰各国的就业率和汇率,这被解释为全球相互依存程度日益增强的标志,同时也是某些央行在(例如民主程序的)金融制度方面具有特殊影响力的标志。然而,中央银行和政府的权力,并不是完全自治的,也不是仅涉及政治方面的因素。除了遵循由"资本市场"决定的外部路线之外,它们几乎没有其他的政治选项。这些经济限制对政治领域形成了制约。1994年12月,墨西哥就在这方面遭遇了惨痛的经历:美联储提高利率的决定引起了短线资本对墨西哥比索的减持,导致墨西哥比索在短短两周内贬值了一半。在全球化时代,关于主权具有地域性特征的想法就有点可笑了。在形塑墨西哥的治理机构时,世界银行、国际货币基金组织和美国财政部的重要性是不言而喻的。[北美拉丁美洲人代表大会(NACLA),1997年,第13页]另一个类似的故事,就是在1997年8月的亚洲金融危机爆发后,亚洲国家失去了对"本国"经济的控制能力,从而导致对金融市场和机构的政治主权有所损失。

当然,若要做一个总体性结论,就不应忘记民族国家主权的损失是不对等的。上文中已经提到过的德国联邦银行的例子显示,只有很少的国家可以在"民族国家音乐会"中担任第一小提琴手,而大部分不够强大的国家就只能跟随它们的曲调。虽然联合国体系中约200个民族国家的正式地位被认为是平等的,但是在"新世界秩序"中G7国家才是定调子的;即便是对全球化过程非常挑剔的"里斯本小组",也审慎地认为G7的统治是全球治理的"理想选择"(里斯本小组,1997年,第124页)。然而与所谓"多元"国家的"威斯特伐利亚秩序"相比,经济全球化条件的国家行动"逻辑"已经有所改变。这一逻辑不再是(列宁和卢森堡)传统意义上的帝国主义。它也不再是主要关于增强民族国家的政治实力(以及/或者领土扩张,殖民地拓展)和对殖民地人民的直接经济剥削,而是有关参与地缘经济中市场竞争的各国各自的获益[鲁特瓦克(Luttwak),1994年]。至于能够在产生的贸易顺差中占有较多或较少的份额,这些获益就具有一定相关性[霍勒维(Holloway),1993年;阿尔特瓦特和马可普夫(Mahnkopf),1996年]。地缘经济中的政治正在逐渐丧失其领土基础,并由此导致其"国家能力"的逐步丧失[曼恩(Mann),

1984年]。当一个国家的政治—行政体制自身都受到全球化进程的制约时，就无法对其公民的社会行动产生有效影响。

生态危机也会对民主的形式和实质造成影响。切尔诺贝利核泄漏事件不仅影响了乌克兰的**国民**，而且波及了从斯堪的纳维亚国家到波兰、德国，甚至美国的**全球公民**。他们的健康多少都受到了（核泄漏的）影响，却无法像国家公民那样，以各种实质性或程序性的决策方式做出反应。由于经济全球化和媒体世界的全球性，以及全球生态危机所造成的后果，将主权独立的民族国家视为"命运的国家共同体"的观念已经显得不合时宜了。在全球性社会问题和生态问题频发的时代，民主程序也面临着重重问题，因为时间期限（核物质的半衰期可能长达数万年）和空间的延展（遍及整个地球）都远远超过了人类理性决策的"范畴"。政策决策、政策涉及面和政策控制之间的和谐一致已经消失了。人们不可能民主地决定切尔诺贝利核泄漏事件的影响，同样也不可能民主地决定原子弹的制造和使用。

乍看之下，**全球化**、**规制解除**和**去政治化**之间的联系给"民主问题"提出了一个悖论。由于世界市场的权威性，威权政治体制失去了它们的"意义"。它们开始变得功能失调，无法正常运作，因此不得不让位于正式的民主制度。与经济权力相比，政治权力越来越不重要了。拉美国家在20世纪80年代，东欧各国在此后10年间从"官僚威权主义国家"［奥唐奈尔、施密特和怀特海（Whitehead），1986年］向民主政治制度的"过渡"或"转型"，就是对全球化做出恰当的政治反应，也因此常常被用来进行比较，虽然两者之间仍存在着不少差异。在所有案例中，转型——与以往的历史很不一样——以令人惊讶的和平有序方式进行，几乎没有发生什么暴力冲突，也几乎没有发生威权体制的当权者恋栈不去或武力抵抗的事件。他们很容易就熟悉民主政治——反之亦然。这在阿根廷、智利和巴西的特赦法令中非常明显，不少前"社会主义"国家中的政治精英达成一致也是如此。

来自威权政治体制的直接制约（拉美各国对发展型国家的专权；中东欧的"社会主义"计划经济）被世界市场所施加的"制度约束"所取代，其有效性和严格程度并不亚于先前的威权政治。当前民主政府的政治，往往包括了在相关政治顾问的出谋划策下，对全球市场的挑战做出多少都算是明智的"结构调整"——常常足以满足全球市场相关机构、国际货币基金组织、世界银行和七国集团（G7）等的要求。④ 由于民族国家对全球经济程序的主权是有限的，它就无法实现政治目标——即便是用威权手段——或是对微观经济权力实施宏观经济（国家）调控（就像20世纪70年代的巴西）。经济上解除规制的合理性取代了政治规制的合理性。由此可见，资本主义和民主是彼此相容的。经济开放与政治开放是相辅相成、互为条件的。即便是高度发达的国家，要一下子同时做到在全球市场具有竞争力、在国家层面实现民主参与，以及在社会保障领域建立（福利国家）制度，也如同水中捞月［达伦多夫（Dahrendorf），1995年］，难以实现，更不用说发展中国家了。

同时，西方强国所涉足的所有国际组织都同意这个事实，凡旨在加入这些国际组织，或试图从国际社会、国际协会和欧盟、北约、经合组织等获得援助的国家，都必须通过"民主测试"以保障人权和最低生态标准。民主责任和对人权的尊重被认为是"善治"必不可少的内容。国际体系不仅涉及了经济和社会的结构调整，还涉及了政治民主化、明确的依法治理，并能按上文所列举的非常正式的意义上尊重个人（和经济、社会与文化）权利。这就再次印证了上文所提到的，经济秩序和政治秩序各自运作模式之间的一致性。即便是壳牌石油集团，在布兰特史帕尔储油平台（Brent Spar）废弃沉埋事件之后，以及因其在尼尔利亚奥格尼地区所造成的生态毁坏，特别是涉嫌与尼日利亚军政府合谋杀害肯·萨罗－维瓦（Ken Saro Wiwa）而引起国际公愤之后，也不得不宣称尊重人权是公司目标之一。这是否就意味着承认"良性市场"原则［凯（Kay），1996年］，对获利的追求被有关民主参与和人权的论述所节制，

---

④ 关于拉美各国政府和民主，斯蒂芬·沃尔克（Stephen Volk）曾详述过这些国家的政府的"核心角色如何从鼓励发展与提供公共服务，转变为监督外债与执行国际货币基金组织启动的结构调整"。他还援引了若热·奈夫（Jorge Nef）的观点："'高度跨国化却又非常疲软的'政府就像'其自身的破产清算人'，整个过程去政治化、遣散（机构和人员）、私有化，并保证任何民主开放都是受到限制……今天的拉丁美洲所面对的现实是，除了广义的政治经济中的基本问题之外，甚至包括国家财政预算和社会平衡的有关细节，往往都决策于其国家之外"。（沃尔克，1997年，第10页）

而市场运作则被民众参与的民主形式所抑制［比瑟姆的"必要性定理"（1993年）］？或者说，这是否是市场优越性的一种表述？例如，市场与民主的一致性不再依靠领土空间，两者之间一致性的新形式源自于政治行动与经济行动依照相似的逻辑运作。地缘经济国家的政治不同于主权独立的民族国家。这些国家需要确保**国家**经济的**竞争力**能够在**全球竞争**中继续保持，如果可能，还要有所提升（"国家竞争优势"）。政治与经济保持一致，政治遵循了经济逻辑。至少在全球货币竞争中，民族国家争相吸引具有高度流动性和易变性的金融资本。货币空间的边界看似比政治单位的边界更为重要。在受到世界市场"制度约束"的社会中，形式民主的确立几乎无需任何成本。相反地，它还能够减少社会冲突，并因此而降低经济交易成本。人们（或某一群体）要求实质性政治参与的诉求则陷入了规制解除之后的虚空状态，个体市场参与者则在此徘徊。由于市场的权威性，政治民主的**实质**变得相当薄弱，尽管其**形式**仍强大。⑤

---

⑤ 有人认为，民主原则在全球社会的扩张，能够帮助并进而扭转民主原则在面对市场优越性时的劣势。这就需要幻想建立一个全球政府［克尼佩尔（Knieper），1991年；批判地参考了康德、纳尔和舒伯特，1994年］，如果这样一个全球政府真的建立起来的话，就只能是威权的。公民与国家（政治和行政体系）之间的距离感虽然涉及地理上的因素，但主要是文化上的，而且还涉及政治参与的机制，因此（全球政府就）太大了；它无法保证决策、关注与控制之间的一致性。至于"全球治理"的改善，情况并不一样。它指的是对全球进程进行监管所必需的形式和制度，是市场控制、政府指导和社会网络运作的合奏［参阅阿尔特瓦特和马可普夫，1996年，第15章；梅斯纳（Messner），1995年；全球治理委员会，1995年］。治理的过程应该涉及全人类，然而大部分人却在经济上被排除在外。"组织间的相互依存关系，以及网络成员间的持续互动，其起因在于相互间需要交换资源，并且需要对共同目的和互动的游戏规则进行协商，而它的基础则在于相互间的信任，并且拥有相当程度的自主性。"［罗德斯（Rhodes），1996年，第660页］如果相互依存关系变成了依赖，如果由于互动关系中的某些成员没有资源而导致互动关系不再有意义，如果因为距离过于遥远而难以建立互信，最后，如果国家自主性仅仅只是全球经济机制之依存关系的对立面，那么组织之间的相互依存和网络成员的持续互动又将如何实现？所以说，"全球政府"就是一个"无法成功的任务（no starter）"：它是全球治理组织，却又只是对经济全球化挑战所做出的软弱无力，并且相互矛盾的回应。

旧边界的消融与新边界的建构：民主与环境空间

在政治空间中，民主协商和程序能够得以执行、治理绩效也能得到保证，然而在经济全球化条件下，政治空间开始逐步扩散。但是，在资本积累过程中对国界的超越不仅创造了源于"国家经济"的世界经济，这一过程同时也产生了一些新的限制。敏锐的观察者们注意到这些尚远在天边的新限制已经有一段时间了，但直到近年来才对人们的态度和行为产生一定影响，并且在不久（约30年）前有了专属名称：地球生态系统的"承载能力"限制或地球"环境空间"的限制。这一限制已被认为是全球性的环境危机。由于行星地球的局限性，自然资源以某种客观方式受到了限制和制约，即使这些限制是由人们带一定政治性的实践活动所设定的，如某些社会主体的活动［哈维（Harvey），1996年］。客观挑战与主观实践之间相互作用的证据并不少见，如臭氧空洞与氟利昂使用规范、温室效应与气候会议、热带雨林的破坏与七国集团的试验项目、耕地减少与联合国粮农组织（FAO），特别是物种的灭绝——物种灭绝累积到一定程度就会造成进化灾变——与自里约热内卢联合国环境与发展会议（UNCED）以来的全球环境问题大讨论。地球的自然环境并不是免费商品，而是一种"地位商品"，例如，随着越来越多的人们参与其中，其品质就会变得越来越差。

这一巨大变革产生了一系列后果：

第一，像弗朗茨·纽曼（Franz Neumann）和其他学者在半个世纪之前那样，对核心政治概念"权力"进行界定几乎已经没有意义了：

> 权力概念包含了两方面因素：统治自然与统治人类。对自然的统治是一种知识的统治，源自于对外部自然规律的认识。这方面的知识是社会生产力的基础。这种统治无关权力。同样地，它也不涉及对他人的统治。

［纽曼，1978年（1950年），第385页］

上述引文说明，有的论述可能在很短时期内（少于半个世纪）就失去其有效性。对自然的统治无涉权力，因而实际上也无关政治，这一假设是否能够继续成立？鉴于公认的环境空间的限制，生态主义与女性主义论述［例如，普拉姆伍德（Plumwood），1992年］和批判性的马克思主义学说［例如，奥康纳（O'Connor），1988年；格伦德曼（Grundmann），1991年］就认为上述假设不再成立。如果我们能够善意地忽略环境空间的能源效应和物质流量，对于自然界的知识统治也仅仅有助于提高生产率。而对提高生产力的制约也无法避免，因为自然资源会逐渐枯竭，地球环境也已遭到污染。自从亚当·斯密以来，劳动生产率的增长已成为资本主义市场经济和现代社会的基本原则，然而生态因素（化石能源使用量的大幅度缩减——且不说是许多人寄予厚望的能源"效率革命"）却导致了劳动生产率的下降，并因此成为提高生产力的制约因素。

因此，相对于消解（政治）边界的经济趋势，新的生态边界正在形成。它们都有一个客观特性，但它们之间的相关性只能建构在有关生态可持续性的全球论述过程中［关于这一方面，请参见哈维（Harvey），1996年］。"自然的社会关系"确实允许以各种不同形式处理环境空间的边界问题；虽然其所建构的前提颇具争议性，但自然的承载能力或环境空间却展现了新的边界。国家边界的制约在经济全球化进程中被解构，新的（生态）边界正是在这一过程中逐渐形成。因此，民主的问题就会从两个对立的面受到激化。

第一，一方面，经济与信息传媒的全球化洞穿了传统的政治边界。另一方面，生态危机则催生了新的边界，从长远看来，后者无法被忽视。这就会面临一个经典难题，即（在全球）无限扩张并试图解除规制的市场，如何能够与政治（领土）的有限空间相兼容？**新的**问题指的是环境空间对于参与可能性、制度合法性、利益代表性的制约效应，还有最后一点，即在超越了政治国界、"脱嵌",并且解除了规制的经济过程的支持之下,有限环境空间的治理问题。

第二,生态限制与国家边界并不总是保持一致,因此,政治主体无法在有关确立领土边界和社会限制的争论中获得政治认同。传统意义上的公民身穿"国家制服",并用基于国家领土之上的权力与义务来装饰自己的"国家制服"。然而,作为环境领域中的行动者(例如在环境运动中),公民们则面临着其他的边界:自然资源生产与消费过程中的限制。这一问题无涉政党属性的差异,而是有关生活方式与生产模式。由此可见,民族国家的政治与环境领域的政治在原则上就有所不同,特别是在经济全球化方面。一方面,解除规制的趋势十分强烈且无法抗拒;另一方面,规范对自然的社会关系又十分必要。

当我们论及民主与理性的时候,其相关理论领域由三个方面组成:全球化了的经济领域、边界正逐步被洞穿的政治领域以及环境领域的新边界。第一,在全球化过程中,政治空间和民主的地位都受到了相应的压缩。这也是在大多数国家,人们对政治深表厌倦的原因。既然经济过程已被提前决定(predecided),为何参与立法与代议的民主程序却只能**在事后**才在政治上得以确认,并几乎无法对其更改?如果遵照市场标准进行决策,就无法再容纳政治正义的标准,即便后者是建构在个人主义之上的。⑥因此,政治时空的坐标,就无法与市场的坐标或物质能量转换的坐标完全保持一致。民主,即便是作为形式规则的民主,仍然需要实质的、可靠的基础作为前提条件。"西方式"民主的基础是个人和集体财富、工业化、城市化、资格限制等。

在20世纪50年代,李普塞特(1959年,第75页)就已指出了形式民主的实质性前提条件:"一个国家越富裕,它维持民主的可能性就更高。"普沃斯基(Przeworski)根据其实证研究的结果指出:"二战"之后,在人均国民收

---

⑥ 顺便提一下,这也是与欧洲一体化有关的重大危险之一,而欧洲一体化进程依据的则是《马斯特里赫特条约》的标准。加入货币联盟所需的货币环境条件,会极大地限制政治决策的范畴,并对所有欧盟国家的社会标准都造成了压力。因此,民主的地位就会受到影响。

入超过 4335 美元的国家中，民主政治秩序从未失败（普沃斯基，1994 年）。⑦于是，现在就有了三个结论。第一个结论切断了实质民主与形式民主之间颇具争议的联系。因此，在民主秩序中应用理性决策的原则，就不会受到任何实质性的制约。我们所引述的有关形式民主秩序的最低实质标准的论述，也许具有一定的实际意义，但在理论上却并不具有决定性。第二个结论则站在乐观主义的立场上，认为从长远来看，人类终能解决资源短缺或匮乏的问题，因而也能使世界上更多的人改善生活水平。环境空间的制约和限制算不上什么，生产力和福利水平的提升不仅是人们的美好愿景，而是完全有可能实现的。第三，关于环境空间之制约作用的证据已然十分充足，因此，显然不可能让全球各国都按照"西方生活方式"的标准来建构其形式民主的实质基础。因此，在全世界大多数地区所实行的形式民主或议会民主，由于存在着自然条件所致的实质缺陷，可谓是一种最为脆弱的政治秩序。

在全世界范围内，民主地区与非民主地区呈现出一种共生共存的趋势，这是由于化石能源（石油、天然气、煤炭等）的储量分布并不均匀，因此能源的消耗使用就需要全球物流系统的支持，而后者的建立则需要高度发达的技术水平和组织能力、充分的财政经济知识、先进的交通运输设施和良好的政治关系，因此只有高度发达的工业国家才能胜任，并且仍需要一段相当长的、无法预期的时间。不平等全球化的趋势绝不仅仅源自于金融体系的运作，资本主义生产方式下能源体系的运作逻辑同样会导致不平等全球化的出现：既然无法在地球上实现能源条件的平等分布，那么民主参与可能性的平等分配同样也无法实现。"针对自然的社会关系"的组织和建构方式，会对工业民主的可能性产生影响；这取决于其经济形式是生产型经济还是（能源）开采型经济。在任

---

⑦ 假设收入分配是均等的，那么约 4400 美元的人均收入，乘以约 60 亿的世界总人口，就需要 26.5 万美元的全球国民生产总值。这一数字远少于当前全球生产总值，并且只有全球金融市场中金融衍生商品总值的一半左右。这一对比证明了，当前民主问题的实质并不在于生产和生产力，而在于分配问题。

何情况下，与简单的能源开采型社会相比，较为复杂的生产型经济更适于民主程序的应用。

唯有"西方的生活方式"得以全球化，西方民主才能够全球化。或者，从热力学的角度来看：与熵平衡大为不同，发展和民主参与的可能性都是完全开放的。然而由于环境空间的限制，生产与消费所需的环境商品成了"寡头商品"（哈罗德，1958年），即以金钱寡头政治确保其以各种金融手段获得资源（并遵从有关收益的经济理性，而不是有关自由、平等的政治理性），同时将他人排除在外——除非全球正义的原则已盛行于世，并进而要求工业国家能切实减少对自然资源的消耗。由此可见，虽然经济全球化乃大势所趋，可在**全球化进程**中却仍无法实现**全球性情境**，即，虽则无法实现团结，但能够建立在互惠基础上的全球社会（在阿尔特瓦特和马可普夫1996年的一本书中有详细的论述）。

那么是否有可能实现生态民主呢，也就是说，在如前所述的环境领域的制约（资源和沉积的制约）中实现民主协商和参与？这可以按照程序、主体和形式三个方面进行界定。在一定程度上，民主的程序已经跨国化了，因为民族国家的领土疆域已不再是民主程序设计所针对的场域。在民族国家的世界，民主的场域就等同于民族国家的疆域。然而在全球化的过程中，随着民主协商的领土场域逐渐消亡，民主正逐渐变为——如前文所述——一种非场所性的程序。然而民主的非领土场所性可以取代新的**沟通网络**，不仅仅是由于互联网的虚拟性；考虑到新功能性空间之新局限性的后果，民主协商可以找到自身新的定位。

在传统民主形态中，政党是沟通社会与国家的主要媒介。然而，当涉及一些无法从民族国家的政治制度中找到足够答案的问题时，"政党民主"就无法提供充足的参与机会。这就是为何公民利益集团往往针对一些地方局限性的、暂时性的问题而建立。总是有一些团体反对破坏"他们的"环境，在邻避运动（not in my backyard）中尤为常见。随着现代社会广泛的资本化、严重破坏环境之后果的出现、连同当今世界的殖民化，曾经属于地方局限性的、暂时的、个别的抗争行为，已经扩展成为现代（和后现代）社会普遍而持久的常态。一些曾经是地方性的、暂时关注"单一问题"的利益集团，也随之转型为持久的社会运动，有部分继而发展成为政党，另一部分则发展成为非政府组织（NGOs）。⑧ 政党仍然（甚至在欧洲统一问题上）与（国家）领土捆绑在一起；而新社会运动，或者更明确地说，"非政府组织"则不然。与政党相比，它们能够更直接也更灵活地代表特定社会利益（特别是在有关保护自然方面）。非政府组织已成为生态政治的重要行动者。

由于政党会（将民意）带入国家机关，因此通常都会严格过滤民意干涉；一旦"市民社会"组织能够直接表达诉求而不再依赖政党，民主程序的形式就会随之发生改变。在市场与国家之间，市民社会得以表达其意愿。这一概念具有悠久的传统。它描述了社会生活领域的特征，即社会生活领域并不是由国家所构建的（不同于"政治社会"或"起压制作用的和意识形态国家机器"）。无论是根据黑格尔还是葛兰西的理论传统，市民社会的概念都具有与民族国家相一致的领土维度。随着国家主权不断受到侵蚀、"政治社会"的涵义也随之发生变化，市民社会的范围已超越了各自的国家边界。程序主要停留在语言层面，也就是说，结果在原则上是开放的。只有一件事情不容置疑：面对（全球）环境领域的限制，对政治"必要性的深入洞察"受到了严格的生态制约。对生态可持续发展的必要性的认识，也因此在相当程度上决定了有关市场合理性的论述，同样也决定了有关民主程序的论述：（根据乌帕塔尔研究院 1996 年的计算，像德国这样高度工业化的发达国家）如果能有必要将自然资源的消

---

⑧ 非政府组织，当它们作为游说集团时，主要在（国家）政府机关的工作面运作；后者也常常成立非政府组织以改善环境政策或发展政策方面的"治理"。因此，除了 NGOs 之外，我们也常常使用"由政府组建的非政府组织"（government-owned NGOs，简称 GONGOs）和"由政府运作的非政府组织"（government-run NGOs，简称 GRUNGOs）等类似的标签，以区分各种形式的非政府组织。

耗降低至90%，这对实质性（和工业）民主组织而言，将意味着什么？对于建立在资本和劳动力之间的"生产和生产力协定"基础上的体制而言，又将意味着什么［辛茨海默（Sinzhwimer），1976年］？当生态限制对参与的实质内容形成挑战时，哪一种理性能够指导形式民主的程序呢？

生态可持续发展条件下的工业民主

在西方社会，数十年来，工业民主已经使收入的持续增长成为常态。即便是在数年间都未能实现收入增长的地区，如里根时代美国的大多数劳工，以及20世纪90年代的西欧大部分国家，收入的持续增长都被视为是一条原则，而削减实际工资则只是一个例外。如果货币（和物质）盈余（也就是说，如果生产率）有所增长，收入的增长就较易实现。劳动生产率的提升会降低单位劳动成本，因而对资本生产率、利润率和经济增长以及在全球市场的竞争地位等都有积极的影响。劳动生产率的提升，不仅仅像马克思所认为的那样，是资本主义生产方式的"历史使命"。它构成了资本主义社会中所有行动者共同的改良主义"生产利益"：包括工会、企业主和政府（辛茨海默，1976年）。劳动生产率的提高是社会民主改革政策的起点和终点，后者已经在21世纪创造了历史：（1）它一方面坚持不懈地反对保守势力；（2）另一方面，又要谨防出现向"社会主义"社会制度转型的企图。劳动力与资本之间、工会与企业主之间——以及有关政府、政党和议会的——不成文的"生产率协议"，构成了共同"生产利益"的公共基础。通过其所属的工会组织，劳工们能够在一定程度上参与企业（管理），并对经济发展有一定影响力。各种可能性因国而异，并成为比较政策分析的主题。然而，不论具体的解决方式如何，都显示了劳工及其组织能够行使其权利并因而成为合法的政治主体，而不仅仅是资本主义生产和积累过程中的客体、企业管理与处分权的对象。事实上，福利国家是形式民主在实质上的实体化。霍布斯鲍姆（Hobsbawm，1995年）准确且着重地阐明了这一点。

这是"生产和监管的福特模式"进行社会与经济转型的后果。福特主义不仅仅是技术与社会的革新，相较于前福特主义的生产与监管模式，福特主义还包括了一种新的与外部自然界的关系（阿尔特瓦特，1992年和1993年）。对福特主义的研究主要集中于雇佣关系和劳工关系组织，或是有关市场供需、货币和经济政策等宏观经济条件的详细论述，而有关这方面的内容却往往被忽视了。这些研究和评论的关键变量就是单位劳动成本，以及工资和生产率提升之间的关系。在福特时代，与以往任何一个时期相比，自然环境遭到了更多的人为改变以提升生产率。能源、矿产和农产品的高投入，能量和物质转化的技术与社会系统，以及交通运输工具都促成了劳动生产率——以及财富——的大幅提升，后者又成为形式民主程序的物质基础，正如李普塞特所说的那样（1959年）。就像工业（发展）中的劳动力那样，如今自然环境也已**真正纳入**了资本，也就是服从于（资本）积累的逻辑，即追求比以往任何时期都更广泛、也更高效的资本积累。这就产生了一个自相矛盾的结果，对于社会、经济和政治制度——以及对整个文化——而言，（工业）劳动力的意义大大增加了，然而与此同时，由于福特主义（大量消耗化石）能源的特征，劳动力的生物能源正日益被机器所取代，而机器的运作则需要依靠化石能源和相应复杂的能量转换系统。因此，资本的积累就意味着逐渐减少活劳动，即便在经济高速发展的"黄金时期"，新的工作机会已经对这种"卸载"行为进行了补偿。至少从生态因素来看，出于提高生产率的考虑而减少劳工，并试图以此刺激经济增长率的做法，如果不减少工作时间并进而改变劳动的社会形式，例如劳动时间与可自由支配时间之间的关系，是不可能在长远基础上得到补偿的。从长远角度来看，稳定的"后福特主义"秩序只能建立在可再生的非化石（和非核能）能源（如太阳能）的基础上。不同的生产方式会催生新的生活方式，以及新的参与形式。既然形式民主是综合制度系统的一部分，它不可能不受到生态挑战的影响。

由于环境领域的限制，生产率提升（即增加单位劳动投入的物质与能量产出）与工资上涨（即增加人均能源和物质消耗）之间的联系，从生态意义上被切断了。如果不增加自然资源的消耗，就无法实现生产率的提升。生态技术发展所带来的"效率革命"也无法改变这一状况。众所周知，化石能源的燃烧是导致温室效应的主要因素，现代运输系统（公路、机场等）则破坏了人们的生活方式，生产废水造成土壤和水资源的污染，而生态系统的破坏则导致了物种灭绝等。能源福特主义的这些影响已广为人知。这些危害并不针对某一特定阶层，其危害性是普遍的，或者说是一种平等的"痛苦分散"，于是其风险也可以被称作是民主的。平等地、非特定性地受到影响，这个意义上的民主化引自乌尔里希·贝克曾说："雾霾是民主的。"［乌尔里希·贝克（Ulrich Beck），1995 年］会导致危害的普遍化，以及相应地，平淡化。

若是不得不减少化石能源的消耗和物质材料的使用，并因而限制生产率的提高，工业民主的条件也会发生彻底改变并征服各行为主体。在这种情况下，人们就有可能将福利国家的危机视为"历史的圈套"：在**生态方面**不可避免地减少对自然资源的使用，却是由全球竞争以**经济手段**来实施的，而显然没有人能够逃避"全球市场的制度约束"。毫无疑问，制度约束确是存在的，却并不忠实：其影响是不平等的。对有钱人（持有硬通货）就几乎没有影响，或只有最低限度的影响，然而那些需要工作挣钱以谋生的人就会觉得受到了极大影响。用金钱购买自然资源的寡头政治（或财阀政治）可能性仍将继续维持。

对于民主制度的发展而言，（在每个国家社会以及全世界的）原则上的不平等并不是一个良好的天气条件。在这个十分不平等的世界，20% 的人口消耗了约 80% 的资源，另外 80% 的人口则只能消耗约 20% 的资源［联合国开发计划署（UNDP）］，没有一种形式民主程序能够实现补偿。在这里，决定未来的自由仅属于那些拥有选择权，并无需面对困境的人们。因此，全球治理结构的建立就显得困难重重。其结果之一便是，生态可持续发展不是无法实现，就是仅仅在全球极端不平等的条件下才能实现，于是，民主程序适用性的基本要求就无法实现。在生态承载能力有限的条件下，民主秩序也无法继续建构在福特主义**生产利益**的基础上。

结　论

正如本章开始部分所言，由于环境空间的制约，经济不平等原则与民主平等原则之间的矛盾进一步加剧。由于生态的原因，遵循西方式民主的发展路径以不断提升幸福指数的现代希望，已变得如镜花水月般无法实现。反之，减少对自然资源的消耗已迫在眉睫，同样需降低的还有生产率水平以及货币收入。在市场以及在政治领域里的自由选择程序，已无法解决地位商品不足的问题。唯有在政治范畴与经济范畴保持和谐一致，并且自然承载能力不受限制的前提下，本章导论部分所论述的民主理论的困境才能得以合理解决。而一旦经济动力促成了全球化市场的建构，并逐步消解了由领土界定的民族国家的政治空间，以及针对福利生产的生态限制得以确立，民主的程序规则也就无法独善其身而不受影响了。唯有实现了平等的基本前提，自由选择才能被认为是合理的。经历了1989年之前"现实存在的社会主义"的经验之后，自由与平等之间的古老矛盾以倾向于自由的方式得到了解决，可是以此假设作为民主论述的指南，已被证明是太简单了。

参考文献：

Altvater, Elmar. 1992. *Der Preis des Wohlstands*. Münster: Westfalisches Dampfboot.

1993. *The Future of the Market*. London: Verso.

1994. "Die Ordnung rationaler Weltbeherrschung oder: Ein Wettbewerb von Zauberlehrlingen."*PROKLA 95 - Zeitschrift für kritische Sozialuiissenschaft*,24:1.

Altvater, Elmar and Birgit Mahnkopf. 1996. *Grenzen der Globalisierung. Ökonomie,Politik,Ökologie in der Weltgesellschaft.* Münster:Westfälisches Dampfboot.

Basso,Lelio. 1980. *Socialismo e rivoluzione.* Milan:Fetnell.

Beck, Ulrich. 1995. *Ecological Politics in an Age of Risk.* Cambridge: Polity Press.

Beetham,David. 1993. "Four theorems about the market and democracy."*European Journal of Political Research* 23:187-201.

Bobbio,Norberto. 1987. *The Future of Democracy.* Cambridge:Polity Press.

Commission on Global Governance. 1995. *Our Global Neighbourhood.* Oxford:Oxford University Press.

Dahrendorf,Ralf. 1995. *Quadrare il cerchio. Benessere economico,coesione sociale e libertà politiche.* Roma and Bari:Laterza.

Falk,Richard. 1995. "Liberalism at the global level:the last of the independent commissions?"*Millennium:Journal of International Studies* 24(3):563-576.

Grundmann,Reiner. 1991. "The ecological challenge to Marxism."*New Left Review* 187.

Gruppe von Lissabon. 1997. *Grenzen des Wettbewerbs. Die Globalisierung der Wirtschaft und die Zukunft der Menschhei.* Neuwied:Luchterhand-Verlag.

Hardin,Garrett. 1968. "The tragedy of the commons."*Science* 162:1243-1248.

Harrod,Roy. 1958. "The possibility of economic satiety-use of economic growth for improving the quality of education and leisure."*Problems of United States Economic Development* (*Committee for Economic Development*) 1:207-213.

Harvey,David. 1996. *Justice, Nature, and the Geography of Difference.* Oxford:Blackwell.

Held, David. 1991. "Democracy, the nation-state and the global system." *Economy and Society* 20(2):138 – 172.

Hirsch, Fred. 1980. *Die sozialen Grenzen des Wachstums*. Reinbek: Rowohlt.

Hobsbawm, Eric. 1995. *Das Zeitalter der Extreme. Weltgeschichte des 20. Jahrhunderts*. Wien and Munchen: Hanser.

Holloway, John. 1993. "Reform des Staats: Globales Kapital und nationaler Staat." In *PROKLA* 90 – *Zeitschrift für kritische Sozialwissenschaft* 23, H. 1:12 – 33.

Kay, John. 1996. "The good market." *Prospect* (May):39 – 43.

Knieper, Rolf. 1991. *Nationals Souveränität. Versuch über Ende und Anfang einer Weltordnung*. Frankfurt: Fischer.

Lipset, Seymour M. 1959. "Some social requisites of democracy: economic development and political legitimacy." *The American Political Science Review* 53(1).

Luttwak, Edward. 1994. *Weltwirtschaftskrieg. Export als Waffe-aus Partnern werden Gegner*, Reinbek bei. Hamburg: Rowohlt.

Mann, Michael. 1984. "The autonomous power of the state." *Archives Europeennes de Sociologie* 25:2.

Messner, Dirk. 1995. *Die Netzuierkgesellschaft. Wirtschaftliche Entuiicklung und internationale Wettbewerbsfähigkeit als Probleme gesellschaftlicher Steuerung*. Köln: Weltforum Verlag.

NACLA. 1997. *Report on the Americas* 30(4).

Narr, Wolf-Dieter and Alexander Schubert. 1994. *Weltökonomie. Die Misere der-Politik*, Frankfurt am Main: Suhrkamp.

Neumann, Franz. 1978 (1950). "Die Wissenschaft der Politik in der Demokrate." In Alfons Söllner (ed.), *Wirtschaft, Staat, Demokratie. Aufsätze 1930 – 1954*. Frankfurt: Suhrkamp.

O'Connor, James. 1988. "Capitalism, nature, socialism. A theoretical introduction. "*Capitalism , Nature , Socialism. Journal of Socialist Ecology* 1:11 – 45.

O'Donnell, Guillermo, Philippe C. Schmitter, and Laurence Whitehead. 1986. *Transitions from Authoritarian Rule*. 3 vols. Baltimore and London:The Johns Hopkins University Press.

Plumwood, Val. 1992. " Feminism and ecofeminism:beyond the dualisticassumptions of women,men and nature. "*The Ecologist* 22(1):8 – 13.

Polyani, Karl. 1957 (1944). *The Great Transformation*. Boston:Beacon Press.

Przeworski, Adam. 1994. Paper presented at the International Congress of Political Science, Berlin, August 1994 (German version:"Ökonomische undpolitische Transformationen in Osteuropa:Der aktuelle Stand. "*PROKLA – Zeitschrift für kritische Sozialwissenschaft* 25:130 – 151).

Rosanvallon, Pierre. 1988. *Le libéralisme économique. Histoire de l'idée de marché*. Paris:Editions du Seuil.

Rhodes, R. A. W. 1996. "The new governance:governing without government." *Political Studies* 44(4):652 – 667.

Schmitt, Carl. 1963. *Der Begriff des Politischen. Text von 1932 mit einem Vorwort und drei Corollarien*. Berlin:Duncker & Humblodt.

Shapiro, Ian. 1996. *Democracy's Place*. Ithaca and London: Cornell University Press.

Sinzheimer, Hugo. 1976. *Arbeitsrecht und Rechtssoziologie*. Gesammelte Aufsatzeund Reden, hrsg. von Otto Kahn-Freund und Thilo Ramm mit einer Einl. von Otto Kahn-Freund,2 Bde. Frankfurt and Koln:Suhrkamp.

Sklar, Holly. 1980. *Trilaterialism:The Trilateral Commission and Elite Planning for World Management*. Boston:South End Press.

Smith, Adam. 1976 (1776). *An Inquiry into the Nature and Causes of the Wealth of Nations*. Edited by Edwin Cannan. Chicago:The University of Chicago Press.

UNDP. 1994. *United Nations Development Programme*:*Human Development Report 1994*:*New Dimensions of Human Security*. New York:Oxford University Press.

Volk,Stephen. 1997. "Democracy"versus "democracy."*NACLA. Report on the Americas* 30(4):6 – 12.

Wuppertal Institut für Klima, Umwelt, Energie. 1996. *Zukunftsfähiges Deutschland. Ein Beitrag zu einer global nachhaltigen Entwicklung*. Edited by von Bund and Misereor. Basel,Boston,and Berlin:Birkhäuser.

5

民主与集体危害品①

拉塞尔·哈丁

(Russell Hardin)

---

① 本文是作者在耶鲁大学（1997年2月28日—3月2日）"新世纪对民主的再思考"学术研讨会上的发言稿。本文的相关研究得到了纽约大学、古根海姆基金会（Guggenheim Foundatoin）、行为科学高级研究中心（the Center for Advanced Study in the Behavioral Science）和美国国家科学基金会（National Science Foundaton；项目号：SBR-9022192）的支持。感谢这些杰出学术机构的支持。感谢本次大会给我参会和发言的机会，同时也要感谢行为科学高级研究中心举办的理性选择研讨会，他们对本文的前期草稿提出了宝贵的意见，特别要感谢苏珊·赫尔利（Susan Hurley）、苏珊·穆勒·奥金（Susan Moller Okin）和斯蒂文·韦伯（Steven Weber），感谢他们百忙之中对本文进行长篇评述。

诸如空气污染和水污染等问题会造成集体危害②,民主决策在处理集体危害品问题时具有一定的优势(虽然其过程常常都很混乱),民主的支持者们便特别对此津津乐道。人们常常认为专制政体在推行艰难政策时具有一定优势,可是在许多专制国家都曾爆发环境灾难,而西方民主国家却切切实实地做到了在保持经济增长的同时,实现了环境的改善。与此同时,民主国家——特别是,但不仅仅是指美国——在处理机会平等、贫穷等分配问题时,其表现却乏善可陈。这些相反的结果源自于民主的本性,以及所涉问题的种类。然而在涉及集体危害品的国际处理时,(有关民主的)这一特性却为其蒙上了阴影,很奇怪。

民主政治尤其擅长于处理各种协调问题,包括了标准的集体行动中具有相当难度的协调问题。但是在处理一些更具利益冲突性的问题时,特别是涉及直接分配的问题,民主政治往往就显得无能为力。在当今,对公害品的监管和规制就与民主政治一样,可以分为两个层面。如果这些公害品的问题仅限于国内,如太浩湖(Lake Tahoe)的污染,其监管就更容易被视为协调问题,至少对于大部分相关群体而言是协调问题。如果这些公害品基本上属于国际问题,如臭氧层破坏和酸雨等,往往就会涉及大范围的分配,即便是在国内政治领域,这些分配因素也会使问题的解决困难重重,而一旦涉及国际政治,就更是"难于上青天"。在国内政治中,原则上还可以用简单投票的方式,或是多数

---

② 关于美国的空气污染问题,请参见1977年的《科学美国人》杂志(*Scientific American*)。

代表立法的方式予以解决。在国际政治层面，就必须依靠多国自愿合作的方式解决，因此就会面临集体行动逻辑的典型问题。更糟糕的是，这些问题往往发生在规范性情境中，在这样的情境下，公平，哪怕仅仅是合作，都被认为是个问题。

或许有部分优秀的抽象理论观点认为，民主程序的运用有利于每个公民的共同利益，可是在实际民主决策中，几乎不可避免地出现部分人利益受损，而其他人则从中获利的局面。在民主实际运作中，在这方面只有极少数例外，即，当国家遭受外来攻击时，选择是否要奋起保卫自己的祖国。至少在利益攸关的逻辑下，还会有另一类非常普遍的情况，即每个人都会受到环境退化等公害品的危害，这一天或许已为期不远。如果为了克服公害品的产生而采取的集体行动必须是自发的、自愿主动的，我们通常就认为这些行动将以失败而告终。一般而言，我们认为只有一些非常小的团体才能在这方面获得成功，或者是像工会那样拥有一定惩罚权的团体，从这个意义上说，这一类团体有点类似于政府。然而，如果是在政府支持下以民主投票的方式决定执行集体的选择，我们通常就会认为，大多数参加投票的选民，就是为了把手中的选票投给"执行"这一选项，就像他们投票决定保卫自己的祖国免受攻击一样。

同样地，在更广泛的国际体系中，单个国家无法在面对公害品时独善其身，因此集体行动的问题就又将在国家这一较高层面重演，因为这并不是单一国家独立地采取自我监管政策就能解决的问题。面对嵌套在为克服公害品而采取的集体行动中的问题时，民主刺激的性质与逻辑是什么？我试图对此展开研究。一般而言，我们假设像美国、俄罗斯、巴西、加拿大、澳大利亚和中国这样地域辽阔的国家更愿意接受直接对其有利的监管措施。因此，在这些国家，国内政策就足以解决监管问题，在新兴的欧盟地区亦是如此。当然，即便是在上述国家，其监管水平也往往因该国的经济繁荣程度不同而相应变化。在当前，与美国相比，中国可能就更愿意为谋求较高的经济增长率而付出较大的环境污染代价。

然而，世界上大多数国家都不会仅仅因为对本国有利，就认为其所承担的环境监管成本是理所应当的，因为其他国家的国民同样会从中获益。这一点在有关破坏臭氧层的化学物品的使用上表现得最为明显。臭氧层破坏的问题几乎已经完全国际化了，但是美国、澳大利亚这些国家则发现臭氧层耗竭对本国国民所造成的问题尤为严重，因为他们大部分人的肤色较浅、地理位置又比较靠近赤道，因此对于因臭氧层破坏而导致的紫外线辐射增强所造成的危害特别敏感。③ 但是像海洋、空气污染等其他问题一样，对于造成污染的那些国家来说，同样也是属于基本上国际化的问题。

民主与集体物品和集体危害品

当前，对于集体物品和集体行动的理解主要源自于两大理论：保罗·萨缪尔森（Paul Samuelson）关于公共物品的理论，特别是曼瑟尔·奥尔森（Mancur Olson）的解释，以及有关囚徒困境的博弈理论（萨缪尔森，1954年；奥尔森，1965年；哈丁，1982年，第二章）。在一定程度上，这是对政治领域中传统利益集团理论的回应。传统的集团理论理所当然地认为，如果集团中的个人在特定物品供给方面有着共同的利益，他们就会采取单独行动以查看该物品的供给。[本特利（Bentley），1908年；杜鲁门（Truman），1971年（1951年初版）]。可这是一种合成谬论。集团是由个人所组成的，但这并不意味着集团会采取像个人一样的行动。就像囚徒困境和奥尔森关于集体行动的逻辑一样，（集团中的）个人通常不会采取有利于集团共同利益的行动，这一观点已

---

③ 关于这一问题的严重性，可能比我们迄今为止所设想的要小一些。黑色素瘤是一种致命的癌症，其发病率的增加被认为是暴露于较强紫外线辐射所造成的最坏后果，但也有研究结果对两者之间的关系提出了质疑。浅表性皮肤癌的危害性相对较小，一般都是可治愈的。与黑色素瘤的剧增相比，浅表性皮肤癌比较不会令人恐慌和不安。

被人们广泛认同。反之,他们往往对别人的努力"搭便车",或者他们的集团全然失败。

集体物品理论

根据萨缪尔森的理论,公共物品与普通商品的区别主要体现在两个方面。公共物品的供给具有连带性,并且无法将相关个体排除在公共物品的消费之外。假如某一物品的供给具有连带性,就意味着所有人能够以与单一消费者同样低廉的价格获取该物品。如果无法排除任何个人对某一物品的消费,它就不能只贩售给愿意付费的人。连带共享性意味着该商品以"零"价格出售才是最有效的,这是由于向一个额外消费者提供该物品的边际成本为零。非排他性,则意味着既然任何人都可以获取该物品,因此其完全无法销售(即任何人在获取某一公共物品时,不能排除其他人也同样获取这一物品,不论其付费与否)。

在现实生活中,不能选择性排除特定获益群体的物品十分少见,除非是在枪口的威胁下。因此,在萨缪尔森意义上具有严格公共性的物品十分少见[斯纳德(Snidal),1979年]。当然还有很多物品,因为排除特定群体消费的成本往往很高,因此在实际上排除部分人群的消费就变得毫无意义。以集体方式,而非私人方式供给物品的主要原因,在于前者往往更加高效。也就是说,向这些愿意为该物品自掏腰包的人们集体供给的成本,往往小于向这同一部分人分别供给的成本。如果我们能够投票要求政府利用纳税款项向我们提供这一类物品,我们就可以克服私人供给所导致的低效率。按照萨缪尔森的严格界定,我们也很难将部分物品称为"公共物品",因为排他是可以做到的。但是由于排他的成本很高,因此人们或许会把能够从集体供给中获得效率的物品看作"准公共物品"。

总的来说，能够真正做到连带供给的物品也是很少的，因为"准公共物品"具有典型的拥挤效应，这会使额外消费者从该物品中所获得的价值降低。曾几何时，人们想当然地认为水资源可无限量供应，因为普通人无法将其消耗殆尽。时至今日，水资源供给，特别是水资源质量的限制已成为迫在眉睫的问题。

因此，在日常政治中谈论萨缪尔森所谓的纯粹公共物品的案例，就显得毫无意义了。相反，问题仅在于集体供给，如果某些可以交由市场进行分配的普通商品，却由于某种原因而选择集体分配，那么其集体供给就是一个问题。

如果我们的问题仅仅是集体供给，那么就会出现 N 人囚徒困境的战略结构。每个人的狭隘利益并不会有助于集团集体物品的供给，但是全体成员的共同利益则有助于确保集体物品（的供给），尽管对于个人而言其供给是有成本的。如果该集团必须严格遵从自愿、自发的行动原则，那么几乎就可认定它无法为自身提供相关物品。但是，如果某一集团对其集体利益的评估基本没有异议，并且就其供给方式也达成一致，如果它同时又拥有要求其成员完成他们所同意事项的处罚权，我们通常都认为该集团能够成功实现其目标。工会的首次成功，就在于它获得了处罚权。美国早期医学和法律组织的主要目标，就是希望通过获得规范医学和法律认证的合法权威，以获得相应的处罚权。根据霍布斯的观点，政府的核心职能不过是对那些拒绝在维持社会秩序方面予以合作的人加以惩罚，其前提是假定全体社会成员均希望保持良好社会秩序。若是我们的民主选择以集体供给的方式提供某些物品，我们通常就能预见到政府将会迫使我们执行自己的意愿。

传统的政治集团理论通常假设，在实践中也的确是这样，各个集团组织起来并彼此争夺相关资源。我的集团希望获得某些利益并试图从你所属的集团获得之，或者更常见的是，从总收益中获得之。针对这一类集团文化的非正式调查显示，对于美国政治中许多最有效、最重要的集团而言，这一观点基本准确。工会组织起来以反对企业主，常见的方式包括直接反对和借助政府的中介力量。商业利益集团组织起来以期从政府获得免税代码、关税优惠或是直接的补助。而公民团体则组织起来试图获得企业和政府的让步。也有一些集团仅仅是为了某一具有普遍意义的物品,而不是特别针对它们自身。例如,谢茨施耐德(Schattschneider,1960年)就曾引述过这一类的组织,如反对死刑的组织等。还有很多集团则围绕着一些在宗教领域存有分歧的问题,比如堕胎。但显而易见的是,美国政治中利益集团的声音主要还是来自那些出于竞争而组织起来的集团,其利益的获取建立在他人利益受损的基础上。

集体危害品

按照萨缪尔森的理论,公共物品无法排除特定个人从中获益,但是他们完全可以自我排除在外。例如,一档公开播出的电台节目很难拒绝我的收听,可是我只需关掉收音机就可以让自己不受其影响。而公共危害品则与之相反,个人很难使自己置身事外。比如,若有害化学物品造成了本市的空气污染,作为生活在本市的市民,我很难将自己隔离在外。

我用集体危害品(collective bads)来代替公共危害品(public bads)这个概念。与集体物品一样,问题不在于这一公害品是否在萨缪尔森的技术标准上是公共的。关键的问题在于我们如何处理特定的危害品。然而与(集体)物品不同,危害品的集体性体现在颇为不同的两个方面。与集体物品相类似的一个方面是指危害品能够加以集体监管或消除。但是大部分危害品同样也是集体产生的。我们之所以会面临这些危害,仅仅是因为我们首先制造了这些危害。因此,我们集体地制造并监管或消除某一危害品。

通过这一复杂的、似是而非的定义,我们就很容易将集体危害品的监管问题,在某种意义上转换为集体物品的供给问题。集体物品只不过是对集体危害品的监管和消除,这样我们就给集体危害品的问题重新贴上了集体物品问题的标签。反之亦然，我们也可以假设集体物品的缺位本身就是一种危害，因此该物品的供给就等于是对危害品的消除。这些推论看上去很有道理，因为当物品供给或危害消除对所有相关人员都真正有益时，这两个问题对 N 人囚徒困境来说就是策略等价的。

然而，至少有两个令人信服的理由来阻止我们将两个问题合并为一个。第一个原因在于，通常被我们称之为危害品的绝大多数事物确实是有害的，即使有一些诡辩家会使普通人产生混淆，以为他们一直以来都弄错了，我们仍然能够在日常语言中轻而易举地将其与（一般）物品区别开来。第二个原因在于，上文中所提到的物品与危害品之间的定义差别是明确并令人信服的：我无法被排除在前者的获益之外，却能够使自己置身在后者的负担之外。④

当然，诡辩家可能会坚持说，集体物品的实际供给或集体危害品的消除，在策略上就是同一回事。这里我们必须承认这个事实。然而，集体物品与危害品在有关最大利益范围上的实际差异，使它们在供给与消除方面存在着明显的区别。在当今时代，难以解决的集体物品问题基本上都是有关那些可由受益集团之外的机构所提供的物品，也无需受益集团的成员为此采取行动。而当前最重要的集体危害品问题则是内生的，只有当造成这些危害并受其影响的集团发生内源性的行为变化，这些集体危害品才能得到最有效的监管，下文将对此进行深入探讨。

产生和供给的内源性与外源性

集体物品或危害品的产生既可以是内源性的，也可能是外源性的，前者指的是受其影响的集团自己产生了集体物品或危害品，而后者则是指由外部机

---

④ 有关集体危害品处理中的激励问题的复杂性，更深入的讨论请参见：哈丁，1982 年，第 61—66 页；也可参见索纳曼斯（Sonnemans）主编，1998 年。

构,甚至是自然界所造成的。这是非常重要的区别,因为在国际政治中最大利益的集体危害品通常表现为内生的,如空气和水污染、全球气候变暖以及臭氧层破坏等。必须明确这一区别**并不是说,内源性的危害品就是指美国或中国这一层面造成了这些危害,而是指在更微观的意义上,即造成危害品的人同时也将从危害品监管中获益**。制造危害品的人大致上也是深受其害的那部分人——比方说,没有劳动分工。例如,美国约有一半的空气污染问题与汽车污染有关,而汽车污染则主要是由个人活动所造成的。因此,消除这一危害的方法之一,就是要求造成该危害的人们出于自身利益而停止这样做。这就使典型集体危害品的监管与产生之间形成了相当强的因果关系。

如上所述,美国国内政治中最大利益的集体物品,就是指那些能够由获益集团之外的某一机构或人员所提供的物品——是外源性的。在现有的技术限制下,像汽车空气污染这样的危害品实际上需要内源性的监管——它们无法从外部消除。无论是公共物品理论,还是博弈论对于囚徒困境问题的解释,都无法准确地描述集体行动在普通物品和危害品方面的区别。例如,在博弈论的表述中,回报体现在价值、效用或者序数偏好的排名,而不是在于行动或客观效益。关于危害品的内源性消除和非内源性消除之间的区别,关键在于个人行动,其结果将会影响回报的价值。

因此,由个人行动内源性地累积所造成的集体危害,能够通过对个人行动的约束加以监管。若是要对某一危害品进行监管或消除,靠一个人行动起来是不够的。如果我们想要对该危害品进行成功监管或消除,所有人或大部分人、至少是很多人,都必须改变其行为方式。我们在各种文献中最常讨论的政治上的集体物品,大部分都是由单一行动者或是外部机构所提供,但是全体成员都可从中获益,至少在原则上如此。因此在具体实践中,这些集体物品往往是由相关集团间接产生的,而内生的集体危害品则由相关集团直接造成,并只能由其直接消除。对于普通集体物品而言,个人纳税或缴费,政府或其他机构则提供物品或服务。对于内生的集体危害品而言,如果很多人改变某一特定行为,危害就会减轻或被消除。⑤ 当然，会造成某种集体危害的行为通常都由政府进行强制监管，强有力地促使个人改变其行为。

（集体）物品与危害品的监管与供给可以是内源性的，也可以是外源性的。有的集体物品能够由其生产者出于自身利益而形成，比如选举某人担任公职。选举需要大量选民的支持，对于选民而言，唯有当其人数足以赢得选举胜利时，他们才能从该选举中获益。同样地，为了代表工人在谈判中获利，工会必须保持团结一致；而只有来自工会内部的工人们才能保证工会的团结。但是像全国高速公路系统或普通医疗保健体系这样的集体物品，则能够从获益集团外部予以提供。事实上，很难想象这一类物品的提供会是内源性的（虽然由市场，而非集体提供这些物品也并非没有道理）。在相关情况下，假设有一条公共道路穿过某个区域，沿路有一些独立的住宅。这一公共道路的维护可以是内源性的，即由每一户房主分别负责某一路段的道路维护和保养，也可以由政府提供外源性的维护，而道路维护的费用将来自税收和收费，这笔费用可以向这些房主们征收，但是也可以向其他人筹集。类似地，在越南有很多本地灌溉系统的维护，一直以来都是依靠内部受益人的个人努力［斯科特（Scott），1976年；波普金（Popkin），1979年；哈丁，1982年，第75页］。

按照集体危害品形成方式的不同，可以在内源型到外源型之间划定一个范围，并对这一范围内的各种实例进行分析。处于一个极端的是汽车空气污染的例子，汽车空气污染在本质上属于内源性危害，改变造成该污染的行为可以减少污染的发生。（在科幻小说中，我们可能会幻想用一个巨大的空气过滤器来解决这一污染问题。）另一个极端的例子则是较大的小行星撞击地球，这是完全外源性的集体危害品。为了消除这种危害所采取的行动，就不同于像公路系

---

⑤ 至少在处理水污染问题时，我们可以想到由某一中央机构负责净化水体要比改变致使污染发生的群体的行为更为有效。在这种情况下，虽然危害品是内生的，但是可以从外部予以消除。不过，这并不意味着对当前主要集体危害品问题的外部管理会在短期内变得可行，如果曾经是可行的。

统那样的普通集体物品供给所必需的那样：必须由政府机构采取行动。因此，监管也必须从外部入手。某些特殊疾病的例子则处于上述两种极端情况之间。疾病也可被视为集体危害品，因为它既是有害的，又折磨着许多人。如果某一疾病问题源自于自然界而不是由患病人群自身所造成的，就产生了相应的疾病控制问题——疫苗接种、治疗——使得患病人群的生活质量较之于自然状态有所提升。脊髓灰质炎（小儿麻痹症）、天花就可以说是这样一种来自自然界的，或者说是外源性的疾病。但是，当然，也不排除有一些疾病在某种程度上是有问题的，因为它是由患者自身造成，或者说是由于个人的某些行为导致了疾病的传播，艾滋病就是如此。至于处理此类疾病的方式，就是通过改变人类无意识的行为以阻断疾病的传播，因为这些行为会造成内源性的集体危害。在这种情况下，通过行为改变等内源性方式就可以对这一危害品进行监管。

我们也可以根据集体危害品的监管方式，绘制一个从内源型到外源型的图谱。除了上一段中已经提到的那些例子，还有一些混合型危害品，即产生于外源性因素，但可以从内部进行监管的危害品，**以及**由内生因素所造成，但可以从外部监管的危害品。至少在原则上，这些危害品的形成与监管之间是无关的，虽然它们之间可能有着天然的密切关系。从内部产生但可以从外部监管的危害品相对较为常见。例如，垃圾是由大部分人口自身所产生的，但在大多数情况下，都由外部的大型公共设施进行垃圾处理（关于这一问题的深入探讨，请参见哈丁，1998 年）。由外源性因素造成但可从内部监管的危害品就不是那么常见了。其中特别著名的就是中国农民消灭血吸虫病的例子，农民们系统性地清理了河流与水稻田中携带血吸虫的钉螺，从而逐步消灭了血吸虫病。

表 5.1 根据集体危害品的内部和外部决定因素，排列了集体危害品的极端或理想类型。经验数据而不是分析结果表明，近几十年来美国政策制定过程中所关注的集体物品大多是最好由外部供给的物品。而其所关注的集体危害品则大多是由内部造成的，因此其监管往往涉及从内部改变造成危害的行为，以减少其发生机率或降低危害的严重程度。因此，人们可以认为危害品通常是由内

部因素所造成并得以从内部监管，而（集体）物品则往往是由外部供给。在国际政治中，集体危害品的问题远远比集体物品更迫在眉睫。国际性的集体危害品几乎都是内部因素所造成的危害，在现有的技术条件下也必须从内部通过行为的改变进行监管，如果可以的话。因此，国际政治中的集体行动问题就与国内政治中的问题有着明显的区别。⑥

表 5.1 集体危害品问题的类型

	内部解决	外部解决
内部造成	汽车污染	垃圾
外部造成	血吸虫病	小行星

许多重要的集体物品都能够进行国际化供给，虽然很多、大多数甚至是所有国家都会搭便车。卫星通信系统可以由某一个国家建立，却能惠及几乎所有国家。新技术的发明或许也可以被看作是个人完成但惠及所有人的物品。（有时候，对飞行模式的监管或对无线电波的管理都可被视为集体物品，但是把这一类问题视为协作性事务可能更为恰当，而不是作为囚徒困境的例子。对于这样的协作性问题而言，先行者往往为后来者确立了既定的模式，这使得后来者只需遵循已经建立的协作模式即可，因此对于大多数受益者而言就无需参与协作模式的建立。）

同样地，虽然会出现大量"搭便车"现象，许多非内生的集体危害品能够实行国际化监管或消除。比如，美国十分重视对某些疾病的控制，甚至愿意独立承担相关的研究与免疫成本，试图在全世界而不仅仅是美国境内消灭这些

---

⑥ 必须指出的是，建构一个有关集体物品的两两对照表格毫无意义。在本文中已经讨论过，（集体）物品的供给既可以是内部的、也可能是外部的，就像危害品能从内部或外部解决一样，但是讨论集体物品**问题**是内部造成或外部造成就没有同样的意义了。

疾病，因为这些疾病散布在全球各地并危及美国公民的健康。⑦ 在这种情况下，我们可以理所当然地假设提供免疫接种的成本要远远小于疾病治疗所带来的负担，消灭天花就是如此，在防治脊髓灰质炎的问题上看起来也是如此，也许还有一些其他疾病，特别是新的疾病也是这样，如艾滋病。同样地，美国或欧洲所采取的的行动或许可以避免小行星撞击地球所造成的集体危害，而所有其他国家都成为了受益人。

然而在当今时代，假如大多数国家没有努力参与改变其国民的行为方式，那么对许多最为迫在眉睫的集体危害品的消除与监管就难以获得成功。对于内源型危害而言，举例说，其他国家就无法分担中国在污染减排方面的责任。其他国家可以向中国提供一定资助，从而使中国承担污染减排责任的意愿更高一些，但最终仍然需要中国和中国人切实执行。对于这一类危害品而言，其形成与监管之间存在着直接的因果关系。我们通过终止危害品的形成来实现监管。这仅仅适用于由内部产生的、同时也可以从内部予以解决的集体危害品。

某一特定集体危害品的形成与监管之间的因果关系，往往意味着该危害品的监管是帕累托有效，或非常接近于帕累托有效，这是由于其监管成本分摊至受益人的方式所决定的。例如，每一位汽车司机都额外购买了污染控制设备，并且使用价格较高但污染较低的燃油，那么每一位司机都能受益于污染总量的减少。如果监管措施所造成的结果与所谓的"无监管"相比，差异非常巨大，那么个人从监管中所获得的收益就会超过其支付的成本。如下文所提到的，可能对部分司机而言，他们从污染控制中获得的收益并没有超过他们所支付的成本，但是对于大部分司机来说，比如在洛杉矶，司机个人的获益可以认为超过了个人成本。这样的监管包含了强烈的公平因素。危害品的制造者按照其产生

---

⑦ 这一具有冲击力的观点来自于美国国家科学院医学研究所最近发布的报告《美国在全球健康中的关键利益》。该报告认为，"政府和企业需要投入更多以保护美国人民和其他国家的人民"免受一些新疾病的威胁（《纽约时报》，1997 年）。

危害的比例来负担监管的成本。开车越多，制造的污染也就越多，就要为减少污染支付更多费用。

国内集体危害品和关于协作的准共识政治

与传统的集体危害品相反，内源型集体危害品问题产生了奇对称，民主理论并没有从实质上解决这一问题，这可能是因为这基本上是一个新问题。即便有一些公共物品符合绝大多数集团的利益（例如全民普及教育几乎覆盖所有儿童，以及饮用水氟化处理等），也常常会有人反对该物品的供给。国家出于家长式目的而提供的公共物品往往会遭到很多人的反对，例如反对大政府的自由主义者和财政保守派人士。例如，自由主义者声称真正需要这些物品的人们可以通过市场购买，而不是将其强加于那些并不需要的人们。

传统的集体物品问题与集体危害品问题之间的战略区别，在于后者几乎涉及所有公民的普遍利益（就像司法制度这样的公共物品，即便是在自由主义者、保守主义者和反对大政府的人眼里，仍具有普遍意义）。这一因素使得这些问题可能更易于以民主方式予以解决。很多传统的家长式政策就可视为对集体问题，而非个人问题的反应，因此其方式就类似于当前新兴的集体危害品处理的方式。对于许多传统语境下的家长式作风而言，使自由主义者深感不安的问题在于，国家认为对我有好处的，可能并不等于我自己认为对我有好处的。公共危害品的一个显著特点就是，该危害品的消除有利于个人，这一点几乎没有任何争议。（当然，如何处理这些危害可能会造成一些差别，因为我可能会从一种解决方案中收益更多，而另一种解决方案则可能更有利于你，下文将对此进行深入探讨。）因此，有鉴于政策执行的方式，环境政策可能就不会被认为是令人讨厌的家长式政策。此外，对于内源型危害而言，很显然，从非家长式的意义上说，国家是代表我对**他人**行为进行监管，就像国家监管他人潜在的犯罪行为。

当前困扰着生活的集体危害品是我们环境的客观特征，它在客观上，而不仅仅在美观上是有害的，并且几乎所有人都一致认为它是有害的。它们的危害性是否足以证明其预防成本是合理的，却并不同样是简单的一致同意问题。国家强迫我白天工作限定的几个小时，迫使我为退休生活进行投资，要求我送孩子接受教育直至一定年龄，这些想法容易遭致反对的原因，是因为考虑到包含在税收中的净成本，某些人真的不认为这些政策对他们有利。如果政府能够控制雾霾、供水污染等环境问题而无需公民承担高昂的成本，并且也不需要创立强大的政府机关，或许就不会有反对的声音，即便有也是微不足道的。（认为不会有任何反对意见，这一想法可能是愚蠢的。在20世纪50年代和60年代，即便是对儿童有好处的饮用水氟化问题，也遭到了美国各地很多父母的反对，反对者们毅力惊人甚至不乏恶意。愚蠢的政治会在任何时候闯入人们的视线。）

两方面的因素使得这些问题在政治上困难重重。首先，成本可以借助各种方式进行分担，因此各集团均强烈希望将成本推到其他人身上。第二，人们衡量成本与收益的方式各不相同。面对某些（污染）问题时，几乎天然的方式就是将治理成本分摊给特定问题的制造者，这种时候最容易出现上述第二个方面的难题。例如，要求汽车制造商设计出燃烧更清洁燃油的汽车以降低每英里排放量，或是要求加装减少排放量的装置，以及设计出自重更轻的汽车以降低其燃油消耗，这些措施都可以，也确实大大降低了汽车污染。所有这些降低污染的措施都增加了汽车的成本和每加仑燃油的成本（由于每英里行驶里程的燃油消耗量有所下降，所以可以抵消所增加的部分成本）。假设一个富人和一个穷人每年的行驶里程都是1万英里。这个穷人为降低污染所承担的成本可能与那个富人几乎相同，然而这个穷人也许真的不像富人那样看重污染减排——这仅仅是生活成本，为减少汽车排放量而付出的成本在她的生活开支中大得不成比例。

然而有关汽车污染的分配问题比这个更糟糕。虽然有钱人并不是刻意将更多的成本推到穷人身上而不是他们自己，但是将成本分摊至污染制造者的相关政策确实就这样做了。为了降低汽车排放量，穷人或许比有钱人承担了更高比例的费用，这有两方面的原因。第一，通常他们所驾驶的汽车更老旧，因此每英里行驶里程减排的成本就比有钱人通常所开的新车更高，这与他们对环境危害的关注和担忧（如果有的话）无关。第二，即便他们每英里污染减排的成本与那些有钱人一样，这笔开支在他们总收入中所占的比重仍是比有钱人高很多。

国际集体危害品

传统的集体物品保障问题与当前至少某些集体危害品的控制问题之间，存在着一个特殊的差异。后者通常不是国家性的问题——它们往往跨越国界，甚至跨越了半个地球。事实上，民主理论总是被认为适用于明确定义的区域内相对较少的人口。民主扩张至较大国家，在老的传统民主国家是进化的结果，而在像印度这样人口超过 10 亿的新兴民主国家，与其说是民主重塑，不如将其比喻为民主运动。在我们的时代，有两股相反的力量同时在试图扩张或缩小民主的范围。族群政治的兴起使得国家分裂为更小的单位，苏联就是一个最引人注目的例子，而对较大市场的收益及效益的持续关注，则促使国家间联盟向更大体量发展，最令人瞩目的就是欧盟。

当前集体危害品的国际监管需要在更高层级进行统筹决策，就像欧盟一样。欧盟、北美自由贸易协定、关贸总协定以及其他类似的超国家联盟的统筹机制设计，就是为了克服体制障碍以期获得更好的结果，而体制障碍则会妨碍经济和其他活动，如果没有这些体制障碍的存在，这些活动是会自动发生的。与其说这是公共物品供给问题，不如说这基本上属于协调问题。事实上，迄今为止，对于国际问题的成功解决通常都在于解决协调问题。当前的国际危害品问题需要以制度手段去刺激相关个人与机构的行为改变。这就需要创立更强大的国际机制，而不是去弱化现存的国家机制。

我们可以认为，欧盟致使政府权力在总体上有所削弱，并使得个人与法人因此受惠。有关欧盟的主要争论均指向日益强大的，位于布鲁塞尔的欧盟总部，其实这只是一个古老的自由主义问题，即担心政府权力不断扩张。然而至少在短期内，欧盟的实际含义只是国家政府对于个人和非政府法人团体的控制的弱化。

欧盟所获得的权力，与各成员国的国家政府所失去的权力的总和相比，到底是更多了还是更少了？要明确这一问题，就面临严重的概念和计量问题。但是要衡量谁失去以及谁获得，有一个简单但又令人信服的指标，即个人和公司法人从中获益良多，无论是在经济上还是在其他方面，如可以根据自己的意愿在欧盟各国之间自由选择旅行、生活或工作地点。如果说政府对个人的总体控制——这是自由主义所关注的核心问题——有所增加，这看起来令人难以置信。当然，它确实是减少了。这并不是说由单个国家对个人所行使的权力对所有人都有益，或是因某种对国家有利的原因而故意为之。其中大部分几乎完全不是如此。它往往类似于官僚的权力，有一个笑话十分真实而诙谐地表达了这一点：除了否决任何合理要求之外，官僚们没有任何权力。国家在本质上只是妨碍个人和企业，使他们的行动毫无必要地增加困难。

此外，当前国际集体危害品监管中出现的变化实质上却有着相反的特征：看起来很可能涉及以多种方式阻碍个人行动。至少，包括了创立人为的激励结构、以相对平静的方式实现行为改变。

在国际层面，所有的环境问题都与美国国内的汽车污染问题相类似，美国国内汽车污染的危害主要由美国人所承受，美国人也就必须承担降低危害的代价和成本。当然，某些危害可能外化到更大范围，特别是北半球的广大地区，而某些监管成本同样也会通过汽车设计标准而外化到国际市场。举例说，新加坡人驾驶着较清洁的汽车并因此而使用售价更高的燃油，无论这是否出于他们的本意。如果每个国家都能切实负责减少本国的工业废气排放量，某些国家就不认为承担减排成本于己有利；这并不是一种明智的做法，因为这就意味着没有一个国家愿意减少排放量。

因此，在没有就减排的成本和收益评估进行人际比较的情况下，我们无法想象如何对减排的国际政策进行辩护。直截了当的政策往往无法实现帕累托改进。在某种抽象的意义上，我们或许会相信有些政策可以实现帕累托改进，即几乎对每个人而言都做到了污染减轻，但不会使任何人担负超过该人从减排中获益的成本。然而实际提出的各政策是否能够实现帕累托改进？选择理论的标准结果显示，我们无法指望能够就这一结论达成一致。举例说，巴西、中国或美国出于自身利益考虑，可能宣称任何一项以特定方式分摊成本的政策会损害它们的利益。

除此之外，唯有在相对平等的世界里，我们才能假设这种观点必定是似是而非的。即便不存在对于相关评价的战略性失实陈述，可是由于存在着深刻的不平等，我们仍不能指望可以轻松地就国际问题的解决达成一致。例如，假设中国不久之后就能基本建立市场经济，政府在普通商品与服务的实际生产中扮演着"小政府"的角色。再者，假设政府坚持认为其国民对于清洁空气的重视程度，尚不足以促使其停止使用造成严重污染的、过时的燃煤发电机。最后，假设净化环境就意味着，至少在短期内需要向国外购买相关设备并且使用其他已经实现国际市场化的燃料，因此无论是从国外进口或仅仅是不再对外出口，使用该燃料都会涉及中国资本的高额损失。各工厂主和实业家承担了环境净化政策所导致的主要财务损失，但若是经济增长率因此放缓并进而导致资本外移，中国的劳工阶层也会因此而蒙受损失。

人们或许会认为富裕国家能够以双赢方式资助贫穷国家向更高生产率转型，从而使双方都从中获益。贫穷国家经济生产的污染程度相对较高，因此对于富裕国家而言，对贫穷国家的资助可以减少其自身受到外来污染的危害——

但是就当前环保技术的成本而言，这可能只是一个幻想。仅非洲的人口总量几乎就是美国的两倍，而印度和中国的人口则分别达到了美国的四倍之多。与那些希望实现经济高速增长的贫穷国家相比，北美、欧洲、日本和澳大利亚等富裕国家的人口仅占前者的一小部分。向贫穷国家提供高额的人均补助，就使得富裕国家的国民承担了更高额的人均负担。

克服集体危害的福利主义政治

自由主义关于某一事物的核心观点，大体上类似于有关个人发展的市场观点。我们应该自己选择自己的生活，而不是交由集体决定。长期以来，集体物品的供给通常都站在自由主义观点的对立面，对这些物品的反对意见往往引人关注，如反对司法体系的供给，如果缺乏合适的司法体系，市场就无法维持良好运作，个人生活亦无法保持亨通繁荣。从历史上来看，集体危害的防范问题并不像集体物品的供给那样重要。自由主义观点认为应将许多行动领域完全保留给个人自由选择，然而我们正处于或者说正在步入一个新的时代，在这个时代里，集体危害品问题将会变得非常重要并有效地超越自由主义的前述观点。因此，即便不是出于与他人的福利相比较，而是从个人主义视角来关注个人福利问题，我们仍可以假定国家需要采取适当行动以防范集体危害的产生。独立于正义理论之外，集体危害品问题对民主**绝对论**提出了挑战，这在某种程度上的确是事实。集体危害品监管的具体政策或许会涉及正义理论，但解决集体危害品问题的需求则被认为是纯粹的福利主义诉求。

从国内政治的角度而言，当前许多集体危害品问题的争议或许主要集中在相关工业利益集团与普通公民之间，而不是在相互对立的大型公民团体之间。这一点就与分配性问题有所不同，后者通常可以根据相互对立的利益将公民分为几大集团。关于这些问题的政治可能异常艰难且往往并不明确，然而人们或许会期待以直接民主的方式衡量各相关利益，并达成普遍认同的结果。将这些问题提交给更接近民主的决策程序，人们或许会期望通过民主决策而达成某种可预测的结果，而这一结果有利于某种形式的环境监管。代际冲突，是普通民主计算无法涵盖的主要问题。我们这一代人可能很容易就明白，我们从巨大而明显的生产力发展中所获得的利益，是以将我们的生产和消费成本外延给儿孙后代为代价的。

这并不是说，各种集体危害品问题的解决过程中就不存在代内分配的问题。当然是存在的。比如说，汽车尾气所导致的空气污染问题基本上属于国内问题而不是国际问题，但当前对这一问题的解决方案仍然具有巨大的分配效应，我们在上文中仅仅从国内层面对此进行了讨论。很遗憾，污染治理的一般分配性影响在国际层面更为不公。在烟囱工业发展的全盛时期，美国的污染也十分严重，然而若是没有经历过那个时期，当代经济结构也无法形成。像印度、缅甸和肯尼亚这样为数众多的贫穷国家则必须通过自身努力以实现繁荣富强，在享有生产力发展所带来的获益的同时，也必须承担相应的环境危害，就像美国曾经经历的那样。当它们那样做的时候，它们也就与其他国家一起分担了这些危害。

国际污染中的"财产权"

在洛克以及其他理论传统中，我们通常假定某一区域内的第一批开拓者据此对这一片土地拥有强烈的所有权意愿。关注国家主权概念的基本上都是第三世界国家，这一概念是从优先所有权原则中派生出来的。在某种程度上，这一原则可以被视为解决某些问题的惯例或公约，否则这些问题可能会引起破坏性的冲突。因此，总体而言，随着财产权期望的逐渐稳定，以及因任何形式的财产权而造成的冲突的日益减少，所有一切都有所好转。

有一种观点认为，发达工业国家在过去的两个世纪中大量消耗了地球上的空气和水，对于希望以同样方式使用空气和水的后来者而言，几乎所剩无几。约翰·洛克［1963 年（1690 年版）］认为所有权源自于劳动和使用，在他关于财产起源问题的规范论证中，有一个被称为"洛克条款"的限制性条件，如果从严格意义上说，在现代世界已经很难满足这一条件。这一限制性条件宣称：我对某一物品拥有所有权，在我取走我的那部分之后，仍有足够多并且足够好的物品剩余给其他人。那些在爱荷华州跑马圈地的人就不符合这一条件，因为像爱荷华州那样优质的耕地十分少有。同样地，有人向空气和主要供水资源——包括了国际河流与海洋——中排放了大量污染物，对于后续的其他使用者而言，这些资源进一步的承载能力几乎消耗殆尽。

如果中国和印度当前的人均污染水平超过了美国在 1880—1960 年期间的人均水平，它们必然会承受巨大的国内负担并将这些巨大的污染负担外延到世界其他地方。除了污染型能源造成的大量问题之外，人们或许还期望这些国家以低于同期美国污染水平的方式实现与美国相当的工业增长与发展，因为技术水平已大大提升并变得更加清洁了。但是，由于当前印度和中国的人口规模总量大约相当于美国工业化起步时期的 20 倍，它们若要达到与美国同等的发展程度，其绝对染污量必然远远超过美国同期水平，如果它们主要依赖廉价但储量丰富的煤炭能源，情况就会更为严重。

自然地，美国人与欧洲人更关注环境的超负荷状态，他们相对较为重视国家在人口增长率方面的责任。而贫穷国家则更关注人均能源消耗与污染方面的国家责任。因此，贫穷国家更多地将人口问题视为国内问题，而发达国家则将其视为国际问题。两者基本上都属于分配性问题，但两者的侧重点则有所不同。再次重申，民主政治并不擅长于处理分配性问题，而国际民主则更是疲软无力，不足以担当处理国际性分配问题的重任，除非富裕国家选择或多或少地无私地赞助贫穷国家。

结束语

集体危害品问题尚未成为民主理论的主要研究对象，民主理论也尚未提及集体行动的嵌套问题，这可能是因为民主理论尚未国际化。民主应用于国内问题时，针对集体危害品问题和偶然的集体物品问题，能够相对轻松地形成统一的政策。我们规定汽车制造必须符合各种污染防控标准，然后在这个限度之内让个人自由选择买什么车。我们并不必需执行迫使个人改变其行为的政策。不同层级的嵌套性集体行动是相对较为简单的解决方法，其主要问题在于无法用于解决更高层级的国际政治问题。当某些议题属于国际层面且具有不同效应，特别是具有分配性效应时，我们就无法以某种多数决策的程序进行简单的投票表决，并期望每一个国家都遵守票决的结果，就像希望每一个美国公民遵从环保署的指令那样。

像欧盟这样大规模的、超国家的政府机关的创设，可能会使环境监管更易推行，因为这种统一使得集体危害品的某些相关问题"国内化"了。欧盟国家不再认为自己的污染行为很大程度上是一个国际化了的问题，而是仅仅将其视为较大联盟内部的一个普通问题，在这个层面上或许就能较轻松地以民主选择的方式就其监管达成一致。超国家组织的目的仅在于解决经济活动中的协作问题，其运作却产生了一个副产品，使得某些集体危害问题"国内化"从而能够以一致、民主的方式得以解决。这种可能性会使西欧各国的领导人更有欧盟东扩的动力，试图将那些污染严重的东欧国家纳入欧盟范围之内，因为西欧国家为治理来自东欧的污染已付出了高额成本。然而在短期内，由于东西欧之间经济发展水平差异极大，经济差异的存在或许会使上述解决方式较难施行，因为这看起来像是一种再分配。

必须指出，欧洲国家对于集体危害品问题的这种解决方式，还远远称不上创建一个强有力的超国家政府。欧盟国家间的融合仅限于经济政策领域，虽然好像也确实存在一些或多或少无法分割的社会问题迫使欧盟予以关注。但是并不需要建立一个超国家的警察部门以控制各国遵守环境政策，因为环境政策可以与其他于己有益的经济政策相结合。危害品将以集体方式进行监管，而其监管需要内部成员或多或少普遍的行为改变。然而对这些行为改变进行监督则必须由各国政府自行负责，而且各国政府将通过与每一个欧盟成员国政府进行协商以保证其政策的双向执行，而不是依赖中央指令，因为欧盟内或许并不存在着中央权威。

如果不将环境问题与其他经济政策相捆绑，自然就会削弱联盟的初衷，即使得所有欧盟国家之间的贸易和生产更有效率。如果某一个国家的生产性污染非常严重，由于污染会跨越国界，就会将该国的生产成本外延和转嫁到其他国家从而降低其生产成本，并因此而提升本国生产的市场竞争力从而增加其收益。有些国家领导人认为，由于欧盟成员国之间的经济发展水平和生产力水平并不一致，他们实际上是将本国的经济优势送交给了整个联盟；也唯有将这些较落后的国家纳入欧盟体系之内，才能有效地控制这些国家产生集体危害品，所以这些国家的领导人就有充分理由去说服和缓解国内的民族主义倾向。

如前所述，国际政治领域集体行动问题的焦点与国内政治领域全然不同。内源型的并且必须从内部进行监管的集体危害品，是当前关于集体行动的国际政治领域的主要关注点，在一代人或几代人可预见的将来亦是如此。在拥有处罚权的民主政治秩序中，有关某些行为模式会产生严重危害的共识，往往意味着该危害的监管前景较为乐观。而在一些只有二元制裁权而没有集中处罚权的、处于半无政府状态的国家中，类似的共识在促进监管方面的效用就会大打折扣。关于监管，最好的希望或许就在于为解决经济问题而成立的地区性的或其他的超国家组织。

这些组织的构建相对较成功，因为其核心问题仅仅是协作问题。尽管在关于（组织的）边界以及协作的细节方面仍存有一些争议性的问题，协作是一种模态激励机制。一旦类似组织建立起来之后，它们就可以将协作价值作为一种有效的二元惩罚手段，用于惩罚那些没有参与解决其他问题的成员，虽然那些问题可能不仅仅是协作问题。随着针对各种问题的政策的地理范围不断增加，跨越国界的集体危害品问题就更接近于国内化了，因此也将会使成员国将自身所造成的危害品负担外延到其他国家。在地区层面，或许就会对某一危害品的监管形成共识，而任何一个成员国都不愿对该危害品进行自行监管。对于由疆域辽阔的大国和一些大型地区性国家组织所构成的、呈现适度无政府主义的世界，人们或许会期望它能够较好地处理国际性的集体危害品问题，虽然其表现可能并不像拥有中央权力的民主政治那么出色。

参考文献：

Bently, Arthur. 1908. *The Process of Government*. Chicago: University of Chicago Press.

Hardin, Russell. 1982. *Collective Action*. Baltimore, MD: The Johns Hopkins University Press.

1988. "Garbage out, garbage in." *Social Research* 65:9 – 30.

New York Times. 1997. 22 June, I, p. 12.

Locke, John. 1693(1690). "The second treatise of government," in *Two Treatises of Government*. Edited by Peter Haslett. Cambridge: Cambridge University Press.

Olson, Mancur, Jr. 1965. *The Logic of Collective Action*. Cambridge, MA: Harvard University Press.

Popkin, Samuel L. 1979. *The Rational Peasant: The Political Economy of Rural Aociety in Vietnam*. Berkley: University of California Press.

Samuelson, Paul A. 1954. "The pure theory of public expenditure." *Review of Economics and Statistics* 37:387 – 389.

Schattschneider, E. E. 1960. *The Semi-sovereign People*. New York: Holt, Rinehart and Winston.

Scientific American, 1977. April:27.

Scott, James C. 1976. *The Moral Economy of the Peasant*. New Haven: Yale University Press.

Snidal, Duncan. 1979. "Public goods, property rights, and political organizations." *International Studies Quarterly* 23:532 – 566.

Sonnemans, Joep, Arthur Schramm, and Theo Offerman, 1998. "Public good production and public bad prevention: the effect of framing." *Journal of Economic Behavior and Organization* 34:143 – 161.

Truman, David B. 1971 (1951). *The Government Process: Political Interests and Public Opinion*. New York: Knopf.

6

政治共同体的转型：
在全球化背景下重新思考民主

戴维·赫尔德

(David Held)

本章主要研究全球化背景下政治共同体性质的改变——简言之，不同国家与社会之间的相互关联性日益增加，其相互关系也得到了强化。本章包括了几个部分。在第一部分中，笔者探讨了政治社团形式的变迁，特别是现代民族国家的兴起，这是现代民主观念萌芽和发展的背景。根据这一理解，笔者考察了自由民主的几个关键理论假设和前提，其中最重要的是有关政治共同体的概念。第二部分着重探讨了全球化形式的变迁。在我看来，全球化并不是一个新名词，而是已经持续了一段时间，只不过其程度、强度和影响已发生了根本性的变化。本章的第三部分和最后一部分，将着重探讨全球化形式变迁对民主政治共同体的前景所造成的影响。本章将阐述有关民主的一个特定概念，即跨国民主的一种形式，后者被认为更适合于当今政治社团的发展结构。民主的未来被设定在世界主义的语境之中——作为全球范围内的民主复合体，其形态与形式参照了基本的民主法律，因此在某种程度上具备了政府的特征，并且只有在这一程度上，颁布、实施和执行相关法律。这并不是解决民族国家终结的处方，也不是解决我们所熟知的民主政治终结的方案——远非如此。实际上，它是进一步发展和丰富民主生活的处方（参见赫尔德，1995年和1996年）。有观点认为，唯有在民族国家内部和跨国家范围内巩固民主，当代权力的责任才能得以强化。

政治生活形式的变迁

84　　在第一个千年之交，人类社会的发展仍处于相对孤立的状态。特别是像中国、日本和伊斯兰这样最为历史悠久的古代文明，都是"分离的世界"［费尔南德兹－阿梅斯托（Fernandez-Armesto），1995年，第1章］。当然，它们都是高度分化的、在许多方面都十分复杂的世界，然而它们彼此之间几乎没有任何接触，尽管并不是完全缺乏某些直接交往的形式［曼恩（Mann），1986年；沃森（Watson），1992年；费尔南德－阿梅斯托，1995年］。例如，不同文化、文明和早期国家之间存在着各种形式的商贸往来，商贸活动不仅将各个社会的经济财富联系在一起，而且成为思想与技术实践交流的渠道。密集的贸易网络往往能将古代文明连接到巨大的因果循环中（参见阿布－路哥德，1989年）。其中最著名的例子就是中国自13世纪以来建造大规模的船队，这使其具备了远洋航行与贸易的能力，并能够与欧洲各国之间就丝绸、白银和托鞋等奢侈品开展各种形式的贸易往来［肯尼迪（Kennedy），1988年，第7页；费尔南德兹－阿梅斯托，1995年，第134页］。然而，尽管存在着这些（对外）交往，古代文明的发展主要仍是"内部"动力与压力下的结果；它们是独立的，并且很大程度上是自主的文明。

　　这些文明由帝国体系所构建，延伸至遍布各地的人口与领土。其中有一些文明，特别是中国，长期维持着其独特的制度形式，并得益于强制性手段的积累与集中——其中首要的强制性手段便是军事和作战能力。一旦这一能力衰退，那么帝国也就随之瓦解。军事力量主要部署在边境地区或领土边界区域，虽然其领土边界常常因联盟的模式、叛乱和侵略而不断发生变更或改变。在文化上，帝国通常是多样化的、复杂的，统治着多种多样的共同体和社会。

我将在下文中阐述，早期商贸线路的发展、选定的军事和海军行动，或是不同社会之间文化交往的早期发展，都与当前不同国家与社会之间持续进行并不断深化的交往模式大相径庭。但是首先，有必要说明欧洲政治经济结构的变化如何缓慢地改变并包围这些古早时期"分离的世界"——这种结构产生了一个非常特殊的政治共同体概念，吸引了人们的政治想象力。

1000 年以前，生活在欧洲大陆的约 3000 万人口并未将他们自身视为一个相互关联的群体［梯利（Tilly），1990 年，第 38 页］。明确分布的强权（势力范围）掩盖了这一地区碎片化和去中心化的本质。领地的领主们，首先是战争的胜利者或是征服者，通常都对被占领的领土征收贡税或地租；如果说一个国家需要明确划定领土和人民，那么他们还远远称不上是治理国家的首脑人物。在某种程度上，我们所提及的这一时期的欧洲政治制度是以重叠而分裂的权威为标志的，其特征包括了互为连锁的关系和义务，而其统治网络则碎裂成许多小而自治的部分［波齐（Poggi），1978 年，第 27 页］。政治权力往往是地方性的，并且更关注个人化的问题，从而产生了"权利和权力相互重叠的社会世界"［安德森（Anderson），1974 年，第 149 页］。某些权利与权力相互冲突；如果说主权指的是某一特定领土与人口之中至高无上的权力，那么没有一个统治者或国家是主权国家［布尔（Bull），1977 年，第 254 页］。尽管基督教会帮助"欧洲"实现了统一，这对于欧洲而言十分重要，但各国之间的紧张关系仍十分普遍，战争此起彼伏。

绝对主义及其所发源的国家间体系是现代政治共同体，即现代民族国家的直接来源。自从 16 世纪以来，随着（统治者）把政治与军事权力逐渐收归并集中在自己手中，并且试图寻求创建中央集权的统治制度，绝对主义为世俗国家权力体系铺平了道路。权力的集中引发了一系列发展变化，后者对于政治共同体的历史而言具有十分重要的意义：(1) 领土边界与统一的统治制度越来越趋于一致；(2) 新的立法与执行机制的创建；(3) 行政权的集中；(4) 财政管理的变更与扩展；(5) 通过外交与外交机构的发展，使国家间关系得以正式化；（6）引进常备军制度（参见安德森，1974年，第15—41页；吉登斯，1985年，第4章；曼恩，1986年，第12—15章）。绝对主义推动了国家建设的进程，在这一过程中，国家*内部*的社会、经济和文化的差异开始减少，而国家间的*差异*则日益扩大。也就是说，它有助于政治共同体的缔造，这些政治共同体拥有明确而持续增强的认同感——国家认同（蒂利，1975年，第19页）。

17世纪末期，欧洲已经不再仅仅是由马赛克般的诸侯国七拼八凑地构成。因为"每一个单一国家的独立主权的巩固过程，同时也是国家间全面整合过程的一部分"（吉登斯，1985年，第91页）。每一个国家在主张自身无可争议的权威的同时，也必须承认这一主张赋予了其他国家在其本国疆界内拥有同等的自治权利与尊重。国家主权的发展同时也是（国家间）相互承认过程的一部分，在这一过程中，国家间相互承认对方在自己的领土和领地中拥有司法管辖权。主权确立了在某一限定领土范围内的统治**权利**，虽然这一统治是否有效则是另外一回事儿——所谓统治是否有效，指的是在涉及其他关键机构和军队时，一个国家是否拥有足够的**自主权**以明确表达并达成其目标。但是在国家间关系的世界中，所有国家都拥有平等自决权的原则开始成为国家间正式交往的首要原则。当然，问题主要是最强国之间的正式关系——那些与这些国家有所接触的人们和共同体是绝不可能被授予与主权相关的权利和特权的，无论他们是在欧洲境内还是欧洲以外地区。

"威斯特伐利亚模式（Westphalian model）"（在1648年威斯特伐利亚和会之后）作为国际法的一个新概念，清晰地表述了新兴的、国际间的"国家社会"。该模式所包含的所有要素将在下文中予以详述，至于这些要素是否都是威斯特伐利亚和会所签订的条约中所固有的，在这个问题上仍存有争议，但无需在此予以验证［参见克拉斯纳（Krasner），1995年；基欧汉（Keohane），1995年］。这一模式可用于描述国际法的发展轨迹，而直至18世纪末19世纪初期，随着领土主权、国家间形式平等、不干涉他国内政以及国家的承诺作为承担国际法律责任的基础等成为国际社会的核心原则，国际法才得到完全清晰的表述［参见克劳福德（Crawford）和马克斯（Marks），1998年］。

威斯特伐利亚体系代表了一个新兴的、由领土和主权国家所组成的共同体，共同体成员私下解决它们的分歧，并且在有必要时诉诸武力；其成员致力于发展外交关系，然而在别的方面却又仅限于最低限度的合作；其成员试图将自己的国家利益置于其他一切利益之上；并且接受有效统治原则的逻辑，这一原则最终成为国际世界的正当现象——即，实际有效的占有可以合法化。威斯特伐利亚模式的核心要素可以概括为以下几个方面［参见卡赛斯（Cassese），1986年，第396—399页；福尔克（Falk），1969年］：

1. 世界是由主权国家组成和划分的，主权国家不承认任何凌驾于国家之上的权威。

2. 法律的制定过程、争端的解决以及法律的执行权基本上掌握在个体国家手中。

3. 国际法着重面向于建立共存共处的最低限度规则；在不同国家与人民之间建立持久的关系是其目标，但仅限于不妨碍国家目标的达成这一限度。

4. 跨境不法行为的责任仅仅是所涉各国的"私人事务"。

5. 所有国家在法律面前都被视作是平等的：法律规则并不考虑权力的不对称性。

6. 国家间的分歧往往由武力解决；有效权力原则占主导地位。事实上几乎不存在任何法律约束以遏制诉诸武力的行为；国际法律标准仅仅只能提供最低限度的保护。

7. "集体优先"是对妨碍国家自由的最小化。

这一国家间新秩序为国家体系的整合提供了基本框架的同时，亦同意每个国家有权采取追求自治与独立的行动。正如一位评论人士恰当地指出：国家"不受国际道德要求的制约"，因为它们代表了"独立而分离的政治秩序，而它们之中没有共同的权威"［贝茨（Beitz），1979年，第25页］。在这一观念中，世界是由各个追求自身利益的独立政权所组成，最终予以支持的是（各政权的）强制权力组织。尽管由非国家行为者采取强制手段或诉诸武力在威斯特伐利亚条款中是明确违法的，但却几乎成为这一体系无法避免的副产品；因为对于争夺明确领土边界的（政治）群体而言，除了诉诸武力之外，几乎没有其他选择可用于在他们所试图划为自身领土的区域内确立"有效控制"，并以此谋求对这种占领行为的国际认可［参见鲍德温（Baldwin），1992年，第224—225页］。

当然，威斯特伐利亚体系的原则与规则不能简单地转换为一个国际秩序理念［参见赫尔德，1995年，第4章；霍尔（Hall），1996年］，现代民族国家体系的巩固并不是一个统一的过程，不会以同样方式影响每一个地区和国家。从一开始，对于许多人、尤其是对于欧洲之外的文明（国家）而言，该过程就涉及自治与独立的巨大代价。事实上，现代国家制度的扩张过程始终是以"等级制"与"不平等"为特征的［参见福尔克（Falk），1990年，第2—12页］。欧洲全球帝国的拓展始于15世纪伊比利亚半岛的君主们所主导的航海大发现，并在19世纪末期对非洲的争夺中达到最高潮，这无疑就是充分的证据。但是，这有悖于缔造现代国家体系的背景，即必须理解现代政治共同体的本质与形式，特别是民主政治的本质与形式。

那些为欧洲的绝对主义而辩驳，并努力建立非个人化的权力体系、法治、要求统治者承担更多责任的人们，他们会理所当然地认同新兴政治共同体，或至少认为确实存在着他们为之奋斗的共同体。就像霍索恩（Hawthorn）所说："在绝对主义者看来，绝对主义国家才是国家。它们控制着自己的领土和人民。即便它们尚未摆脱业已存在的政治共同体，它们几乎总是准备创建一个（新的共同体）。无论是在18世纪80年代后期的法国，还是在20世纪80年代后期的智利、韩国或南非，那些为之辩护的人们都理所当然地认同这一共同体，或至少认为确实有一个他们所为之奋斗的共同体"（霍索恩，1993年，第344页）。而在其他地方，无论是对于行政中央集权的发展，还是对于更广泛问责制度的建立，共同体的背景环境就不总是那么偶然而幸运［参见赫尔德，1993年，第4部分；波特（Potter）、戈德布拉特（Goldblatt）、基洛（Kiloh）和刘易斯（Lewis），1997年］。在那些通过巩固旧有的"民族核心"，以及/或者联系各共同体，以及/或者打造新的政治关系，从而成功创造政治共同体的国家中，他们提供了推动有关理论发展的动力，即关于现代政治共同体之本质的理论，关于政治共同体成员之意义的理论，以及关于政治权力的适当形式与限制——简言之，关于民主的理论。

直至18世纪，民主才与代表大会和公众集会场所的公民集会普遍联系起来。从19世纪晚期开始，公民参与集体决策的权利才被认为可以通过选举代表为媒介（予以实现）。代议民主理论从根本上改变了民主思想的参考术语：由于公民规模过大所造成的对于民主实践的制约，一度成为许多（反民主理论）批评和关注的焦点，然而代议民主理论却克服了这一制约。时至今日，代议民主可以被称颂为负责和可行的政府形式，在大规模国土范围和时间跨度上具有潜在的稳定性（参见达尔，1989年，第28—30页）。诚如一位著名的代议制倡导者所言，"把代议制与民主制结合起来"，一种新的政府制体制就得以创立，它可以容纳"一切不同利益和不同大小的领土、不同规模的人口"［潘恩（Paine），1987年，第281页］。在詹姆斯·密尔（James Mill）看来，代议民主甚至可能预示着"现代的伟大发现"，在其中"解决一切困难，包括想象的和实际的困难的办法也许都将会找到"［转引自萨拜因（Sabine），1963年，第695页］。相应地，民主政府的理论与实践也打破了其仅限于小国寡民的传统联系，并使自身成为由现代民族国家所组成的新兴世界中的合法信条。当然，究竟哪些人可以称得上合法的参与者，或者说是"公民"或"个人"，以及他或她在新秩序中的角色到底是什么，很多主流的代议民主理论仍未能解决或辨明这些问题（赫尔德，1996年）。只有当无论其性别的所有成年人都获得实际的公民权，自由民主才呈现出明显的当代形式：允许公民更广泛地参与选择代表的一系列规则和制度，被选代表能够独自进行政治决策，也就是说，能够影响整个共同体的相关决策［参见鲍比奥（Bobbio），1982年，第66页；达尔，1989年，第221、223页］。

自由民主的发展是建立在现代民族国家的新兴理念之上的，因此也仅限于相当局限的概念空间内［请参阅沃克（Walker），1988年；康纳利（Connolly），1991年；麦格鲁（McGrew），1997年］。现代民主的理论与实践建立在威斯特伐利亚体系的基础之上。民族共同体，以及民族共同体的相关理论建立在一个前提基础上，即政治共同体原则上能够控制它们自身的命运，而公民彼此间能够充分认同，因此他们会以对所有人来说最好为目的进行共同思考和行动，也就是说，以共同善为目的［桑德尔（Sandal），1996年，第202页］。当然，除了内部障碍之外，公民集会、公民权的范围、代表的形式和范围、同意权的性质与意义——实际上，民族自决的所有关键因素——都能够与地理相对应：在一个限定的领土范围之内，代表制度和民主问责制度能够与权力所能达到的空间范围整齐地相匹配。此外，作为其结果，就可以阐释——并且基于此建立相关国家机构——"内部"政策与"外部"政策之间的明显区别，内政与外交事务之间的明显区别。绝大多数的民主理论，包括自由民主与激进民主，都认为政治共同体的性质与可能性可以参照国家结构和国家的可能性予以解释，而自由、政治平等与团结则可以在民族国家中，并通过其得到巩固。这已成为现代民主思想的基石。

当然，民主的民族国家共同体的构建往往也受到深深的质疑，因为不同社会、经济和文化群体彼此间为共同体的性质，以及各自在共同体中的地位而互相争斗。假如没有工人阶级、女权主义者和民权活动家们在19世纪和20世纪进行广泛的，甚至往往遭致暴力镇压的抗争，也许很多国家迄今为止都尚未确立真正意义上的普选权［参见波特（Potter）、戈德布拉特（Goldblatt）、基洛（Kiloh）和刘易斯（Lewis），1997年］。此外，人们总是试图结合在一起以期获得或加强某些特定利益，而民主国家认同的构建往往成为这种结合行为的一部分。政治行动的必要条件使得人们将国家认同作为保证政策、动员与合法性协调一致的一种手段［参见布鲁伊（Breuilly），1982 年，第 365 页以后］。国家主义精英们积极寻求国家意识的产生，以及对国家的承诺与义务——即"国家命运共同体"——的产生，这都得到了很好的记载［参见史密斯（Smith），1995 年］。然而，国家缔造的条件、国家主义或国家建设的条件永远不会是完全重合的。当然，关于应如何理解民族自治，仍存有相当多的理论争议；而自由主义者、共和派与激进民主派的观点则相互分歧。

虽然如此，民主理论，特别是兴起于 19 世纪和 20 世纪的民主理论，理所当然地把公民集会、公民权、选举机制、同意权的性质和民族国家的边界联系在一起。不同政治共同体的命运或许互有纠缠，但决定"国家命运"基础的合适场所则是国家共同体自身。在当前，自由民主的关键理论和实践几乎全部与主权民族国家的原则与制度相关。更进一步说，现代民主理论与民主政治认为，公民—选民与国家决策者之间存在着对称性与一致性。通过选票箱，公民—选民基本上能够使决策者们承担责任；而作为选举同意的结果，决策者就能为其选民，并最终包括基于固定领土范围的共同体之内的人民，合法地制定与执行相关法律和政策。相应地，民主的民族国家制度的要点或"深层结构"是以一些显著特点为特征的，大体上包括：民族国家内部的民主与国家间关系的不民主；在国家疆界内部巩固责任制与民主合法性，而在国境之外则追求国家理性（和政治利益的最大化）；民主与公民权仅适用于"内部人士"，但常常否认境外人群享有这些权利。

地区性与全球性融合形式的变迁

研究民主政治主流理论方法的核心概念，来自于对"领土政治共同体"的概念不加批判地擅用。其困难在于政治共同体很少——如果有的话——作为有界限的地理整体而孤立地存在；应更好地将其解读为多重交叉重叠的互动网络。这些网络明确围绕着权力的不同位置与形式——经济的、政治的、军事的、文化的以及其他——产生了各种不同的活动模式，这些活动模式并不以任何简单明了的方式与领土疆界相对应［参见曼恩（Mann），1986年，第1章］。现代民族国家的空间范围并未给其他网络设定密不透水的边界，其范围和影响区域可以是地方性的、国际性的或者是全球性的。现代政治共同体受困于，而且一直都受困于各网络的程序与结构的多样性。主权民主国家的理论与实践总是与国家主权与自治的现状存在着某种紧张关系。国家政治共同体的决定和政策并不总是为了它们自身，而政府也并不总是完全为了其公民制定政策或决策［参见奥夫（Offe），1985年］。特定政治共同体的行动自由总是受到一定限制的，只不过其程度有所变化。如何理解这些模式与相互联系，如何理解其随时间变化而变化的形式？以及如何理解它们的政治影响，特别是对主权、自治权和民主政治共同体的影响？

"全球化"一词捕捉到了某些变化，正是这些变化塑造了政治的本质和政治共同体的前景，仔细分析这个词语有助于创建一个用于解决上述部分问题的框架。我认为全球化可以理解为一系列相关过程，这些过程将人类组织和活动的空间形式转变为横贯大陆或地区间的活动、互动和权力行使模式［参见赫尔德（Held）、麦格鲁（McGrew）、戈德布拉特（Goldblatt）和佩雷顿（Perraton），1999年］。它涉及社会关系与制度在时间和空间上的延伸和深化，因此，一方面日常活动越来越多地受到发生在世界上其他地区的事件的影响，另一方面，当地组织与共同体的实践和决策则可能具有重要的全球反响［参见吉登斯（Giddens），1990年］。我们可以根据以下几个方面对全球化的历史形式进行区分：（1）关系和联系网络的广泛性；（2）这些网络内部的流动强度和活动水平；（3）这些现象对特定的、有边界的共同体的影响。这并不是指，像许多人所说的那样，全球化在从前并不存在，如今才出现；而是希望人们认识到全球化的形式随着时代的变迁而变化，通过上述1—3点，可以系统地对其有所了解。对比这一全球化研究的历史方法，当前流行的观点或是认为全球化基本上是新（事物）——"超全球化学派"（hyper-globalization school）坚持认为全球市场现已完全建立起来［参见大前研一（Ohmae），1990年］——或认为，当前国际经济和社会相互作用的程度只是类似于金本位时代，并没有什么是前所未有的——"怀疑学派"便是如此［参见赫斯特（Hirst）和汤普森（Thompson），1996年］。

全球化既不是一个单一条件，也不是一个线性的过程。最好将其理解为涉及各种活动与互动领域的多维度现象，这些领域包括了经济、政治、技术、军事、法律、文化和环境等。每一个领域都涉及不同的关系与活动模式。对全球化的一般性描述无法简单地根据某一个领域预测另一个领域将会发生什么。因此，对这些独特的领域进行区分就非常重要，而建立全球化理论，以及根据每个领域所发生的（现象）来理解全球化对特定政治共同体的影响，也同样十分重要。在本文中建立这样一套理论既不可行，也不可取，但是可以发现许多有用的历史对比和一些说明性材料，从而探讨全球化对政治共同体的本质和前景的不同影响及其变化。这也就是在全球化语境中再度思考民主本质的背景。

随着早期现代殖民主义在世界各地肆虐纵横，以及欧洲—大西洋（European-Atlantic）海洋帝国的扩张带动了不同地区之间的深层联系，政治共同体之间持续加强的相互融入也达到了一个历史转折点，时间大约是19世纪后半期。全球化进程的推动力，包括其范围和程度，均来自于欧洲的迅速扩张、针对这种扩张的相互竞争，以及各区域中心为了遏制这种扩张而进行的努力与斗争［耶尔（Geyer）和布莱特（Bright），1995年］。毋庸置疑，迅速发展的不列颠帝国和其他欧洲列强是19世纪晚期全球化最强大的代言人。到19世纪末期，不列颠帝国的扩张范围已经覆盖了全球将近1/4的土地和超过1/4的人口。借用一句话说，不列颠帝国"将世界握在手中"［费尔南德兹－阿梅斯托（Fernandez-Armesto），1995年，第264页］。而问题不仅是欧洲列强遵循已持续几个世纪的方式加速扩张，而是在世界各地区之间建立主导与从属关系的新秩序。

欧洲殖民主义往往由"开拓型扩张主义"精神所驱动,其目标和始作俑者是在当地环境和基础领域开发中获得利益。在非洲,遵循英国议会委员会建议的帝国主义者（征服者们）最为成功："接受业已存在的当地政府;控制它们的越权行为并与它们保持和平相处。"〔转引自费尔南德兹－阿梅斯托（Fernandez-Armesto），1995年，第419页;参见帕克纳姆（Pakenham），1992年〕如果不利用已有的政治结构和资源,对大规模海外领地进行管理和控制的费用就会极其高昂,而且非常不切实际。直到通信和运输基础设施的创新发展——新型蒸汽机快艇、摩斯密码、电话、电缆线路以及后来的无线电等——得到了广泛应用,高度分散的领土难以进行有效沟通的局面才有所改观,在想要独立的殖民地官员面前也不再不堪一击,并且/或者改变了帝国中心对当地情况所知甚少,以及太晚的局面。对于伦敦、巴黎和其他地方的政治精英与政治人物而言,通信和运输技术的发展远非灵丹妙药,然而如果没有对这些技术进行投资并将其应用于可行的领域,他们就无法充分管理其海外利益与人员〔例如,参见帕克纳姆（Pakenham），1992年,第3章〕。

不过,或许比其他（因素）更重要的是,这一扩张时期应该被理解为（传统的）的帝国和领土控制形式向新控制形式转变的开始,前者伴随着强烈的争议和对抗,而后者则是指新的、独特的、非领土的权力和控制形式。在19世纪晚期和20世纪早期,欧洲列强缓慢地将其控制模式从帝国的直接管理机制,转变为在基础领域进行合作和控制的新方式。耶尔（Geyer）和布莱特（Bright）指出："通过地理空间的扩张和占领……试图建立全球同步时间和世界范围内协调互动的努力与能力……随着建立在通信技术基础上的控制体系（金本位制度、海上力量的全球部署体系）的形成而成为可能,并自（19）世纪末开始将全世界网罗到全球权力系统中。"（耶尔和布莱特,1995年,第1047页）欧洲国家超越了仅仅将自身权力范围外延到其他国家的阶段,而是试图建立直接和可持续的组织从而形成对其他国家的基本制度进行控制。随着时间的推移,个人秩序和直接控制的统治体制因其随意性和不确定性,逐渐让位于跨国组织和活动等新的形式。这些形式往往以更为隐匿的权力体系为标志——由新的国际组织和（或）者跨国公司所管理和控制——开始独立于他们所发源的民族国家，着力于发展他们自己的生活。新政治秩序不再像（传统）帝国那样试图将领土范围扩展至各个地区并将其纳入单一的政治体系中，而是将其发展建立在国际组织、跨国行动和（工业与金融业、信息和通信、旅游与文化交流等）交易网络不断发展与扩散的基础上［参见墨菲（Murphy），1994年］。西方商业、贸易和政治组织的影响力超过了直接统治，产生了新的非领土扩张的全球化模式——无涉领土的全球化［参加彼得斯（Pieterse），1997年］。

自1865年国际电讯联盟（International Telegraph Union）成立以来，出现了大量的国际组织负责对多重领域内的活动进行规范和管理，包括贸易、工业基础、农业、劳工、公共治安管理、个人权利的基本内容、健康和科学研究等领域。问题不在于创建一个机构或权威来管理世界事务，而是在于为基本上可预见的、有序进行的跨国过程建立一套监管体制。到1914年，全球事务的许多方面都已纳入这些机构的条款和规制体系中。相应地，到20世纪初期，关于规范和控制经济、社会与文化事务的新的基础设施和基本制度体系已逐渐建立起来，并促成了电报、信件和包裹不断冲击和淹没国际网络（参见墨菲，1994年，第2、3章）。

事实上，世界上所有国家都已被卷入较大的全球流动和全球转型模式，并成为其中的功能部分［尼罗普（Nierop），1994年，第171页］。货物、资本、人员、知识、信息、武器，以及犯罪行为、文化、污染物、时尚和信仰，都能轻而易举地突破领土边界［参见麦格鲁（McGrew），1992年］。跨国网络、社会运动和关系延伸到人类活动的几乎所有领域。地区间贸易、金融和生产体系的存在，将世界各地的家庭、社区与国家的繁荣与命运都结合在一起。这个世界再也不是由"分离的文明"所组成，它已成为从根本上相互关联的全球秩序，其标志是密集的交易模式，以及权力、等级制和不平等。

在这种背景下，政治共同体，尤其是民主政治共同体的意义和地位，就需要进行重新审视。为了实现这一目标，至少面临着两个任务。首先，需要说明政治共同体之间相互关联模式的几个根本性变化，以及随后的政治共同体自身结构与形式的转变，这很重要。其次，需要阐明这些改变所带来的一些政治影响。在下文中，我将试图阐明一些已经给政治共同体的组织和意义带来改变的转型和变化。很显然，这些都只是指示性的变化；它们显然尚未形成系统的解释［参见赫尔德（Held）、麦格鲁（McGrew）、戈德布拉特（Goldblatt）和佩雷顿（Perraton），1999年］。

1. 改变政治共同体性质的重大发展之一，乃是全球经济进程，特别是部分由快速扩张的跨国公司所组织的贸易、生产和金融交易方面的增长。特别是在第二次世界大战结束之后的这段时期，贸易大幅增长，达到了前所未有的水平。不仅是世界各地的地区间贸易有所增长，地区内部的贸易同样也有持续增加（参见佩雷顿、戈德布拉特、赫尔德和麦格鲁，1997年）。更多的国家参与了全球贸易协定，例如印度和中国，而更多的国家和人们收到了这些协定的影响。如果能够进一步降低世界各地的关税壁垒，这些趋势将会持续下去，并进一步扩大贸易关系的范围、强度以及对生活其他领域的影响。而且在过去的10~15年间，全球金融流通的扩张尤为迅速。外汇交易成交量激增，现已达到超过1.2万亿美元一天。这些金融活动中的很大部分属于投机行为，并且会造成（股票、股份和期货等）价格波动，这就可以解释为何价格变化会超过资产价值基础。跨境全球金融流通的巨幅增长，加上20世纪70年代末以来的资本市场自由化，产生了一体化程度超过了以往任何时期的金融体制。

跨国公司在生产与金融方面的发展巩固了这一经济转型。约2万家跨国企业制造了全世界1/4到1/3的总产量，70%的全球贸易额，以及80%的直接对外投资。它们对于技术与技能的传播十分重要，同时也是国际货币市场的重要参与者。此外，跨国公司对于宏观经济政策有着深远的影响。它们可以在对其最有利的资本市场筹集资金，从而应对利率的变化。它们可以将其劳动力需求转移到雇佣成本更低的国家。在产业政策，特别是技术政策方面，跨国公司能够将（生产）活动转移到利益最大化的地区。但是，这并不是说跨国公司只是"无拘无束"或是无国籍的经营者。它们常常进行跨国直接投资以保证自身在当地市场占有一席之地；它们也常常以高额的启动成本为标志，致力于特定市场的中期或长期规划。此外，对于这些公司而言，很多国内市场太大了，以至于根本无法将其忽略。因此，在国内经济与国际经济运作中，跨国公司发挥了比以往任何时期都要更为核心的作用。"特别是，它们建立了史无前例的国际协同生产网络，并且在比过去更为广泛的领域内进行国际协同生产……它们的行动与利益决定了投资的流向、形式和地点，决定了贸易的进行，也决定了技术的发展"——所有对单个国家共同体而言十分重要的事项［参见佩雷顿、戈德布拉特（Goldblatt）、赫尔德和麦格，1997年，第73页］。在这种背景下，民主理论的传统主张——其中最重要的便是主张有限的、划定边界的、自决的公民共同体的可能性——开始显得忧心忡忡。

要歪曲经济活动全球化的政治意义，这很容易。我们在前文中指出过的"超全球化学派"就认为，在我们现在所生活的世界，社会和经济过程主要在全球层面运作［参见大前研一（Ohmae），1990年；赖克（Reich），1991年］。根据这些思想家的理论，国家政治共同体已经淹没在全球经济流动的汪洋大海中，在这种情况下不可避免地沦为"决策执行者"。对许多新自由主义思想家而言，这是一个值得欢呼的发展；基于自由贸易和监管最小化原则上世界市场秩序，是自由、效率和效能政府的保证［参见哈耶克（Hayek），1960年，第405—406页］。然而，相比之下，还有一些学者对经济活动全球化的程度和收益则更为保守。他们指出，例如，尽管全球贸易及投资流动都在扩张，但绝大部分经济活动仍然发生在较为有限的空间范围内——在国民经济以及在经济合作与发展组织（OECD）成员国中。他们同时还指出，历史证据表明，当前国际经济互动的形式并非是没有先例的——他们对照金本位时代进行了一些重要而有趣的比较［参见赫斯特（Hirst）和汤普森（Thompson），1996年；另请参见佩雷顿（Perraton）、戈德布拉特（Goldblatt）、赫尔德（Held）和麦格鲁（McGrew），1997年］。

但是超全球化论者及其批评者们关于当代经济全球化对政治之重要性的论述，很多是错误的。民族国家仍然非常强大，占有着极其广泛的资源、拥有官僚体制的基础能力、掌握着协调和控制的技术。跨国公司对国家进行持续的游说，这也证实了国家对经济活动的调解和监管仍然十分重要。然而，认为全球化仅仅是一种幻象的说法也是错误的，同样错误的还有认为全球化仅仅是政治人物用来掩盖其执政绩效不彰或政策失败的意识形态面纱。尽管超全球化的华丽辞藻给很多民选政治人物提供了拒绝承担政治责任的概念资源，但是全球化仍具有重要而明显的特征，并改变了国内和国际的资源平衡——经济的和政治的资源。其中最重要的一点就是，在将国内经济运行纳入全球经济事务方面获得实质性增长（也就是说，涉足国际经济交流的国家数量持续增加，这一比例不断增长，迄今为止已覆盖几乎所有的国家）。经济上相互关联的广度和力度的增强，已经改变了经济与政治权力之间的关系。其中一个变化尤其关键："相对于国家的资本控制、国家银行监管和国家投资战略而言，金融市场资本的退出选项有了历史性的增加，以及相对于国家持有量而言，私人持有的巨额资本量的历史性膨胀。企业直接投资的退出选项也有了增加……面对国家政府和国内劳工运动，权力平衡已经转向有利于资本的一面（参见戈德布拉特、赫尔德、麦格鲁和佩雷顿，1997年，第74页）。其结果就是，民选政府的自主权受到了来自未经选举产生且不具代表性的经济权力的限制，而且这一趋势愈演愈烈。这就使得经济政策向国际经济（首先是全球金融市场）这一固定方向调整，并鼓励（各国）将相关领导机构的"决策信号"认作是理性决策的一个标准，即便不是标准本身。政治共同体的选择及其成本和收益，都不可避免地发生变化。

2. 在媒体和文化领域，同样也有一些观点认为，将民主国家视作为限定在固定边界内的独立而负责的权力中心——在这种情况下，也是国家文化的中心，能够培育和维持国家认同——的观念，显然与媒体和文化交流领域内一些互相关联的变化格格不入，并且这种脱节现象有愈演愈烈之势。近年来有许多方面的发展值得一提。英语已经成为精英文化所使用的主流语言，在全世界各地风行：它现在是商业、计算机、法律、科学和政治领域的主流语言。电信的国际化和全球化异常迅速：在1983年到1995年间，国际电话业务量增长了4倍；跨国光缆线路有了大量增加；卫星链接数量激增；而互联网则大大提升了国内和跨国间进行平行与横向交流的能力。同时还涌现了大量多媒体企业集团，如默多克帝国（Murdoch empire）和时代华纳集团（Time Warner）。此外，观光旅游业也有了显著发展——例如，在20世纪60年代，大约只有7000万国际游客，而在1994年，这个数字达到了将近5亿人次。而电视与电影方面的趋势也与此类似。

上述任何一个例子，或是相同事例的累积影响，都并不意味着单一的、由媒体引导的全球文化的产生和发展（考虑到星空卫视在印度的影响），但肯定，如果将其综合起来考虑，这些发展就意味着出现了许多新的、限于国内或跨越国界的传播媒介形式，以新的方式将不同国家和人群联系在一起。新认同形式的创立或重新创立——往往与消费和娱乐产业相联系——是不可忽视的。在这一背景下，国家政治领导人保持国家文化的能力就变得更为复杂和困难。举例说，即便是在中国，虽然官方试图限制访问和使用西方媒体、电影和互联网，但是却发现这样做的难度极大，特别是对于年轻人而言。所有独立国家都可能会保留"对本国领土内发生的任何事情都具有有效的最高权力"的合法要求，但是随着"国家"越来越深地受到跨国的影响，这一要求变得严重缩水［参见基欧汉（Kechane），1995年］。政治共同体的决定，以及共同体内部政治认同的本质，与领土之间的关系变得更为淡漠，而更多地关系到围绕一系列复杂的跨国网络的交易、交换和讨价还价。至少，国家政治共同体绝不可能简单地决定用以培养其公民的结构、教育和文化流动。在当下，公民的价值和判断是在包括了国内、国际和全球文化交流的复杂网络中形成的。（考虑到世界宗教传播的背景,就会发现这种情况并非完全无先例可循:关于某些著名的比较,请参见赫尔德、麦格鲁、戈德布拉特和佩雷顿,1997年,第7章)

3. 环境问题和挑战或许是有关人类组织和活动的全球性转变中最为清楚和明显的例证,并对民族国家和以国家为中心的民主政治的效能制造了最根本性的压力。目前讨论的焦点问题包括以下三种类型:

a)首先是涉及全球共同利益的共同问题,即有关生态系统的基本要素问题——其中最重要的挑战是全球气候变暖和臭氧层损耗问题。

b)第二类别的全球环境问题涉及人口膨胀和资源消耗这一对相互关联的挑战——这一类问题中,最紧迫的例子包括了沙漠化、生物多样性问题,以及某些特定物种的生存危机。

c)第三类别的问题是跨境污染问题,如酸雨、河流污染,以及被切尔诺贝利核事故所污染的降雨等。

在过去的30年间,为了回应在环境问题方面的进步和发展,以及公开的宣传,一个互相关联的文化和政治全球化进程(开始登上历史舞台),其内容包括了新的文化、科学和知识网络的出现;有跨国组织和跨国公司参与的、新型的环境运动;以及新兴的机构和公约,如1992年在巴西召开的地球高峰会议上所签署的公约。当然,并非所有的环境问题都是全球性的;这种暗示是完全错误的。但是总的来说,物理和环境条件——即环境问题的范围和强度——确实发生了显著的变化,并且影响着人类事务。这些过程使得政治极大地远离了(其传统活动),后者明确认为政治最重要的是围绕国家和国家间问题。政治共同体和人民的命运不能再仅仅从特定的国家或领土意义上来理解,这一点比以往任何一个时间都要明显。正如一位评论家恰如其分地说道:"在全球与地区联系日趋密切的背景下,关于政治共同体仅仅是一个有限领土单元的观念,往好了说是无法令人信服,往差了说,就是不合时宜。全球气候变暖,使得许多太平洋岛屿的长远命运与全世界数以千万计的私家车司机的行动联系在一起,在这样的世界里,传统的、以领土界定政治共同体的概念就显得远远不够。全球化以高度复杂和抽象的体系，把全世界相距遥远的各地家庭、社区与人民的命运联系在一起"［参见麦格鲁（McGrew），1997年］。政治共同体陷入了程序和结构的多样性之中，其范围遍及各个共同体。因此这就毫不奇怪，国家共同体的决定与政策并不仅仅是出于其自身考虑，而现今的政府也不可能简单地擅自决定，对它们的公民而言，什么是正确的、什么是合适的。而由此推断政治共同体在边界上没有独特的区隔或区分，那就是错误的，它们是由多重跨国互动网络和权力体制所形成的。因此，问题就集中于政治共同体观念的命运，以及清晰表达民主政治优点的适当位点。政治与民主的"归属"（home）成了一个费解的难题。

4. 国际法发展中的变化，将个人、政府和非政府组织置于新的法律法规体系之下。国际法承认权力与限制，以及权利与义务，两者在许多重要方面对国家主权原则进行了限定；主权**本身**已不再是国际合法性的直接保障。有一种观点认为，合法国家必然是拥护某种共同价值的民主国家，这一观念在某些法律文书中根深蒂固［参见克劳福德（Crawford），1994年］。人权法和人权制度就是这方面的重要领域。

在所有国际人权宣言中，1950年签订的《欧洲人权公约》，又称《保护人权与基本自由公约》（European Convention for the Protection of Human Rights and Fundamental Freedom），尤其值得一提。与《世界人权宣言》（Universal Declaration of Human Rights）及随后的《联合国人权公约》（UN Covenants of Rights）形成鲜明对照的是，《欧洲人权公约》关注的是，正如在其序言中所指出的："采取首要步骤，以便集体实施《世界人权宣言》中所规定的某些权利。"《欧洲人权公约》的倡议是，而且仍然是最激进的法制创新：反国家历史的潮流而行之，允许公民个人对他们的政府提起诉讼的创新。在这一框架内，国家不能再以他们认为合适的方式对待自己的公民［参见卡波杜尔迪（Captotorti），1983年，第977页］。世界上其他地区的人权制度也有所改善，部分原因是为了响应联合国鼓励在地区层面确立和巩固这些权利［参见埃文斯（Evans），

1997年]。

在全世界190个国家中,《联合国人权公约》中的所有主要条款已经获得超过140个国家的批准,并期待能在更多国家获得批准。越来越多的国家似乎愿意在原则上接受(人权)保护与规定的一般义务,并且对它们自己的程序和做法进行一定限制[参见比瑟姆(Beetham),1998年]。显然,这些承诺几乎没有受到强制执行权的支持。然而,新的国际人权制度的需求——正式的与非正式的——已经促生大量的跨国集团、运动、机构和律师都投入到对国家政治、国家主权和国家责任的本质的修订。

国际法中关于必须不计个人、团体和组织后果而保护国家主权的原则,也相应地发生了变化。尊重国民的自主权,以及广泛尊重人权(的原则),造就了政治事务中一套新的定序原则,这将会限制和削弱有效国家权力原则。连同国际法的其他变化一起(参见赫尔德,1995年,第5章),这些发展表明了衡量权重的改变,一方面声称代表了国家制度体系的利益,另一方面则代表了另一种世界秩序的组织原则,认为不合格的国家主权不再具有至高无上的地位。

5. 迄今为止我们所描述的所有发展变化,都有助于一种转变的产生,即从纯粹的、以国家为中心的"高政治"国际体系,向新的、新颖的地缘治理(geogovernance)形式转变。有关这一过程,我们可以从主权国家观念的核心——国家安全与国防政策中,得出一个有趣的例子。对集体防卫和安全合作的强调,有了显著增加。加强多边和集体防卫协定,以及国际军事合作与协调,都造成了巨大的成本、技术要求和国内防务负担(关于这一问题的详细探讨,请参见赫尔德、麦格鲁、戈德布拉特和佩雷顿,1999年,第2章)。国家间技术联系程度的提高,现已对国家安全观念和国家武器采购的观点提出了挑战。当前,一部分全球最先进的武器系统,例如战斗机,其组件来自于多个国家。⑧ 与军工生产的跨国化相联系的是军事技术的全球化。大规模杀伤性武

---

⑧ 感谢安东尼·麦格鲁(Anthony McGrew)为我贡献了这一观点。

器的扩散使所有国家在安全方面都无法独善其身,并使得"朋友"和"敌人"这样的概念都成问题了。

即便是在防务领域,以及武器的生产与制造领域,单一的、相互分离而有界限的政治共同体概念也出现了问题。事实上,即便是在这一领域,认为主权和自治权表示着公共权力不可分割的、无限的、排他性的和永久的形式——包含在单个国家中——的所有概念,都受到了越来越多的挑战和削弱。

民主与全球化:小结

如前所述,在第二个千禧年末期,政治共同体和文明已经不再是以简单的"分离的世界"为特征;它们已经陷入并扎根于一个由相互重叠的力量、关系和运动所构成的复杂结构中。显然,这些结构往往是不平等的、等级制的,但是即便是其中最强大的(组织)——包括最强大的民族国家——也无法自外于地区性和全球性侵占所导致的条件和过程的改变。下文中所提到的五个要点有助于描述变动中的全球化与民主民族国家间的关系。所有要点都指出了全球化的范围、程度和影响的加强,并且都对民主政治共同体不断演变中的重要特征提出了建议。

1. 国家政府已经不再是有效政治权力的核心——来自国家、地区和国际层面的各种不同的力量与机构对有效权力进行了分享、交换和争夺。

2. 有关政治共同体之命运——即一个自决的集体——的观念,若是单独置于单一民族国家的疆界之内,已经不再有意义。政治共同体内外的生活机会的性质,是由某些力量和过程所决定的,而其中一些最基本的力量和过程已经超越了民族国家的范围。当然,国家政治共同体制度仍将继续存在。但是,如今必须与复杂的经济、组织、行政、法律和文化过程与结构相结合或重新结合,而这些过程与结构则会对其效能进行限制和制约。如果这些过程和结构并没有获得承认，并被带入政治过程本身，那么它们就会绕开或规避民主国家制度。

3. 在国家的正式权威——即国家所宣称的自身政治权力的正式领域——与国家和经济体制在地区与全球层面的实际行动与结构之间，存在着越来越大的脱节与分离现象。这些脱节和分离现象显示着，并不是只有国家共同体能够规划政府与议会机构的行动和决策，后者绝不仅仅只是决定什么对自己公民而言是正确的或合适的［参见赫尔德，1995 年，第 5、6 章；也可参照奥夫（Offe），1985 年，第 286 页之后的内容］。

4. 我并不认为，当前的国家主权，即便是在那些政治和权力结构高度重叠与分离的地区，已经完全被颠覆了——根本不是这样。不过我的确认为，在某些以相互交杂的忠诚感，相互矛盾的对权利和义务的解释，相互关联的法律和权力结构等为标志的重要区域和地区，主权的观念已经被无限的、不可分割的、独特的公共权力形式所取代。国家在日趋复杂的地区和全球体系中的运作，既影响它们的自主权（改变了政策成本与收益之间的平衡），又影响它们的主权（改变了国家、地区和国际法律体制与行政行为之间的平衡）。权力的大量集中仍然是很多国家的特征，与此同时，这些现象又常常嵌入于、并且融入于支离破碎的政治权力领域。在这种背景下，正如布尔（Bull）曾经观察到的，将国际体系的发展视为中世纪时期基督教欧洲所成立的政治组织类型的现代和世俗对照物，这并不是异想天开的事情，前者的基本特征就是相互重叠交错的权威和多重忠诚体系。

5. 20 世纪晚期是以一系列重要的新型"边界问题"为标志的。有一种观点认为，我们现今所生活的世界是由相互重叠的命运共同体所构成的，所有国家的命运轨迹均以前所未有的程度紧密缠绕在一起，如果我们接受这种观点，那么新类型的边界问题便随之而来。当然，在过去，民族国家主要通过强制手段解决各国在边界问题上的分歧，然而对于经济监管、资源枯竭、环境恶化等复杂的议题来说，这一强权逻辑就显得非常不充分和不恰当，而正是这些复杂问题将"国家的命运"相互交错结合在一起。据说在津巴布韦,许多村民一度相信天气是由"神的行为"所决定的,因此必须接受气候的变迁。时至今日,相同的人们却认为影响他们气候的因素是西方的能源政策、污染模式,以及一些地方性活动,当然,还有一些坏运气。在当今世界,那些强国的决策并不仅仅只针对本国国民,同时也涉及其他国家的国民,而跨国行动和力量以各种方式跨越国家共同体的边界,因此谁应该对谁负责的问题,以及为什么需要对其负责,都无法仅仅由他们自身轻易地解决。互相重叠交错的影响、干扰和利益范围,在民主思想的核心内容造成了根本性的问题,而这些问题最终涉及民主权威的基础。

在全球化的背景下重新思考民主

在自由民主政治中,政府行为的同意权与合法性来自于选举政治和投票箱。然而,一旦"相关共同体"的性质存有争议,同意权使政府合法化的概念,以及投票箱是作为整体的公民定期向政府授权以执行法律、规范经济和社会生活的合适机制的观念,都变得成问题了。什么是适当的选区,司法管辖权的适当范围是什么,如何制定和实施有关健康问题的政策,如艾滋病或疯牛病,疯牛病又称牛海绵状脑病(Bovine Spongiform Encephalopathy,简称 BSE),核能源的使用,核废料的管理,热带雨林的采伐,不可再生资源的利用,全球金融市场的不稳定,降低化学战争与核战争的风险?传统上,国家边界限定了个人被纳入和被排除于决策参与的基础,参即与影响其生活的相关决策。但是,如果很多社会的经济过程,以及与它们有关的决策的后果已经超越了国家边界,那么其影响就十分严重,不仅是对于同意权与合法性的类型,而且是对于民主的所有关键理念而言。问题在于选区的性质(如何划定合适的选区边界),代表的意义(谁代表谁,以及根据什么代表),以及政治参与的恰当形式与范围（谁应当参与，以什么方式参与）。由于治理的基本过程避开了民族国家的类型，对于民主理论与实践的关键问题的解决，这里指的是传统的、国家的解决方式，就受到了质疑。

在这样的背景下，民主政治的性质与前景就需要重新进行审视。我曾经在别的地方提到，在理论和实践中接受自由民主政治，就需要同意在民主政治中，每个公民的利益是平等的，即承认人民在自我决定中的平等利益（赫尔德，1995年，第三部分）。每一个成年人都是拥有平等的自我决定权利的公民，作为其结果，每个成年人都对政治自主权享有利益。我也曾提出，政治自主权中的平等利益，就要求公民享有共同的政治行动结构。而共同的政治行动结构就需要共享一揽子权利与义务。传统上认为，这一揽子权利与义务中首先需要的是公民权利和政治权利与义务。在其他论著中，我曾提出这一揽子权利与义务必须比单独的公民权和政治权利与义务更为深入，因为后者使大量权力保留在访问、问责和控制机制所无法触及的状态。简而言之，关键在于认识到共同的政治行动结构需要一揽子跨越了所有关键性权力领域的权利与义务关系，正是在这些关键领域，权力通过对政治机构产生确定的影响与启示，来塑造并影响人们的生活机会。

我认为，这一揽子权利与义务关系将构成民主公法的基本要素，从而为共同的政治行动结构创建基础。如果权力对其所在——国家、经济或是文化领域——负责，那么就需要通过民主的公法来巩固和加强政治行动的共同结构。我认为，这一观点能够与民主和现代国家的思想相联系。关键在于民主法律秩序的观念——这一秩序中的所有事务均遵守民主的公法。民主的法律秩序——即民主的**法治国家**——受到民主公法的制约，并对有关的民主公法负责。

然而有关这种秩序的想法，不能再简单地被视为适用于特定的、封闭的政治共同体或民族国家。我们不得不承认，我们生活在一个复杂的、相互关联的世界，很多（经济、政治和环境）问题的范围、强度和影响均引发了问题，即在哪里处理这些问题最为适当？如果受某一公共事务显著影响的人们构成了一个跨越边界或跨国的群体,如果"较低"层级的决策对跨国或国际政策问题进行的管理和执行无法令人满意,如果民主合法性原则唯有在跨国背景下才能得以正确恰当地履行,那么协商和决策的核心处于国家领土之外,就是合适而恰当的(参见赫尔德,1995年,第10章)。如果最强大的地缘政治利益(共同体)无法根据它们的目的,并凭借它们自己的力量来解决许多迫在眉睫的问题,那么就需要建立新的制度和责任机制。

在全球化的当代形态这一背景下,民主的法律若要行之有效,则必须首先国际化。因此,我所谓的世界性民主法律的执行,以及由所有民主共同体所组成的共同体——即世界共同体——的建立,必须成为民主人士的责任,即建立跨国的政治行动共同结构,而这一结构又能够从根本上支持自决的政治。

在这一观念中,民族国家"枯萎"了。但这**并不是**说,国家和国家民主政治变得多余。关于民族国家将会消失的说法,有很多很好的理由可用于对其理论和实证基础进行质疑。而所谓枯萎,指的是国家不再是、也不再被认为是其自身边界内唯一的合法权力中心,就像在很多情况下已既成事实的那样。我们需要在涵盖所有的总体性民主法律中对国家进行清晰表述,并将其重新定位。在这一框架下,民族国家的法律和法规将会成为法律发展、政治思考和动员的焦点之一。因为这一框架将对主权国家的意义和界限进行重新界定与重构。只有当特定的权力核心和政权体制坚持和制定完善民主法律的时候,它们才拥有合法性。

106

因此,主权能够与固定的边界和领土观念相剥离。主权将会成为基本的民主法律的一个属性,但它可以在不同的自我监管领域得到确立、巩固和利用,从地区到国家、到城市和地方性社会的不同领域。世界性法律需要地区、国家和地方性主权成为总体性法律框架的一部分,但是在这一框架中,不同社团将在不同层次上实行自治。我们预测会出现一种新的可能:在地方层面,密集的参与式民主有所恢复,并成为更广泛的全球秩序中的公众集会的补充;即由民主社团、城市和国家以及地区和全球网络所构成的政治秩序。我将其称为世界主义的民主模式——这是全球和各自独立的政权体制的法律基础,由民主法律所形成并予以限定的、由一系列多元和相互重叠的权力中心所构成的制度体系(参见赫尔德,1995年和1996年)。这一模式已经进行了明确的界定,它基于这样一种认识,即认为特定共同体内部的民主性质和质量,以及共同体之间的民主关系的性质和质量,是相互关联、环环相扣的,若要实现民主的繁荣,必须创建新的法律和组织机制。

在这一全球治理体制中,人们将会拥有多重公民身份——在对其有重要影响的不同政治共同体中的政治成员身份。他们是其直属政治共同体的公民,也是影响其生活的、更广泛的地区性和全球性网络中的公民。在形式和实质上,这一世界性政体将反映并包含了在国内和跨国运作的权力与政权的不同形式,如果对此不加以控制,就会有出现高度分散的新中世纪秩序的可能。

人们很容易就对民主的未来感到悲观。悲观主义的理由十分充分,其中包括这一事实,即世界上最基本的政治单位仍然以民族国家为基础,虽然世界上某些最强大的社会—政治力量已经越过这些政治单位的边界。某种程度上是为了对此做出回应,新形式的原教旨主义随着新形式的部落文化而产生——它们都声称特定的宗教、文化或政治认同,相对于其他(宗教、文化或政治认同)而言具有先验的优越性,同时也都坚决维护自身的局部利益或目标。此外,几大强国目前所思考的联合国改革问题,重点集中在将其他强国包括进来,首先就是德国和日本。这将会加强特定地缘政治利益的力量,但却是以牺牲许多其他国家(的利益)为代价的,在这些国家中,其中有一些保持着最快的经济增长速度,还有一些则是人口最多的国家。我认为从长期来看,这种状态是不可能持续的。

不过还有一些其他因素同时也在起作用,为更为乐观的民主前景创造了基础。历史比较或许有助于为此提供一些背景。16世纪和17世纪的欧洲是以分散的政权为特征的,内战冲突与宗教冲突此起彼伏;脱离了统治者和被统治者、独立于教会的世俗国家观念,似乎是不太可能的愿景。欧洲的部分地区把自己分解为多个部分，然而在 150~200 年的时间里，一种新的政治理念围绕着新的国家观确立起来了。今天，我们再次面临着转型的关键时期，不过现在是向更加跨国化和全球化的世界转型。某些力量和压力导致了政治文化、制度与结构的重塑。首先，人们显然一定注意到了 20 世纪以来地区性和全球性机构的出现，虽然在其创建之初仍是踌躇不定的。当然，联合国在许多方面都疲软无力，但却是比较新近的创新，而且也是可以建立在其上的一种创新性结构。它是一种规范性资源，它——尽管困难重重——提供了持久的例证以显示国家可以（有时候也确实）实现更好的合作以解决，并且公正地解决一些共同问题。此外，像欧盟这样强大的地区性组织的发展，也是一件值得注意的事情。就是在 50 多年前，欧洲正处于自我毁灭的时期。自从那一刻起，欧洲创造了一种新的合作机制、人权保护行动以及新的政治机构，不仅仅是为了使其成员国在范围广泛的问题上承担责任，同时也是为了将成员国在各方面的最高自主权联合在一起。与此同时，当然也有一些地区性和全球性的跨国行为者对全球化的提法提出了质疑——不仅仅是企业，还包括了一些新兴的社会运动，如环境保护运动、妇女运动等。这是新兴的"跨国公民社会"所发出的"新的"声音，例如在里约热内卢召开的联合国环境与发展大会，在开罗召开的国际人口与发展大会，以及在北京召开的世界妇女大会等，都可以听到这些声音。简而言之，试图造就新的公共生活形式，并且提出讨论地区性和全球性议题的新方式的趋势，正方兴未艾。当然，这些趋势仍处于初期发展阶段，没有人可以保证当前政治竞争的平衡将会允许它们继续发展；但是它们指明了一个方向，即构建一种要求跨国权力体系承担责任的新模式——也就是说，它们有助于展现世界主义民主的可能性。

参考文献：

Abu-Lughod, Janet. 1989. *Before European Hegemony*. Oxford：Oxford University Press.

Anderson, Perry. 1974. *Passages from Antiquity to Feudalism*. London: Verso.

Baldwin, Tom. 1992. "The territorial state." In H. Gross and T. R. Harrison (eds.), *Jurisprudence: Cambridge Essays*. Oxford: Clarendon Press.

Beetham, David. 1998. "Human rights as a model for cosmopolitan democracy." In Daniele Archibugi, David Held, and Martin Kohler (eds.), *Re-imagining Political Community*, pp. 58 – 71. Cambridge: Polity Press.

Beitz, Charles. 1979. *Political Theory and International Relations*. Princeton: Princeton University Press.

Bobbio, Norberto. 1987. *Which Socialism?* Cambridge: Polity Press.

1989. *Democracy and Dictatorship*. Cambridge: Polity Press.

Breuilly, John. 1992. *Nationalism and the State*. Manchester: Manchester University Press.

Bull, Hedley. 1977. *The Anarchical Society*. London: Macmillan.

Capotorti, F. 1983. "Human rights: the hard road towards universality." In R. St J. Macdonald and D. M. Johnson (eds.), *The Structure and Process of International Law*, pp. 970 – 981. The Hague: MartinusNijhoff.

Cassese, Antonio. 1986. *International Law in a Divided World*. Oxford: Clarendon Press.

Connolly, William. 1991. "Democracy and territoriality." *Millennium* 20(3).

Crawford, James. 1994. *Democracy in International Law*. Cambridge: Cambridge University Press.

Crawford, James and Susan Marks. 1998. "The global democracy deficit: an essay in international law and its limits." In Daniele Archibugi, David Held, and Martin Kohler (eds.), *Re-imagining Political Community*, pp. 72 – 90. Cambridge: Polity Press.

Dahl, Robert A. 1989. *Democracy and Its Critics*. New Haven: Yale University

Press.

Evans, Tony. 1997. "Democratization and human rights." In Anthony McGrew (ed.), *The Transformation of Democracy?* pp. 122 – 148. Cambridge: Polity Press.

Falk, Richard. 1969. "The interplay of Westphalian and Charter conceptions of the international legal order." In Cyril Black and Richard Falk (eds.), *The Future of the International Legal Order*, Vol. 1, pp. 32 – 70. Princeton: Princeton University Press.

1990. "Economic dimensions of global civilization." Working paper, pp. 1 – 22. Princeton: Princeton University, Center for International Studies.

Fernández-Armesto, Felipe. 1995. *Millennium*. London: Bantam.

Geyer, Michael and Charles Bright. 1995. "World history in a global age." *American Historical Review*, 100(4):1034 – 1060.

Giddens, Anthony. 1985. *The Nation-State and Violence* (Vol. II of *A Contemporary Critique of Historical Materialism*). Cambridge: Polity Press.

1990. *The Consequences of Modernity*. Cambridge: Polity Press.

Goldblatt, David, David Held, Anthony G. McGrew, and Jonathan Perraton.

1997. "Economic globalization and the nation-state: shifting balances of power." *Soundings* 7:61 – 77.

Hall, John. 1996. *International Orders: An Historical Sociology of State, Regime, Class and Nation*. Cambridge: Polity Press.

Hawthorn, Geoffrey. 1993. "Sub-Saharan Africa." In David Held (ed.), *Prospects for Democracy: North, South, East, West*, pp. 330 – 354. Cambridge: Polity Press.

Hayek, Friedrich A. 1960. *The Constitution of Liberty*. London: Routledge and Kegan Paul.

Held, David, (ed.) 1993. *Prospects for Democracy: North, South, East, West*. Cambridge: Polity Press.

1995. *Democracy and the Global Order: From the Modern State to Cosmopolitan*

Governance. Cambridge: Polity Press.

1996. *Models of Democracy* (2nd edn). Cambridge: Polity Press.

Held, David, Anthony McGrew, David Goldblatt, and Jonathan Perraton. 1999. *Global Transformations: Politics, Economics and Culture*. Cambridge: Polity Press.

Hirst, Paul and Thompson, Grahame. 1996. *Globalization in Question*. Cambridge: Polity Press.

Kennedy, Paul. 1988. *The Rise and Fall of the Great Powers*. London: Unwin.

Keohane, Robert. 1995. "Hobbes's dilemma and institutional change in world politics: sovereignty in international society." In Hans-Henrik Holm and Georg Sorensen (eds.), *Whose World Order?* pp. 165 - 186. Boulder, CO: Westview Press.

Krasner, Stephen. 1995. "Compromising Westphalia." *International Security* 20(3): 115 - 151.

McGrew, Anthony G. 1992. "Conceptualizing global politics." In Anthony G. McGrew, Paul G. Lewis *et al.*, *Global Politics*, pp. 1 - 30. Cambridge: Polity Press.

(ed.) 1997. *The Transformation of Democracy?* Cambridge: Polity Press.

Mann, Michael. 1986. *The Sources of Social Power*, Vol. I. Cambridge: Cambridge University Press.

Murphy, Craig N. 1994. *International Organization and International Change: Global Governance since 1850*. Cambridge: Polity Press.

Nierop, Tom. 1994. *Systems and Regions in Global Politics*. London: John Wiley.

Offe, Claus. 1985. *Disorganized Capitalism*. Cambridge: Polity Press.

Ohmae, Kenichi. 1990. *The Borderless World*. London: Collins.

Paine, Thomas. 1987. *The Thomas Paine Reader*. Harmondsworth: Penguin.

Pakenham, Thomas. 1992. *The Scramble for Africa*. London: Abacus.

Perraton, Jonathan, David Goldblatt, David Held, and Anthony McGrew. 1997. "The globalization of economic activity." *New Political Economy* 2(2): 257 - 277.

Pieterse, Jan N. 1997. "Going global: futures of capitalism." *Development and Change*, 28(2):367-382.

Poggi, Gianfranco. 1978. *The Development of the Modern State*. London: Hutchinson.

Potter, David, David Goldblatt, Margaret Kiloh, and Paul Lewis (eds.). 1997. *Democratization*. Cambridge: Polity Press.

Reich, Robert. 1991. *The Work of Nations*. New York: Simon and Schuster.

Sabine, George H. 1963. *A History of Political Theory*. London: Harrap.

Sandel, Michael. 1996. *Democracy's Discontent*. Cambridge, MA: Harvard University Press.

Smith, Anthony. 1995. *Nations and Nationalism in a Global Era*. Cambridge: Polity Press.

Tilly, Charles (ed.) 1975. *The Formation of National States in Western Europe*. Princeton: Princeton University Press.

1990. *Coercion, Capital and European States, AD 990 - 1990*. Oxford: Blackwell.

Walker, Robert B. J. 1988. *One World, Many Worlds*. Boulder, CO: Lynne Reinner.

Watson, Adam. 1992. *The Evolution of International Society*. London: Routledge.

7

全球化时代的公民权利：
对赫尔德的评论

威尔·吉姆利卡
(Will Kymlicka)

有关全球化对劳动者、消费者、投资者或是文化共同体成员之影响的研究，可谓汗牛充栋。相比较而言，全球化对公民——民主自治过程的参与者——的影响，却甚少受到关注。这是个非常重要的问题，因为假如人们对其作为公民的角色并不满意，民主政治制度的合法性与稳定性都会受到侵蚀。

事实上，这个问题体现在两个层面——国内的和跨国的，或是全球的。戴维·赫尔德（David Held）的论文从两个层面上对全球化对公民可能产生的影响做了清晰而均衡的评价。实际上，赫尔德认为，在国内层面，全球化正在削弱有实质意义的民主公民权利的能力，因为民族国家失去了一些历史悠久的主权，在作为"决策者"的同时，也成为了"决策执行者"。如果全球化时代存在着有意义的公民权，就需要对跨国机构进行民主化，这些跨国机构承担着越来越多重要的经济、环境和安全决策。

在这个简短的评论中，我将对赫尔德的几个观点进行更深入的探讨。这并不是说我不同意他的任何一个实质性观点，然而关于国内公民权的前景，我认为的比他所提到的更为乐观，但是至于全球性公民权利，持乐观态度的理由或许比他所提到的要少。

国内公民权利

首先，我将在国内层面讨论全球化对公民权的影响。像很多评论者一样，赫尔德认为全球化正在削弱民族国家历史悠久的主权，并因此削弱参与国内政治的意义。这显然是有一些道理的,但这一问题的程度又是如何呢?赫尔德对全球化的过程进行了细致入微的描述,显然他的观点与"超全球化论者"所主张的民族国家已经"过时"的夸张论断有一定距离。然而我认为,赫尔德用他自己的方式,也同样夸大了这一状况。

可以肯定的是,当前工业化民族国家对宏观经济政策的自主性与过去不可同日而语。(而第三世界国家在这一领域是否曾经有过这么大的自主空间,这是值得怀疑的。)在加拿大,当左翼政府在加拿大最大的省份(安大略省)成功当选,并且宣布一项增加公共开支的政策以减少失业人数之后,上述情况就得到了显而易见的验证。国际金融市场(和债券评级服务)对该政策的反应十分迅速和严厉,而政府很快就放弃了这一提案。这使得所有加拿大人都意识到:我们是如何依赖"穿红马甲的人",而我们的财政部长叫做"华尔街经纪人"。

但是针对这一现象,有两种可能的解释。有的人把民族国家对宏观经济政策控制的减少,看作为新世界秩序固有的、永久性的特征,我们只是必须学会适应它。这就是赫尔德的观点,至少是其隐含的观点。但是也有人认为对国际金融市场的依赖并不是全球化的固有特征,而是国际债务的可能结果。根据这一观点,那些积欠了高额外债的国家就会失去对本国宏观经济政策的控制。现在,我们已经对政府每年积欠数十亿美元的债务习以为常,甚至认为是必然之举,使得政府动辄负有数千亿美元的外债。但是,如果认为国家在如此高额负债长达 20 年之后,还能保持其财政自主权不受影响,那简直是疯狂的。如果你欠了他人巨额债务,你就会对自己的生活失去一定的控制权。

我们将在不久之后检验这两个假设,因为我们正目睹许多国家的国际债务急剧下降。例如,我们目前就观察到,加拿大开始转向平衡预算,并降低债务/GDP 的比例,还有很多其他国家亦是如此。结果是,当前加拿大对国外资本的依赖度比过去 15 年来都要低。自 1998 年开始,加拿大政府将不再需要向

"红马甲"借钱，到1999年的时候，就会真正实现预算盈余。我认为，加拿大正在逐渐恢复其原有的许多（虽然还不是全部）宏观经济自主权，其中包括了选择批准创造就业机会的计划，后者正在加拿大国内引起严肃辩论。

我认为赫尔德同样也夸大了资本流动性的问题——即担心企业会将其经营业务转移到税收和工资水平最低的国家。对于那些实行更健全的失业保险计划、健康与安全立法、产假和育婴假，或最低工资制度的国家来讲，这就有可能造成极大的限制。显然，这种担心有一定道理，但是我们仍需要对此进行思考。最近，有一位记者在美国的大城市，按照电话黄页上的信息随机选择了一些公司进行访问，询问它们是否曾考虑过将公司搬迁至其他国家。回答"是"的数量可谓微不足道。选择向海外转移，与那些大型经济部门——健康保健、教育和培训、建筑、大部分零售业、大部分服务业、农业等等——并没有关系。与资本流动性问题最为相关的，是雇用技术水平较低的员工的中大型制造企业。这些企业在经济中所占比重并非是微不足道的，但长期以来均呈下降趋势，而且第三世界国家除了在这个行业进行竞争之外，几乎很难寻找其他发展道路。这些低技术制造业岗位的部分流失是不可避免的，从国际正义的角度来看，也许甚至是令人满意的，只要我们能够为失去工作的人提供合理的转型计划。但是没有理由认为，如果政府要求其他经济部门的企业向员工提供更好的产假和育婴假，大量企业会停业搬迁。

所以，国家的政策决策仍有相当大的空间。此外，同样重要的是，国家仍然以各种不同的方式行使其自主权，反映了它们不同的政治文化。即便全球化对所有国家所施加的压力是类似的，它们不需要——也确实没有——以同样的方式做出反应。基斯·班廷（Keith Banting）在对经合组织（OECD）成员国社会政策的一项调查研究中发现，全球化在两个方面对民族国家造成了很大压力，既要回应经济结构调整所造成的社会压力，又要对国际竞争需求做出反应。不过，虽然担心会出现"逐底竞争"，或是社会政策不可避免的一致化，经合组织成员国用于社会支出的国家资源比例仍持续小幅攀升。虽然所有福利国家都处于压力之下,但"全球经济并未规定政府的回应方式,而不同国家的不同回应方式反应了它们各自的国内政治与文化"[参见班廷(Banting),1997年]。

我认为,民众往往非常关心在社会政策方面保持这些国家差异,并使得他们有相当强烈的参与国内政治的动机。例如,加拿大和美国在社会政策方面的差距正变得越来越大,而不是越来越小,对于加拿大公民而言,他们认为这些差异是值得继续保持,甚至是值得为之奋斗的。

这就表明了赫尔德的另一点夸大之处。他认为全球化削弱了每一个民族国家形成"命运的政治共同体"的意义。我认为他极大地夸大了这一状况。确实,"政治共同体内外的生活机会的性质,是由某些力量和过程所决定的,而其中一些最基本的力量和过程"已经跨越了国界,但是决定"命运共同体"边界的,并不是人们所服从的力量,而是他们如何回应这些力量,特别是当他们回应这些力量的时候,他们认同什么样的集体。当人们**关注**每一个人的命运,并且想要**分享**彼此的命运——也就是说,想要共同面对某种挑战,以分享彼此的祝福与负担,他们就属于同一个命运共同体。换言之,当人们感到对彼此的命运负有某种责任感,并且想要相互协商如何共同应对共同体所面临的挑战,人们就属于同一个命运共同体。在我看来,在这个意义上,全球化并没有削弱民族国家形成独立的命运共同体的意义。

例如,由于北美自由贸易协定(NAFTA)的实行,北美地区越来越受到类似的经济"力量与过程"的影响。但并没有迹象显示,它们认为自己已成为一个单一的、其成员关注和想要分享彼此命运的"命运共同体"的一部分。没有迹象表明,加拿大人现在对美国人或是墨西哥人的幸福具有强烈的责任感(反之亦然)。也没有迹象表明,加拿大人感到有道德义务要与美国人或墨西哥人用同样的方式来应对这些挑战(反之亦然)。相反,加拿大人希望**作为加拿大人**来应对这些力量——也就是说,加拿大人仅在他们之中,就如何应对全球化的问题进行辩论,为此,他们探究加拿大人希望生活在什么样的社会中,以及加拿大人彼此之间承担何种义务。美国人则在他们中间询问同样的问题，墨西哥人亦是如此。

作用于这三个国家的经济力量或许是相似的，但是公共认同感和团结感则大相径庭，回应这些力量的实际政策也大不相同。虽然受到类似力量的影响，西方民主国家的公民能够以各自不同的方式应对这些力量，其应对方式反映了他们的"国内政治和文化"，而大多数公民仍然珍惜他们作为国家集体进行协商和行动的能力，这建立在他们自己的国家团结和国家优先的基础之上。

所以我不同意全球化剥夺了国内政治的意义。民族国家仍然拥有相当大的自主权，其公民仍然以各种反映着国家政治文化的不同方式行使自主权；公民们也同样希望作为国家集体来应对全球化的挑战，这反映出他们的历史团结性，以及分享彼此命运的愿望。所有这些事实都给出了国内政治参与的意义与重要性。

我并不否认，西方民主国家中的很多公民都对其政治参与（的状况）不满，但是我认为，对西方民主国家的公民权利不满意的主要原因，与全球化几乎没有任何关系，事实上早在当前这波全球化浪潮之前就已存在①。比如说，在加拿大，选举制度以制度方式剥夺了较小的地区在加拿大政治生活中得到有效政治代表的可能。我们也无法对竞选中的筹款和融资进行监管，这导致了政治过程越来越向有钱人和压力集团严重倾斜。我们同样无法改变政党的提名程序，以改变妇女、原住民、少数族群和劳工阶级制度性代表不足的状况。

此外，加拿大立法程序的集中化程度甚至有点荒谬，真正的权力掌握在几个核心内阁成员手中。政府的行政功能与立法功能并没有做到实质性的分离，而党的纪律则十分严明。其结果就是，无论是执政党还是在野党议员，议员个人对立法没有实质性的影响力——至少，要比他们的美国国会同行要小得多。

---

① 下文中的讨论，部分内容来自于吉姆利卡，1997年。

议会委员会应该成为参与立法过程的讨论场所，却被普遍认为就像个笑话。因此，对于绝大多数加拿大人而言，他们所选举的议员仅仅在选区服务方面有一定重要性，却不是沟通立法过程的渠道。如果议员个人在立法过程中起不到真正作用，让议员了解我们的观点又有什么意义呢？

这就是加拿大政治过程中真正的问题所在——他们觉得自己在政治生活中没有真正的声音，这种感觉深深地根植在人们心中。在我看来，这与全球化几乎没有任何关系。全球化并非是造成这些问题的原因，全球化也没有阻止我们去解决这问题。

不妨思考一下加拿大选举改革与政党融资皇家委员会的命运，该委员会深入研究了这些问题，针对如何使政治制度更为公平，并能更好地回应加拿大人的需求和意见，该委员会提出了许多非常合理的建议（皇家委员会，1991 年）。② 经济全球化的相关规定，或是国际监管协议的相关规则，都没有阻碍我们将这些建议付诸行动。同样，北美自由贸易协定（NAFTA），或是我们对联合国（UN）或世界贸易组织（WTO）的承诺，也都不会在将来妨碍我们采纳这些建议。

然而这些建议在实施方面却几乎无所作为。这一方面是因为，对于执政党而言，很少有兴趣去改革他们得以顺利当选的程序；但同样也是由于，公民并未要求政府优先考虑这些问题。无论是作为公民个人，还是作为利益团体成员，或是媒体评论员，加拿大人都允许政府规避完善民主程序的责任。为了保护和加强我们作为公民的角色，我们可以做的有很多，假如我们决定不这么做，责任不在于全球化，而在于我们自身。

我重点讨论了加拿大政治过程中的缺陷，但是我想在其他国家中也存在着非常相似的问题——也就是说，造成立法机构代表性不足的选举制度；过度集

---

② 其中部分问题，我在拙著中已经进行了更为深入的探讨，请参见吉姆利卡，1993 年，第 61—89 页。

中的立法决策；财富在决定性权力和影响力中的过度作用，等等。这些问题才是公民对政治过程不满的真正原因。全球化既不是造成这些问题的原因，也不构成解决这些问题的阻碍。

事实上，全球化不但没有剥夺国内公民权利的意义，实际上在一些重要方面帮助其恢复和重建。例如，全球化向一些新的群体开放了政治过程。现行立法和监管机构长期以来都被一些根深蒂固的利益集团所把持，但是其传统的基础正在被全球化所侵蚀，而一些先前被排除在外的集团则进来填补了这些空白［西蒙（Simeon），1997年］。

同样，全球化不但不主张政治冷漠，其本身就是将政治冷漠的人动员起来的因素之一。想想加拿大关于自由贸易的激烈争论，或是丹麦关于马斯特里赫特条约（Maastricht Treaty）的辩论。这并不令人奇怪，因为决定如何与其他国家相处的问题，本身就是国家主权的重要体现。

这一点在欧洲或许表现得比北美更明显。例如，很显然，西班牙或希腊想要加入欧盟的愿望，不仅仅是出于经济收益的考虑。在经历了多年的封闭和威权统治之后，这被视为是它们确立作为开放的、现代的、民主的和多元化国家的一种方式。同样地，是否同意接受新兴的东欧国家作为欧盟成员，这一决策也不仅仅是基于经济收益的考虑，而且还基于支持新兴民主化国家的道德义务，以及创造一个远离旧有的分裂与仇恨的新欧洲的强烈愿望。

换言之，在某种程度上，国家集体关于是否加入跨国组织的决定，亦是决定了人们想要生活在什么样的社会中。对于很多人而言，对外开放，是他们作为现代多元社会成员的自我观念的重要组成部分，他们自主地决定通过各种国际协议和国际组织来追求这种自我观念。这样的决定并不是否认人们的国家认同或主权，而恰恰是对其国家认同的肯定，也是对其国家主权的重要实践。

这方面最好的例子，或许就是前共产主义国家想要加入欧洲组织的愿望。如果认为波罗的海各国加入欧洲理事会（Council of Europe）的决定是对其国家主权的删减，那就是一种严重的误解。相反，这无疑是对其新建立的主权最重要的象征性肯定之一。共产主义最令人讨厌的事情之一，就是阻止波罗的海各国加入这样的国际联盟，并且阻碍他们建立作为"欧洲国家"的自我观念。拉脱维亚加入欧洲理事会的决定这样宣告："现在，我们是主权人民，我们能够追求我们自己的愿望。不会再有人告诉我们，我们可以与谁，以及不可以与谁交往。"主权的价值在于它允许各国按照自身的利益与认同采取行动，而加入欧洲组织的自由，是波罗的海各国主权的极其重要的例证。

我认为，这些例子说明，全球化经常为各国提供它们所重视的各种选择，而关于是否以及如何实行这些选择的决策，则成为了热烈的全国性辩论的主题。全球化确实对国家立法形成了一定限制，然而其程度却常常被夸大。但是全球化也进一步丰富了国家政治生活，为国家能够增进其共同利益和认同提供了新的、有价值的选择。

世界公民权利

所以，全球化并不需要在国内政治层面削减有实质意义的民主公民权利的范围。相比之下，我甚至更怀疑是否有可能产生任何有意义的跨国公民权利形式。对于跨国公民权利的期望，我认为我们应保持十分审慎的态度，至少在可预见的将来是如此。

我由衷地同意赫尔德"世界主义民主"概念中的许多方面。我特别赞同加强人权问题的国际执行，我也同意赫尔德的另一个观点，即国家获得国际承认的规则，应包括参考一定的民主立法（因素）。在这个意义上，民主和人权原则确实应该被视为"世界主义"的——也就是说，应当鼓励每个国家都尊重这些原则。

但是我更怀疑，跨国机构和组织自身，是否在任何实质意义上是民主的。我们是否能够理解对这些机构"民主化"的想法？在思考这个问题时，重要的是要记住，民主并非仅仅是累计选票的公式，它也是集体协商与立法的制度体系。（在选举和议会中）实际投票表决的那一刻，仅仅是更广泛的民族自治过程中的一个组成部分。这一过程起始于对需要解决的问题及其解决方案进行公共协商。从协商中得到的结果随后便得以合法化，因为它们体现了全体人民深思熟虑的想法和共同利益，而不仅仅是出于自身利益，或是大多数人的主观臆断。

可以说，这些协商与立法的形式首先需要公民之间具有某种程度的共性。唯有在参与者互相理解和信任的条件下，集体政治协商才具有可行性，而人们有充分的理由相信，这种互相理解和信任需要一些基本的共性。一定程度的公共认同感和共同的身份认同，是支撑协商民主和参与民主的必要条件。

那么，是什么样的共同身份认同呢？如果我们对现有的民主政治进行研究，以试图找寻哪一些公共认同被证明是必要的，我想我们就会发现协商民主**并不**需要共同的宗教信仰（或者更普遍的共同的生活方式）；共同的政治意识形态（例如，左与右）；或是共同的种族或民族血统。我们也能找到超越了这些宗教/意识形态/种族分歧的、真正意义上的参与式民主讨论和程序。

119

然而，如果我们谈及语言时，问题就变得更为复杂。当然有不少多语种民主政治——例如，比利时、西班牙、瑞士、加拿大。但如果我们考察一下民主协商在这些国家里的运作，我们就会发现，在界定政治共同体的边界以及政治行动者的身份认同时，语言正变得越来越重要。

在所有这些国家中，都存在着一些类似的趋势：（1）不同的语言群体正变得更加区域化——也就是说，每一种语言在特定区域内的优势地位越来越明显，而在该地区之外则逐渐消亡（这一现象——被称为"地区隔阂"——十分普遍);③(2)通过政治制度的联邦化,这些区域化的语言群体要求越来越多的政治承认和自治权。(这些区域化的过程当然与联邦化密切相关——后者即是前者的原因,同时也是后果。)政治边界得以确定,政治权力重新分配,所以区域化的语言群体能够在更大的联邦体制内实行自治。

赫尔德认为,全球化正在削弱政治的领土基础,而领土在确定政治认同中的作用正变得不那么重要。我认为这并不符合事实,至少在多语种国家是这样。相反,在这些多语种国家中,语言正成为确定政治共同体边界越来越重要的因素。实际上,这些国家正成为地域上集中的、自治的语言群体的联邦。这些自治的语言群体常常将自己称为"民族",并且按照民族主义路线进行动员,所以我们可以把这些国家称为"多民族国家"。

人们有充分的理由认为,这些"民族的"语言领土政治共同体——无论它们是单一民族国家,或是多民族国家中不同的语言子单元——是现代世界中民主参与的最基本场所。它们的"最基本",体现在两个不同的意义上。首先,民族/语言单位中的民主,其参与性要比更高一级的、跨越了语言分界线的单位更加名副其实。例如,多民族国家中联邦层面上的政治辩论,或是欧盟层级上的政治辩论,几乎都是由精英所主导的。

为什么呢?简单地说,民主政治是一种方言中的政治。对于普通公民而言,只有用他们自己的语言讨论政治问题,他们才感到舒适自在。一般情况下,只有精英人物才能流利地使用一种以上的语言,才不断有机会保持和提升这些语言技能,在多语种环境中,用另一种语言就政治问题进行辩论时,也唯有精英人物才会觉得轻松自如。此外,政治沟通有一个很大的仪式部分,沟通的仪式化形式通常是属于特定语言的。即便人们能够在技术意义上理解一门外

---

③ 关于比利时的地区隔阂,请参见勒琼(Lejeune),1994 年,第 171—186 页,以及赛内勒(Senelle),1989 年,第 51—95 页;有关瑞士的情况,请参见曼苏尔(Mansour),1993 年,第 109—111 页。关于多语种社会"领土隔阂"的更普遍的理论分析,请参见拉彭斯(Laponce),1987 和 1993 年,第 23—43 页。

语，但是如果缺乏对这些仪式化要素的了解，往往就难以真正理解政治辩论。④ 出于这些和其他原因，我们可以想见——一般情况下——用方言进行的政治辩论越多，其参与程度就越高。

当然也存在着跨越了语言分界线的"公共领域"或市民社会形式。然而，这些往往是针对特定问题，并且/或者是由精英主导的。如果我们想要寻找真正由公众"形成集体意志"过程的证据——或是大众化"公共舆论"存在的证据——我们会发现，上述这些仅仅在拥有共同语言（以及使用该语言的公共媒体）的单位中才可能存在。约翰·斯图亚特·密尔（John Stuart Mill）在其19世纪中期的著作中就已提出，在多语言国家中，真正的民主"几乎是不可能的"，因为如果人们"用不同的语言阅读和交谈，那么代议机关工作所必需的统一的公共舆论就不可能存在"。来自欧洲的证据表明，语言差异仍然是真正的"公众舆论"形成的障碍。正如迪特·格林（Dieter Grimm）所言，正是由于使用同一种语言的共同大众媒体的存在，"才从根本上造就了形成公共舆论和民主参与所必需的公众"，并且欧洲沟通体系的缺失，主要是由语言的多样性所造成的，这种缺失造成了在可预见的将来，既无法形成欧洲公众，也缺乏欧洲政治话语体系。目前的政治话语仍然受到国家边界的限制，而欧洲范畴（的政治话语）仍将由远离公众的专业话语和利益话语所主导。⑤ ［格林（Grimm），1995年］

这些"民族"单位的"最基本"还有第二个层面的意义——即，它们是评价其他各级政府合法性的最重要场所。这些民族单位的成员可能想要将权力上交到——多民族国家中的联邦层级，或是欧盟——就像他们或许想要把权力下放给地方政府和市政府。正如我前面提到的，这种向上（或向下）转移权

---

④ 换言之，对政治议题进行辩论所需要的（外语）流利程度，远胜于处理日常商业事务，或是旅游所需要的知识程度。

⑤ 欧洲各个多语种国家中存在着同样的趋势，"公共舆论"因语言分界线而产生分歧的现象正变得越来越明显。

力都是可以预期的,因为这往往有利于这些集体的民族利益。但是这种权力转移的合法性,看起来常常有赖于民族单位(正在进行中)的同意,(而只有当这些权力转移不会削弱民族单位维持其自身作为可自我生存、自治的社会的能力时,才能获得民族单位的同意)。较大单位的决策——无论是多民族国家中的联邦政策,还是欧盟政策——只有当其按照规则和程序进行时,才被视为合法,而这些规则和程序是由民族单位一致同意的,同样,规则的改变也只有经民族单位的辩论与同意才是合法的。这些民族集体的成员相互之间用方言进行辩论,他们想要上移或下放多少权力,并且针对是否想要回收部分已转移的权力,在民族范围内进行定期评估。更高层级政治机构的合法权力,取决于民族层级正在进行的辩论和同意过程。这些决策的依据是符合民族利益(而不是依据是否符合,比如说,整个欧洲的利益)。⑥

因此,有证据表明语言在民主政治共同体建设中极其重要。在对政治共同体进行定义时,语言实际上正变得越来越重要,而这些由语言标定的政治共同体仍然是参与性民主辩论的最基本场所,并且是其他各级政府民主合法化的最基本场所。

这并不是要否认这一明显的事实,即我们需要超越语言/民族边界的国际政治机构。我们需要这些机构来应对经济全球化,以及共同的环境问题和国际安全问题。目前,这些组织却表现出严重的"民主赤字"。它们基本上是通过政府间关系组织起来的,很少接受直接来自公民个人的意见和建议,如果有的话。赫尔德认为这是一个严重问题,只有促进新型"世界公民权利"的发展才能解决这一问题,使个人和非政府组织能够直接参与跨国组织。例如,在欧盟,有相当多的讨论涉及增加欧洲议会的权力,并相应减少欧盟委员会和欧洲部长理事会的权力,欧洲议会是由公民个人直接选举产生,而后两者则是通过

---

⑥ 换句话说,更高层级政治权力的存在,并不被视为是道德上自我发源或自我证明,而是以各民族单位的一致同意为条件。相比之下,民族单位的自治权利则可以被视为是道德上自我起源的,它不需要任何其他层级政府的同意。

政府间关系来运作。

我并不确定这是否是一个严重的问题，或者赫尔德的建议是否现实可行。在我看来，没有什么必要的理由认为国际机构应该直接向公民个人负责（或对其开放）。诚然，如果国际机构越来越强大，它们就必须承担相应责任。但是我们为什么不能在国家层面讨论希望我们的国家政府在政府间环境中如何行动，从而让国际机构**间接地**负责？

很明显，这正是绝大多数欧洲人想要将民主与欧盟发展调和在一起的方式。很少有人想要加强欧洲议会。恰恰相反，在几乎所有欧洲国家，绝大多数人对欧洲议会事务基本上没有兴趣，对加强其权力更没有多少热情。

他们所想要的，反而是加强他们的**国家**政府在政府间的欧洲部长理事会中的行动责任。也就是说，每个国家中的公民都想要在他们自己中间、用他们的方言，讨论他们的政府在欧盟的问题中应当处于什么立场。丹麦人想用丹麦语来讨论，当丹麦面对欧洲的时候，应处于什么地位。对于在欧洲范围内广泛讨论欧盟应该怎么做的问题，他们基本上没有兴趣（用什么语言呢）。他们对于有关欧盟的民主辩论十分感兴趣，但是他们并不想与其他欧洲人讨论"我们欧洲人应该怎么做"的问题。反之，他们想用丹麦语彼此讨论，丹麦人应该做些什么。换句话说，他们想让丹麦成为欧洲的一部分，但是对于成为欧洲公民的一份子却兴趣寡然。

这并不是说，加强跨国组织的直接责任与可接触程度是一件坏事。相反，我在这方面支持赫尔德的很多建议。我赞同非政府组织应该在联合国和其他国际机构中发挥更加重要的作用，我也支持全球市民社会的理念，在全球市民社会中，人们试图动员其他国家的公民来抗议其本国的侵犯人权行为或环境退化等。但是我想，将这些行为描述为跨国组织的"民主化"，或是在跨国层级创生民主公民权利，就是一种误导。毕竟，这些建议不会产生任何能够把跨越国界的个人相互联系和绑定在一起的集体协商与决策的形式。

例如，我本人是绿色和平组织（Greenpeace）的成员，并支持它们致力于在联合国组织获得一个席位，支持它们致力于在全世界范围内发动人们消灭酸雨、停止燃烧热带雨林或非法的捕鲸活动，但这并不涉及任何能够被认定为跨国层级民主公民权利的因素。绿色和平组织已经在联合国或欧盟获得一席之地，或是加拿大的绿色和平组织成员写信抗议日本的捕鲸政策，这些都无法改变这个事实，即在民族国家的层级之上，并不存在着有实质意义的民主协商场所和集体意志形成的场所。我能够试图影响巴西的森林砍伐政策，但这并不意味着巴西人和加拿大人现已成为某个新的跨国民主共同体的公民。作为跨越国界的信息交流，跨国行动主义是一件好事，但是能够真正发生民主的场所只能是在国家边界之内。

个人或非政府组织的跨国行动主义并不等同于民主公民权。此外，试图创建真正民主形式的跨国公民权利的企图，有可能会对国内的民主公民权利产生负面影响。例如，想要在加强（直接选举产生的）欧洲议会的同时削弱（政府间的）欧盟理事会，我并不认为这是一件好事。欧盟"民主化"的结果，会剥夺各国政府现在对大多数欧盟决策所拥有的否决权。不同于欧盟理事会的决策，欧洲议会的决策不受各国否决权的影响。这意味着欧盟无需通过各国立法机关对公民负责。在当前，如果一个丹麦公民不喜欢欧盟的决策，她可以试图动员其他丹麦人以改变丹麦政府在这一问题上的立场。但是一旦欧盟被"民主化"了——即，欧洲议会取代欧洲理事会成为主要决策机关——丹麦公民就不得不试图改变欧洲所有其他国家公民的意见（没有一个国家是说丹麦语的）。出于显而易见，同时也是可以理解的原因，几乎没有欧洲人想要实现这种"民主化"。对于丹麦公民而言，用丹麦语和其他丹麦人讨论丹麦面对欧盟的立场，这是一件驾轻就熟和可以做到的事情，然而让丹麦公民与意大利人讨论试图建立共同的欧洲立场，这就是一件令人望而生畏的事情。这样的讨论应该用什么语言呢，又要在哪里进行？他们不但不使用同一种语言，或拥有共同的领土，而且也不阅读同样的报纸，或收看同样的电视节目，更不属于同一个政党。所以哪里是这样跨欧洲辩论的合适场所呢？

考虑到跨欧洲公共辩论的这些障碍，就不难理解为何丹麦人和意大利人都对欧盟的"民主化"缺乏热情。他们更倾向于通过本国立法机关来行使民主责任。然而自相矛盾的是，通过选举产生的议会来加强欧盟的直接民主责任，其最终结果却会在实际上削弱民主公民权利。这会将权力从国家层级转移到跨国层级，而大众参与和活跃的民主辩论在国家层级是可能实现的，但是在跨国层级，民主参与和协商就变得十分苦难。正如格林（Grimm）所言，考虑到目前并没有形成共同的欧洲大众传媒，考虑到在可预见的将来，创建这样一个欧洲化的媒体"是绝对不可能"有前景的，贸然将权力从欧盟理事会转移到欧洲议会将会"加剧而不是解决"民主赤字的问题（格林，1995年）。

简而言之，全球化无疑产生了一个新的公民社会，但这并没有产生任何可以被我们认作为跨国民主公民权利的事物。我也不认为我们应该追求这样一种新形式的公民权。在我们最重要的道德原则中，很多都应该在范围上是世界性的——例如，人权原则、民主和环境保护——我们应该努力在国际上促进这些理想。但是在可预见的将来，我们的民主公民权利仍将维持在国家范围内。[⑦]

参考文献：

Banting, Keith. 1997. "The internationalization of the social contract." In Thomas Courchene (ed.), *The Nation State in a Global/Information Era*, pp. 255 – 286. Kingston, Canada: John Deutsch Institute for Policy Studies, Queen's University.

Grimm, Dieter. 1995. "Does Europe need a constitution?" *European Law Journal* 1(3):282 – 302.

Kymlicka, Will. 1993. "Group Representation in Canadian Politics." In Leslie Seidle (ed.), *Equity and Community: The Charter, Interest Advocacy, and Representation*, pp. 61 – 89. Montreal: Institute for Research on Public Policy.

---

⑦ 关于这一主题的进一步阐述，请参见吉姆利卡即将出版的论作。

1997. "The prospects for citizenship: reply to Simeon." In Thomas Courchene (ed.), *The Nation State in a Global/Information Era*, pp. 315 – 325. Kingston, Canada: John Deutsch Institute for Policy Studies, Queen's University.

Forthcoming. "From Enlightenment cosmopolitanism to Liberal nationalism." In Steven Lukes and Martin Hollis (eds.), *The Enlightenment: Thenand Now*. London: Verso.

Laponce, Jean. 1987. *Languages and their Territories*. Toronto: University of Toronto Press.

1993. "The case for ethnic federalism in multilingual societies: Canada's regional imperative." *Regional Politics and Policy* 1(3): 23 – 43.

Lejeune, Yves. 1994. "Le fédéralisme en Belgique." In Leslie Seidle (ed.) *Seeking a New Canadian Partnership: Asymmetrical and Confederal Options*, pp. 171 – 186. Montreal: Institute for Research on Public Policy.

Mansour, Gerda. 1993. *Multilingualism and Nation Building*. Clevedon: Multilingual Matters.

Mill, John Stuart. 1972 (1861). *Considerations on Representative Government*, in *Utilitarianism, Liberty, Representative Government*. Edited by H. B. Acton. London: J. M. Dent.

Royal Commission on Electoral Reform and Party Financing. 1991. *Reforming Electoral Democracy: Final Report*, Vols. 1 and 2. Ottawa: Supply and Services.

Senelle, Robert 1989. "Constitutional reform in Belgium: from unitarism towards federalism." In Murray Forsyth (ed.), *Federalism and Nationalism*, pp. 51 – 95. Leicester: Leicester University Press.

Simeon, Richard. 1997. "Citizens and democracy in the emerging globalorder." In Thomas Courchene (ed.), *The Nation State in a Global/Information Era*, pp. 299 – 314. Kingston, Canada: John Deutsch Institute for Policy Studies, Queen's University.

8

对赫尔德世界主义的评论

亚历山大·温特
(Alexander Wendt)

戴维·赫尔德的论文对我们启发良多，他在文中提出，我们需要在更加世界主义的方向上重新思考有关民主的传统的、国家中心的理解，因为全球化的力量正在逐渐蚕食建立在领土和威斯特伐利亚概念基础上的政治共同体。我同意这两个观点。但是我认为赫尔德并没有充分强调主权机构在引导全球化的影响，并造成路径依赖中的作用，这些路径依赖对于世界主义民主的可能性提出了经验的和规范的问题。如果非领土的民主确实得到了发展，那么在可预见的将来，它看起来更可能是国家之间的民主，而不是个人的民主，是"国际"民主而不是"世界主义"的民主。如果在某种程度上，国内政治中以团体为基础的类似民主并非如此，那么（非领土的民主）甚至可能可以从规范性上接受。

我的评论分为两个部分，首先关注我们如何从（这个）主权国家所构成的世界，发展到（那个）非领土民主的世界，然后对于我们达到那个阶段之后可能会遇到的规范性问题进行讨论。

从这里到那里

赫尔德的论文以及作为该论文基础的专著（赫尔德，1995年），对20世纪晚期以来逐渐侵蚀有关纯粹领土的政治共同体概念，同时又创造跨国"命运共同体"的许多力量，进行了强有力，但又细致入微的说明。然而，认为国家共同体观念正受到全球化侵蚀的说法，并不等同于产生了跨国共同体。在这里，我们需要更明确地区分共同体的主、客观基础，区分跨国共同命运的现实与认识，前者正在不断增强，而后者却是有所滞后。对于共同体的认识，对于民主而言至关重要。此外，在不同民族国家中，对于跨国共同命运的看法有很大差异，而这些差异对于非领土形式民主自治的发展又有着重要意义。我们可以把这些认识和看法非常粗略地分为三组。

1. 在意识到共同命运这一点上，走得最远的可能是资本。当然，并不是资产阶级的所有组成部分都是如此，由于一小部分资本完全定位于国内，所以它们对于全球化并不是那么热衷，但是跨国资本正迅速增长，并且越来越意识到其无国界的特质。

2. 在有关共同命运的意识方面，稍稍落后的是国家，那些西方国家的一体化程度最高。随着"冷战"的结束，西方国家在安全关系方面最终超越了均势政治，并着手建立集体安全体系，虽然这一体系很显然取决于俄罗斯的未来及其与北约的关系。然而，由于对资本的结构性依赖，西方国家在经济关系方面对共同命运的认同最为深入，几乎已经完全放弃了领土和重商主义的目标，取而代之的是主张经济一体化、表现得比过去更为自由的贸易政策，并向跨国资本流动开放。因此，西方国家看起来至少同时使军事和经济领域的核心功能逐步国际化，并建立一种集体认同。

然而，国家对共同命运的理解还有另外一个方面，它源自于主权制度的遗产，或许会抑制这种集体认同的形成。在1648年，欧洲国家同意互相承认对方的主权，并且这种相互承认延伸到世界上所有国家。通过引导各国在彼此关系中表现出一定程度的自我约束，这对国际政治产生了一定安抚与平定作用，并成为跨国共同体得以实现的关键条件。在一切人反对一切人的战争中，是很难建立起共同体的。现实主义者可能会认为，主权制度意味着国家会全然抵制集体认同的形成。在我看来，主权更可能在一体化形成的时候，影响其可能采取的形式。特别是它可能意味着，国家将更多地维护其正式的**法理**主权，而不是其经验的**事实**主权，更多地关注维护其形式而非内容，因为前者才是它们作为国际体系参与者的身份认同基础。如果是这样的话，国家将会非常不愿意把权力正式让渡给跨国机构，即便它们能够参与实际的和非正式形式的合作，并具有同等功能的影响。

这表明，在国际层面，国家的形成过程将会迥异于现代早期在国内层级的形成过程。与其说经常通过征服的方式，把政治权力集中到中央集权的国家手中，不如说主权制度所产生的路径依赖可能导致国家在**事实上**的国际化，却没有多少**法理上**的国际化［温特（Wendt），1994年］。国家权力将会越来越分散，或是将名义上独立的国家行为者"去中心化"，而不是创造一个世界政府。这会对世界主义民主产生重要影响，因为跨国民主主义者可能需要很长时间才能建立集中统一的治理机构和国家权力的制高点；（权力）中心的缺失，或是"并不存在"这样一个权力中心的事实，反过来会使得要求跨国权力承担责任的难度，甚于要求国内政治中的国家权力的难度。

3. 这就引出了全球化影响的第三个行为者，就用一个更恰当的词，称其为"人民"。有一个很好的例子可以说明，他们才是最终受全球化影响最深的，也因此可能是从世界主义民主中获益最多的，同时也是对作为世界主义民主之基础的国际共同体观念最缺乏热情的——相对于资本和国家而言。在欧洲，公众舆论远比精英观点更加偏向民族主义和反一体化。在美国也是一样，美国有着根深蒂固的孤立主义民粹文化，对联合国、北美自由贸易协定、世贸组织和国际参与普遍持有敌意。随着全球化的不断深入和人们进一步认识到其价值，这些趋势可能会变得更加激烈，"人民"可能会以他们的投票权为武器反对全球化，而不是接受更加世界主义的身份认同，在重申民族主义中摧毁整个过程。从这个角度来说，简而言之，以领土为基础的民主看起来是产生全球共同体的潜在的严重障碍。

因此，综上所述，跨国共同体的观念在一定程度上正在形成，它更是资本和国家的共同体，而不是人民的共同体。此外，没有理由认为这一共同体会是非常民主的,至少从个人主义和世界主义的角度是如此,因为世界主义民主没有真正意义上的选区或支持者。上述三个行为者对于跨国权力的民主化都没有什么兴趣——资本和国家不感兴趣,因为它们**就是**跨国权力,人民不感兴趣,因为他们首先对跨国共同体的整个想法都抱有敌意。所有这些表明,真正世界主义民主的出现,如果真的出现的话,只可能发生在全球化进程的晚期,以回应明确可辨的跨国权力中心的出现。在这个方面,世界主义民主可能像国内民主一样,只有在绝对主义国家的政治权力巩固之后,从而使得人民有明确的可动员起来反对的对象,国内民主才可能会出现,世界主义民主亦是如此。但是考虑到跨国权力的去中心化特征,可能需要更长的时间才会明确认识到这种威胁的存在。我不是很确定我是否会像罗伯特·达尔那样认为,即便是在原则上,国际组织都不可能是民主的①,但是我认为在一个很长的时期里,国际共同体的意识可能会不断增强,但却不是十分民主的共同体。这意味着国际治理的"监护"模式,甚或是官僚—威权模式,而不是民主。

如果想要避免出现合法性危机,对国家有利的一种解决方案就是试图说服人民相信全球化对他们有好处。这样做的方法之一,像达尔在本书中所说的,就是确立和说明国际组织除了民主之外的合法性——例如,它们促进和平与经济增长的实施。或者,国家也可以试图在更为国际化的方向上改造其人民的身份认同。毕竟在很大程度上,共同体的领土观念是国家政策在过去的几个世纪中进行社会建设的成果。如果国家开始通过国际化的教育政策"**重新**构想"政治共同体或是构建跨国集体记忆,那么或许它们也能够塑造世界主义民主的选民[肖尔(Shore),1996年;参见安德森(Anderson),1983年]。把国家作为世界主义民主"先驱"的想法,可能并不是一个特别民主或是有吸引力的观点,但是正如伊恩·夏皮罗所指出的,有时候可以用不民主的方式得到提升民主的结果(夏皮罗,1996年)。

---

① 参见本书第2章。

当我们达到那个阶段

如果我们达到了那个阶段,未来的非领土民主应该是什么样子呢?特别是在权利分配中,什么单位应该给予特权的问题,又或者,不同单位之间的权利如何取得平衡?我想通过简短地提出这些规范性问题,对本文做一个总结。

对这个问题的回答可能比它看起来要更明显。在表面上,民主理论家几乎一致认为个人应该是民主责任的最基本单位。然而,他们又几乎总是认为民主应该是一个以领土为基础的现象,有明确的界限来划分谁属于或不属于人民,在这个意义上,当代民主理论在实践中的最基本单位实际上是群体或共同体,而不是个人,因为只有在共同体内部,个人才被看作为基础。

戴维·赫尔德是最早让我们注意传统民主理论中隐性的领土假设作用的学者之一,虽然他似乎也认为,世界主义民主最终是个人的民主而不是团体的民主。在这方面,他的观点非常自由主义或个人主义,虽然他承认个人受到公共领域之外的权力形式的影响,而公共领域之外的权力也应受到民主问责。后者是非常有吸引力的理论观点,但具体在实践中如何操作却并不明确。由谁来决定谁将受到权力关系的影响,以及用什么标准呢,特别是在缺乏中央集权的世界政府的情况下?这是个很大的问题,但是没有明确的、制度上切实可行的答案,就很难知道世界主义民主是否是个好主意,更不用说它是否可能了。

除了使个人成为世界主义民主基本单位的实际问题之外,还有一个问题,就是个人**应该**成为责任的基本单位,这一点在国内层面表现得比全球层面更为明显。例如,如果有人就这一事实进行一项有关当代道德本能的调查,我怀疑大部分人——至少在西方——会强烈反对两个原则,而这两个原则通常与自由主义世界观联系在一起。第一个原则是人们的自由流动。从国内(政治)的层面而言，这被视为是基本人权，然而即便是自由主义者，也很少有人能够接受把自由流动的权力延伸到**跨国**的自由流动，即开放移民②，理由是这会降低生活标准和削弱共同体价值。另一个有问题的原则是"一人一票"原则。同样的，这是国内层面的基本人权，但是大部分人都不愿意将其延伸到认为人口更多的第三世界选民能够对西方国家的事情有发言权，理由是这会导致多数人暴政。相反的是，我们可以想象，作为他们加入世界主义民主的条件，受访者们要求以基于"参议院"模式，而不是"众议院"模式的全球治理形式，对他们独特的共同体文化的生存予以强有力的宪法保护，并对教育、工资和福利等问题实行重要的地方控制。然而在这两个方面，实际上的结果都是肯定了群体权利优先于个人权利，而这里的群体是以国家或国家中心主义的术语去理解的。事实上，我们甚至可以认为，受访者们实际上心照不宣地肯定了世界体系中的"各自发展"原则，即便不是有意为之，这一原则仍然会在全球层级产生许多相同的结果，就像南非的种族隔离——让人们与他们的土地捆绑在一起，并把财富与权力的不平等极端不平等制度化。

在这方面，彻底的世界主义者可能会提出，我们不应该纵容调查的受访者们去设计世界主义民主，因为他们的观点都只是在领土与国家共同体中逐步形成并社会化，这样也没有特殊的规范标准。然而另一方面，可能也有观点认为，支持群体权利之优先性的理由，在全球化背景下要比在国家背景中更为充分，至少有三个方面的原因。首先，在当今时代，个人对于领土或国家定义的共同体的依附是十分真切的，即便这是一种社会建设，并且这种依附甚至也被自由主义者用来证明群体权利之正当性［塔米尔（Tamir），1993 年；吉姆利卡（Kymlicka），1995 年］。为什么使用不同标准的第二个原因，是因为未来全球治理的任何结构中的实际承担者，几乎可以肯定是国家，而国家不太可能接受一个缺乏对地方自治进行强有力保障的结构。如果需要保障的另一个选择

---

② 约瑟夫·卡伦斯（Joseph Carens）是一个重要的例外。

是国家完全拒绝全球治理，那么坚持最佳的、纯粹的世界主义民主就不仅仅会失败，而且还能防止出现次佳的、"国际"民主——卓越是良好的敌人。③ 最后，对群体身份认同的承认同样也能够使个人消除疑虑，确保那些给予他们生活很大意义的文化依附关系将会在全球层面受到尊重，并减轻他们对于被吞噬在全球共同体中、从而自相矛盾地考虑加入全球共同体的恐惧［温特（Wendt），1999年，第7章；另请参见霍耐特（Honneth），1996年］。我并不清楚人们应该如何平衡这些反对需要尊重个人人权的共产主义想法，但是他们确实表明，对于全球民主理论而言，实现这样一种平衡的问题很可能比其在国内（民主中）更为紧迫。

参考文献：

Anderson, Benedict. 1983. *Imagined Communities*. London: Verso.

Carens, Joseph. 1995. "Aliens and citizens: the case for open borders." In Will Kymlicka (ed.), *The Rights of Minority Cultures*, pp. 331 – 349. Oxford: Oxford University Press.

Goodin, Robert. 1995. "Political ideals and political practice." *British Journal of Political Science* 25: 37 – 56.

Held, David. 1995. *Democracy and the Global Order*. Stanford: Stanford University Press.

Honneth, Axel. 1996. *The Struggle for Recognition*. Cambridge, MA: MIT Press.

Kohler, Gernot. 1995. "The three meanings of global apartheid: empirical, normative, existential." *Alternatives* 20: 403 – 413.

Kymlicka, Will. 1995. *Multicultural Citizenship*. Oxford: Oxford University Press.

---

③ 有关这方面内容，请参见罗伯特·古丁（Robert Goodin）关于"次优理论"的提示性评论。

Shapiro, Ian. 1996. *Democracy's Place*. Ithaca: Cornell University Press.

Shore, Chris. 1996. "Transcending the nation state? The European Commissionand the (re)-discovery of Europe." *Journal of Historical Sociology* 9(4):473 – 496.

Tamir, Yael. 1993. *Liberal Nationalism*. Princeton: Princeton University Press.

Wendt, Alexander. 1994. "Collective identity formation and the international state." *American Political Science Review* 88(2):384 – 396.

1999. *Social Theory of International Politics*. Cambridge: Cambridge University Press.

9

女权主义社会批判
与谋求将妇女权利作为
基本人权的国际运动

布鲁克·A.阿克利、苏珊·穆勒·奥金

(Brooke A. Ackerly and Susan Moller Okin)

正如本书许多章节已经指出的，全球化的某些方面对我们关于民主的传统理念产生了冲击。对许多人来说，全球化意味着资本的全球流动和日益增加的劳动力剥削：全球性资本家在世界上劳动力价格低廉的地方建立制造业工厂。而在劳动力成本相对较高的地方，由于存在着产能转移的潜在威胁，这就提高了资本家在与劳工进行谈判时的地位。在经济权力很容易向政治权力转换的地区，全球化对民主也产生了一定影响。世界银行和国际货币基金组织在某些地区实施了结构性调整政策，从而使那些依赖福利补助的穷人深受其苦，而这些地区的政府则以维持政治控制的名义对民主和自由加以限制。从这些方面来看，全球化可以被看作是促进了反民主的倾向。

然而，全球化的某些方面（的内容）不仅没有危害民主，相反还为民主参与和公众影响力的出现，并进而影响国际法制定，提供了新的契机。日益增加的人口流动打开了一扇机会大门，使来自不同文化背景的人们能够彼此交融并且相互学习。迅捷而价格低廉的远距离交流方式、全球媒体（的出现）和人们对全球性议题更高层次的关注，这些都使得群体与个人的相互交流成为可能，并鼓励着更多的交流。来自草根阶层的观念与想法得以传播并影响着国际外交人员和决策者，反过来，国际论坛中所采纳的想法和观点也能够以一种史无前例的速度影响着人们的思维和他们的日常生活。无论政府是变得更加民主抑或是相反，在把信息和想法从基层通过地区代表上传到国际会议和政策制定的过程中，像非政府组织这样的公民社会机构扮演了举足轻重的角色。并非所有的联合国成员都是民主国家，也不是所有的联合国代表都是民主选举产生的。因此，尽管联合国大会和联合国世界会议都在民主原则下运行，但是国际决策中的大众参与既十分有限又不公平。在本章中，我们回顾了过去10年来草根群体和国际非政府组织在"将妇女权利作为基本人权"运动之中所表现出来的行动主义，并将其视为国际政治决策中民主的影响日益增加的例证。①

我们将在女权主义社会批判的框架中评述"谋求将妇女权利作为基本人权"的运动，这一分析框架是阿克利（1999）在最近（的研究中）建立和发展的。世界各地的女权主义活跃人士和学者在这一领域耕耘不已，在此基础之上，阿克利确立了女权主义社会批判的研究方法，这种研究方法在尊重多样性的同时仍坚持自己的立场和主张。那些"谋求将妇女权利作为基本人权"运动中的活跃人士和研究者已经是事实上的女权主义社会批判家，他们对全球范围内有关妇女权利的政治决策具有一定影响。虽然他们的成功仍有瑕疵，但我们认为这已足以证明女权主义社会批判研究方法的应用价值与重要性，同时也足以对批判家们在未来试图影响国家和国际公共政策的策略提供了相关建议。此外，这也有助于说明，借着20世纪90年代初期所召开的三次联合国妇女大会的春风［维也纳（1993年）、开罗（1994年）和北京（1995年）］，那些致力于将妇女权利作为基本人权的活跃人士们，如何会希望将上述会议中有关妇女权利的国际法律的重要变更的效果最大化。

女权主义社会批判方法借鉴了协商民主理论、文化相对论的社群主义理论和本质主义理论，同时也指出了上述各理论的问题。和大多数协商民主理论不同，其"协商式调查"模型可以为那些并没有生活在平等和近乎完美的理想世界中的人们所采纳并运用。与文化相对主义理论不同，女权主义社会批判理论为"怀疑式审查"提供了一些可共享的惯例习俗和共同意义，它意识到了

---

① 曼弗雷德·诺瓦克（Manfred Nowak）和茵格伯格·施瓦茨（Ingeborg Schwarz）将NGOs大致定义为"从本质上或多或少独立于国家权力结构"的组织，"它并非一定排斥国家资金的支持"，并且"不以营利为目的，致力于相关政治社会目标的实现，比如和平、环境保护、发展合作、人权等"（1994年，第3页）。

支配与从属（关系）的危险，并从不同的角度对此进行了质问。② 大多数本质主义理论（几乎先验性地）认为人类的某些善具有普适性，女权主义社会批判理论则与其不同，它所运用的一系列"指导准则"虽然总体上具有普遍性，但却总是需要地方性的阐释。

"将妇女权利作为基本人权"运动中的活跃人士已经尝试着将女权主义社会批判的方法论运用在地方性的、区域性的，甚至是全球范围内的实践中。需要特别指出的是，在推动在原先沉默的，或被迫保持沉默的妇女之中进行协商式调查，以及设法将她们的相关信息传递到包括联合国大会在内的更广泛的协商平台等过程中，非政府组织起到了至关重要的作用。这场运动也致力于在两个维度上进行怀疑式审查：一方面，审视人权这个流行概念本身；另一方面，审查与"将妇女权利作为基本人权"相冲突的习惯法和文化实践。此种双管齐下的审查方式同样在很大程度上是非政府组织的工作，在有些个案中，也可能是活跃人士或女性主义学者个人的工作。这种审查以及随之而来的改变，建立在此前所进行的不同层级的协商调查的基础上，其范围包括了从草根到全球的各个层级。最后，在过去十分重要的 10 年间，绝大部分国际女权主义都围绕着一个单一的指导准则：女权主义的基本前提是，所有的人在价值上都是平等的，并因此而拥有平等的尊严和尊重，无论男女。而其最常用的表达方式是：女性不应因其身为"女性"而成为弱者［查尔斯沃斯（Charlesworth），1994 年；也可参见苏亚雷斯（Soares）、科斯塔（Costa）、布瓦尔克（Buarque）、多拉（Dora）和圣安娜（Sant'Anna），1995 年］。尽管这一标准在不同的文化环境中具有特定的涵义，但是它将女权主义者们统一起来并使他

---

② 女权主义立场理论的早期版本认为，社会决策应优先考虑非强势群体的立场与观点。最近的女权主义立场理论则认识到了女性的多样性，并质疑她们作为一个群体的统一性，它们更尊重群体内部和群体之间的多样性，而不是优先考虑某一特定观点。正如帕特里夏·希尔·柯林斯（Patricia Hill Collins）所指出的，立场理论产生于特定时期对知识/权力框架的回应。此后，女权主义理论与实践逐渐发展起来。

们形成联盟。③

把协商式调查、怀疑式审查和指导标准组合起来,便构成了能够产生一定社会变化的一剂配方,但是他们并不能保证社会变化的实际发生。然而,谋求将妇女权利作为基本人权的活跃人士并不仅限于进行社会批判。在成为社会批评家的同时,他们也很有策略地试图在地方实践和全球理解方面带动社会变化,并推动"将妇女权利作为基本人权"的实施。他们策略中的一个重要组成部分,就是通过改善和扩散有关妇女权利的公共信息来影响关于此话题的争论。值得一提的是,他们运用两种策略来左右国际社会的同情,并影响国际政策的规划与采纳。

其中一种策略就是利用人权受到侵犯的特定妇女作为例证,在旧有的男性中心主义的人权观中,这种侵犯通常很难被察觉,更遑论得到救济。在1993年召开的维也纳联合国妇女大会上,就出现了最戏剧化,也是最有效的例证或见证形式,并且由于吸引了媒体的关注而变得更为有效,与此同时这一例证为人们认识到"妇女权利是一种基本人权"这一观念铺平了道路,而这也可以说是维也纳会议最为重要的成果。这场运动的另一种策略,就是熟练掌握和运用传统意义上的政治策略。自从1990年召开的里约热内卢地球高峰会议以来,来自世界各地的妇女代表们通过非政府组织的工作,学会了运用诸如日常会议和游说等政治策略,特别是在地区性筹备会议期间运用这些策略,当然也适用于大会本身。由于在大多数会议上(尤其是在开罗会议和北京会议)都有来自天主教会或者伊斯兰国家代表团的强大保守势力,这些政治策略对于成果的取得至关重要。然而,如果这些行动模式没有配合使用女权主义批判方法,那么这些行动就不会奏效,甚至就不可能发生。"将妇女权利作为基本人权"的

---

③ 就像玛格丽特·凯克(Margaret Keck)和凯瑟琳·谢金克(Kathryn Sikkink)所指出的,早先的争论主要被框定于对女性的歧视,对有关人权的国际讨论的影响有限,而关注针对女性的暴力行为的观点则呼吁给予她们基本的人类尊严和价值,并且已经破除了完全"承认妇女权利作为基本人权"的障碍(凯克和谢金克,1998年)。

运动已经迅速成为复杂的全球网络，它运用协商式调查、怀疑式审查以及人人价值平等的指导准则，进行了尊重差异却仍具批判性的社会批判。这一运动中的活跃分子运用了公开例证和更为传统的政治策略来影响世界范围内观念和态度的改变，并影响联合国妇女大会正式文件的一些变更。

因此，我们认为谋求"将妇女权利作为基本人权"的非政府组织运用了女权主义批判的方法论。更进一步说，他们利用全球交流、媒体和国际关注的战略优势，加强了对于侵犯妇女人权问题的国际关注，并使人权议题变得对广义理解的妇女权利更具包容性。他们在这方面的做法是行之有效的，其部分原因是因为他们将例证的使用与更为传统的政治策略结合在一起。

女权主义社会批判

女权主义社会批判方法包含了三个部分：协商式调查、怀疑式审查和指导性准则。这个并不是按照社会批判的先后顺序来排列的，妇女们结合运用这三个方面，为集体的、包容的和自发的社会变化奠定了基础。我们将首先给出它们的定义，然后便展示在"将妇女权利作为基本人权"的运动中，行动者们如何采用这些方法并使其发挥重要作用。

所谓协商式调查，指的是通过批评者与社会成员之间的集体问询、意见交流和相互讨论来获取相关知识的实践活动。与大多数理论家对于协商民主的理解不同，协商式调查有助于在不公平和信息不完全的现实世界中实现社会的变化。协商式调查有两个广泛且互补的目的。首先，它旨在相对安全的论坛中推动先前被迫保持缄默的人们之间的集体表达、学习和相互理解。第二，当这些在此前保持沉默的人群逐步建立自我认知，并理解他们所面临的障碍之后，她们就会运用新获得的知识在更广泛的社会范围中进行协商式调查，而她们的观点原来很可能在该范围内遭到排斥。尽管协商式调查的第一种形式可能会也可能不会在更广泛的社会范围内产生影响，但是安全论坛中的协商确实可以使女性为了在更广泛的社会范围中推进协商式调查而制定相关的战略和策略。④

女权主义社会批判家或活跃人士可能会促进协商式调查的发展，用以进一步提升问题分析和文化规范的解释，并且在更为广泛的社会范围中推进协商式交流，以及推动制度的变迁。它为妇女提供了一个可分享其经历和观点的安全避风港，并使她们认同这些集体资源，或协助她们用从中获得的知识促进社会的改变。这两个例子都是运用协商来收集相关知识，并以此推进不公平的社会做出改变的例证。

怀疑式审查是一种针对现存或潜在的价值、习俗和规则的态度，这种态度需要人们去审查现存的或潜在的不公平。典型的文化相对主义理论的方法限制了批评在解释"共享意义"中的作用⑤，而怀疑式审查则与其不同，怀疑式审查中共享习俗惯例的主体和被普遍接受的意义都阐明了先前被隐藏的主从关系，并从不同角度对其进行审视。社会批判者们所使用的方法论的这一方面，迫使批判者去找出所有因强制的价值、习俗和规则而保持沉默的人。怀疑式审查只有在特定内容中才具有重要意义。它是社会批判者们的实践，而非原则。它促使批判者们质疑（因唯恐破坏社会的基础，所以并不是要一次质疑全部但仍需质疑）社会规范、价值和习俗惯例的任何或所有方面（无论它们是多么的"习以为常"），是否假定、加强、导致或利用权力的不平等来损害弱势群体的利益？怀疑式审查使女权主义活跃人士和研究者们质疑所有事情，包括政府、家庭和宗教的基本制度。

女权主义社会批判方法将怀疑式审查与其他两个方面结合在一起：即协商式调查和指导性准则。如果没有进行来自多方面——特别是那些被迫保持沉默

---

④ 参见维塔·泰勒（Verta Taylor）关于在不友好的政治环境中暂停相关进程和组织的观点（泰勒，1989年）。

⑤ 参见迈克尔·沃尔泽（Michael Walzer）1983年和1993年的著作，引号中的内容即来自上述著作。

的人们——的协商,社会批判者们也就无法进行怀疑式审查。如若不然,我们便无从判断哪一些文化价值、习俗和准则是为所有人所共享,而哪一些仅仅为部分人所接受,却通过暴力、经济依存、文化自卑感或其他方式而强加于其他人。无论单个社会批评者的视角是多么独特和与众不同,与之相比,结合了内部、外部和"多位点"等角度的批评者们总是能够更好地促进对潜在的或事实存在的压迫性行为、价值和准则的分析。⑥

指导性准则是一系列最低标准或单一标准,批评者们将其用来挑战现存的价值、习俗和规范。不同的女权主义活跃人士和学者们对其指导性准则的表述和运用可谓大相径庭。一部分人(包括了部分妇女人权活跃人士)表述了一些普适性的标准[邦奇(Bunch),1990年],而其他人(例如印度的自营职业妇女协会)则对地方性标准进行表述[罗斯(Rose),1992年]。阿克利(1999年)所提出的指导标准的版本能够同时满足上述两方面的要求,其内容借鉴了世界各国众多社会批判者们的标准清单,主要包括人们应该能够选择什么的总清单。这是根据各国社会批评家们所使用的指导标准整理而来的通用清单,包括了从地方性和国际(女权主义)活跃人士到正式的联合国宣言的作者,以及参加联合国妇女大会的代表团成员等来自不同国家的社会批判者们所践行的指导准则。尽管其内容来源非常广泛并希望得到人们的普遍接受,这一清单仍然需要批评者们根据特定的背景和语境对其做出地方性解释,并调整其优先次序。⑦ 尽管"谋求将妇女权利作为基本人权"运动中的某些个人活动家起草并使用类似的指导性准则清单,但是正如我们此前所提到的,从整体上来讲,这场运动仍然倾向于依靠"男女平等"的总体指导原则。与所有的标准

---

⑥ 多位点批评者具有独特的分析视角,即认为个人同时是当事人和旁观者。她从一个以上的团体中了解当地的相关知识,她能够在不同团体间活动并采用不同的视角,并且她通常很在意她的独特视角(阿克利,1999年)。奥金以大致相同的方式使用"内部/外部批评者"这一术语(1997年和1998年)。

⑦ 阿克利在《政治理论与女权主义社会批判》(*Political Theory and Feminist Social Criticism*)一书中提出并讨论了一份临时清单的具体内容。

清单类似，单一标准同样需要与协商式调查和怀疑式审查结合在一起使用，以求成为特定背景下社会批判的建设性的指导准则。正如我们后面将会看到的，在有关人权的案例中，现存的一整套指导标准将不得不受到女权主义社会批判家们用女权主义的普遍标准来进行的怀疑式审查，以减少其男性中心主义色彩并实现男女平权。

社会批判方法建立在这些活跃人士的工作基础上，这些活动和工作之所以被称为"女权主义"，是**因为**它主张所有人——不论男女——在价值上是平等的，也是因为这些活动家不仅是"促成她们自身条件变革的代言人"，同时还代表着许多无法表达自身诉求的妇女们［苏亚雷斯（Soares）、科斯塔（Costa）、布瓦尔克（Buarque）、多拉（Dora）和圣安娜（Sant'Anna），1995年，第302页］。我们对女权主义的定义与时下由第三世界女性奖学金（Third World women's scholarship）所引领的潮流一样，主要关注女性的权力和授权问题［例如巴苏（Basu），1995年；乔杜里（Chowdhry），1995年；巴丽图（Barriteau），1995年；帕拉（Pala），1977年；森和格洛恩（Sen and Grown）；1987年；斯迈利（Smiley），1993年］。并不是所有使用这一研究方法的人都被贴上"女权主义"的标签。同样也并不是所有被贴上"女权主义"标签的人都使用这种研究方法。然而，全世界致力于改善妇女生活，更具体地说是谋求对妇女人权的承认的活动家们，即便他（她）们中的很多人并不称自己为女权主义者，却仍然使用女权主义批判方法论的三方面内容：协商式调查、怀疑式审查和指导标准。

作为基本人权的妇女权利

在希拉里·查尔斯沃斯（Hilary Charelesworth）对国际妇女人权运动的论述中，对两类人进行了区分：一类是希望扩大现存人权范式的解释与应用，这样的话当妇女权利受到侵害时可以诉诸人权法予以解决；另一类则致力于支持女性的特殊权利，如生育自主权等（查尔斯沃斯，1994年）。前一种可以被称为主张"妇女人权"，而后者则可称为主张"妇女的权利"。当我们论及这场运动的时候，我们倾向于将其称为"将妇女权利作为基本人权"，这样就能涵盖上述两种用语，同时又对主要基于男性生活经验的人权法范式形成某种挑战。人权法律需要进行相应的改变，它的反歧视基础则需要受到质疑，而其实际应用则应更多地关注生活在父权制之下的女性生活经历。作为"将妇女权利作为基本人权"这一主张的指导性准则，人人平等的原则十分重要，因为这是一种普适性原则，要求其地方性释义必须与文化相关且很有实用价值。

第一眼看到相关国际人权文件时，我们可能会奇怪，为什么在过去10年间，这场谋求完全承认妇女权利为基本人权的运动仍是有必要的。《世界人权宣言》（1948年）早已制定了保护女性免受歧视的相关内容：

> 人人有资格享有本宣言所载的一切权利和自由，不分种族、肤色、性别、语言、宗教、政治或其他见解、国籍或社会出身、财产、出生或其他身份等任何区别。（第2条）

《公民权利和政治权利国际公约》（1966年）对于保护女性免受歧视也有相应的规定：

> 本公约的每一个缔约国承担尊重和保证在其领土内和受其管辖的一切个人享有本公约所承认的权利，不分种族、肤色、性别、语言、宗教、政治或其他见解、国际或社会出身、财产、出生或其他身份等任何区别。（第二部分，第1.1条）

同样地，《联合国儿童权利公约》也对保护女孩和她们的母亲免受歧视做出了相应规定：

缔约国应遵守本公约所载列的权利，并确保其管辖范围内的每一儿童均享受此种权利，不因儿童或其父母或法定监护人的种族、肤色、性别、语言、宗教、政治或其他见解、民族、族裔或社会出身、财产、伤残、出生或其他身份而有任何差别。（第1.1条）

由此可见，自从1948年的《联合国人权宣言》开始，国际人权法律就明令禁止对于性别的歧视。然而，这种反歧视的范式并不足以应对很多属于女性特有的重要需求。尽管上述引文都涉及了人权保护，但不难看出，其人权受到保护的"个人"显然，虽然没有明确表述出来，都是身为一家之长的男性。关于这一点，有两个（如今看来非常明显）的指标：其一，国家被认为最有可能造成对人权的侵犯；其二，由于家庭生活的隐私通常被认为是一种需要受保护的权利，因此保护个人权利不受家庭内部其他成员的侵犯，则往往不被认为是一项（正当）权利。

即便是在那些现行人权概念已经涵盖保护妇女权利的地区，政府和人权组织所关注的仍然是在历史上公开承认的侵犯（权利）行为。正如丽贝卡·库克（Rebecca Cook）所指出的，直到最近，"许多传统人权组织才愿意关注一下侵犯妇女权利的事件，而妇女组织对国际法在维护妇女权利方面的潜在可能也缺乏足够的理解"（库克，1994年，第3页）。

1979年，联合国通过了《消除对妇女一切形式歧视公约》（Convention on the Elimination of All Forms of Discrimination Against Women，简称CEDAW）。该公约详细列举了妇女人权受到侵犯的不同方式，在这一方面它远胜于其他所有联合国人权性文件。它明确界定了妇女在社会、政治和经济活动中受到正式或非正式歧视的方式。在必要或者适当时候，该公约甚至放弃使用中性语言。它明确认定了妇女在自己家中、工作场所和公共场合中可能受到的来自家庭成员、雇主和政治人物的歧视。《消除对妇女一切形式歧视公约》的内容对妇女来说是一大进步。然而签署这一公约的国家远远少于其他所有人权性文件，更多的国家则是持保留态度。此外，投入到执行该公约的资源也十分有限。许多签署并批准了

《消除对妇女一切形式歧视公约》的国家仍然在本国法律中保留了对女性的歧视，而在具体实践中则更是司空见惯［梅耶尔（Mayer），1995年］。

包括《消除对妇女一切形式歧视公约》（在很大程度上仿照了《反种族歧视公约》）在内的联合国人权文件中的反歧视范式，如今被认为在很多方面并不适于解决性别不平等的问题。查尔斯沃斯（Charesworth）认为，"对于国际人权制度中被歪曲的性质最为根本的补救方法，则是重新定义传统人权准则的边界，而不是对现行有限的非歧视模型进行修补"（1994年，第60页）。对概念的重新定义"会更容易……发现诸如家庭暴力等对人性尊严的侵犯和践踏行为，这些行为主导着很多女性的生活"（查尔斯沃斯、库克对其进行了改述，1994年，第7页）。我们将在下文中证明，为了用特定的人权（原则）解决一些侵犯基本权利的事件，对这些特定人权进行反思是非常有必要的，很多女性曾有过类似经历。因此，致力于将妇女权利作为基本人权的女权主义者，通常既赞同修补现行模式以便现行人权法律可以用于保护妇女，又主张改变国际人权法律的范式，从而扩大妇女受保护的范围。

世界各地的妇女通过通常由非政府组织所协调的各种地方性、区域性和国际性活动，已经开始转变她们所接受的人权解释。这些女性同胞们建设性地利用全球化来影响国际上和她们本国对于"将妇女权利作为基本人权"的理解。在1993年召开的维也纳世界人权大会上，她们所取得的成果第一次得到了正式认可，在进行进一步的完善和规范之后，最后在1995年召开的北京世界妇女大会上成为"行动纲领"。这些女性同胞们继续在她们自己国家为促成这些转变而努力，她们的祖国遍布世界各地。

协商式调查

在所有这些批判和政治行动中，非政府组织的作用非常关键。两位主要研究人权问题的学者曾经说道："非政府组织在人权保护工作中是不可或缺的。"

[诺瓦克（Nowak）和施瓦茨（Schwarz），1994年，第3页］。但是非政府组织在"承认妇女权利作为基本人权"（的运动）中发挥了特别大的作用。非政府组织已经成为重要的批评者。首先，它们的调解工作为女性朋友们说出那些使她们在此前保持沉默（或被迫保持沉默）的经历，提供了一个安全的场所；第二，非政府组织使公众意识到了这样一个事实，即女性朋友所经历的很多事情，虽然在此前并不被认为是对人权的侵犯，但实际上已经构成了侵犯事实。

在从女性同胞中了解有关她们的经历和她们在日常生活中所面对的困难方面，各种规模和不同目的的非政府组织起到了非常重要的作用。例如，非政府组织常常致力于从事旨在提升基层妇女福利的工作——无论是通过改善她们的工作环境，还是提供更好的医疗保健、信用贷款或法律援助。在印度古吉拉特邦，一个庞大的由妇女发起和运作的非政府组织——自营职业妇女协会（the Self-employed Women's Association，简称SEWA），证明了非政府组织能够推动妇女的自我认知，同时也能提升女性通过影响公共政策从而改变其生活的能力［塞利恩（Selliah），1989年；巴米勒（Bumiller），1990年；罗斯（Rose），1992年］。和大多数第三世界地区一样，古吉拉特邦的大多数妇女都是个体劳动者或者在家里从事计件工作。一旦女性成为合同工人，孤立的个体工人就成为牺牲品。因此，妇女很容易受到企业主中间人的压迫，被迫接受低薪，甚至减薪。自营职业妇女协会试图通过挑战政府对"工会"的解释来反对上述现象，根据政府的解释，要求工会成员必须受雇于正式的经济实体。1972年，自营职业妇女协会注册成为了面向自主就业工人的工会。妇女通过参加自营职业妇女协会的工会组织，就拥有了一定公共发言权，否则她们就会被边缘化。例如在古吉拉特邦，那些承包卷香烟的妇女为了得到最低工资待遇，举行了集体罢工反对她们的雇主并最终获得胜利［罗斯（Rose），1992年］。这一工会组织不断发展壮大，并为自营职业妇女协会的成员提供了儿童保健、法律援助、合作银行等其他服务。此外，自营职业妇女协会还游说政府为生育津贴项目提供资助，这一项目由自营职业妇女协会发起建立，通过与其合作的银行为自营职业的女性提供人身保险。通过该协会在基层的工作，社会和政府对于自营职业妇女的生活和需求也有了更多的理解。

自营职业妇女协会的成功，与其他非政府组织的相关信息一起，促进并加深了国际上对于女性所受到的性别束缚的理解，这种性别束缚往往使妇女无法过上具有和男性同样价值的生活。在这样的工作过程中，非政府组织促进了国家内部和国际上妇女之间的对话，并且通过各种各样的方法揭露了大量案例，在这些案例中，女性所遭受的权利侵犯并不适用传统的人权范式。像自营职业妇女协会这样的非政府组织，组织并发动了各种社会活动，帮助妇女提升其在家庭和社会中的地位，提高妇幼保健水平，增加妇女收入和改善工作条件等。这些组织的成功发展，为处理原先那种对妇女人权造成隐形侵犯的案例提供了解决方法和范例。尽管它们的近期目标各不相同，许多非政府组织都倾向于推动组织成员间的协商式调查，让他们在成员间分享自己的经历，彼此吸取教训并最终提出解决问题的方法，虽然这些女性朋友的文化和生活环境各不相同，但却往往面临着同样的问题。尽管世界各地妇女的经历和需求各不相同，但很多非政府组织的工作发展都是以"全人类价值平等"的信念为指导。通过这些工作，非政府组织为"将妇女权利作为基本人权"的运动提供了许多重要的信息。

非政府组织在谋求"将妇女权利作为基本人权"运动中的明确工作，也运用了协商式调查的方法。在维也纳会议之前，很多地方性非政府组织在国内举行各种会议，与会妇女们对其人权受到侵犯的各种方式进行了交流。在印度西昆德拉巴召开的一次会议上，约2000名妇女公开反对童婚、家庭暴力、嫁妆谋杀⑧，以及女性在家庭和社会中所遭到的经济剥削［邦奇（Bunch）和莱利（Reilly），1994年，第125页］。在尼泊尔举行的另一次会议上，与会者就

---

⑧ 嫁妆谋杀，指的是丈夫（或者有时候是其公婆）在不陪嫁嫁妆，或是认为嫁妆不够的争论或威胁之下谋杀妻子。嫁妆谋杀常常采取厨房炉灶失火的方式，这样就能被认为是意外事故。

女工、被抵押的妇女、被拐卖的妇女和家庭暴力等妇女问题进行了经验分享和集体讨论（邦奇和莱利，1994年，第126页）。

除此之外，还有一些国际性非政府组织专为有关"将妇女权利作为基本人权"的相关问题而成立。比如生活在穆斯林法律下的妇女组织（Women Living Under Muslim Laws，简称 WLUML）、女性全球领导中心（the Center for Women's Global Leadership，简称 CWGL）、妇女权利观察（Women's Rights Watch，简称 WRW）等。这些组织在维也纳人权会议的准备工作中扮演了关键角色。它们组织了一场声势浩大的请愿活动，共有来自124个国家的900个组织参加了这一请愿活动，并将请愿书翻译成24种文字（邦奇和莱利，1994年）。请愿书"呼吁1993年联合国世界人权会议在会议过程中全面阐述各个层级的妇女权利问题……［并］要求承认性别暴力是对人权的侵犯并需要立即采取行动予以解决，性别暴力是一种普遍存在的现象，在不同文化、种族和阶层中表现为很多不同的形式"（邦奇和莱利，1994年）。将近50万名女性在请愿书上签名，其中有些是按手印（邦奇，1994年；邦奇和莱利，1994年）。

谋求将妇女权利作为基本人权的活跃人士所遇到的主要挑战之一，就是在不同国家和不同文化之中，对于到底哪些内容构成了对女性的歧视这一问题几乎很难达成共识。然而正如库克（Cook）所言，"对妇女所受到歧视的理解，会随着有关'妇女如何在不同法律、社会和宗教下趋于从属地位'这一问题的见解、观点和实证材料的演变而演变"（1994年，也可参见凯克和谢金克，1998年）。非政府组织数十年如一日地与基层妇女一起工作，通过对日常工作中所发生的事件进行协商式调查，他（她）们得以了解相关的见解、观点和实证材料。他（她）们发现，许多女性为了改善家庭生活，工作时间极长但却仍然生活在极度贫困之中。究其原因，是因为这些妇女（作为穷人和作为女性）往往受到双重因素的影响：一是环境退化的影响；二是结构性调整方案的制约。他们发现，很多妇女都曾遭受身体暴力，或是长期处于可能遭受身体暴力的威胁之下，以至于在和平时期，她们自己的家庭却成了对她们来说最危险的地方。他们发现,许多妇女所生育孩子的数量超出了她们所想要的,有许多妇女——在全球范围内,接近于每年 50 万人——死于可预防的、与妊娠有关的疾病。他们还发现,在世界上很多地区,继承制度和基础教育都对女孩充满了歧视。有关上述问题的大部分信息都来自于非政府组织与那些寻求帮助的妇女的直接交流和对话,对于很多女性来说,这些都是她们日常生活的真实记录[布鲁斯(Bruce),1989 年;森(Sen),1990a 和 1990b;廷克(Tinker),1990 年]。

女权主义社会批判能够为原先的沉默者创造大声表达的条件。非政府组织和其他国际组织网络通过在原先保持沉默的女性中进行协商式调查并获得相关信息,这些信息被他(她)用以证明妇女权利常常以正式和非正式的方式被否决,他(她)们还将这一认知传播到世界各地。这些信息最初来自于基层女性的实际经历,非政府组织和其他国际组织网络将这些信息提供给地区性会议,并最终传递到 20 世纪 90 年代早期所召开的三大国际会议上——开罗会议、维也纳会议和北京会议。每一次会议的与会代表都可谓数量空前,其中绝大多数人都是数以百计的地方性或国际非政府组织的代表。来自世界各地的非政府组织在国际论坛上分享相关信息,汇集众多的信息使人们直面世界各地侵犯妇女人权的状况。参与"将妇女权利作为基本人权"运动的地方性和国际非政府组织运用协商式调查的方法实现信息的共享,这使得他们针对不同文化中对女性的暴力行为达成了一致反对。反对暴力行为的基础是女性具有平等的价值和尊严,这已成为该运动中的活跃分子们共同遵从的指导准则,这些活跃分子反对各种形式的暴力,包括了"美国和欧洲的强暴和家庭暴力、非洲的女性生殖器割礼、欧洲和亚洲的性奴、印度的嫁妆谋杀以及拉美虐待和强暴政治犯的现象"(凯克和谢金克,1998 年)。由此,协商式调查的结果造成了对现行人权范式的根本性挑战。

怀疑式审查和指导标准

非政府组织通过与其与妇女之间的直接接触所得到的信息，对于主流人权概念的重构起到了非常重要的作用。我们可以从中发现，1948 年《世界人权宣言》中所列举的很多侵犯妇女权利和自由的行为，都是发生在家庭或本地社区——如不受虐待的权利（第 5 条）、被承认为法律人格的权利（第 6 条）、居住和迁徙的自由（第 13 条）、婚姻自主权（第 16 条）、拥有财产的权利（第 17 条）、宗教信仰自由（第 18 条）、结社和集会自由（第 20 条）、政治参与的权利（第 21 条）、社会保障的权利（22 条）、自由选择职业的权利（第 23 条）、享有带薪休假的权利（第 24 条）、享有基本生活水准的权利（第 25 条）和受教育的权利（第 26 条）。此外，其中第 12 条明确规定"任何人的私生活、家庭和住宅……不得任意干涉"，但是这条内容却被解释成了国家**保护**妇女和儿童在家庭中免受侵犯的最大约束。除此之外，查尔斯沃斯还指出，有时候被称为"第三代"权利——民族的集体权利，比如民族自决权或者文化发展权，在许多国家与社会背景下被用来支持与证明对妇女欺压的合法性（1994 年，第 75 页）。

通过协商式调查所了解和传播的有关女性生活的知识，推动了国内外对许多权利进行怀疑式审查。国家及其代理人具有保护（女性）免受暴力侵犯、确保其身体安全的权利。比如说，保护那些遭受丈夫和父亲长期肆意暴力相向的女性，那么这种权利的意义是什么呢？有很多女性整日里马不停蹄地辛勤劳动，忙于照顾孩子、整理家务、打水、砍柴，甚至还要务农种地，这些劳动既没有任何报酬，甚至（**因为**是由女性完成而）不被看成是"工作"，对于她们而言，"同工同酬"（第 23 条）的价值何在？对于很多女性而言，她们的自由从根本上受制于生育和养育孩子的责任，或是将女性困于家宅之中的文化习俗，对于她们来说，像迁徙和集会自由（第13条和第20条）这样的基本自由权又有什么意义呢？如果女性生活在父亲有公认的——甚至是法律强制要求的——权利来为其选择丈夫的社会里，婚姻自由（第16条）又有什么用呢？如果女性生活在一个被认为从属于男性的文化背景中，并且在实践中也并不行使投票权，那么像投票权这样的正式政治权利又有什么意义？综上所述，非政府组织逐渐明白一个事实，除非女性能够在家庭生活和社区实践等私人领域获得与男性平等的价值和地位，否则她们便无法在政治和市场这样的公共领域中获得平等的权利。因此，非政府组织意识到，社会甚至全世界都需要从根本上对人权概念进行重新界定。

因此，在谋求"将妇女权利作为基本人权"运动的背景下，其中一个最为宝贵的财富，同时亦成为最艰巨的挑战之一就是：用现行的人权法来**改变**人权法。也就是说，我们需要对现行人权范式进行大规模的怀疑式审查，从而将我们称之为"人"权（的概念）转变为指导准则，即促进和保护将妇女权利提升为基本人权的指导准则。

审查现行人权法律的实践状况，并重新评价它是否足以将妇女权利作为基本人权予以保护，这使得该运动的活跃分子们不仅挑战了有关公共与私人的公认概念，还对集体或群体权利提出了质疑。有的社会和国家利用原住民团体或原住民权利活动家的观点，为他们自身争取保护或传承"传统"习俗的权利，而这些传统习俗可能被认为是对妇女的压迫。安·伊丽莎白·梅耶尔（Ann Elizabeth Mayer）对穆斯林国家、美国保守派人士和梵蒂冈教廷利用"神授"的传统法律观点来否决妇女自由的方式进行了非常深入的研究（梅耶尔，1995年）。相比之下，为了挑战上述传统、文化和宗教诉求，致力于谋求将妇女权利作为基本人权的活动家们则对造成性别歧视和妇女受压迫的传统习俗、文化和宗教根源进行了审查。

在这种环境下生活和工作的国内和地方性（女权主义）活跃分子所面临的最大挑战就是，用特定的本土化方式为自己辩护，从而不至于因被指责为受到国外或西方影响而致使其主张遭到破坏。对于国际性女权主义活动家而言，他（她）们所面临的挑战在于支持当地女权主义活跃分子的同时，又不会起到适得其反的作用。1993年，艾丽斯·沃克（Alice Walker）的著作和帕拉提芭·帕尔玛（Pratibha Parmar）导演的同名电影《沙漠狂花》，引起了西方媒体对于女性割礼问题的关注，但是国际关注，特别是来自西方的关注，反而在某种程度上对苏丹和其他地区的本土女权主义活动家的工作起到了负面效应。西方国家对女性割礼的批评常常被指责为在本质上基于西方对女性的定义。相比之下，如果批评者来自此类虐待妇女的暴行所发生的国家，哪怕其本人已经流亡国外——例如来自苏丹的外科医生纳希德·图贝亚（Nahid Toubia），现已成为国际著名的主张废除女性割礼的倡导者——他的批评言论既能直接反应当地情况，又具有专业素养。关于来自国外的财政和意识形态支持对本国性别与发展计划的影响，安娜·玛丽娅·戈茨（Anne Marie Goetz）认为：

> 如果相关项目和机构的建立最初是为了回应来自外部的倡议，就几乎没有动力去积极地内化或主动"拥有"一项政策倡议。相反，即便项目资金颇受欢迎，但是其合法性却常常受到质疑，将有关性别的"异族"文化观念强加于人更是引起了强烈不满……西方国家试图将两性平等观念推及到其他国家，其中所包含的文化帝国主义确实是一个无法否认的问题，而由此产生的不满可能会对业已存在的本土女权主义运动产生污名化影响，认为它是西方文化的衍生物从而削弱其本土合法性。（戈茨，1995年，第53页）

在这个后殖民时代，许多国家的女性被迫在她们的传统文化或宗教与人权之间进行选择。当她们要求和男性同等的人权时，她们通常被指责为"世俗主义者"或是背叛了自己的文化和宗教转而追随"西方"模式。阿斯玛·穆罕默德·阿卜杜勒·哈利姆（Asma Mohamed Abdel Halim）指出："在苏丹，解放妇女的观念已经被扭曲了。穆斯林男子告诉穆斯林妇女，国际法……对她们来说实则是一种阻碍……妇女应该从西方观点中解放出来，因为西方的观点会使她们承担来自家庭和工作职责的双重重担。"（1995年，第406页）当地的女权主义者被迫在当地女性（利益）和主流文化规范之间做出选择。为了能够有效地改变当地文化习俗，必须由本土活动人士承担统筹工作（图贝亚，1995年），并且他们的观点必须具备作为自己主见的文化合法性。

因此，西方的女权主义者具有义不容辞的责任，用各种能够影响女性所处文化的方式来挑战父权制社会，但同时又需避免使用帝国沙文主义的语调和内容。在适当的情况下，这些方法包括了以各种形式支持那些挑战自己文化中父权主义传统的妇女。对于那些生活在伊朗、阿富汗、苏丹这样宗教原教旨主义国家中的女性来说，或是虽然生活在世俗国家，却深受宗教"属人法"统治的女性，如印度和以色列，对于她们来说挑战父权制是非常紧迫而沉重的负担。在这些国家，宗教和文化为这些侵犯权利的行为正名并提供了保护，而非政府组织则通过对其宗教和文化进行协商式调查和怀疑式审查，有效地支持将妇女权利提升为基本人权。其中，"阿拉伯人权联盟"这样的组织主要致力于总体性的人权工作；而像"全球皆姐妹研究所"则专门致力于将妇女权利提升为基本人权。

穆斯林女权主义者也开始主导这些活动。她们认为穆斯林女性也有权解释伊斯兰经文，从法律和人权的角度阐明伊斯兰律法和穆斯林习俗之间的区别，然后根据此种区别，倡议从尊重男女平等的角度解释伊斯兰教经文、制定相关法律和改变穆斯林习俗［蔡恩·艾丁（Zein EdDīn），1982年（1928年版）；史密斯（Smith）和哈达德（Haddad），1982年；埃尔·萨达维（el Saadawi），1982年；阿尔·哈比利（al-Hibri），1982年；哈桑（Hassan），1991年；以及莫妮茜（Mernissi），1991年，1992年和1995年］。曼娜兹·艾法卡米（Mahnaz Afkhami）和法丽达·沙希德（Farida Shaheed）提出了区分伊斯兰习俗和穆斯林习俗的政治重要性，前者来自于《古兰经》和《圣训》（穆罕默德言行录），而后者则是伊斯兰信徒在更一般意义上的社会、文化和经济习俗（艾法卡米，1995b；沙希德，1994年）。利法特·哈桑（Riffat Hassan）对《古兰经》教义和其后的经文诠释进行了区分，他认为后者包含了一些来自犹太教和基督教的错误思想和观点（哈桑，1991年）。在神权政治国家，伊斯兰习俗和穆斯林习俗由统一的宗教和政治权威联系在一起，因此穆斯林法律既被看作是神圣的律例，又由国家强制执行。⑨

"生活在穆斯林法律下的妇女"（简称 WLUML）是一个国际性的（女性）网络，她们运用协商式调查和怀疑式审查的方法，指出用伊斯兰律法来压迫妇女的方式有诸多矛盾之处（沙希德，1994年和1995年）。通过这个网络，妇女们了解到许多声称是"伊斯兰律法"或是"穆斯林妇女"所必须遵从的（习俗），其实在不同国家之间各不相同。对于妇女作为一个真正的"穆斯林"的要求也大相径庭，以着装规范为例，有些地方要求女性从头到脚遮盖全身，只露出眼睛，而有的地方则远远没有那么严格，女性只需要戴头巾就可以。很多被称为"伊斯兰的"（习俗）往往并不是来自于伊斯兰教义，而是来自于殖民法律、其他宗教传统，或者前伊斯兰时期的当地习俗，（分别）如印度的穆斯林女性没有继承权、印度和孟加拉国的嫁妆谋杀，以及非洲很多国家所实行的女性割礼。那些存在着这种另类法律和习俗的地方，对妇女的压迫往往也是最厉害的，但是又因为贴上了"伊斯兰教"的标签而被合法化（沙希德，1994年；以及梅耶尔，1995年）。此外，婚姻家庭法或属人法对女性生活的影响远远大于对男性的影响，在许多国家中，这是伊斯兰律法中**唯一**由国家来执行的部分，而在其他社会背景中，国家执行的是世俗法律（沙希德，1995年；

---

⑨ 请参见，例如，埃及和摩洛哥在批准《消除对妇女一切形式歧视公约》时仍采取保留态度的那些文本（梅耶尔，1995年）。

艾法卡米，1995a)。⑩ 通过促进来自不同穆斯林国家或亚文化体的女性之间的互相接触和了解，"生活在穆斯林法律下的妇女"组织使她们了解了不同穆斯林法律之间的区别，这使她们更容易审视她们的压迫者并与之抗争，同时提出其他穆斯林国家所采用的方案，或是与伊斯兰教其他说法相容的选择。

"'集体'95"（Collectif '95）是其中一个特别成功的项目。阿拉伯国家曾计划实行一套统一的家庭法典，"生活在穆斯林法律下的妇女"组织意识到即将实行的法典会把各国对女性最为苛刻的一些法律法典化，于是对这一事实广而告之。该组织中一个称为"'集体'95"的小组根据相对最不苛刻的法律，制定了一部与该法典草案相反的法典，阿拉伯国家再也没能通过所谓统一的法典（沙希德，1994年和1995年）。"'集体'95"坚持男女基本平等的信念，在穆斯林妇女中间就其各国的穆斯林法律进行协商式调查，从而对所提议的家庭法典进行审查和检视。

我们所描述的女性主义社会批判方法论，是通过观察极端不平等条件下的各种妇女运动发展而来的。这些活动家们——其中包括了谋求将妇女权利提升为基本人权的活跃人士——在实践中运用社会批判的方法，在分享各种有关女性自我认知和经历的基础上，挑战各种对女性造成伤害的价值、习俗和准则。这种方法是一种预示社会发生变化的公式，但它并不能保证社会变化的发生。然而，通过对谋求"将妇女权利作为基本人权"运动的观察，使我们确认了能够有效影响国际层面的政策制定并带来社会变化的一般战略和特定战术。

---

⑩ 一夫多妻制所固有的不平等十分明显。在某些版本的穆斯林离婚法中，丈夫若想要离婚比妻子容易得多，并且无需给予妻子任何经济保障，哪怕她的生活完全依赖于婚姻。对于一些国家的穆斯林妇女来说，孩子的监护权属于丈夫在相当程度上遏制了她们想要离婚的想法，同时亦成为她们的软肋。少数几个穆斯林人口占多数的国家，比如印度尼西亚，已经对本国的婚姻家庭法进行了现代化，使其变得更为平等（参见梅耶尔，1995年）。

战略和战术

谋求"将妇女权利提升为基本人权"的活跃人士不仅仅是社会批判家：他（她）们也是社会变革的代理人。正如我们在上文中所指出的，"将妇女权利作为基本人权"的运动已经给全球公认的人权观念带来了实质性变化。为了能够在国际舞台上更有效地运行、改变现行的男性中心主义人权标准并使其完全适用于女性，这场运动就需要更广泛的国际支持。"将妇女权利作为基本人权"运动的一般战略，就是充分运用宣传策略以增加对妇女权利受到侵犯的地方性、全国性和国际性关注，并相应地增加政治压力，从而促使有关人权政策的国际协定着眼于改变全世界妇女的生活环境。在国际政策制定领域，这一战略被证明是有效的。

为了实现这场运动的目标，主要采用两种战术。第一种战术就是用各种实例来公开揭露侵犯妇女权利的行为。女权主义者通过协商式调查的方式来了解妇女的各种经历，并宣传自己的观点。非政府组织利用那些实际案例，为那些（冷冰冰的）证据文件和筹措资金的努力增加了人性化的一面。⑪ 不过最震撼人心的当属在 1993 年 6 月 15 日的"侵犯女性人权"国际法庭上所展示的那些实例，这一国际法庭是维也纳会议的议程之一。由罗格斯大学"全球女性领导中心"（Center for Global Women's Leadership）和国际妇女论坛中心（International Women's Tribune Center）领导那些致力于改善女性福祉的非政府组织为等待这一机会已筹谋多年，而这也成为（维也纳会议上）"非政府组织论坛的绝对亮点"（诺瓦克和施瓦茨，1994 年，第 6 页）。

---

⑪ 凯克和谢金克曾经讲述过，那些幸存的韩国"慰安妇"们如何首先利用这一方法将她们所受的虐待公诸于众（1998 年，第 176 页）。

1990年，（非政府组织）萌生了通过收集历史个案来记录侵犯妇女权利的行为的想法。在维也纳国际法庭中选择公布的33个案例，清晰地揭示了现行人权法律并不足以保护妇女，并且显示了世界各地妇女遭受暴力的各种形式。来自全球各地的妇女——或者她们的代表，如果她们本人无法远行的话——亲自证明了其人权受到严重侵犯的各种方式。这些案例包括殴打和婚内强奸、乱伦、嫁妆谋杀、谋杀和忽视女孩，如强奸等针对特定性别的战争犯罪，以缺医少药等形式伤害女性的身体健康，或是因性和繁衍后代等原因伤害女性的身体——包括贩卖妇女和割礼。法庭承认每一个出庭作证的妇女都代表着成千上万相似的案例，展示了"20世纪末期很多妇女真实生活的骇人场景"（诺瓦克和施瓦茨，1994年）。法庭的调查结果和法官的"判决"以司法判决和建议的形式提交给维也纳会议的正式全体会议（邦奇和莱利，1994年）。分析家们肯定了这一法庭"显然有助于把女性的要求写入最后的会议文件中"，而这无疑"强化了保护妇女人权的措施"（诺瓦克和施瓦茨，1994年）。

组织这次国际法庭是为了扩大政治影响。时间上则安排在与第四次联合国人权大会同时举行。（法庭上所展示的）证据主要展示了5个方面的内容：家庭内部侵犯人权的行为、伤害妇女的战争罪行、对女性身体的伤害、对女性人权的社会经济侵犯，以及建立在性别基础上的政治迫害与歧视。由于许多证人所描述的侵权行为都带有创伤性质，因此每一位发言人都有一位"支持"者帮助她出庭作证。开庭期间，世界各地的剪报都足以证明这一国际法庭成功地提高了国际上对于侵犯妇女人权问题的认识。此外，记者所引用的众多例子也表明，这次国际法庭不仅成功地揭露了妇女人权受到侵犯的各种形式和范围，同时还显示了传统人权观念在处理很多侵权行为时的不足与失败。五位法官同时也是正式会议的主要政治参与者，他们所做出的裁决由两位妇女人权活动家和专家夏洛特·邦奇（Charlotte Bunch）和佛罗伦萨·包提格（Florence Butegwa）提交给正式会议。如上所述，这一法庭对维也纳会议有着重要的影响，使得"将妇女权利提升为基本人权"的问题成为大会的主要（即便不是最重要的）关注点。

在会议的筹备期间和会议期间，组织者们推动了媒体关注度的提升。全球妇女人权运动组织（the Global Campaign for Women's Human Rights）、国际妇女论坛中心和智利 ISIS 国际（ISIS International Chile）在全世界范围内广为宣传要求将妇女权利问题列入维也纳会议议程的请愿书（邦奇和莱利，1994 年）。通信联盟则运用信息包、新闻发布会、访谈节目和公共关系工作等方式，对该法庭进行了大力宣传，在美国，《华盛顿邮报》和《纽约时报》都刊登了有关这一法庭的新闻，美国有线电视新闻网（CNN）则播出了长约 10 分钟的相关报道（邦奇和莱利，1994 年）。活动的组织者们也通过各种方式展示和宣传女性出版物、将大会的相关信息通过互联网实现共享、培训妇女使用互联网、通过女权主义国际广播网发布相关信息（这种方式使很多无法亲临法庭发言的女性能够公开发表意见），并组织了一个视频制作团队用以记录法庭（开庭过程）和为影响维也纳会议所做出的广泛努力（邦奇和莱利，1994 年）。

谋求"将妇女权利提升为基本人权"运动所采取的第二个战术，主要是运用更为传统的政治磋商和政治游说的方法。美国前国会议员和活动家贝拉·阿布扎克（Bella Abzug）女士在北京会议之前的四次联合国妇女大会上（里约、维也纳、开罗和哥本哈根会议），在推进女性政治技能的发展方面起到了重要的主导作用［摩根（Morgan），1996a 和 1996b；阿布扎克（Abzug），1996 年］。⑫ 在会议开始之前，非政府组织就对政府进行多方游说，以期官方代表团能包含更多的非政府组织代表，在会议进行过程中，各代表团又面临着多方游说，希望他们在处理日常事务时能更多地包含妇女的观点。在每次大会上，非政府组织的代表每天都举行核心讨论会议，以掌握并讨论正式会议所讨论的问题——这些讨论会"指导和引导非政府组织的工作重心集中于熟练地进行

---

⑫ 阿布扎克的立场显然属于美国右翼，因此杰西·赫尔姆斯（Jesse Helms）参议员确保她不会参加美国在北京会议的官方代表团。然而，她仍然是非政府组织论坛上的风云人物（摩根，1996b；阿布扎克，1996 年）。

现场游说,从而使得政府代表团不得不意识到**所有**问题都是妇女问题"(摩根,1996b,第77页)。正如阿布扎克所说的,这项工作非常艰苦并且十分磨人:"没完没了地与政府部门合作沟通、翻阅文件、并逐行提出建议。"(阿布扎克,1996年,第120页)

这些方法的第一次运用是在里约热内卢地球峰会上,初试身手即获成功,使得最初仅仅只有2~3条提到妇女问题的原始文件,"最终约有120条涉及妇女的条款和规定"(阿布扎克,1996年)。在维也纳,女性非政府组织在大会前就已经做了大量准备工作,女性同胞们成功将她们的意见和看法加入了议程草案,但是她们同样也知道仍需继续施压。在正式会议开始前的非政府组织论坛上,来自全球妇女人权运动组织的成员们确保5个工作小组中都有她们的代表,这5个工作小组负责准备向大会提交的非政府组织相关文件,但她们特别关注由来自津巴布韦的佛罗伦萨·包提格女士所领导的专注于妇女人权的小组。在整个大会举行期间,两个妇女磋商会议定期碰头开会,密切跟进大会的议程及其对妇女的影响,就他们所提出的特定问题进行游说,为代表们起草新的介绍性文本,以及"探索在大会……及会后就促进妇女人权进行合作的各种可能方式"(邦奇和莱利,1994年)。其中一个磋商会议由非政府组织论坛所发起,另一个则是由联合国妇女发展基金(the UN Development Fund for Women,简称 UNIFEM)所组织。这两个磋商会议大大地促进了人们对妇女权利的重视,后者可谓是维也纳会议的一大标志。在北京会议上,来自前期准备会议的文件草案十分有力。然而,最终提交大会的版本中约有40%的内容被加上了"神圣的括号"——之所以这么说是因为这些条款遭到了保守宗教势力联盟的反对,这一联盟由梵蒂冈和一些穆斯林国家领导人所主导。同样地,整个会议期间坚持不懈的政治工作对于女权主义议题的成功非常重要。阿布扎克说道:"联动会议——我们通常这样称呼自己——把此前各界大会上所取得的成果集中到一起,并谋求更多的成果,其范围超越了所有其他平台。"(阿布扎克,1996年,第121页)非政府组织论坛持续不断的游说活动,以及官方代表团中的非政府组织代表的不懈努力，最终使得几乎所有"括号"都被成功去掉了。

这样，女性通过进行磋商会谈和游说的方式，成功地使这种新的、更具包容性的人权观念得到了国际认同，这种新的人权观念来自于协商式调查和对传统人权范式的怀疑式审查。于是，例如家庭暴力、婚内强奸以及战争期间的强奸行为等已经被国际法认定为严重的侵犯人权行为，而其他诸如殴打、酷刑等行为早已被认定为是对人权的严重侵犯［科普朗（Copelon），1994年；库克（Cook），1994年］，阴蒂切除术也开始被视为是一种割礼并被认为是严重的虐待儿童行为［图贝亚，1995年；温特（Winter），1994年］。⑬

很多谋求"将妇女权利提升为基本人权"的理论家曾经指出，将侵犯妇女权利重新认定为对人权的严重侵犯，这主要取决于两个原则的变化：其一，从根本上反思公共领域与私人领域的区分，这通常是所有早期人权话语的（默认）假设条件；其二，先前人们认为国家是最有可能侵犯人权的行为者，现在则认为个人也常常会侵犯人权，有时候反而需要依靠国家才能干预"私人"和"共同体"的习俗以阻止侵犯人权的行为。建立在女性真实生活经历的基础上，针对这些假设进行怀疑式审查并将其转化成全球政治效能，这导致了国际范围内人权思想的完全转变。

战略性地利用全球通信、媒体以及人们对全球性议题的日趋关注，能够有效地将国际注意力转移到修正人权范式的话题，从而使妇女权利被尊重为基本人权，然而国际关注和国际压力对国内活动人士而言并不是一种十分确定的战略。同样的战略能够成功改变人权的国际定义，但是国内或地方性非政府组织用来影响国内政治议程却往往无法奏效（库克，1994年）。将妇女权利尊重为

---

⑬ 根据这一逻辑，童婚、强迫婚姻以及极端不平等条件下的婚姻关系（例如，丈夫能够轻而易举地解除婚姻并获得孩子的监护权，同时不需要对前妻承担任何长期的经济责任，而女性若要解除婚姻关系则要困难得多，而且无法获得任何经济支持或孩子的监护权）都能被解释成是一种奴役形式。

基本人权，这取决于权利范式的文化合法性，以及在特定背景下所要保护的具体权利。因为许多涉及压迫女性的习俗直接与民族或文化认同有关，因此终止这些习俗则需要在不放弃文化认同的前提下改变这些传统习俗。莱德西卡·库马拉斯瓦米（Radhika Coomaraswamy）认为，若要实现这一目标，谋求"将妇女权利作为基本人权"的运动就需要与其他社会运动相联系在一起（库马拉斯瓦米，1994年）。阿卜杜拉西·艾哈迈德·安－纳依姆（Abdullahi Ahmed An-Naim）也同意文化合法性是这场运动在各国取得胜利的重要因素（安－纳依姆，1994年）。尽管有些女权主义者和女权主义组织认为"将妇女权利提升为基本人权"的议程需要将政治与宗教区分开来，而其他诸如"生活在穆斯林法律下的妇女""全球皆姐妹研究所"等组织则认为文化和宗教习俗已经发生了变化，并且将随着时间的推移而继续发生改变。因此，要实现将妇女权利提升为基本人权，就需要改变现有的文化习俗或惯例，并且在宗教典籍和文化神话中找到男女平等的相关证据［艾法卡米和瓦兹里（Vaziri），1996年；哈桑，1991年］。

影响国际人权范式的战略行之有效。然而其中也有一些不足之处或失败的案例，比如在维也纳会议上无法处理宗教习俗和国际公约之间的矛盾（梅耶尔，1995年，第118页），仍然有很多国家没有批准《消除对妇女一切形式歧视公约》，还有很多国家在批准该公约的同时附带了对某些条款的保留意见。然而，正如梅耶尔所指出的，美国保守派政治人物、梵蒂冈和穆斯林政府仍然捍卫着基于自然法和神法基础上的不利于女性的权利不平等，与此同时他们也尝试着开出男女平等的空头支票，这种尝试可以被认为是谋求"将妇女权利作为基本人权"运动获得总体成功的标志（梅耶尔，1995年）。这一运动在各国国内的成功并不明显。那些积极捍卫压迫妇女的习俗的人继续主张排除西方影响的文化自主性，以此拒绝将妇女权利提升为基本人权（或是全部人权范式）。美国、中国、印度和韩国等国的保守派人士指责"女权主义者"（前面第一层涵义中）或"西方人"（另一层涵义）试图强加于他们的议题会削弱其根深蒂固的传统价值。其结果就是造成了很多女性与其传统文化之间的相互冲突。各国国内的活动家们需要发展自己的战略来推动"将妇女权利提升为基本人权"的文化合法性。这些战略和措施可能需要随着社会背景、政治对手和可联盟对象的不同而做出相应的改变。

国际活动家则需要发展一些附加策略来支持某个国家或地方的工作，但又不至于破坏这些工作必要的语境特征。虽然并没有能够确保在国内获得成功或对国内活动给予国际支持的特定方式，但是为妇女权利而奔走的活动家们会继续在他们的各种活动和工作中使用女权主义社会批判方法，后者由协商式调查、怀疑式审查和指导准则（或单一标准）所组成。这一方法已经证明能够产生有效而且具有文化合法性的社会批判。

结　论

尽管世界各地的女权主义活动者们在不平等的条件下工作，他（她）们形成并发展了一种社会批判的方法，这种方法能够包容各种不同的观点并因而具有关键的力量。谋求将妇女权利作为基本人权的活跃人士就是这样的批判者。他们运用协商式调查的方法来促使女性了解各种侵犯妇女权利的方式，并在更广泛的社会范围中提高人们对一些几乎被忽视的问题的认识。他们运用怀疑式审查的方法检视现行文化和法律规则对女性的影响。在整个过程中，他们的工作始终奉行一个准则，即所有人在价值上是平等的，无论男女。

然而，谋求将妇女权利作为基本人权的活动家们不仅仅是批判家，他（她）们同时也是社会变革的代理人。通过国内和国际性非政府组织的联合行动，他（她）们大大增加了女性对国际人权政策的影响力。在国际舞台上，他们的战略是增加公众关注女性人权受到侵犯的经历。他们有效地使用了两种战术方法：大力宣传（女性人权遭到侵犯的）实例、政治磋商与游说等更为传统的政治方法。

谋求将妇女权利作为基本人权的活跃人士及其政治效能方面的例子表明，"公民社会"的定义不再只是用来指称国内社会，而是可以延伸至国际政治。民主理论家通常认为公民社会包括了政党、新闻媒体和其他公共协商论坛、工会、行业协会、教育机构、宗教组织以及独立于政府控制之外的基层或全国性非政府组织［奥唐奈（O'Donnell）和施密特（Schmitter），1986 年］。部分理论家将经济活动纳入了公民社会的范畴，并把公民社会定义为所有不受政府控制的公共活动。戴蒙德（Diamond）认为，"公民社会……与社会在总体上是不同的，公民社会**涉及**公民在公共领域为了表达他们的利益、情感和观点，为了交换信息、实现共同的目标、表达对国家的要求并要求国家官员承担责任而采取的集体行动"（戴蒙德，1994 年，第 5 页）。不管是在哪一种定义中，由奉行共同指导准则的地方性、全国性和国际性非政府组织构成了一个网络，"国际公民社会"正是以这种组织网络的形式，有效地提升了对于各种侵犯妇女权利方式的国际关注。这场运动中的激进主义使得理论家们重新思考"公民社会"的定义。这同样也警醒了全国性非政府组织的战略，他（她）们需要充分利用国内信息以适时地针对当地特殊情况修改他们的国内议题，否则国际参与反而会给当地非政府组织的活动带来负面影响，使得他（她）们的工作看起来过多地受到外部影响（或更糟糕的是，特别是受到"西方"影响）。

全球化对民主提出了问题和挑战，但同样也为民主提供了机会。女权主义活动家们充分利用全球化，推动了国际性和全国性的集体协商，并对人权政策与习俗进行审查。他（她）们运用女权主义社会批判方法，扩大了有关人权的公共对话，从而使得先前闻所未闻的一些女性观点得以影响公共政策的制定。这场运动中所使用的一些有关侵犯女性权利方式的实例，已经超出了传统人权法律的解释范围，并挑战了关于侵犯妇女权利的传统理解和共识。他们的方法对之前有关全国性与国际性非政府组织之间富有启发性的区别形成了挑战，并证明了他们的联合行动在国际上可以是有效的。

参考文献:

Abzug, Bella. 1996. "A global movement for democracy." In *Beijing and Beyond: Toward the Twenty-first Century of Women. Women's Studies Quarterly* 24:12, 117 - 122.

Ackerly, Brooke. 1999. *Political Theory and Feminist Social Criticism.* Cambridge: Cambridge University Press.

Afkhami, Mahnaz (ed.). 1995a. *Faith and Freedom: Women's Human Rights in the Muslim World.* Syracuse, NY: Syracuse University Press.

1995b. "Introduction." In Mahnaz Afkhami (ed.), *Faith and Freedom: Women's Human Rights in the Muslim World*, pp. 1 - 15. Syracuse, NY: Syrascuse University Press.

Afkhami, Mahnaz and HalehVaziri. 1996. *Claiming Our Rights: A Manual for Women's Human Rights Education in Muslim Societies.* Bethesda, MD: Sisterhood Is Global Institute.

Barriteau, Eudine. 1995. "Postmodernist feminist theorizing and developmentpolicy and practice in the anglophone Caribbean: the Barbados case." In Marianne Marchand and Jane Parpart (eds.), *Feminism, Postmodernism, Development*, pp. 142 - 158. New York: Routledge.

Basu, Amrita. 1995. "Introduction." In Amrita Basu (ed.), *The Challenge of Local Feminisms: Women's Movements in Global Perspective*, pp. 1 - 21. Boulder, CO: Westview Press.

Bruce, Judith. 1989. "Homes divided." *World Development* 17(7):979 - 991.

Bumiller, Elisabeth. 1990. *May You Be the Mother of a Hundred Sons: A Journey Among the Women of India.* New York: Fawcett Columbine.

Bunch, Charlotte. 1990. "Women's rights as human rights: toward a re-vision of human rights." *Human Rights Quarterly* 12:486 - 498.

1994. "Strengthening human rights of women. "In Manfred Nowak (ed.) , *World Conference on Human Rights , Vienna , June 1993 : The Contribution of NGOs Reports and Documents* , pp. 32 – 41. Wien : Manzsche Verlags-und Universitatsbuchhandlung.

1995. "Transforming human rights from a feminist perspective. " In Julie Peters and Andrea Wolper (eds.) , *Women's Rights , Human Rights : International Feminist Perspectives* , pp. 11 – 17. New York : Routledge.

Bunch , Charlotte and Niamh Reilly. 1994. *Demanding Accountability : The Global Campaign and Vienna Tribunal for Women's Human Rights*. New Brunswick : The Center for Global Leadership.

Charlesworth , Hilary. 1994. " What are ' women's international human rights? ' " In Rebecca J. Cook (ed.) , *Human Rights of Women : National and International Perspectives* , pp. 58 – 84. Philadelphia : University of Pennsylvania Press.

Collins , Patricia Hill. 1997. " Comment on Hekman's ' Truth and method : feminist standpoint theory revisited ' : where's the power? " *SIGNS : Journal of Women in Society and Culture* 22 : 375 – 381.

Convention on the Elimination of All Forms of Discrimination Against Women. 1979. G. A. Res. 34/180 , U. N. Doc. A/Res/34/180. Adopted 18 December 1979.

Cook , Rebecca J. 1994. " Women's international human rights law : the wayforward. " In Rebecca J. Cook (ed.) , *Human Rights of Women : National and International Perspectives* , pp. 3 – 36. Philadelphia : University of Pennsylvania Press.

Copelon , Rhonda. 1994. " Intimate terror : understanding domestic violence astorture. " In Rebecca J. Cook (ed.) , *Human Rights of Women : National and International Perspectives* , pp. 116 – 152. Philadelphia : University of Pennsylvania Press.

Diamond , Larry. 1994. " Rethinking civil society : toward democratic consolidation" *Journal of Democracy* 5 (3) : 4 – 17.

Friedman, Elisabeth. 1995. "Womens' human rights: the emergence of a movement." In Julie Peters and Andrea Wolper (eds.), *Women's Rights, Human Rights: International Feminist Perspectives*, pp. 18 – 35. New York: Routledge.

Goetz, Anne Marie. 1995. "The politics of integrating gender to state developmentprocesses: trends, opportunities, and constraints in Bangladesh, Chile, Jamaica, Mali, Morocco, and Uganda." UNRISD Occasional Paper #2, Geneva.

Halim, Asma Mohamed Abdel. 1995. "Challenges to the application of international women's human rights in the Sudan." In Rebecca J. Cook (ed.), *Human Rights of Women: National and International Perspect*, pp. 397 – 421. Philadelphia: University of Pennsylvania Press.

Hassan, Riffat. 1991. "The issue of woman – man equality in the Islamictradition." In Leonard Grob, Riffat Hassan, and Haim Gordon (eds.), *Women's and Men's Liberation: Testimonies of Spirit*, pp. 65 – 82. New York: Greenwood Press.

al-Hibri, Azizah. 1982. "A study of Islamic herstory: or How did we ever get into this mess?" *Women's Studies International Forum* 5(2):207 – 219.

International Covenant on Civil and Political Rights. 1966. G. A. Res. 2200 (XXI), 21 U. N. GAOR, Supp. (No. 16) at 52, U. N. Doc. A/6316. Adopted 16 December 1966.

Keck, Margaret and Kathryn Sikkink. 1998. *Activists Beyond Borders: Advocacy Networks in International Politics*. Ithaca: Cornell University Press.

Mayer, Ann Elizabeth. 1995. "Rhetorical strategies and official policies on women's rights: the merits and drawbacks of the New World hypocrisy." In Mahnez Afkhami (ed.), *Faith and Freedom: Women's Rights in the Muslim World*, pp. 104 – 132. Syracuse, NY: Syracuse University Press.

Mernissi, Fatima. 1991. *The Veil and the Male Elite: A Feminist Interpretation of Women's Rights in Islam*. Reading, MA: Addison-Wesley Publishing Company.

1992. *Islam and Democracy: Fear of the Modern World.* Translated by Mary Jo-Lakeland. Reading, MA: Addison-Wesley Publishing Company.

1995. "Arab women's rights and the Muslim state in the twenty-first century: reflections on Islam as religion and state." In Mahnez Afkhami (ed.), *Faithand Freedom: Women's Rights in the Muslim World*, pp. 33 – 50. Syracuse, NY: Syracuse University Press.

Morgan, Robin. 1996a. "The NGO Forum: good news and bad." In *Beijing and Beyond: Toward the Twenty-first Century of Women. Women's Studies Quarterly* 24:1 – 2, 46 – 53.

1996b. "The UN Conference: out of the holy brackets and into the policy main stream." In *Beijing and Beyond: Toward the Twenty-first Century of Women. Women's Studies Quarterly* 24:77 – 83.

An-Nacim, Abdullahi Ahmed. 1994. "State responsibility under international human rights law to change religious and customary laws." In Rebecca J. Cook (ed.), *Human Rights of Women: National and International Perspectives*, pp. 167 – 188. Philadelphia: University of Pennsylvania Press.

Nowak, Manfred and Ingeborg Schwarz. 1994: "Introduction: the contribution of non-governmental organizations." In Manfred Nowak (ed.), *World Conferenceon Human Rights, Vienna, June* 1993: *The Contribution of NGOs Reports and Documents*, pp. 1 – 11. Wien: Manzsche Verlags-und Universitatsbuchhandlung.

O'Donnell, Guillermo and Philippe C. Schmitter. 1986. *Transitions from Authoritarian Rule: Tentative Conclusions about Uncertain Democracies.* Baltimore, MD: The Johns Hopkins University Press.

Okin, Susan Moller. 1997. "Culture, religion, and female identity formation: responding to a human rights challenge." Unpublished ms.

1998. "Feminism, women's human rights, and cultural differences." *Hypatia* 13 (2):32 – 52.

Pala, Achola O. 1977. "Definitions of women and development: an African perspective." *SIGNS: Journal of Women in Culture and Society* 3(1):9 – 13.

Parmar, Pratibha (producer and director). 1993. *Warrior Marks*. A Hauer Rawlence Production in association with Our Daughters Have Mothers, Inc. for Channel 4. New York: distributed by Women Make Movies.

Rose, Kalima. 1992. *Where Women are Leaders: The SEWA Movement in India*. London: Zed Books Ltd.

el Saadawi, Nawal. 1982. "Woman and Islam." *Women's Studies International Forum* 5(2):193 – 206.

Selliah, S. 1989. *The Self-Employed Women's Association, Ahmedabad, India*. Geneva: International Labour Office.

Sen, Amartya. 1990a. "More than 100 million women are missing." *New York Review of Books* 37:61 – 66.

1990b. "Gender and cooperative conflicts." In Irene Tinker (ed.), *Persistent Inequalities: Women and World Development*, pp. 123 – 149. New York: Oxford University Press.

Sen, Gita and Caren Grown. 1987. *Development, Crisis, and Alternative Visions: Third World Women's Perspectives*. New York: Monthly Review Press.

Shaheed, Farida. 1994. "Controlled or autonomous: identity and the experience of the network, women living under Muslim laws." *SIGNS: Journal of Women in Society and Culture* 19(4):997 – 1019.

Shaheed, Farida. 1995. "Networking for change: the role of women's groups in initiating dialogue on women's issues." In Mahnez Afkhami (ed.), *Faith and Freedom: Women's Rights in the Muslim World*, pp. 78 – 103. Syracuse, NY: Syracuse University

Press.

Smiley, Marion. 1993. "Feminist theory and the question of identity." *Women and Politics* 13(2):91 – 122.

Smith, Jane and Yvonne Y. Haddad. 1982. "Eve: Islamic image of woman." *Women's Studies International Forum* 5(2):135 – 144.

Soares, Vera, Ana Alice Alcantra Costa, Cristina Maria Buarque, Denise Dourado Dora, and Wania Sant Anna. 1995. "Brazilian feminism and women's movements: a two-way street." In Amrita Basu (ed.), *The Challenge of Local Feminisms: Women's Movements in Global Perspective*, pp. 302 – 323. Boulder, CO: Westview Press.

Taylor, Verta. 1989. "Social movement continuity: the women's movement in abeyance." *American Sociological Review* 54:761 – 775.

Tinker, Irene. 1990. "A context for the field and for the book." In Irene Tinker (ed.), *Persistent Inequalities: Women and World Development*, pp. 3 – 13. NewYork: Oxford University Press.

Toubia, Nahid. 1995. "Female genital mutilation." In Julie Peters and Andrea-Wolper (eds.), *Women's Rights, Human Rights: International Feminist Perspectives*, pp. 224 – 237. New York: Routledge.

United Nations Convention on the Rights of the Child. 1989. Annex G. A. Res. 44/25 Doc. A/Res/4425. Adopted 20 November 1989.

Universal Declaration of Human Rights. 1948. G. A. Res. 217A(III), U. N. Doc. A/810. Adopted 10 December 1948.

Walker, Alice and Pratibha Parmar. 1993. *The Warrior Marks: Female Genital Mutilation and the Sexual Blinding of Women*. New York: Harcourt Brace.

Walzer, Michael. 1983. *Spheres of Justice*. New York: Basic Books.

——1993. "Objectivity and social meaning." In Martha C. Nussbaum and Amartya Sen (eds.), *The Quality of Life*, pp. 165 – 177. Oxford: Clarendon Press.

Winter, Bronwyn. 1994. "Women, the law, and cultural relativism in France: the case of excision." *SIGNS: Journal of Women in Culture and Society* 19(4): 939 – 974.

Zein Ed-Din, Nazlrah. 1982 (1928). "Removing the veil and veiling." *Women's Studies International Forum* 5(2): 221 – 226.

第二部分　内部边界

10

民主的自由与地域的暴政

道格拉斯·雷伊

(Douglas Rae)

直到1943年初，沿着派克路附近，在潘蒂戈（Pantege）的小村子外面的那条烂泥沟，就可以追溯到阿迪·温思丽①生活的最北端。在4月5日，星期一，那个温暖的黄昏，她被送上了北去的列车，从此离开了博福特县，也离开了北卡罗来纳州。这个9岁女孩的火车之旅始于一个陌生的小镇威尔逊，飞驰在从佛罗里达通往波士顿以及更远的主干线上。大西洋沿岸铁路第76次列车——在该路段的调度程序中被称为"哈瓦那专列"——是她全部但又受到禁止的冒险：

> 我们上了火车之后，到处都写着"禁止进入！"……"不对外开放！"……这就像你坐在火车上却不知道要去什么地方，这真的很可怕。[叔叔]坐在那里，他也从未来过这里，所以他非常兴奋……但那时候他是个牧师，他对此充满期待。可我不是。整个旅程我都不开心。②

第76次列车带着阿迪和她的牧师叔叔在黄昏时候离开了卡罗莱纳州，在弗吉尼亚寂静的黑夜中继续远行。在夜里，他们途径里士满、华盛顿、巴尔的摩和许多小城镇，最终在黎明前到达费城第30街火车站。当她回忆这一旅程

---

① 她婚前的姓氏为化名。

② 我第一次听到有关阿迪的旅行故事是在1988年11月，后来陆陆续续又有所补充，分别是在1989年以及1993年7月4日访问博福特县的时候。除了另有说明的情况之外，本文中的直接引述都来自于第一次访谈。列车的名称和时刻表是从《美国、波多黎各、加拿大、墨西哥和古巴的火车与轮船航线官方指南》中推断出来的（1943年，第539页）。

的时候，不难想象阿迪的目光胶着于特伦顿（新泽西州首府。——译者注）、伊丽莎白市和纽瓦克市昏暗阴沉的金属光泽，更不用说奔流不息的哈德逊河与地下宫殿般的纽约宾夕法尼亚车站。到上午晚些时候，阿迪所乘坐的列车驶出了康涅狄格州，最终将她送到了一个约有16万人口的灰暗阴沉的陌生城市。

地域的重要性

165　　温思丽一家精心安排的旅程穿越了很多边界——从南方到北方、从农村到城市、从熟悉的风俗习惯到一个陌生的世界、从熟悉的方言到生硬的城市口音。温思丽一家属于大迁徙的先锋，这一次人口大迁徙始于"二战"后的工业繁荣期，直至20世纪70年代，每年约有15万名来自南方的黑人迁往北方。这一旅程的目的十分明确和具体，即为了追求自由。阿迪的母亲玛丽和婶母苏选定了目的地，一部分原因是因为她们听说那里因为战争的关系有高薪的工作，另一部分原因则是为了逃离博福特县的家长式统治，在1943年的博福特县，黑人身份在很多细节方面决定了一个人的地位和前景，几乎没有改变的机会。他们可以选择50个北方城市中的任何一个——底特律、芝加哥、克利夫兰、纽约、印第安纳波利斯、匹兹堡、费城和纽瓦克——出于同样的原因，并有着几乎相同的成功前景；温思丽一家最后选择了纽黑文，他们可以在50个街区中选择一个建立他们的家园。但是仍然有上千个城市街区并不对他们开放，同样也不向任何没有资金、没有稳定就业的历史记录、没有现金、没有社会保障和黑色皮肤的人开放。正是因为有这些限制，她母亲和婶母在租金低廉的、开放的城市街区中心转租了一套位于楼上的公寓。阿迪回忆她到达时的震惊：

> （我们的家）位于格雷戈里街（Gregory Street）30号。在狄斯维尔大道（Dixwell Avenue）的尽头。当我看到它的时候，我说了声"不！"我

不想看到除了我的小弟弟和小妹妹之外的任何人。对我来说它并不美好，我也不想这样。当我进去的时候，我母亲去上班了。我的弟弟妹妹和婶婶在家里。我认识每一个人，但这确实非我所好。

格雷戈里街的公寓位于艾仕曼街（Ashmun Street）的拐角处，艾仕曼街往北通往温彻斯特工厂（Winchester Plant），在"二战"期间，超过2万名员工在该厂生产武器，艾仕曼街往南则通往马杰斯蒂克洗衣店（Majestic Laundry），玛丽·温思丽就在这家洗衣店的熨烫间工作。走过这家机器洗衣店，在格罗夫街（Grove Street）公墓的对面，就可以看见耶鲁大学的校园。到1943年，这个公墓已经覆盖了美国阶级结构的整个高度。在墓地的南端，在温思丽一家定居在纽黑文的50年间，耶鲁大学共录取了三位总统——布什、福特和克林顿——他们在耶鲁接受教育并获得学位证书。耶鲁大学的教师和行政人员——全都是白人，而且几乎都是男性——主要生活在从格罗夫街沿着惠特尼大道（Whitney Avenue）向北延伸的狭长走廊地带，这个地区与墓地另一边更为开放的社区是隔离开来的。

1943年的时候，狄斯维尔走廊是一个十分普通的工薪阶层社区，约有5000幢木屋——其中大部分是两层楼——其公共生活围绕着温彻斯特厂及其供应商们所带来的巨大的劳动力需求。居民主要来自意大利南部、美国南方各州、德国和俄罗斯。像温思丽一家一样，他们落脚在此是为了努力向上：对大多数人来说，向上爬升就意味着离开这里。这就是20世纪40年代的真实故事，并且随着时间的推移愈加真实。温彻斯特工厂很快就会走下坡路，随后在朝鲜战争期间再度复兴，并最终走向关闭。那些工作机会和储蓄会随之离开，而榆树港（Elm Haven）公共住宅——就在温思丽一家原来租住公寓的旁边——将会从工人家庭的临时住所转变成为今天所熟悉的公共住宅，成为生活在主流经济下层的有色人种的长期居所。对于生活在狄斯维尔的几乎所有人来说，流动性与解放之间事实上十分普遍的美国式联系是一个给定（的预设）。

将温思丽一家——就像，比如说福尔希尼一家（Forscinni family）或其他大多数家庭一样——带到狄斯维尔的旅程，是定义有关美国式自由的空间经济的三大经典运动之一。在表 10.1 中，在纵向上区分了次数很少和十分频繁的旅程，而在横向上则区分了较长和较短的旅途。每天或每周进行长距离远行——乘坐飞机往来于世界各地——对于理解美国式自由的上层影响范围具有其重要性，但就目前而言，我们应重点关注其他三个单元项。③

表 10.1

时间长短	旅行频率	
	长距离	短距离
历经几代人	(1)迁徙	(2)寻找飞地
每天或每周	(3)世界大同	(4)通勤

迁 徙

温思丽一家在 1943 年的旅途可谓是一次彻底的告别，告别一个社会走向另一个社会。他们的故事就像来自西西里岛或乌克兰的欧洲人抵达埃利斯岛（Ellis Island）的移民故事一样，其惊心动魄的程度并不亚于后者。这是一个家庭——特别是穷困家庭——无法对此掉以轻心或经常经历的一种冒险历程。唯有实现其主要回报，才足以证明这一旅程的合理性。我将在下文中将所需要的回报解释成为民主自由的实现。

---

③ 当然，我认为表 10.1 远远不够全面，无论是时间—距离的区分模式，还是我所选择的用于突出每一单元项的故事。这只是作为 20 世纪美国特定历史进程的一个简易表达方式或理性类型。

寻找飞地

我所说的寻找飞地，指的是在区域**内部**，出于某种特定目的而迁往一个相对封闭的社区的迁徙行为。当然，其典型模式就是从市中心迁往多少更加高级、也较为封闭的郊区，不过也有一些其他情况，包括有门禁的市中心社区以及闹市区的高层公寓。底特律维多利亚公园就是一个典型的有门禁的市中心社区，而位于芝加哥北部湖滨街区的设备齐全的公寓则几乎是后者的典型。在这些一流地段寻找飞地颇为引人注目，但寻找飞地的行为在更低层级不断重复着，各地都是如此，并以这种方式定义了美国的空间等级结构。

通 勤

汽车旅行所带来的革命性影响随着《1921年高速公路法案》的颁布完全展现出来并在此后有增无减，这使得全美各地（以及许多发达国家）的开发商可以把住宅生活区与工作场所分离开来。这使得高收入人群无需再面对那些低收入群体，也使得三代房地产开发商在每一个城市地区造就了街区地段的等级结构。通勤上下班使得寻找飞地的行为在经济上具有了可行性，并成为大部分家庭历史上具有决定性意义的一次搬迁。随着"虚拟办公室"的出现，在未来的发展中即便是开车上下班可能都变得没有必要了。由此产生的地域等级结构形成了更大的空间分离体系，这构成了美国政治制度的鲜明特征。这一建立在居住地段差异和在不同地段间搬迁基础上的"通行权等级制"（viacratic hierarchy），在很大程度上解释了为何**布朗诉教育委员会案**（1954年）之后取消学校种族隔离的工作是徒劳无益的，以及为何像温丝丽和布劳沃德（Broward）这样的家庭仍将继续处于相对隔离的状态。我将在"自由的通行权等级制"这一部分对这一现象进行简要的探讨。

民主的自由

在其承诺得以完全实现的地方，自由始于街头巷尾。人们自由地走向商店、与邻居自由交谈、带着信任和愉悦问候陌生人、花上数小时照顾孩子、寻找并参加工作、享用其财产、想方设法成为自己想要成为的人。这些都是在真实而具体的地方所发生的事，这些地方就像，比如说，康涅狄格州纽黑文韦伯斯特街（Webster Street）135 号一样明确。④ 多年来，阿迪·布劳沃德（婚前姓温丝丽）和她的孩子们生活在韦伯斯特街 135 号，作为一个实际问题，她（和他们）的自由取决于在狭长的走廊、在小院子、在拐角处的小学以及在她家周边的榆树港公共住宅项目其他地方所发生的事情。虽然无形的自由可以仅仅凭借理念和法律的力量从一个地方旅行到另一个地方，但是这些十分具体的自由却需要从受益人所居住的地方去奋斗和赢得，没有任何其他方法可以将其变成现实。

这些看得见摸得着的自由从来都不是由政府的宏大决策干净利落地直接决定的。因此，举例来说，虽然联邦最高法院即将就著名的**布朗诉教育委员会案**（1954 年）做出判决，而布劳沃德一家仍然将在韦伯斯特大街继续生活。如果他们继续生活在那里，或是生活在越来越趋于种族隔离的纽黑文狄斯维尔走廊的其他地方，就有可能被提起诉讼。**布朗**所提出的学校种族隔离问题将会对阿迪的孩子们的生活带来沉重的负担——主要是负面影响，事实

---

④ 这是阿迪·温丝丽成长、结婚、离婚和开始养育孩子的地方。韦伯斯特街 135 号距离她原来在格雷戈里街的公寓只有 300 码，是榆树港公共住宅开发项目的一部分。

证明，许多年过去了，而他们所上的学校仍然是几乎完全隔离的。40 多年后，另一个司法判例**西弗诉奥尼尔案**（1996 年）十分抽象地要求在康涅狄格州取消学校种族隔离，但是关于如何实现这一目标却没有提供任何具有实质性意义的建议。

在**布朗案**之后的几十年间，汽车、高速公路、廉价汽油以及所有允许——对于我们而言，形成飞地和由通勤所造成的级差自由——的各种事物，都使得美国的地区等级结构进一步成熟。1954 年，美国已经是一个汽车国家，约 5850 万辆汽车奔驰在 220 万英里的公路上。到了 20 世纪 90 年代，超过 1.9 亿辆机动车（毫无疑问，有一些是摩托车，还有一些是卡车等类似车辆）自由行驶在 390 万英里的柏油路和水泥路上（美国商务部：《统计摘要》和《历史数据》，1994 年）。毫无疑问，法律所允许的种族隔离的范围——**事实上**的组成部分——随着汽车运输的日渐盛行而有所扩大，允许在美国任何一个城市和城市周边地区出现精确的街区地段等级结构，就像（历史上）曾经出现过的那样。

在 20 世纪 50 年代——以及从那时开始的每个星期——对于布劳沃德一家和像他们那样的人来说，更直接和更具体的自由问题变得更加紧迫了。阿迪或是她母亲玛丽能否安全地到达狄斯维尔大道上的商店并安全回家？她女儿芭芭拉（Barbara）是否能够在温彻斯特小学得到机会和迫切需要的鼓励？她的儿子纽厄尔（Newell）申请耶鲁大学餐厅的工作，是否会受到认真考虑？他们全家准备在国庆日前往北卡罗来纳州，关于这一次旅行他们计划已久，可是当他们回来时，那个小电视机是否还会在客厅的桌子上呢？如果他们想要搬到位于更安静路段上较好的大楼，阿迪手头的钱款是否能和白人妇女的钱款拥有同样的机会？所有这些都是有关生活在同一个城市、同一个街区中的家庭所面临的自由问题。因此，这一章的内容主要围绕着促进和维护这个家庭看得见摸得着的有形自由，以及生活在千千万万个美国街区中的类似的家庭的有形自由。

从一开始,自由就是美国公民生活的赞美诗——几乎总是在歌词中传颂,有时也在实践中受到尊崇。在欧洲人占领(北美)的最初几十年间,人们用自由主张来反对横跨大西洋的宗教迫害(虽然宗教强制很大程度上是在新英格兰清教徒殖民地发现的)。在美国建国历程中(从1776年到,有一种说法是1791年),自由是人们追寻并获得的核心奖赏(虽然,毫无疑问,1789年《联邦宪法》并没有公开提及奴隶制度)。在始于废奴主义、历经南北战争与重建年代的岁月里,自由的伟大事业意味着终结奴隶制,并将自由播撒到昔日的奴隶和他们的后代们。民权运动(1954—1958年)试图完成这一历史使命,但却姗姗来迟而且仅获得部分成功。近年来,代表妇女的平权运动、西班牙裔美国人、同性恋者和残障人士都以这样或那样的方式高唱自由的赞歌。

通过明确划定我们可以根据自己意愿做出选择的小小空间,自由(freedom)让我们真正成为自己,并让我们为自己的生活行动起来。自由权(liberty)——意味着我们每一个人在一些重要方面免受他人的胁迫⑤——是我们彼此在公民社会中相互负责的基础。如果我们仅仅在原则上是自由的,那么这些自由就可能被认为是无形的。如果我们在实际上是自由的,并由此赋予我们在世界上的具体地位,那么这些自由就是看得见摸得着的。正是在这种看得见摸得着的具体形式中,自由权(liberty)使我们得以自我实现,使我们对自己选择的生活负责。我自由地——在不受任何胁迫的情况下——做出的决定,是我必然准备去捍卫的东西。如果你我都享有具体有形的自由,那么我们就会理所当然地彼此要求对方尊重他或她的权利不受对方的胁迫。即使只是给予适度的自由空间,我就能够非常现实地规范自身的行为以免侵犯他人的权利,同时亦

---

⑤ 由于认识到像"自由(权)"(liberty)和"自由"(freedom)这样的词语非常复杂,我在这里沿用了哈耶克在其经典著作中所提出的用法。这一非常保守的观点煞费苦心地把自由与权力和财富区分开来,恰好十分适用于我的分析目的。这也会对那些保守的读者有所安慰,他们担心在使用这些意识形态的金玉良言时出现毫无诚意的诡辩。参见哈耶克,1960年。

能够规划未来尚无法预知和预见的责任。如果没有这样的一个自由领域，就很难使我清晰明确地尊重他人的权利，也更难想象在遥远的未来，我在试图扩大自身机会的同时始终保持谨言慎行（而避免侵犯他人权利）。

具体有形的自由与抽象无形的自由之间的比较，就是"什么是真实的"与"在原则上什么应当是真实的"这两者之间的比较。美国联邦宪法第十四条修正案为所有公民提供"平等的法律保护"，这就是原则上的自由（权）的例证。撇开图书馆里汗牛充栋的司法难题，这里的原则包涵了这一概念，即所有人都受到法律的保障、在个人日常生活中免受胁迫。在日常生活中，公平执法和其他可能需要的配套措施，使得这一原则上的自由有可能是看得见摸得着的。对于生活在中产阶级社区的白人中产阶级家庭而言，原则上的自由在实践中通常都是具体的、看得见摸得着的。反之，黑人的观点和利益与白人并不相同，对于他们而言，这种原则上的自由也仍然只是抽象的存在。纳纳·缪尔达尔（Gunnar Myrdal）在1944年出版的《美国的困境》一书中这样写道：

> 在南方，存在着与法律颇为不同，甚至是与法律相悖的针对黑人的暴力行为模式，因无需担心受到相应的法律惩罚，这种暴行十分常见。任何一个白人都可以随意殴打黑人、窃取或毁坏他们的财产、在交易中对其进行欺诈，甚至谋害他们的性命，却不太担心受到报复……尽管黑人占人口的大多数，却几乎在自我保护方面无能为力。他们无法保证警察和法庭能够保护他们免受白人（的欺凌）。他们也无法轻易说服雇主保护他们免受白人（的欺压），除非那个白人比他更穷而且臭名昭著。当然，他们可以起而反击，但他们明白这意味着更严重的暴力报复，而且常常是有组织的报复行为，并会对其他黑人带来危险。（缪尔达尔，1944年）

在这种条件下，原则上的自由远远称不上是看得见摸得着的、具体有形的自由。目前，在保护黑人和其他少数族群免受种族主义白人的暴力侵犯方面，理论与实践越来越趋于一致,这可谓是20世纪晚期的一项主要成就。然而正如下文将要提及的,对于那些生活在法律保护十分缺乏的街区中的黑人(或白人)而言,这并不足以维持具体的自由,即保护他们免受其他黑人(或白人)邻居暴力侵犯的自由。

1982年,在一起因政府未能保护被害人免遭杀人惯犯的毒手而提请政府赔偿的诉讼中,理查德·波斯纳(Richard Posner)法官执笔完成了判决书的写作,波斯纳对于自由的理解是抽象无形自由观的灵魂。伊利诺伊州释放了一名杀人狂汤米·凡达(Tommy Vanda),要求他向橡树公园附近的一家诊所报告,被害人玛吉·鲍尔斯(Margie Bowers)的家就在诊所附近,她最终被汤米杀害。波斯纳承认美国联邦宪法第十四条修正案排除了来自政府代理人自身的谋杀,他认为:

> 并不存在着由政府保护(公民)免受犯罪分子或疯子谋杀的宪法权利。如果政府未能保护其居民免遭此类惯犯的毒手,这无疑是可怕的,但这并未违反宪法第十四条修正案,也并未违反宪法其他条款的相关规定。美国宪法是有关消极自由的章程;它告诫政府勿干涉人民(的自由);它并没有要求联邦政府和州政府提供相关服务,即便是像维护法律和秩序这样的基本服务。在提供免遭私人暴力侵犯的保护方面有所歧视,当然违反了宪法第十四条修正案的平等保护条款。但这并非是本案所指控的。本案所指控的是未能保护鲍尔斯小姐免遭一个危险的疯子的毒手,然而联邦宪法并没有要求伊利诺伊州政府承担提供这种保护的义务,因此不能因为州政府没能提供这种保护就对其提起诉讼。[鲍尔斯诉德维托案(Bowers v. DeVito),686卷,第616页;转引自特赖布(Tribe),1985年]

这一判决是对宪法问题值得信赖的演绎,或者至少是完全传统的理解。波斯纳法官小心谨慎地**避免**否认州政府释放托马斯·凡达(Thomas Vanda)这个疯狂的犯罪分子，给某些地方的某些人带来了危险。他甚至承认，凡达的确对玛吉·鲍尔斯构成了风险，但并不是有针对性的、具体的危险：⑥

> 我们并不想假装认为这些分界线比其实际情况更为明晰，即[州政府]作为或不作为之间的分界线、处以刑罚与未能避免造成伤害之间的分界线。如果州政府将一个人置于受到私人危害的境地，并且未能对其进行保护，就不难说它仅仅扮演了被动角色；州政府是一个主动的[罪魁祸首]⑦，就好像把那个人扔到了蛇洞里。但是本案的被告并没有将鲍尔斯小姐置于危险境地，鲍尔斯小姐作为一个普通市民，他们仅仅是没有对她进行充分保护以免遭一个危险分子的毒手。

波斯纳的观点大大低估了我们对于美国生活的愿景，以及宪政的真正目的。⑧ 波斯纳提醒我们，宪法并没有"要求联邦政府或州政府提供相关服务，即便是像维护法律和秩序这样的基本服务"，从技术上来看他或许是正确的，但是从更为根本的方式上来看，他却错了。政府权威的基础，甚至比宪法自身还要更为根本的基础，必须包括保障守法公民的自由这一方面。无论是追溯到约翰·洛克、托马斯·霍布斯，还是让－雅克·卢梭，或是求教于当代的约翰·罗尔斯（John Rawls）、罗伯特·诺齐克（Robert Nozick）以及布鲁斯·阿克曼（Bruce Ackerman），没有任何严肃的政府理论认为，国家有权要求（公民）服从并且垄断武力的使用，以避免出现混乱和无序。这适用于相当广泛的社会形态，包括所有的发达民主国家。对于美国而言，这一点尤其重要，因

---

⑥ 伊利诺斯州政府在释放凡达时，规定他必须定期前往心理健康诊所，被害人就住在这家诊所附近。
⑦ 波斯纳在这里用了"侵权人"这个词。
⑧ 参见特赖布，1985年，该书将鲍尔斯案放在更广阔的背景中进行思考，即在有关州行为的宪法辩论背景中思考本案。

为美国人视若珍宝的自由理想是其思想的核心。⑨

"民主的自由（权）"十分简单，却是（政府）治理的最根本目的之一。其具体细节在不同地区和不同历史时期有所不同，但其广义的要求仍是一致的。其要点包括以下几个方面。第一，只有当我们大多数人、在大多数时间里，生活在保护他人权利的法律体系中并努力谋求有责任的、富有成就的生活，社会才能正常运作。在下述条件下，我们才有望如是为之，这些条件包括了熙熙攘攘的街道、能够经常遇到陌生人、家庭生活的后勤保障充足、教育孩子的需求、有必要为养老或可能的苦日子累积财产，以及需要成为有尊严的共同体成员。完成这些事情实际上就是确立自身在公民社会中的价值。如果我们准备这么做的话，我们就必须拥有某些关键性的保证、拥有民主的自由，后者为每个人和每个家庭负责任的行为提供了基础。民主的自由取决于国家历史的形成、经济的组织形态和政治文化的形式，因此其具体细节各不相同。不过在当代美国，民主的自由（权）包括了以下5个方面的关键要素：

1. 根据自身意愿选择居住地点的权利，对居住地点的选择只受到自身支付能力和意愿的限制。

2. 自由迁徙的权利，可以自由迁徙而无需过度担心受到暴力胁迫以及暴力胁迫所带来的恐惧。

3. 享有以接近于真正机会平等的方式教育孩子的权利，这意味着充分鼓励个人努力，并使其在成年之后具备各种能力。

4. 拥有大致上机会平等的权利以竞争良好工作岗位，并能通过投资置业等方式累积财产。

5. 以多多少少平等的方式参与政治的权利，这些政治事务涉及对公民自身和其家庭执行相关法律或其他规定。

---

⑨ 按照史丹利·菲什（Stanley Fish）对自由的理解，在美国的政治历史上，自由是一种"奖赏"——是通过彼此辩论才能赢得的理念，并被用于发展有关公共利益的不同观点。

这些并不是不切实际的想法。⑩ 就是这些因素吸引着温丝丽一家千里迢迢来到纽黑文。民主的自由（权）——的具体细节——也是我们大多数人在"寻求飞地"时所考虑的因素之一。当人们——包括了郊区的居民——搬迁到自己选择的住所时，他们就是在践行民主自由权的第一条。当他们自由徜徉在街头巷尾，在遭遇陌生人时不会受到袭击，也无需担心受到攻击，他们就生活在民主的自由之中。在这种反对任何暴力攻击的情况下，对自由的实际保护就是它明确关注的问题。换言之，民主的自由涉及各种来源的威胁和剥夺，而并不仅限于来自政府的那部分。⑪ 因此，没有借口认为政府自身并不曾造成对自由的侵犯。民主的自由一定是来自强制（保障）的自由，无论它来自于街头霸

---

⑩ 按照本书的观点，民主的自由（权）的几乎所有基本内容都已在不同的时间段里由国会予以立法（保障），并由联邦最高法院解读为美国联邦宪法第十四条修正案（所涵盖的内容）。在宪法第十四条修正案通过之前，《1866年民权法案》就已经包含了其中大部分内容。"实质性程序正当"的理念就已经包含了几乎**所有**内容，这在洛克纳案（Lochner case）中表现得尤为明显。例如，洛克纳一案中的佩克汉法官（Judge Peckhan）在一次全体一致的法庭判决中说道："联邦宪法第十四条修正案中所提到的自由，并不仅仅意味着公民免于遭受对其身体的限制，如通过监禁等，而且还包括了公民可自由处置其所有物的权利；可以用任何合法的方式自由支配其所有物；根据其意愿自由选择生活和工作的地点；从事各种合法职业以谋生；可以追求任何一种生活方式或爱好，并为实现上述目的而签订任何契约"［引述自冈瑟（Gunther），1991年］。

⑪ 自由的理念已经成为宝贵的政治武器，当我们发现自由理念的发展史上充斥着各种相互矛盾（的观点），也就不足为奇了。这种历史争论中的其中一个极端，就是将自由定义为"否定"一个潜在的干预来源，通常就是指政府干预。例如，可参见柏林（Berlin），1969年；弗里德曼（Friedman），1980年；哈耶克（Hayek），1960年；诺齐克（Nozick），1981年。当其出现的时候，除了在支持以市场为基础、而不是由政府主导的分配模式方面，这一观点并没有表现出很强的凝聚力（至于这两种分配方式之间的区别，鉴于由政府为市场主体所创设的那些权利，这种区别本身就问题重重，正如有关银行保险与成本加成合同的那些臭名昭著的例子那样）。仔细看来，其中大部分观点都**将民主的自由（权）理所当然地**用于描述自由个体的行为。第二种观点则认为自由可适用于所有或大部分潜在的干预来源，这种观点对民主的自由的表述更为明晰。例如，可参见贝（Bay），1965年；杜威（Dewey），1935年；汉普希尔（Hampshire），1975年；麦克弗森（Macpherson），1962年；密尔（Mill），1956年（1859年第1版）；沃尔夫（Wolff），1970年。关于这一概念冲突的进一步分析，请参见菲什（Fish），1994年；拉兹（Raz），1986年；夏皮罗（Shapiro），1986年。

174 王还是律师。

这是一个十分严格的要求。事实上，在一般情况下，如果没有来自公民个人的积极承诺，政府亦不能确保其自由。至于说免遭暴力攻击以及无需担心遭受暴力攻击的基本自由，简·雅各布（Jane Jacobs）在很久以前就厘清了政府执法的主要武器：

> 我们首先要明白，城市公共秩序——即街头巷尾的和平有序——的维持主要并不是依靠警察，虽然警察是必要的。城市公共秩序的维持主要依靠居民之间复杂的、几乎是无意识形成的自我控制和规范网络，并且由居民自身予以贯彻执行。（雅各布，1961年，第31—32页）

"民主的自由"意味着事实上的自由，这里的自由指的是一系列能够实际决定与执行的选择。[12] 这个事实并非由上帝所创造，也不是由市场竞争这个看不见的手所培养而成。这里的自由，是由邻里之间长期以来所形成的、深植在骨子里的信任关系所创造的一种事实。只有在这种信任关系得以长期建立和发展的地方，民主的自由才能成为事实。我将这种深植于心的信任称之为"邻里资本"。[13] 其基本特征就是因信任关系而使得彼此间的合作无需监督，这反过来支持特定的"民主的自由"，这一特定的"民主的自由"则是每一个人和家庭所要求的。"民主的自由"又反过来促成了能够进一步强化信任的行为，因此随着时间的变迁，邻里资本得以不断补充和强化。这使得自由的实现极大地本土化了，而地域和邻里成为自由的核心决定因素。这也是"民主的自由"的第二个特点——依赖在邻里层面上的社区支持。当然，地区性甚至

---

[12] 这并不是说民主的自由能够消除生活中的所有风险，它不能也并不想假装这么做。实际上，它也无法保证任何形式的成功或满足。它仅仅只能保证人们追求上述目标的最基本的基础。

[13] 这里所指的"邻里资本"，是"社会资本"的一种形式。请参见帕特南（Putnam），1993年；科尔曼（Coleman），1990年。这一认识可以追溯到雅各布（1961年，第189页），雅各布也是最早使用"社会资本"术语的学者之一。

全国范围的支持可能也是必须的——例如，提供教育机会——这的确是事实，然而在各种情况下，高度本地化的支持都是不可或缺的因素。

我们是从被称为普通人的视角对"民主的自由"进行定义与描述，而不是从司法或行政的视角。普通人日常生活事务中的自由，其关键在于，而且只有通过了解他们的具体情况，其自由的实现才能得以确认。这一层面上的自由经常是政府决策者视而不见的，甚至地方的决策者也看不见。这是因为它依赖于多种多样的信息，以及围绕特定地方所形成的各种事实。了解一个地区或人口普查的一般情况或是普遍状态是一回事，而了解狄斯维尔大道和韦伯斯特街拐角处的麻烦或是附近公寓里的麻烦，则是另一回事。而从，比如说，布劳沃德一家的眼里去看待这些麻烦又是另一回事。这就是为什么单单依靠政府无法维持"民主的自由"的原因之一——虽然它能够在支持其结果方面比现在做得更好。

最后但同样重要的是，"民主的自由"应该是所有人的自由。但是，按当前美国生活的现状来看，"民主的自由"并不是普遍存在的事实。读者们无疑跟作者一样，对于释放托马斯·凡达，并最终导致玛吉·鲍尔斯被害的后果十分愤怒。如果你对此进行深入思考，甚至还会对这件事情对玛吉的邻居所造成的寒蝉效应感到愤怒。不过这个案例非同寻常，因为它造成了自由的破灭，而且正是在"民主的自由"拥有最大程度的支持和受到最少威胁的地方。玛吉·鲍尔斯的困境，就像妮可尔·辛普森（Nicole Simpson）的遭遇一样，其之所以令人震惊，恰恰是因为它发生在类似事件极少发生的地区。而我们主要关注的是那些"民主的自由"的破灭并不会引起震惊的地区，那些地区的居民已经对此司空见惯而不认为这是值得注意的。

为什么要以这样字面上的、注重事实的方式来理解自由呢？因为这是社会与每个人都有关的部分。自由的社会为我们每个人提供这样的协议：如果你尊重他人的自由，我们也就尊重你的自由。在自由是看得见摸得着的地方，要求每个人接受其形式作为共同体成员的条件，这是十分公平的。然而，在面对生活中出现的事实时——始于街头巷尾并从那里一路向上，自由必须是真实的和切实可行的。如果有一些家庭的收入远远高于其他家庭，这与自由社会的要求完全一致；如果有一部分人因为拥有其他人不具备的天赋而有了更多的机会，这也与自由社会的要求一致；如果有一些人做出了明智的选择，而另一部分人则做出愚蠢的决定，这正是自由社会的特征；但是，如果有的人得以享有具体的自由和机会而其他人却没有，这并不符合自由社会的要求，正是这些具体的自由和机会使其成为完整而负责任的共同体成员。

当然，对于某些人而言自由可能是具体的、看得见摸得着的，而对于另外一部分人而言却是抽象的、看不见摸不着的，这取决于他们的收入、天赋以及与权势群体之间的联系。例如，在富豪俱乐部中所分享的自由，对于有钱人来说就是切实可行的、具体的，但对于穷人来说却未必如此。无论是对于那些有能力践行（这种自由）的人还是其他任何人，自由都是同样有效的，但是不能误认为这是一种令所有人都普遍满意的自由模式。这就是所谓：所有人都享有原则上的自由，但仅有一部分人才拥有实际上的自由。同样地，对于那些有天赋又受过充分训练足以获得成功的人而言，竞争进入名校就读的权利就是十分宝贵而又具体可行的自由（权）。对于那些通过经年努力积极发展自身潜能的年轻人而言，这是一个很有价值的信号；对于那些完全陌生的人来说，这也同样很有价值，因为在几十年之后，他们就有可能得益于因知识权力的应用而发展起来的医学实践或社区组织。但是对于那些并不具备发展知识和学术能力所必需条件的人而言，这就不是也永远不会是一种具体的、看得见摸得着的自由（权）。

每个人都和其他人一样拥有做这些事情的原则上的自由，但只有在特定时间和地点的具体条件下做出相同选择的那些人，才拥有如是为之的实际上的自由，这正是自由社会的特征。因此，假如我想把一辆有很多凹痕和擦伤的二手1989年产萨博车卖给你，我完全有（具体可行的）权利要价1万美元，你也有同样切实可行的权利让我滚蛋。你完全有权出价50美元，我也有同样的权利断然拒绝。我将这辆车确确实实卖给你的权利，取决于你接受我的条件，反之亦然。类似的推理适用于所有需要我们共同完成的事项，从赌骰子或是打篮球、到云雨之欢或是弹奏二重奏。用罗伯特·诺齐克（Robert Nozick）稍显轻率的话来说："从他的每一个选择，到每一次他被选择。"

埃玛·拉扎勒斯（Emma Lazarus）的诗篇中所要求的（自由）很可能超过了我们准备提供的，但是一个多世纪以来它始终提醒着参观自由女神像的游客们，自由承诺的力量是针对每一个人的："送给我吧，你那些疲惫的、你那些贫困的，你那些挤作一团的大众，渴望着自由呼吸；还有堆积在你岸边的、视作废物的可怜虫……"任何名副其实的自由都是自由社会所有成员的生活模式，而不是只针对那些挤在比较优越的飞地中的、生活富足的赢家。从这个高度来看，说"送给**他们**，你那些挤作一团的大众……"这还不够好。

通常，也许是必然的，我们的看法很容易就受限于那些最容易获得自由的人们的观点。因此，比如威廉·尤里乌斯·威尔逊（William Julius Wilson）就曾这样论述民权运动：

> 在 20 世纪中期的民权运动中，黑人中产阶级是运动的领导者并促成了民权运动的兴起。因此在运动初期，"自由"概念十分明确地意味着在某些游泳池游泳的权利、在某些餐厅就餐的权利、进入某些电影院的权利，以及拥有和白人同样的投票权。这些基本问题在《1964 年民权法案》中都有所反映，这一法案对人们的某种幻想起到了推波助澜的作用，即认为当黑人中产阶级的要求得到满足的时候，也就实现了所有黑人的愿望。（威尔逊，1978 年，第 21 页）

这些更广泛的需求往往无法得到满足，有的人仍被困于基本未受到 20 世纪 60 年代法律上的胜利所影响的地区，他们对于这种法律疏忽义愤填膺。[14] 1967 年的城市暴乱预示了民权时代的结束，其起因当然十分复杂，并因而有

---

[14] 生活在爆发骚乱的地区的大部分人并没有参与暴乱或抢劫，很多人甚至积极地反对暴乱。参见克纳（Kerner），1988 年。

各种广泛的解释。它们无疑与对个人自由的新的可能性的认识有关,与街头巷尾的实际情况形成鲜明对比。

在回顾那个夏天发生的"社会骚乱事件"时,这些事件最明显的建议就是我们所谓的"**自由地理学**"(geography of liberty)。这些社会骚乱事件在哪里发生呢?在底特律、纽瓦克、布法罗、华盛顿、纽约、明尼阿波利斯、密尔沃基、芝加哥、休斯敦、坦帕、辛辛那提、亚特兰大、纽黑文、伯明翰、弗林特、锡拉丘兹(雪城)、托莱多、费城和哈特福德这样的城市。在这些城市里,暴力打砸抢又发生在哪里呢?发生在像底特律第12大街、西班牙移民聚居的纽约哈莱姆区、纽瓦克市中心超大型公共住宅区这样的地方。在纽黑文,最严重的冲突事件是从国会大道开始的,但是也波及了很多低收入家庭聚居的街区,其中就包括了位于韦伯斯特街135号前面的狄斯维尔大道。⑮ 在这些地方,民权运动的解放效应只停留在口头上,而在当地的实际生活中却几乎感受不到。我们应该记住,在这个炎热的夏天所爆发的暴力事件,它针对的是主流美国社会的象征,然而在实际上,生活在美国城市的特定地区和限定区域内的中低收入有色族裔大多数却付出了血的代价。在很多情况下,历史记录都揭示出试图**以武力保持**这些街区与其他地区之间界限的系统性努力。例如,合众国际社(UPI)有关7月16日报道的一则电讯稿这样写道:

> 人群和铁丝网路障几乎把诺瓦克市与郊区隔离开来……国民警卫队的士兵沿着诺瓦克与欧文顿之间绵延一英里的边界,驻守在街头。他们匆匆忙忙地在某些角落布置了铁丝网,并且颁布命令只允许警察和国民警卫队队员进入不断扩大的骚乱封锁区域。⑯(合众国际社,1967年)

---

⑮ 1968年的《克纳报告》保留了有关这些事件的有用的数据资源。根据这一报告,最严重的骚乱事件发生在以下8个城市:布法罗、辛辛那提、底特律、密尔沃基、明尼阿波利斯、纽瓦克、普莱恩费尔德和坦帕(克纳,1988年,第158页)。

⑯ 本文以"诺瓦克地区也遭受冲击"(Nowark Area Hit)为题,发表在《纽黑文记录》第2页。

可以想象，这些路障的目的并不是为了防止想看好戏的郊区居民到起火燃烧的市中心街道上闲逛。显然，其目的在于将骚乱和肇事者控制在他们自己的区域。这些路障勾勒出了20世纪60年代街头巷尾的自由的空间进程。30年之后，就像我们看到的，具体有形的自由的地理仍然遵循着类似的美国城市轮廓。

日益加剧的不平等

20世纪60年代遗留下来的所有评论中，很少有人能够像丹尼尔·帕特里克·莫伊尼汉（Daniel Patrick Moynihan）那样深刻而接近事实。早在1967年的骚乱爆发之前，莫伊尼汉就认识到了具有终极重要性的转折点：

> 我们这个时代的民权革命正在进入一个新的阶段，也面临着新的危机。在第一阶段，美国黑人的要求主要是针对与自由相关的那些权利：投票权、言论自由的权利和集会自由的权利。在第二阶段，这一运动必定转向平等问题。民权运动中所体现出来的这种二元论，十分清晰地反映了美国民主的二元论。从一开始，美国社会就一直信奉并追求自由与平等这两大理想……但是多年以来，自由拥有（平等）无法比拟的声誉……平等往往受到打压而不是得到支持：更像是厨房的梦想，而不是客厅的原则；是山姆大叔，而不是约翰·亚当斯（John Adams）；是边远地带和贫民窟的风格；在很长时间里它是爱尔兰人而不是英国人的目标；现在则日益明显地成为黑人而不是白人的理想。只要黑人们的要求集中于自由问题，他们就能够得到来自美国社会权力中心的不容置疑的支持。即便是那些在实践中，而不是在原则上反对这么做的人，也是如此：在当前的美国，没有人能够成功地挑战自由原则。然而，一旦（黑人的）要求转向与平等有关的问题，这种支持就只能烟消云散……这时候，来自中产阶级的支持开

始消失,原则尚不明确,也不存在共识。⑰　(莫伊尼汉,1965年,第745—746页)

当然,莫伊尼汉的两个主要观点是正确的:(1)到了20世纪60年代,早期民权运动的自由之歌基本上被平等主义的言辞所取代;(2)有一种观点认为应该把不同种族和阶级的美国人的条件均衡化,随着时间的流逝,支持这种观点的力量开始逐渐弱化并丧失影响。我认为,我们可以得出这样的结论,他嵌入在语言选择中的第三个观点是错误的,即,在面对余生中无穷无尽的不平等时,像平等的自由这样仍是有可能存在的。莫伊尼汉写道,他积极投身于林登·约翰逊总统1963年宣布的"向贫困宣战"的计划,然而问题太多战线太长、资金却太少、时间也太短(从1964年到1967年)——在1968年理查德·尼克松当选总统之前,就在一片困境和失败中放弃了这一计划。这一计划的失败有很多原因——其中最著名的原因或许是社区行动机构(Community Action Agencies)的创设,这一机构看起来对全美各城市中的民主党组织造成了破坏——但是其中之一肯定就是莫伊尼汉所说的那一点。对于把所有美国人的条件均等化的公开支持十分有限,即便是对改善贫困状况——特别是当这些改善措施惠及那些"不值得的穷人"时——的公开支持也是非常有限[卡茨(Katz),1989]。莫伊尼汉对遥远未来的预测,已经超越了他最大胆和恣情肆意的想象。他在1965年的建议,30年之后已成为事实。

民权运动时代以及1967年的暴乱事件发生的时候,恰恰是一个在前所未有的范围内共享繁荣的时期行将落幕之时。这一时期——始于第二次世界大战结束之后(1945年),结束于第一次欧佩克(石油输出国组织,OPEC)石油危机的爆发(1973年)——恰如其分地被称为20世纪的"黄金时代"[霍布

---

⑰ 这一表述有一个问题,即对于我们大多数人而言,自由而不是特权,意味着在共同体所有成员之间大致平等地分配其权利。但这不应掩盖这样一个事实,即对平等的需求能够,也确实会违背自由的含义。在这一点上,莫伊尼汉的分析完全正确。

斯鲍姆（Hobsbawn），1994 年］。美国的大型高收入工业就业基地——底特律的汽车工业就是其缩影——在"二战"之后纷纷涌现，保持全速发展以满足多年来被压抑的需求，并在 20 世纪 50 年代和 60 年代为了抵制外来竞争而繁荣起来。劳工组织持续要求增加工资并得到了满足，这一工资水平使得成千上万的工人阶级家庭得以拥有自己的住房，他们的生活水平和生活方式与大部分国家的职业中产阶级相当。从 20 世纪 40 年代后期到 1970 年左右，美国人的收入实现快速增长，并且各阶级收入增长的速度大体上相等。在那段时期，位于收入曲线底部和顶部的人差不多都实现了实际收入的翻倍。[18] 大学教育以及位于郊区并且只能通过驾车出行到达市中心的独栋住宅，成了越来越多家庭的标准期望。

在此之后，在全然属于资本主义民主的理论与实践中，我们所看到的是经济收入不平等的持续加大，并伴随着国内较低收入劳工群体谈判能力的持续弱化。高收入的工业就业人口开始下降，而低收入就业群体的重要性则有所上升。工会运动已经从政府就业之外的大部分领域撤退，在里根总统 1981 年解雇了罢工的航空管理人员之后，工会吃了个大败仗。[19] 对处于经济中点之下的劳工群体而言，其实际收入普遍有所下降。[20] 看起来，工资收入的下降似乎是日益高效的国际竞争的结果，低技能、可转移的工作岗位的工资收入被下调到与海外相应岗位相一致的水平。[21] 收入不平等的程度已经大幅上升，越来越多

---

[18] 以下是对这一观点予以充分支持的总结："在 1949 年到 1969 年间，平均家庭收入的增长十分快速并且非常普遍。收入位于第 20 个百分位的家庭，经通胀调整后的家庭收入增长了 92%，而位于第 80 个百分位的家庭，其家庭收入同样增长了 92%。"［丹齐格（Dansiger）和戈特沙尔克（Gottschalk），1993 年，第 6 页］。

[19] 自从 20 世纪 50 年代末期以来，工会会员在总就业人口中的比率稳步下降。从约 30% 的比率，一路下滑至 1993 年的约 16%。参见博博瑞（Folbre），1995 年，第 1368 页，图示 2.15。

[20] 处于第 20 个百分位的家庭，其实际收入在 1969 年到 1989 年间下降了约 5%（对比此前 20 年间 92% 的增长）。参见丹齐格和戈特沙尔克，1993 年，第 6 页。

[21] 比如，可参见卡普斯坦（Kapstein），1996 年。

的家庭发现自己处于非常低或非常高的阶层，而留在中间地带的则越来越少。㉒ 而财富不平等加剧的程度比收入不平等更为快速、更为严重。㉓ 经济学家保罗·克鲁格曼（Paul Krugman）对于 20 世纪 80 年代所发生（的事件）的总结既清醒、又冷静：

> 不平等以惊人的速度加剧。在 1% 最富有的家庭收入翻倍的同时，最贫穷的 5% 的家庭收入却下降了 10 个百分点。如果人们还记得在里根执政时期，富人的税率普遍下降，而对于穷人而言，像公共住宅这样的非现金福利则日益减少，人们就会发现，在 20 世纪富裕和贫穷以前所未有的速度同步增长。即便这些数字未能完全充分地体现这些现象，那也是因为他们遗漏了真正的极端例子。从 20 世纪 70 年代中期到 20 世纪 90 年代，大公司高管人员的真正报酬估计已经翻了两番；数千名投资银行家和房地产开发商赚取了惊人的财富。而在另一端，美国纯粹痛苦数量的增长速度肯定远远快于官方公布的贫困率，因为无家可归者和吸毒成瘾者越来越多。（克鲁格曼，1995 年，第 24 页）

每一个种族和族群都感到不平等现象日益严重。㉔ 从 1975 年到 1992 年间，收入居前 5% 的黑人家庭的平均收入增长了 35%，从 76713 美元增加到了 103827 美元（按照 1992 年美元价值）。在同一个时期，位于倒数 5% 的黑人家庭的平均收入则几乎下降了 1/3，从 6333 美元减少到了 4225 美元（同样是按

㉒ 在 1971 年到 1991 年间，代表家庭收入不平等的基尼指数上升了约 10 个百分点，这个数字是美国经济史上最大的变动之一。参见美国商务部，1992 年，第 1369 页。也可参见其他相关著作：瑟罗（Thurow），1966 年；利维（Levy），1988 年；霍姆斯（Holmes），1996 年。

㉓ 根据 1990 年人口普查的结果，美国 1% 最富裕的家庭拥有了全国 37% 的净资产。而较穷的 90% 的家庭则只拥有 32% 的净资产。参见傅博瑞，1995 年，图示 1.2。

㉔ 例如，在 1967 年到 1990 年间，收入低于 5000 美元的黑人数量与收入高于 5 万美元的数量都有了大幅增长。参见霍布斯鲍姆，1994 年，第 407 页，或者参见他的资料来源《纽约时报》，1992 年 9 月 25 日；也可参见哈克（Hacker），1992 年。

照1992年的美元价值）。［威尔逊（Wilson），1996年，第195页，表7.1］。从美元比率的角度考虑，在1975年，最有钱的黑人家庭的12.11美元，相当于倒数5%低收入黑人家庭的1.00美元。到了1992年，这一比率变成了24.40美元相当于1.00美元。在某种程度上，这些触目惊心的变化在黑人中间是最为显著的，但是同样发生于白人、西班牙裔美国人和其他族群中。

经济不平等在意识形态上的优越性也同样令人震惊。在20世纪80年代共和党执政时期，受过良好教育的人群和资金雄厚的组织大大强化了他们的优势地位，而"供给学派"经济学则对其优势的扩大进行了合理化论述。汤姆·沃尔夫（Tom Wolfe）在《虚荣的篝火》（*Bonfire of the Vanities*）一书中，描绘了一位居于高位的纽约投资银行家被城市贫民的汪洋大海所包围的情景，该书在1987年问世之后成了当时流行文化的标志。苏联及其主要卫星国的解体和崩溃，标志着全球范围内向市场经济的转型，并进一步强化了这样一个信念，即旨在实现收入平等的计划经济注定要以失败告终。约翰·肯尼思·加尔布雷思（John Kenneth Galbraith）对这些观点的总结可谓极其精彩：

> 一个好的社会并不刻意追求收入分配的平等。平等并不是人的本性或特征，也不是现代经济制度的动因……在社会表达和思想方面有一种强劲的认为，如果能够实现平等的报酬水平——即"各尽所能，按需分配"，就会产生或应该能够产生更高层级的动力。这种愿望已经远远超出了马克思（的理论），历史和人类的实践证明，上述两者之间并不存在着相关性。无论是好还是坏，人类都无法企及这个高度。一代又一代的社会主义者和社会取向的领导人带着失望，更多时候是悲哀的心情认识到这一点。（加尔布雷思，1996年，第59—60页）

在极端情况下，平等理想主义的普遍情绪也不太可能在短期内风靡全国，或者说，但凡市场经济仍然是所有论调的核心，那么（平等理想主义）在任何时候都不太可能成为国家主流意识形态。如果确实是这样的话，那么我们若是想要持续关注民主的自由权,就有必要审视不平等的空间层次结构,这种空间层次结构是由收入极化和积累率的市场引擎所产生的。米基·考斯(Mickey Kaus)的观察十分准确:

> 社会上总是有富人和穷人。但是,金钱使得富人,甚至仅仅是发达地区的人们,过着与穷人不同的生活,并且有愈演愈烈之势。富人和准富人似乎越来越**想要**过一种与穷人相区隔的生活,这部分是由于他们对穷人有所畏惧,部分是因为他们日益觉得自己应该过这样的生活,他们认为自己在某种意义上比那些不那么富有的人更为优越。而一种愈加可贵的平等类型——并不是指金钱的平等,而是指平等地对待彼此和平等地生活——看起来正在逐渐消亡。(考斯,1992年,第5页)

在考斯看来,相互尊重的平等是一种正在消失的价值;而在我看来,民主的自由也是一种正在消失中的价值。民主的自由之所以是民主的,是因为在具体现实中,所有公民以大致平等的方式享有自由。这并不意味着身份认同,因为富人总是能够有办法确保他们的自由(权)优于其他任何人,而且社会上总是会有一部分富人。然而对于生活在最贫穷地段的人们来说,这的确意味着基本的民主自由(权)比小说更接近事实。

自由(Liberty)的通行权等级制

很多实际设施为自由在街头巷尾的实施和保障提供了基础,其中很多设施作为住宅房地产的特色可以认购,可是拥有形式上平等自由权的家庭在购买这些实际设施方面的购买力却并不平等。钱财的差别成了流动性的差异,而流动性的差异又成为了自由的差异。"通行权"(viacratic)这个词可以用来总结这一组关系,在这组关系中,在实际中的所有不公平治理问题都可以归结为使用道路的能力（或无能力）。就这样经过一代又一代人，逐渐形成了街区地段的等级结构，随着其入门价格从高到低分布，其具体自由的实现也呈现相应的自高到低的分布态势。价格和自由之间的关系绝不那么简单，当然也远非直线式的，但却是那么真实。若是离开了美国城市历史的广阔图景，也就无法对其进行清晰明了的阐释，以下6个方面可能是美国城市历史图景中最为核心的要素：

塑造中心区域的密度

城市中心区域曾经极富价值并且具有高度生产力，这很大程度上是因为市中心能够更便捷地到达重型交通运输枢纽（铁路、河流与远洋运输）。只要轻型运输方式（从步行到马车）仍然简陋并且运力有限，就会开发高密度住宅以满足工业企业中的劳工与管理人员的需求，因为他们必须居住在工作地点附近。相应地，工厂也必须靠近相关的运输设施。由此产生的核心区域，有时候人口密度高达每平方英里2万人，而相关辅助性机构——包括了学校、五金店以及教堂等——的分布密度也相应地提高了。尽管其周边（初期）市郊地区的密度较低，但是市中心的价格却远远高于郊区。随着时间的推移，市中心区域的物理环境污染程度越来越严重，对于那些有足够积蓄得以寻求其他选择的人来说，市中心就不那么有吸引力了。

降低中心城区的密度需求

20世纪以来，中心城区在生产和居住两方面的区位竞争优势都在持续下降。这种优势取决于重型交通运输（如铁路）的高质量，以及轻型但更灵活便捷的运输方式（马车、手推车等）的低质量。市场与政府联手支持汽车运输的发展与郊区的扩张，这很大程度上导致了市中心区域经济优势的终结。远离市中心的住宅开始发展起来，而生产活动则转移到周边因州际公路系统而发展起来的交通枢纽。由此所导致的住宅需求的转移，在有的地方因新生代移民而得到了缓冲,也有的地方其初始密度就较为温和,这种平缓的下滑可能不会产生非常强大的战略重要性。在其他情况下——即存在着住房剩余的范式转换并且不可能逆转——就必须面对全然不同的状况。很多东部和中东部城市——例如巴尔的摩、费城、圣路易斯、底特律、布法罗、纽黑文和克利夫兰等——都经历了这种困难得多的转变。

种族倾斜

在1940—1975年期间,来自南方农村地区的非洲裔美国人纷纷迁往北方各城市,这差不多与(居住在市中心的人们)向郊区迁移的高峰时期(虽然,与某些情况相反,称其为"白人逃亡"还为时尚早)相对应。随着低收入黑人在现已略显宽松的市中心地区定居下来,他们也就继承了老旧住宅和衰退中的工业场所遗留下来的问题,甚至还有负面的经济价值。工作机会也常常撤离市中心区域、流向城市边界之外的绿色田野,以及位于西部和南部"阳光地带"的各州。

空间等级结构和有关地域的意识形态

当这一切发生的时候,城市地区开始逐渐形成具有时代差异和品质区别的不同街区地段,根据住宅的房龄和品质以颇为不同的集中趋势,不均衡地聚集在大城市里。其结果就是形成了越来越分化的街区地段层级结构,以及越来越分化的城市等级结构。地方性的决策是针对越来越趋于同质化的社区而提出的,往往严重缺乏洞察力,因为政府、公民和企业领导人总是从地区层级的顶部自上而下地看问题。其结果包括:

——区段性民主,其决策者往往是每个大城市中相对同质化的人群,而其决策亦为这一人群服务。

——房地产市场中各种复杂世故的歧视形式,取代了已被20世纪60年代的民权法案所禁止的各种陋习。

——房地产市场将自由的现实必要条件的价值资本化了。

"最后的街区"的演变

随着时间的推移，在北方各城市的老工业中心附近所形成的住宅街区的最底层，已经由越来越趋于同质化的低收入家庭所占据。单亲家庭和母系家庭的数量不断增多，这些家庭的收入往往十分有限，并且与大多数就业机会有一定空间距离。在很多案例中，（城区的）人口密度在20世纪末期急剧下降，在剩余的住宅周围荒废了大量无主的土地。这种相关模式引发了一种日益明显的趋势，即除了穷人中最穷的那些人之外，以项目为基础的公共住宅把所有人排除在外，这就将极低收入群体与公民社会的其他群体隔离开来。

地方主义的政治

社会政策正从联邦政府层面向州政府转移，并从州政府进一步下移到市政府，这一趋势从20世纪80年代里根总统任内就开始日益明显，而随着"新民主党人"与共和党国会之间达成奇特的和解，进一步加快了这种转移趋势。其后果就是使得优势人群能够更加轻易地逃避"最后的街区"的核心问题。

图10.1描绘了密歇根州韦恩县（底特律及其郊区）家庭收入中位数的分布状况，位于前5%的家庭的居住地点用黑色表示、位于倒数5%的家庭的居住地点则用白色表示。这种分布状况在美国大部分城市地区都非常典型，最富有的那些家庭分布在距离市中心一定车程的弧形区域中，而收入最低的那些家庭则只限于居住在市中心。另外还有一些低收入住宅街区位于比较偏远的农村地区，而中等收入家庭则居住在上述两者之间的地区。

黑色区域为前20%家庭居住区；白色部分为倒数20%家庭的居住区；其余为灰色。

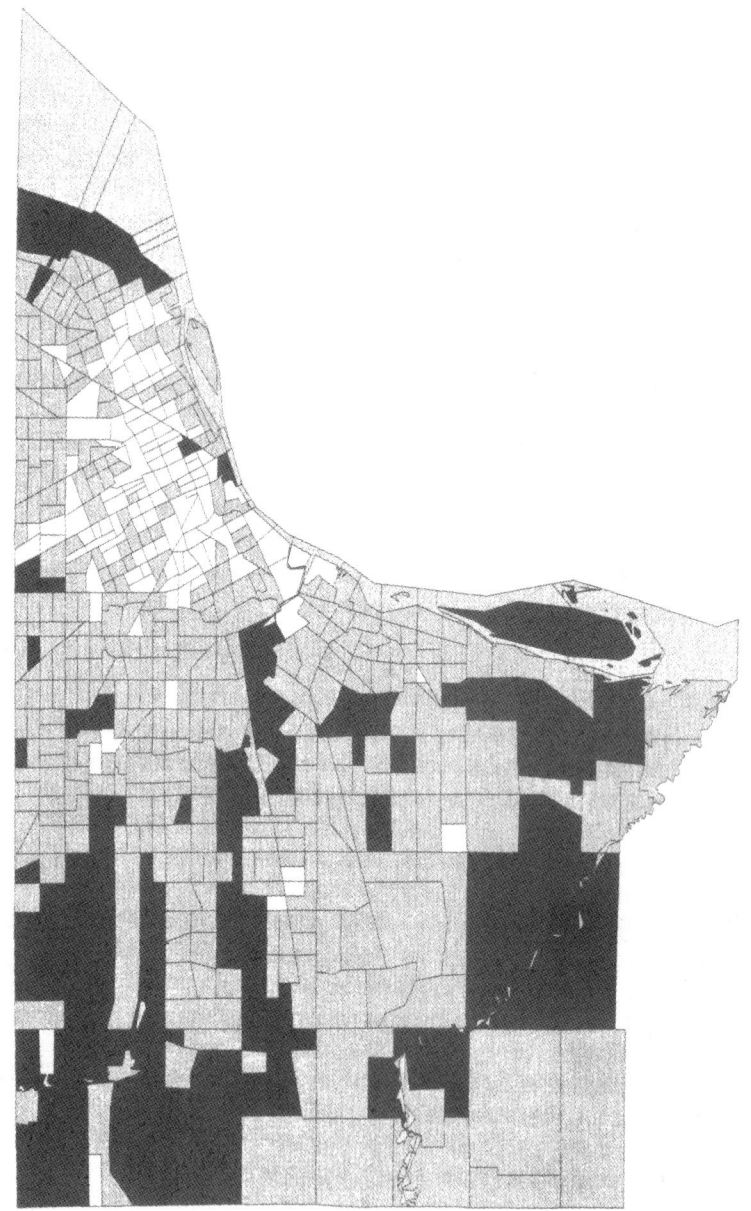

图 10.1 韦恩县 1990 年家庭收入中位数分布图

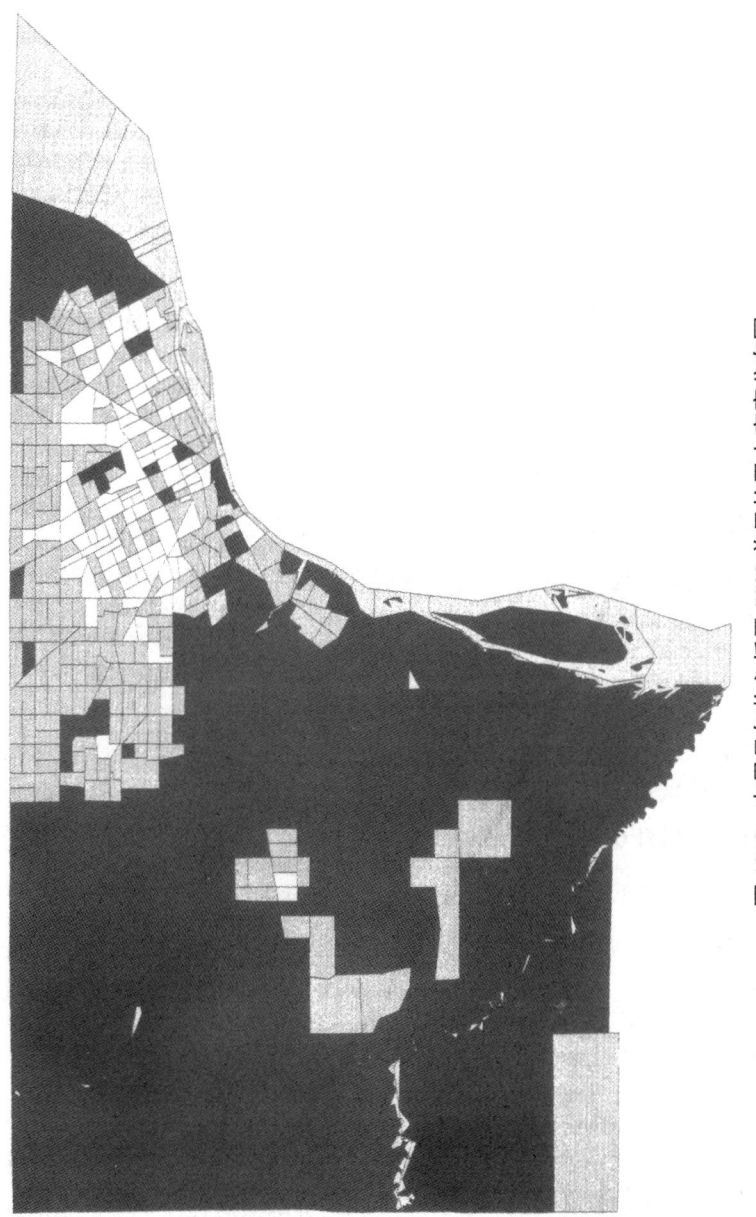

图 10.2 韦恩县年收入低于 5000 美元的黑人家庭分布图

黑色区域，低收入家庭不超过总户数的2%；白色区域，低收入家庭超过总户数的20%；其余为灰色。

图10.2显示的是同一个地区，经校正之后，显示出低收入黑人家庭（1990年家庭收入低于5000美元）的居住地点几乎被局限在市中心区域。在图10.2中，以黑色表示的部分（全部632个街区中的323个）几乎没有低收入黑人家庭居住其中（少于总户数的2%）。图10.2中的白色区域，低收入黑人家庭占总户数的20%或以上：整个韦恩县地区的绝大部分低收入黑人家庭都居住在这95个街区，他们占据了所谓的"最后的街区"。废弃住宅率超过25%的情况主要就是在这些区域，他们几乎把公共援助当作是主要职业，单亲家庭和女性户主的家庭是这些区域的标准住户，受到各种犯罪行为的侵犯几乎是家常便饭。在芝加哥、纽约、休斯敦、圣路易斯、费城、洛杉矶、华盛顿、达拉斯、匹兹堡、克利夫兰、丹佛、巴尔的摩、密尔沃基、明尼阿波利斯或堪萨斯城——南方腹地各州之外的几乎所有大城市中，类似这样的区域屡见不鲜，由于历史原因，低收入黑人家庭非常均衡地分布于这片土地上。

在这样的区域里，实践中的自由（权）几乎是完全不切实际的。在上文所提出的五种权利中，只有"根据自身意愿选择居住地点的权利，对居住地点的选择只受到自身支付能力和意愿的限制"这一点是真实存在的，而且是以一种空洞而残余的方式体现其唯一性。"自由迁徙而无需过度担心受到暴力胁迫"的权利几乎每天都遭到侵犯。教育机会很少，大多数孩子在告别青少年时期步入成年时，在最基本的谋生技能方面却不具备任何成年人的能力。除了极少数人之外，对于（生活在这些区域里的）所有人来说，在平等竞争的基础上参与就业几乎是不可企及的；而政治参与的意义更是受制于地方主义和区段性民主。有色人种或许能够选举他们中的几个人来管理中心城市的相关事务，但是这种情形能够实现的地区，主要就是资源撤退程度十分严重的地区，其资源撤退的程度使得成功几乎是不可能的。

阿迪现在在哪里？

在 50 年间，阿迪两次为她自己和她的家庭获得了空间上的自由权。一次是在"向贫困宣战"期间，她得到了一笔联邦贷款用以购买老鹰街的一套普通住宅，位于纽黑文一个地段较好的街区边缘。她和家人用了十多年来偿还贷款。对于孩子们而言，这些年恰恰是他们的好日子，他们可以上较好的学校，在此期间阿迪的一个儿子——现在是受过大学教育的工程师——发现他有机会凭奖学金进入私人学校就读。当康涅狄格州发现老鹰街的这幢住宅具有使用留置权，并且福利金流入了房主的口袋时，好梦破碎了。有关部门立即留置了相关财产以偿还多年来收到的补助金（Aid to Families with Dependent Children，简称 AFDC，对有受抚养子女的家庭的补助金）。这些款项被视为未偿还的债务，并以复利形式历年累计，她支付抵押贷款所累计获得的产权份额也消失在律师的公文包里了。

第二个时期——从 1991 年到 1996 年末——她搬到了西黑文的近郊区。在此期间，阿迪与两个成年孩子统筹家庭收入，设法租赁了一幢位于城郊战后成片开发住宅区中的简朴的平房。但是问题同样存在，一方面社区学校要求阿迪证明其孙子拉希德（Rasheed）确实居住在辛西娅动力（Cynthia Drive）社区，另一方面，依靠一辆不太靠谱的老别克车承担三个人上下班通勤的重任，确实很成问题。由于丢了工作，并且积压了不少未支付的公用事业账单，阿迪不得不搬回到市中心，成为她女儿及其孩子们的长期住客，一直持续到现在。

阿迪的故事是不是具有典型性？当然，她的生活在细节方面有别于所有其他人，对于她和她家人而言，其内在意义也是独一无二的。然而，在其与城市地区空间层级结构的关系方面，却并不是什么稀罕事儿。除了住在老鹰街和西黑文的那些日子之外，从她1943年踏出火车站直到今天的所有岁月都是在她们看着地图所选择的那些圆点附近度过的。她所居住过的所有地址都可以由地图标点中最大的那个圆点所覆盖，显示了她人生经历的相对一致性。她选择的居住地点总是向北或向南搬几个街区，或是向西半英里，除了那两次搬迁经历之外，从未进入过其他"飞地"。

民主的自由与美国式民主：宪法第27条修正案的采行

20世纪后40年间，美国国内政治最突出的特点或许就是，在位于经济中点之下的各个群体——中低阶层（中下阶级）、贫穷劳动者、边缘就业群体、所谓的下层阶级——之间，完全无法达成共同的目标。民主党发现，成为多数党的唯一途径便是满足城市贫民需求的最肤浅的承诺［埃兹尔（Edsall），1991年；也可参见格林伯格（Greenberg），1996年］。而共和党则在相当大程度上将其国会策略建立在公然敌视城市贫民需求的基础上，特别是具有象征性的城市贫困黑人。只要政治意识形态仍然遵循相对狭隘的自我利益，就很难想象会出现系统的战略以纠正上文所提到的民主自由权的失败。

在思考如何走出这一困境时，有必要提到两个引人注目的事实。其一是被剥夺了自由权的穷人在地理上越来越处于隔离状态。表10.2是对这一现象的一个简单总结，即20世纪以来美国经济中汽车运输在所有马力消耗中所占的比例。

表 10.2

年份	总马力 X1000	小汽车在总运输中的百分比(%)	各种运输占总马力的百分比(%)
1990	34949000	98.97	95.67
1980	28922000	98.91	95.65
1970	20408000	98.68	95.96
1960	11007889	98.98	95.15
1950	4754038	96.57	95.92
1940	2773316	95.83	94.49
1930	1663944	92.10	93.09
1920	453450	76.38	81.10
1900	63952	0.38	41.46
1890	44086	0.00	41.70

这两方面的历史体现了这个社会在交通运输方面所投入的资源不断增长，并且同步地（将资源）转移到车辆运输中的小汽车行业。到1960年，我们几乎就已经达到了汽车运输的最大比例——经济总马力96%中的99%用于小汽车、卡车和巴士等公路运输形式。这一事实是根本性的，也难以推翻，也许我们将其想象为美国宪法第27条修正案都还低估了其重要性。这是一条难以言述的条款，但是可以这样说："为了实现民主的自由（权），就要买一辆汽车，并且在远离穷人视线的地方购买住宅，然后把点火钥匙向右转。"想一想这个事实：在1954年布朗案之后，**事实上的**种族隔离空间作为区域层级结构的空间分化功能，可以说是以汽油为燃料的。随着交通运输经济的重点转移到小汽车，开发住宅"飞地"的机会以及通过通勤往来这些"飞地"的机会也随之发展起来。假如还有可预见的更进一步的转移——如果我们愿意，可以称之为第28条修正案——就是转向电子空间的信息传输以取代现实中的交通运输。

同样地，这看起来会使得无法获得实际民主自由权的阶层被隔离的可能性有所增加。

另外一个令人瞩目的事实是莫伊尼汉观察的正确性，即平等与均等化并不会构成旨在纠正这些问题的政治运动的意识形态格局。自由，知易行难。

参考文献：

Bay, Christian. 1965. *The Structure of Freedom.* New York: Atheneum.

Berlin, Isaiah. 1969. *Four Essays on Liberty.* London: Oxford University Press.

Coleman, James. 1990. *Fondations of Social Theory.* Cambridge, MA: Harvard University Press.

Commerce Dept. 1992. *Money Income of Households, Families, and Persons in the United States: 1991.* Washington, DC: Bureau of the Census.

Danziger, Sheldon and Peter Gottschalk (eds.). 1993. *Uneven Tides: Rising Inequality in America.* New York: Russel Sage Foundation.

Dewey, John. 1935. *Liberalism and Social Action.* New York: G. P. Putnam.

Edsall, Thomas Byrne and Mary D. Edsall. 1991. *Chain Reaction: The Impact of Race, Rights and Taxes on American Politics.* New York: Norton.

Fish, Stanley. 1994. *There's No Such Thing as Free Speech, and It's a Good Thing Too.* New York: Oxford University Press.

Folbre, Nancy. 1995. *The New Field Guide to the U. S. Economic Life in America.* New York: The New Press.

Friedman, Milton and Rose Friedman. 1980. *Free To Choose: A Personal Statement.* New York: Harcourt Brace Jovanovich.

Galbraith, John Kenneth. 1996. *The Good Society: The Humane Agenda.* Boston: Houghton Mifflin Pubs.

Greenberg, Stanley. 1996. *Middle Class Dreams: The Politics and Power of the New American Majority.* New Haven: Yale University Press.

Gunther, Gerald. 1991. *Constitutional Law*. Westbury, NY: Foundation Press.

Hacker, Andrew. 1992. *Two Nations: Black and White, Separate, Hostile, Unequal*. New York, Charles Scribner's Sons.

Hampshire, Stuart. 1975. *Freedom of the Individual*. Princeton: Princeton University Press.

Hayek, Friedrich von. 1960. *The Constitution of Liberty*. Chicago: University of Chicago Press.

Hobsbawm, Eric. 1994. *The Age of Extremes: The Short Twentieth Century, 1914 – 1991*. New York: Pantheon Books.

Holmes, Stephen A. 1996. "Income disparity between poorest and richest rises." *New York Times*, 4 September, pp. Al, A19.

Jacobs, Jane. 1961. *The Death and Life of Great American Cities*. New York: Vintage.

Kapstein, Ethan B. 1996. "Workers and the world economy." *Foreign Affairs* 75 (3): 16 – 37.

Katz, Michael B. 1989. *The Underselling Poor: From the War on Poverty to the War on Welfare*. New York: Pantheon Books.

Kaus, Mickey. 1992. *The End of Equality*. New York: Basic Books.

Kerner, O. et al. 1988. *The 1968 Report of the National Advisory Commission on Civil Disorders*, New York: Pantheon Books.

Krugman, Paul. 1995. *The Age of Diminished Expectations*. Cambridge, MA: MIT Press.

Levy, Frank. 1988. *Dollars and Dreams: The Changing American Income Distribution*. New York: W. W. Norton & Company.

Macpherson, C. B. 1962. *The Political Theory of Possessive Individualism*. Oxford: Clarendon Press.

Mill, John Stuart. 1956 (1859). *On Liberty*. New York: Liberal Arts Press.

Moynihan, Daniel Patrick. 1965. "Employment, income, and the ordeal of the negro family."*Daedalus:Journal of the American Academy of Arts and Sciences* 94:745 – 770.

Myrdal, Gunnar. 1944. *An American Dilemma:The Negro Problem and Modern Democracy.* New York:Harper & Row.

New York Times. 25 September 1992.

Nozick, Robert. 1981. *Philosophical Explanations.* Cambridge, MA:Harvard University Press.

Official Guide of the Railways and Steam Navigation Lines of the U. S. ,Puerto Rico,Canada,Mexico,and Cuba. 1943. New York:National Railway Publications Co.

Putnam, Robert with Robert Leonardi and Raffaella Nanetti. 1993. *Making Democracy Work:Civic Traditions in Modern Italy.* Princeton:Princeton University Press.

Raz, Joseph. 1986. *The Morality of Freedom.* Oxford:Clarendon Press.

Shapiro, Ian. 1986. *The Evolution of Rights in Liberal Theory:An Essay in Critical Anthropology.* Cambridge:Cambridge University Press.

Thurow, Lester C. 1966. *The Future of Capitalism:How Today's Economic Forces Shape Tomorrow's World.* New York:William Morrow & Co.

Tribe, Laurence. 1985. *Constitutional Choices.* Cambridge, MA:Harvard University Press.

United Press International. 16 July 1967.

Wilson, William Julius. 1978. *The Declining Significance of Race: Blacks and Changing American Institutions.* Chicago:University of Chicago Press.

1996. *When Work Disappears:The World of the New Urban Poor.* New York:Alfred A. Knopf.

Wolfe, Tom. 1987. *Bonfire of the Vanities.* New York:Farrar Strauss Giroux.

Wolff, Robert Paul. 1970. *In Defense of Anarchism.* New York:Harper & Row.

11

民主与承认政治

伊丽莎白·基斯

(Elizabeth Kiss)

在 20 世纪末，有关公民平等与公民间文化差异的公共认同之间的关系，是民主理论中最具活力的争论之一。有部分理论家已经开始使用"承认政治"（politics of recognition）一词［泰勒（Taylor），1992 年；霍耐特（Honneth），1992 年；弗雷泽（Freaser），1995a 与 1997 年］，用以指代拥有共同的文化、国家、民族、种族、宗教、性别和性向认同的群体代表自身所共同发出的主张与诉求。承认政治的支持者声称，民主的正义需要公众积极接纳这些身份。仅仅包容差异是不够的，也不足以使民主社会的公民在私人领域表达不同的身份认同。除非社会制度与情感更加关注文化差异并倾注更多的思考，否则平等的道德和政治地位，以及由此产生的民主都无法实现。

重要的是不要夸大承认政治的历史创新性。新兴的、自信的身份认同群体往往投身于民主斗争并借助民主斗争的名义，民主人士尽可能动员与反抗独裁统治一样多的力量去反抗文化控制。例如，1848 年欧洲革命以及 20 世纪中叶的反殖民斗争均致力于以民主制度取代专制政治制度，他们同时也要求获得与前者一样多（而且往往想要更多）的民族或文化的承认。

当代承认政治的创新之处更多涉及的是程度而非种类的问题：身份群体对承认的需求更加紧迫，得到了更强烈的理论关注。不断增加的移民、殖民主义及其后续影响，以及扩展到家庭和性别领域的民主斗争等，这一系列历史进程将寻求承认的斗争拉近我们的生活。在某些社会的内部政治争论中，这一特点越来越突出，按照熊彼特的标准来衡量，这些社会都已经是完全民主的社会。在对民主社会的现状进行挑战的同时，争取承认的运动也明确地对传统的有关平等公民权的民主理解形成了挑战。按照民主社会的理想典型的概念，民主社会是由个人所组成的社会联盟，这些个人在彼此间关系中，以及与国家的关系中均享有平等的公民身份与权利。有关推进民主平等的任务往往被认为涉及逐步消除所有社会差异，并创造出对平等的个人而言并无差别的政治体制。相比之下，承认政治则呼吁以民主的平等原则去证明威尔·吉姆利卡（Will Kymlicka）称之为民主公民权的"群体—差异"（group-differentiated）形式（吉姆利卡，1996年）。

承认政治是加强了民主平等进程的推进，还是使其偏离了原本的轨道？从诸如托德·吉特林（Todd Gitlin）这样的进步人士到阿瑟·施莱辛格（Arthur Schlesinger）等传统自由民主派，许多评论家都对执着于身份与差异的潜在风险提出了警告（吉特林，1993年；施莱辛格，1992年）。他们认为专注于身份确认会产生政治分裂并致使其日渐衰弱，使得原本关注不断扩大的物质不平等的注意力发生转移，并导致对身份群体的盲目崇拜，强化了此类群体排斥外界人士、胁迫群体内部成员的倾向。

这些担忧很有必要，近年来发生的一些事情已经提供了充分的证据，证明有关身份的政治主张能够并且确实已经呈现出病态的形式。但是值得注意的是，在各种民主运动中都开始出现寻求承认的诉求。关注身份认同的冲动来源于人们在现实中所面临的具体困境，这些人正在不同的社会不平等环境中为权力或资源而斗争。这是人们经历过社会与政治歧视、不平等和脆弱性之后的反应。在认识到这些寻求承认的诉求以及产生这些诉求的环境之后，越来越多的民主人士认为，传统的民主框架与救济措施并没有消除某些妨碍公民获得平等地位与话语权的障碍。当然，如果承认政治未能提供有效且可靠的政治和法律对策，所有这一切可能就会成为事实。然而当前民主运动中寻求承认的诉求激增，这表明我们需要认真审视这些诉求，这些诉求中的深刻见解有助于民主平等的推进。

本章的目的，便是在继续强调承认政治的局限性及其潜在风险的同时，希望对其中几点见解予以识别和确认。承认政治通过三种方式来提升民主理论与实践,笔者将对这三种方式进行考察。第一,承认政治通过确认一系列以身份认同为基础的、剥夺了平等公民地位的社会、文化危害,拓宽了我们对不平等来源的理解。第二,承认政治丰富了民主政治的制度体系。针对以身份认同为基础的伤害,承认政治试图设计相关的救济措施,这方面的尝试和努力为民主实践的改变提出了一系列具体建议,尽管我们可能对其中部分建议仍存有疑义,但总体而言这些建议对民主理论与实践的贡献巨大。这些建议中的最理想(方案)能够深化对平等公民权之涵义的民主理解,以及对不同社会背景下平等公民权的制度化所需条件的理解。第三,承认政治能够为民主派人士讲授有关谦逊低调的重要一课,并促使我们对自身的偏见保持警惕,防止偏见蒙蔽我们的双眼,以免对不同于我们的那部分人的需求、弱势与合法诉求视而不见。然而,谦逊也是为了支持承认政治。寻求承认的诉求很大程度上是针对具体的情况,试图将其概括为适用于各种文化或群体的"承认的权利"(rights to recognition),几乎肯定会与基本的民主价值观相冲突。

厘清不平等的文化根源和象征根源

承认政治的支持者们声称,民主需要积极承认公民之间的差异。但是这种承认为什么是必要的呢?有的理论家给出了解释,他们认为文化是人类基本或主要的善业,并认为人们的幸福感取决于民众表达属于自己的"真实"文化身份的能力和感知"完整无缺"的文化的能力(泰勒,1992 年与 1996 年;吉姆利卡,1989 年)。有很多理由表明这一解释是有问题的。它认为只有一人所属的单一文化是有可能存在的。但这种解释忽视了文化边界的交叉复杂性、人们在生活中的某种身份认同获得或失去其重要性的动态过程,以及通过政治行动不断修改(有时是创造)文化认同的方式。认为文化是基本善业的观点往往忽略了文化价值观内部颇具争议的程度，而且难以理解人们接受新文化认同的能力。最后，这一解释对群体内外的民众隐瞒了受到文化认可的信念与习俗形成压迫的很多方式。

这并不是否认文化塑造了人们关于幸福、尊严和价值的基本信念，也没有否认贬低或破坏文化习俗的行为可能引起极大的伤害。此外，我们也没有忽略遭遇了文化崩溃且被强迫同化的那部分人，尤其是处于被迫与更加现代的社会相结合的传统社会中的民众。但是这些因不尊重文化习俗而导致伤害的重要案例并没有带来一个积极的论断，即所有文化都应被尊重，也没有证明人类有着表达自身特殊的、真实的文化认同的普遍需求。类似这样的观点对身份认同群体进行了精要的表达，使人们关注对文化边界的界定和监管，同时也将受到文化认可的权威和统治形式合法化、无论它们是多么的不民主。从民主的角度来看，所有这些问题都令人深感不安。

近年来，承认政治不再试图捍卫文化认同是人类基本善业的观点，转而开始关注基于认同的**伤害**，以及它们在造成并维持社会不公正和不平等方面的角色和作用。假如作为特定群体成员的身份使得人们遭受了熟悉的政治与经济歧视，或是当具体的文化或象征过程剥夺了民众的道德或公民身份时，伤害便由此产生。关注基于认同的伤害的理论家们认为，民主派往往忽视了文化维度的压迫。他们认为，大多数当代民主理论家是从狭义的分配角度去理解不公正问题，比如对政治和法律权利的分配不公，以及对财产和收入等经济资源的分配不当。即便是认为正义的核心要素很难适用于分配框架的民主理论家，比如约翰·罗尔斯（John Rawls）就认为"自尊的社会基础"是一种基本的善，他们也都不再关注在分配领域中更容易捕捉到的善（罗尔斯，1971年，第440页；弗雷泽，1995a，第73页）。根据承认（政治）理论家的观点，通过具有文化权威性的规范与说明规定了什么人、什么事值得尊重或不值得尊重，定性因素和诠释性因素得以影响民众的地位与福祉，而这些分配框架的问题就在于它们没有意识到上述因素影响民众的方式。

在一次非常有趣的讨论中，南希·弗雷泽（Nancy Fraser）对承认政治与她所谓的再分配政治进行了对比，并指出"错误认同"（misrecognition）所造成的伤害在逻辑上有别于政治权利和经济资源的分配不平等，虽然在现实中它们时常相互纠结。错误认同所造成的伤害是文化或象征的不公正，这些不公正"根植于代表、解释与沟通的社会模式中"（弗雷泽，1995a，第71页）。有关错误认同的例子包括了文化控制、不承认和不尊重，弗雷泽将文化控制定义为"服从于与另一文化相关、而与自身文化格格不入和/或敌对的解释和沟通模式"，不承认则是"通过对某人的文化进行权威性表征、沟通和解释实践从而使其变得无影无形"的过程，不尊重则是"在公共文化表征和/或在日常生活互动中经常性地诋毁或贬低"。

埃莉斯·马里昂·杨（Iris Marion Young）同样也强调了文化与象征过程在维持不公正的社会安排中的作用。杨厘清了她称之为"不公正的五种面孔"——剥削、边缘化、无力感、文化帝国主义与暴力——并指出上述五个方面的不公正都是通过象征和物质手段得以维持。例如，关于什么是体面或卑贱工作的信念，或者关于哪些形式的工作适合于某一种族、性别或族群成员的观念，支持着经济层次结构。有关耻辱和行为异常的观念使某些人面对制度化形式的暴力时更容易受到伤害。而被排除在具有文化权威性的沟通形式之外，这不仅构成了杨所说的文化帝国主义的不公正性，同时亦在维持使人们受到剥削、边缘化或使其无能无力的境况中起着重要作用（杨，1990年，第2章）。

假定不平等的文化根源和物质根源之间存在着鲜明的区别，那么设定这一分析性区别的价值何在？在这个问题上，弗雷泽与杨的观点并不一致（弗雷泽，1995b；杨，1997年）。弗雷泽承认，在实践中，错误认同往往与政治经济的不平等密切相连，而试图对错误认同进行补救的相关措施通常具有很强的再分配维度，因为它们主要依赖"解释与沟通方式"的民主化进程（弗雷泽，1989年，第164—166页）。然而，她仍然认为在承认与再分配之间划定"两分法"的界限还是有所助益的，其原因主要体现在两个方面。第一，错误认同造成的伤害至少部分地独立于物质剥削或剥夺。文化控制、不承认和不尊重以各种方式影响着人们，这些方式在逻辑上有别于贫穷、政治歧视或是缺乏教育机会所造成的伤害。这一点在某些错误认同的案例中表现得最为明显，在这些案例中，传统的分配不公正问题相对不那么突出。弗雷泽引用了美国男女同性恋的例子，她认为从总体上来看，同性恋者在传统的政治、经济关系中并不处于弱势，但却面对着系统的文化和象征的羞辱。同性恋者想方设法争取获得公众的认可，这就是一个相对纯粹的承认政治的案例。第二，弗雷泽认为，对承认/再分配进行区别可以使我们更好地理解民主事业的内在张力。在弗雷泽看来，民主的承认政治有其自身的动力、关于手段与目的的特定逻辑，在特定的条件下，这些因素会与再分配的民主政治的内在逻辑产生冲突。例如，承认政治肯定差异的逻辑与再分配政治否定差异的逻辑之间就存在着一定张力和矛盾，这种矛盾有时候会使得追求种族与性别平等的运动深感悲哀。

杨认为，弗雷泽对于承认和再分配的区分未免流于夸张，她更多地是对社会现实的扭曲，而不是对其进行阐明和厘清。例如，对于弗雷泽将同性恋行动主义解读为较为纯粹的民主承认政治的案例，杨对此持反对意见并认为，尽管异性恋对同性恋者歧视和憎恶的根源很大程度上确实是文化上的，但同性恋行动主义者的目标包括了，"物质、经济以及政治的平等：在就业、住房和医疗方面不再遭受歧视；受到警察和法庭的平等保护；在选择伴侣与抚养孩子方面享有平等的自由"（杨，1997年，第158页）。同时，杨认为弗雷泽的框架夸大了承认和再分配之间的矛盾。根据杨的观点，承认政治不应该被看作为独立的拥有自身逻辑的民主行动主义形式，而应被视为实现"平等保护与平等机遇的物质目标"的一种手段（杨，1997年，第158页）。因此杨认为，虽然强调民主斗争的文化维度十分重要，但是最好的方法则是"将（象征）符号和话语的问题与它们在组织劳工、获取资源和决策权方面所造成的结果重新联系起来，而不是固化它们之间的界线"（杨，1997年，第161页）。

对杨和弗雷泽的争论进行全面评价已超出了本文的范畴，但其中部分内容仍值得我们在此强调。第一，弗雷泽将错误认同解读为不公正的不平等的**来源**，这一观点十分具有启发性。一个社会如果将获取平等的保护与地位附以价格强加给部分社会成员，或是要求他们否认或隐藏其深切体验的身份认同，那这个社会就不是真正的民主社会，除非这一身份认同的表达本身就与民主的平等互不相容。当且仅当民众因参与和认同某些被社会污名化的活动而处于社会弱势地位时，就构成了最为明显的错误认同的案例，这些被污名化的活动包括特定的宗教仪式或性行为。正如杨所强调的，因错误认同而产生的不公正的社会不平等将会是政治的和物质的，通常包括了保护的不平等与机会的不平等。然而，尽管同性恋行动主义是一个很好的有关承认政治的例子，可这并不是因为同性恋者所遭受的伤害不具有政治或经济的维度，而是因为他们所遭遇的社会不平等来自于文化歧视，如果文化的变迁逐渐消除了这种歧视，这种伤害也就可以随之消除。

第二，弗雷泽试图将承认政治的逻辑单列出来，这同样是十分有建设性的尝试，它突显了一味追求承认而将社会平等和个人自由等因素排除在外，将如何对民主事业造成有害影响。反过来说，虽然弗雷泽并没有充分强调这一点，但以实现分配公平为最终目标的政治面临着类似的风险，雅各宾派和共产主义暴行等历史实例已经证明了这一点。

第三，通过区分文化控制、不承认和不尊重所造成的伤害，弗雷泽进一步厘清了错误认同所造成的伤害的特征。在某些情形中，错误认同不利于民主平等，而在另一些情况下，文化控制、不承认和不尊重的过程在道德层面不存在问题甚至是恰当的，我们仍需要进一步的研究以对上述两种情况进行区分。随着不同的习俗惯例、身份认同和信仰来来往往、潮起潮落，有的将成为主流，而另一些曾经具有文化权威的习俗、认同和信仰则将会逐渐消亡——例如新的艺术风格、语言习惯、宗教运动以及政治意识形态不断兴起并各自取代了先前的主流。这些文化变迁通常都伴随着冲突和争论，论争的参与者通常都会贬低那些与他们不同的习俗和信仰。然而，虽然这些控制、不承认和不尊重的过程或许并不友善、也往往缺乏风度，但对于其信仰和习俗已然遭致批评或不合时宜的那部分人而言，这些过程并不一定会威胁到他们的道德或公民地位。此外，当民主国家的公民面对道德上令人憎恶的认同、信仰或习俗——例如，白人至上主义或暴力色情——时，最为适宜的反应或许是试图通过批评来改变它们，或是通过公然藐视和孤立将其边缘化。换句话说，特定情形下的文化控制、不承认和不尊重可能是适当的民主行为方式。因此，民主的承认政治就需要能够对不同情形的错误认同进行区分，在有的案例中，错误认同相对友善的、甚至是恰当的，而在另一些案例中，错误认同则是有害且不公正的。有的身份认同或文化差异或许与社会弱势地位密切相关，因此试图对其进行控制、忽视或贬损就有可能会造成对民主平等的威胁。举例来说，在充满敌意的反犹主义或是憎恶同性恋的氛围中，犹太人或同性恋者就很容易遭受身体伤害或恐吓，贬低或嘲笑犹太人习俗或同性恋者的一篇文章或一次讲话就可能成为社会歧视和边缘化的强有力的资源，或是引发暴力事件的催化剂。然而类似的对高尔夫球手的某些习惯的负面评论，很可能就被认为是在道德上和政治上无害的，甚至是有趣的社会讽刺。这凸显了实现民主平等，以及尊重承认政治的调控性理想的重要性。错误认同是一种特殊的社会危害，当它与获取资源、机遇、权力以及话语权的相关后果相联系时，就会造成严重的社会不公并使得人们易于遭受剥削和虐待。因此，虽然弗雷泽的分析有助于厘清不平等和不公正的各种来源，但杨极为出色地诠释了民主的承认政治所必须赋予平等保护和机会平等的道德优先性。杨恰当地强调，承认是获得平等保护与机会平等的一种手段，而不是目的本身。

尽管弗雷泽和杨的观点存在着一定分歧，但她们研究承认政治的方法却有着重要的相似性。她们两位都认为，对差别的诉请源自于对不公正的社会等级的关注。她们都主张，如果民主派人士未能理解有助于形成和维持社会不平等的文化进程，就无法理解并克服社会的不平等。最后，有关错误认同如何支持社会从属关系过程，弗雷泽和杨均对此进行了细致入微的探讨。

正如弗雷泽和杨所阐述的，以伤害与不平等的文化根源为中心的承认政治与认为文化是基本善业的主张相差甚远。承认政治并不认为文化认同是固定的、同质的或单一的。它也并没有将文化理想化，因为错误认同所造成的伤害可能是文化内的，也可能是跨文化的。最后，或许也是最重要的，弗雷泽和杨关于承认的论述阐明了为何民主人士首先应关注文化和象征伤害。通过关注基于认同的伤害如何剥夺民众的机会、地位和话语权，这些论述使得尊重个人，而不是尊重文化或身份认同，成为道德关怀的核心。

复杂的救济：丰富民主制度的内容

正如对文化伤害的详细分析有助于建立有关不公正的民主理念，对于解决这些伤害所必需的政治救济进行细化的关注和研究，也同样有助于理解民主公正和平等公民权的制度需求。民主正义的再分配因素致力于消除，至少是减轻阶级和种姓之间的社会差异，而承认政治则主张通过肯定，而不是消除差异的方式，实行超越等级结构的社会救助措施。举例来说，像同性恋者和犹太人这样遭受歧视的群体成员往往要求得到社会尊重，而文化上的少数族群则想要确认保持其独特性的权利，并有权以自己的方式敬奉神灵、用自己的语言教育子女。肯定性的承认既是手段，也是目标；它使群体成员得以要求正义，而其本身也构成了正义。

承认应该采取怎样的形式？对于有关承认政治的大部分观点来说，它们更擅于诊断，而不是解决问题。理论家们曾指出需要在民主实践中充分考虑到差异问题，但是他们所提出的救济措施就类似于乌托邦，例如南希·弗雷泽呼吁"将经济领域的社会主义加诸于文化解构之上"（弗雷泽，1995a，第91页），或者是在有关制度执行方面语焉不详，例如埃莉斯·杨所提出的有关实行群体差异民主参与的建议（杨，1990年，第6章）。譬如，杨或弗雷泽是否认为应制定刑事或民事法律救济措施，认定某些特定的仇恨言论是非法的或可采取相应行动，从而保护弱势的少数族群免于遭受一些令人震惊的错误认同；或者说，这些救济措施是否总是遭受抵不过言论自由，我们对这些问题并不清楚。尽管如此，近来对文化伤害进行救济的努力已经产生了一系列关于民主制度、策略以及实践的具体建议，这些建议对民主理论做出了重要贡献（即便我们对此并不认同）。其中一些佼佼者之所以出色，正是由于其具体性：他们识别并确认了特定的伤害，并制定了比丘·帕雷克（Bhikhu Parekh）称之为"细致入微且目标明确的策略"对这些伤害进行救济（帕雷克，1994年，第101页）。

对承认政治持怀疑态度的民主人士提出，免受歧视的个人权利和结社自由的权利已经包含了所有合法形式的承认。在文化上遭受不公正待遇的群体时常受到歧视并被剥夺了结社的权利，对这些权利进行保护将大大有助于很多文化伤害的救济。然而，争取获得承认的斗争往往涉及了一些超越了免受歧视和结社自由权的诉求，并且涉及更强劲的国家支持或干预，或是要求在政策、法律条款或权威文化叙事方面产生一些实质性的变化。

以失聪儿童的教育为例。民主原则规定失聪儿童应该受到平等待遇。保护失聪人群（权利）的倡导者们长期以来一直主张，平等待遇意味着要求对失聪儿童的教育给予特殊的关注，即使这需要额外的经费资源以保障，比如说，受过专门训练的教师。但最近，争论的焦点主要集中于应如何对失聪儿童进行教育以及所教授的内容。一种观点认为可以教失聪儿童学说话，虽然大多数情况下他们仍旧保持沉默；另一种观点则主张花费同样的公共资源为失聪儿童提供更为丰富的手语沟通资源，由此他们可以获得并熟练掌握一定表达能力。手语的倡导者认为，通过构建一种承认并肯定失聪人群特殊身份的沟通媒介，他们能够加强了失聪人士的地位与尊严。对于失聪人士来说，民主平等就意味着需要对"聋哑文化"予以承认，并提供相应资源使这一文化得以发展和传承。在这里，承认政治改变了所提出的民主救济措施的实质，并挑战了在文化上认为失聪无非是不幸与残疾的权威性理解。对于具有表达障碍的失聪人群而言，手语是一种创造性的救济措施，这种救济证明，对差异的关注可以使民主理论与实践从中获益良多。

尽管如此，针对文化伤害与脆弱性的民主救济并不容易推广。民主平等是否需要明确承认差异，如果需要，又以何种方式予以承认？在这些问题上，对社会背景的判断起着重要作用，尤其是面对性别和民族政治等问题的时候。例如，实现性别公正是应采取不分性别一视同仁的政策，还是应采取具有性别意识的政策？女性主义者长期以来对这一问题争论不休。许多理论家认为"平等待遇"（equal treatment）不应该被理解为"统一待遇"（uniform treatment），对于女性而言，所谓平等待遇，就需要在各种不同的情形中充分考虑性别差异。例如，女性怀孕和分娩的假期与相关福利保障，不仅不会被视为违反公民平等原则，而且被认为是确保女性和男性一样能够兼顾事业和家庭的一种途径。这一理由受到了美国联邦最高法院的认可，这代表了一种法律意识的转变，即面对性别差异时民主平等应具有的涵义。然而这一转变并未结束上文所提到的有关两性一视同仁亦或进行性别区分的政策争论。相反，它将这些争论从"平等与差异"的抽象层面带入了更加混乱的境地，必须对具体政策可能产生的影响做出综合判断。所以，举例来说，法院在审理在有关性骚扰的案件时，是否应该采取针对特定性别的所谓"合理的女性"标准？在有关这一问题的法律辩论中，针对特定性别的标准是否增强或削弱了女性为实现两性平等所做出的努力，女性主义者承认两种观点都致力于实现民主的平等，但对上述问题仍存有分歧 [艾布拉姆斯（Abrams），1995 年]。

对承认政治来说，少数族群成员的民主权利代表着一系列特别复杂的挑战。在几乎所有社会中，基于族群的伤害和窘境在不同程度上构成了对个人幸福与尊严的威胁。由于数以百万计的民众因其族群认同而成为社会弱势群体，因此民主人士迫切需要构想并支持相关社会制度以保障少数族群成员的平等公民权。此外，这些保障必须不仅能保护少数族群成员作为平等公民的权利，同时亦能保护他们在文化或民族上区别于他人的公民权利。就像强行实现统一的宗教信仰一样，强行实现民族或文化统一有悖于自由民主的核心准则。若是国家对民众已然确认的民族认同或文化认同予以否认，或者使获得平等公民权相关权益的条件取决于个人对自身民族或文化认同的放弃，这些做法都违反了有关平等的尊严和尊重的核心民主准则。

人们试图制定具有推广意义的针对少数族群的制度保护，然而这一努力很快就陷入了困境。例如，威尔·吉姆利卡在其近期有关多元文化公民权的研究中，主要以加拿大为例，明确区分了少数民族与移民族群寻求承认的不同道德力量。吉姆利卡认为，像美国土著人（即印第安人。——译者注）和魁北克人这样的少数民族拥有充分的自治权，而移民则较少提出对其维持自身文化认同的努力予以公开支持。他总结到，事实上对移民群体的民族活动予以公共补助，这应该被视作一个政策问题，任何个人都没有权利对此置喙，亦无权对此表示反对（吉姆利卡，1995年）。

吉姆利卡的研究令人钦佩，因为他对原则问题进行了密切关注并乐于提供详细的制度建议。然而，他所提出的关于少数民族与移民群体之间的核心区别因与世界上许多其他地区并无相关性而遭致了强烈批评。即使在加拿大的语境中，仍有一些人认为诸如穆斯林等移民群体对更强烈的承认形式怀有道德申索，因为他们遭受了文化歧视，且大多数习俗都不利于他们，或是对他们施加了主流文化群体成员所无需承受的负担［卡伦斯（Carens）和威廉姆斯（Williams），1996年］。然而在与加拿大不同的一些环境中，吉姆利卡所提出的救济措施和区别遭到了更严重的失败。例如在中东欧地区，民族间交错聚居的模式、变动不定的国家边界和互不信任的历史包袱，导致了主流社会群体与少数民族群体的部分成员以类似的形式赋予其互不相容的民族自决要求以正当性。

诸如生活在罗马尼亚、塞尔维亚以及斯洛伐克境内的匈牙利人等中欧少数族群，为承认政治的背景的复杂性提供了生动的案例。生活在这三个国家中的匈牙利族人是欧洲人数最多的少数民族之一，其中约有 200 万人居住在罗马尼亚，生活在塞尔维亚和斯洛伐克境内则各有 50 万人。这些匈牙利族人生活在极其弱势的条件下，通常都处于非自由政府的统治之下，而这些政府往往大打反对匈族人的"民族牌"（ethnic card），将反对匈族人的民族主义信念与选举操纵结合起来以图利自身。他们所经历过的许多伤害可谓是文化错误认同的实例。公共标志上禁止出现匈牙利语，学校里也禁止使用匈牙利语，相关的文化古迹遭到了破坏，甚至强迫民众更改他们的名字。在某些情况下，言语暴力甚至会发展成为人身暴力，例如发生在 1990 年罗马尼亚的特尔古穆列什（Tirgu Mures）事件，当时匈牙利政党的地区总部遭到了袭击并造成近 30 人遇袭身亡。考虑到东欧其他地方所发生的更为严重的种族暴力事件，"种族清洗"的恐怖幽灵在当地徘徊不去。

从 1867 年到 1920 年签订《特里亚农条约》（《特里亚农条约》是协约国集团与匈牙利签订的确定匈牙利边界的条约。——译者注）的二元君主制时期，斯洛伐克人和罗马尼亚人都曾是匈牙利国内的少数民族，并且强制实行马扎尔化（即匈牙利化，马扎尔人是匈牙利的主要民族。——译者注）政策。此外，在两次世界大战的间隔期，匈牙利一直试图以各种可能的手段、包括与希特勒结盟，以期将斯洛伐克和特兰西瓦尼亚（Transylvania，今天的罗马尼亚中西部地区。——译者注）重新纳入其统治之下，这些事实加剧了斯洛伐克和罗马尼亚国内的民族冲突。换句话说，他们之间有着太多的历史恩怨导致他们相互**怨恨**（ressentiment）。

自从 1989 年东欧剧变以来，中欧地区匈牙利族人要求集体自决权与自治权的言论更是喧嚣尘上。斯洛伐克、罗马尼亚以及塞尔维亚国内的匈牙利人代表都提出了各种形式的"集体自治"权利，包括了在某些情况下要求领土自治，虽然各种形式的"集体自治"要求都未曾提出分裂或政治独立。他们所提出的这些集体自决权或自治权遭到了来自少数民族群体内外的批评［库拉提（Craiutu），1995 年；比罗（Biró），1995 年；斯皮尔德斯（Scipiades），

1995 年；萨斯维（Szacsvay），1995 年；安德烈埃斯库（Andreescu）、斯坦（Stan）和韦伯（Weber），未注明出版日期］。但他们也有很多支持者。例如，匈牙利政府与斯洛伐克政府在 1995 年 3 月签订的双边条约中并未明确提及集体自决权与自治权，这使得匈牙利国内的几个反对党对该条约予以强烈抵制并发誓反对批准该条约，其中一个反对党还在随后 1998 年 6 月的全国大选中获胜［尼莱特克扎特（Nyilatkozat），1995 年］。

经仔细审视后就会发现，包含集体自治权或自决权主张的诉求代表了一系列广泛的制度救济。首先，这些诉求所包含的部分权利显然属于结社自由与非歧视原则等标准民主保障的范畴，例如保持匈牙利文化与语言的权利、创建民族机构和组建相关协会的权利，以及在地方、地区、国家乃至国际层面组建政党和建立其他组织的权利。第二，这些诉求包括了要求在罗马尼亚宪法中明确承认作为少数民族的匈牙利族的存在。这些要求是为了回应罗马尼亚宪法草案中某一条款，这一条款将罗马尼亚描述为"由罗马尼亚人所组成的单一民族国家"。当这一领土范围内的最高法律似乎下定决心否认某一人口众多的少数民族的存在时，就不难理解这一少数民族的成员会感觉受到威胁。他们认为这种形式是不受承认的象征，并将其视为对他们公民地位的威胁。他们也很自然地把这一具有象征性意义的行动，与摧毁匈牙利文化古迹，或是官方教科书刻意忽略或歪曲匈牙利人在罗马尼亚历史上的影响与作用等政策联系起来。与此同时，要求获得宪法承认的积极诉求虽然在这一背景下显得十分合理，却很难做到一概而论。例如，认为民主正义就需要在宪法中列举该国每一个少数族群的主张，就显得十分荒谬。

少数族群权利的倡导者所提出的第三类诉求则要求利用公共资源和机构以保护和促进匈牙利族的文化和语言。这些要求包括了设置双语路牌、立法要求在使用匈牙利语的居民达到一定比例的社区提供使用匈牙利语教学的学校教育、准许国家媒体使用匈牙利语，以及为匈牙利语在公共生活中的使用提供法律保护。这些要求的推动力同样取决于环境因素，从人口状况到主流文化机构受到支持的方式。少数族群的宗教和文化组织往往缺乏政府的资金支持,在这种情况下,主流宗教的教堂和宗教组织是否得到有力的公共支持,对于前者而言就有着非常不同的含义。最后,第四类诉求主要集中在保障匈牙利族人的政治话语权。这些诉求包括通过更加实质性且具有争议的要求,争取以族群为基础的政治、法律或行政代表形式或管辖权,以保护少数民族社区免于因族群因素不公平地划分选区以削弱其政治影响力。

民主平等的实现是否需要上诉所有救济措施或其中任何一个?在每一种情况下,承认权利的支持者均认为他们所提出的制度救济对于保障他们的平等公民地位十分必要。事实上,这正是制度救济需要解答的问题。然而,答案却取决于其背景的特殊性,从少数族群所经历的伤害和攻击的性质与程度,到对少数族群的要求可能有意无意所引起的后果进行的概率和策略判断。这些背景评判很难被包含在法律文件之内。在阐述群体权利时最为持久和最为复杂的工作是明确规定这些权利各自不同的程度,以及区别具有道德强制性的基本权利要求和更为广泛的权利保障,后者只在很少的情况下具有政治和制度可行性[《公约草案》(*Draft Convention*),1994 年]。

正如多数族群的诉求可能加剧民族紧张关系并掀起反民主热潮一样,尊重差异性的其他行动同样也会危及平等公民权。例如,针对特定性别的法律有可能伤害到那些不遵循或不愿意遵循大多数女性生活模式和愿望的女性同胞。武断的承认政治有可能为了维护特定认同群体的利益而牺牲群体成员的利益,如最近发生的少数主张维护失聪人群权益的人士试图阻止失聪儿童接受移植以恢复部分听力。正是这样,民主的承认政治所固有的内在张力便生动地呈现出来。无视差异的存在有可能破坏平等公民权,而刻意维持差异性的行动却更清楚地威胁着平等公民权。在什么情况下对差异的承认会强化平等公民权,在什么时候则会危及平等公民权?对于这一问题的争论可能会在未来很长一段时间内吸引着民主人士的注意力。

通过阿德里安·法维尔(Adrian Favell)所谓的"越过卢比孔河"(crossing the Rubicon)行动,即从更抽象的理想理论到复杂的背景评判,承认政治的支持者们发现他们正处于艰难的境地,且越来越需要借鉴历史和经验的论据(法维尔,1996年)。他们对所提议的救济措施的评价标准越来越复杂,要求他们充分考虑到特定社会中一项政策可能被理解或贯彻执行的方式、可能产生的负面影响、增强或破坏民主事业的能力,以及可能对小众文化与主流文化之间的动态关系所产生的长远影响[布鲁贝克(Brubaker),1995年]。

这一复杂性可能会使我们产生脱离了规范民主理论适用领域的不安感。然而,正是通过对于这一艰难境遇的相关协商,承认政治向民主平等事业提供了最强的推动力。对特定环境的关注促使民主理论家进一步提炼民主平等的涵义和要求。承认政治尽其所能地丰富对于社会平等的民主理解。为了实现这一目标,承认政治不仅需要证明平等待遇并不总是意味着相同待遇,而且还需要培养民主的情感,使人们在这一情感中寻求发掘创造性的实践,这些实践能够增强弱势群体或受歧视群体的地位与尊严,而不会威胁到共享公民权的价值观。

学会谦逊低调

我们已经看到,承认政治在拓展了民主理论视野的同时也付出了相当大的代价。对文化伤害的关注使得推进民主平等的工程变得更加复杂并且困难重重。尽管如此,这并不一定是坏事。承认政治能够为民主人士讲授有关谦逊低调的重要一课,促使我们对自身的偏见保持警惕,防止偏见蒙蔽我们的双眼,以免对不同于我们的那部分人的需求、弱势与合法诉求视而不见。民主人士并不需要为他们有关人类尊严和平等公民权的核心承诺,以及反对根深蒂固的社会等级而道歉。但是,民主制度、民主实践与民主社会是否乐于将尊重与保护扩展到外来群体或不受欢迎的群体,在这一问题上它们可谓毁誉参半。承认政治鼓励民主人士重新审视自己的做法，以找寻他们在何处可能嘲笑或是向认同群体的成员施加了不公正的负担。这指向了被比丘·帕雷克称之为"文化调停的普遍主义"的民主理想（帕雷克，1994年，第106页）。

然而对承认政治的支持者而言，谦逊低调（的态度）益处良多。正如我们所看到的那样，承认的诉求很大程度上具有语境的特定性，试图将这些诉求普及成为涉及各种文化或群体的承认权利，这几乎肯定会与基本的民主价值观相抵触。承认政治的支持者同样必须保持警惕，以防承认的诉求在某些方面图利自身，或是可能以民主的承认政治为幌子掩盖其对于民主的敌意。

笔者在本章中所阐述的立场始终将民主的承诺放在第一位，并视承认政治为拓展和深化这些承诺的途径。民主的基本道德规范在于将所有个人视为平等的公民。在即将到来的新世纪，我们必须对这一道德规范予以大力维护并促进其发展。而维护这一道德规范的上佳之策并不是放弃承认政治，而是在对其予以同情的同时亦抱持批判态度。㉕

参考文献：

Abrams, Kathryn. 1995. "The reasonable woman: sense and sensibility in harassment law," *Dissent* 421:50 – 51.

Andreescu, Gabriel, Valentin Stan, and Renate Weber, n. d. "Draft Law on National Minorities." Bucharest: Centrul Pentru Drepturile Omului.

㉕ 十分感谢"为新世纪重新思考民主"学术会议的与会者，此次会议于1997年2月28日至3月2日在耶鲁大学召开，特别要向考特尼·荣格、约翰·凯恩、伊恩·夏皮罗和埃莉斯·杨致以我诚挚的谢意，他们对本文的评论使我受益良多，这构成了本章的基础。本文借鉴了由美国学术团体联合会所资助的关于群体权利的早期研究成果。我还要感谢奥利弗·埃文斯（Oliver Avens）、奥勒利安·克莱乌图（Aurelian Craiutu）、威尔·吉姆利卡（Will Kymlicka）、朱莉·莫斯托夫（Julie Mostov）、南希·罗森布鲁姆（Nancy Rosenblum）、耶尔·塔米尔（Yael Tamir）、乔治·托卡伊（György Tokay）以及班纳德·雅克（Bernard Yark）对本文提出的非常有帮助的质疑和评论，并感谢奥勒良·库拉图对本文的研究帮助。

Biro, Bela. 1995. "Radikalis mersekeltek." *Magyar Hirlap.* (Budapest), 7 June.

Brubaker, Rogers. 1995. "National minorities, nationalizing states and external national homelands in the new Europe." *Daedalus* 124(2): 107 – 132.

Carens, Joseph and Melissa Williams. 1996. "Muslim minorities in liberal democracies: the politics of misrecognition." In Rainer Baubock, Agnes Heller and Ari Zolberg (eds.), *The Challenge of Diversity: Integration and Pluralism in Societies of Immigration*, pp. 157 – 186. Aldershot: Avebury Press.

Craiutu, Aurelian. 1995. "A dilemma of dual identity: the democratic alliance of Hungarians in Romania." *East European Constitutional Review* 4(2): 43 – 49.

Draft Convention on Self-Determination through Self-Administration. 1994. New York: Permanent Mission of the Principality of Liechtenstein to the United Nations.

Favell, Adrian. 1996. "Crossing the Rubicon." Presented at a conference on "Multiculturalism, minorities, and citizenship," European University, Florence, 18 – 23 April.

Fraser, Nancy, 1989. *Unruly Practices.* Minneapolis: University of Minnesota Press.

1995a. "From redistribution to recognition? Dilemmas of justice in a 'post-socialist' age." *New Left Review* 212: 68 – 93.

1995b. "Recognition or redistribution? A critical reading of Iris Young's Justice and the Politics of Difference." *Journal of Political Philosophy* 3(2): 166 – 180.

1997. *Justice Interruptus.* New York: Routledge.

Gitlin, Todd. 1993. "The rise of 'identity polities'." *Dissent* 40(2): 172 – 177.

Honneth, Axel. 1992. "Integrity and disrespect: principles of a conception of morality based on a theory of recognition." *Political Theory* 20: 2.

Kymlicka, Will. 1989. *Liberalism, Community and Culture.* Oxford: Oxford University Press.

1995. *Multicultural Citizenship*. Oxford: Oxford University Press.

1996. "Three forms of group-differentiated citizenship in Canada." In Seyla Benhabib (ed.), *Democracy and Difference*, pp. 153 – 170. Princeton: Princeton University Press.

Nyilatkozat. 1995. Official Statement made by the Alliance of Young Democrats, the Christian Democratic People's Party, and the Hungarian Democratic Party in Budapest on 18 March. The statement appeared in *Szabad Ujság* (Pozsony/Bratislava, Slovakia), 22 March, p. 9.

Parekh, Bhikhu. 1994. "Comment: Minority rights, majority values." In David Milliband (ed.), *Reinventing the Left*, pp. 101 – 109. Cambridge: Polity Press.

Rawls, John. 1971. *A Theory of Justice*. Cambridge, MA: Harvard Universit Press.

Schlesinger, Arthur Jr. 1992. *The Disuniting of America*. New York: W. W. Norton.

Scipiades, Iván. 1995. "Ratifikációs csata." *Magyar Hirlap*. (Budapest) 23 May, p. 7.

Szacsvay, Tamás. 1995. "Autonóm nemzeti kisebbség." *Nyugati Magyarság-Hungarians of the West* 13(6): 6.

Taylor, Charles. 1992. *Multiculturalism and the Politics of Recognition*. Princeton: Princeton University Press.

1996. "Modernity and identity." Lecture to the Sawyer Seminar on Religion, Law, and the Construction of Identities, University of Chicago, 17 October.

Young, Iris Marion. 1990. *Justice and the Politics of Difference*. Princeton: Princeton University Press.

1997. "Unruly categories: a critique of Nancy Fraser's dual systems theory." *New Left Review* 222: 147 – 159.

12

群体诉求与民主政治[①]

伊恩·夏皮罗

(Ian Shapiro)

[①] 本章的早期版本已经发表在《群星3(3)》(*Constellations* 3) 1997年1月号。感谢布莱克威尔出版有限公司(Blackwell Publishers Ltd)允许我们在此使用本文。

"是否应该对群体的权利予以肯定?"这种提法并不恰当。评价(群体)所提出的权利不能脱离提出权利诉求的背景和行使权利的目的。除此之外,我认为还有必要对其进行更深层次的限制,即关于群体诉求对民主政治所产生的影响。在我看来这是最基本的问题,因此本文将从民主的限制入手,进而在第二部分探讨有关背景与目的的问题,并根据其间讨论的结果,对有关制度设计的一些观点进行总结评价。

民主的限制

在当今世界的大多数国家中,民主表现出一种其他政治理想都不具备的非选择性特征。例如在美国,很少有人会认真思考这一问题,即国家可以对民众持自由或保守(立场)、信教或不信教有所要求,但同样几乎没有人会否认这样的观点,即民众被要求接受合理运行的民主程序所产生的结果。公民被认为具有藐视政府的权利,但并没有取代政府的权利。当然,民主政治允许人们对事物有不同的理解,且每一种民主秩序都会被某些人认为没有达到其应有的运行状态,处于少数人非法的腐败控制之下,或是需要相应修复。但所有这些民主的反对意见均肯定其强制性特征,它们所反对的正是民主的失灵或民主的腐败。基督教原教旨主义者可能认为自己的行为乃是遵守上帝的律令,但他们自称为"道德**多数派**"(*moral majority*)的事实表明,就**政治**合法性而言,他们

210 理解了民主的不可选择性。在苏联和大多数非洲及拉丁美洲地区,多少具有一定普遍性的民主化进程都阐述了这样一个相似的故事:越是否认民主的意义、反对将其更好地制度化,主流民众越是乐于接受民主的强制性力量。

这种力量源自于多种因素。一部分与民主国家在 20 世纪相较于非民主国家而言所取得的经济和军事成就有关。部分源自于非民主国家中的弱势群体和被剥夺了权利的群体为改善自身境况而进行的各种煽动,他们(或许常常是天真地)期望民主化有助于实现他们的目标。还有一部分因素来自于国际组织对民主的追求。许多贫穷国家的领导人致力于推动联合国及其他国际机构的民主化,他们对国际机构民主化所施加的压力不言自明地肯定了民主的合法性。人们不可能在坚持国际机构民主的同时却不承认民主诉求的有效性;因此不管其愿不愿意,都必然会导致国内政治环境中的民主有所加强。

虽然对于许多人来说,民主的意义是多方面的,但最为可信、最为合理的因素主要包括以下两个方面:第一,总体而言,认为民众在与其自身有关的决策中享有平等的话语权;第二,对现行政策的反对通常是合法的。按照传统理解,第一种理想模式表现为默认的——但可反驳的——推定,即支持多数统治,第二个方面则是"忠诚的"反对派理念的制度化。通过任何程序达成的决策都必须具备相应的机制,对具体的政策结果不满意的民众可以通过这些机制寻求在未来对该政策进行更正或改变,只要他们的反对立场仅限于制定不同的决策,而非破坏民主秩序。

如果民主被理解为包含了这些要求,那么仍遗留了一个尚未解决的问题:民主应该如何适应群体认同与诉求?在我看来,思考民主之地位的最佳方式就是将其作为一种从属或是可调控的物品(参见夏皮罗,1996 年,第 5 章和第 8 章)。如果民主能够形塑我们的日常交往模式而无需因此设定交往的过程,民主的运行就能达到最佳状态。人们可以通过各种不同方式去追求自己所重视的大多数事物,民主在现代世界所面临的挑战,就是如何使人们以更加民主,而非不民主的方式去追求民主——甚至只是**想要**追求民主。民主妥善地塑造了追求所有目标的方式和过程,在这些追求过程中各种权力关系相互关联,从这个意义上来说,民主应当被视为具有普世性,但却不是万能的。以民主的方式行事固然重要,但民主很少、如果曾经有过的话,作为权力运作的重点,应该引导人们以民主的方式追求其目标,而不是牺牲目标以达成民主。我们的任务就是促使人们起来面对这一创造性挑战。只要关乎群体诉求,上述挑战就变得格外困难,因为这些诉求常常盖过了其他方面的考虑。然而正因为此,迎接挑战更是刻不容缓。

以群体为基础的诉求

从致力于民主政治(发展)的角度出发,我们可以进一步探讨有关背景和目的的问题。其中一个方法便是通过案例分析进行思考。在1990—1994年的南非民主化转型期间,即将卸任的(南非)国民党(National Party,简称NP)政府与非国大(African National Congress,简称ANC)之间达成了一项协议,这一协议得到了国际社会的热切祝福,然而南非国内两个具有强烈民族自决诉求的群体却对此倍感失望。其中之一是印卡塔自由党(Inkatha Freedom Party,简称IFP),该党是以祖鲁族为主的民族主义政党,在纳塔尔(Natal)地区拥有虽称不上决定性,但亦十分关键的权力基础。在南非实行种族隔离、"分而治之"的那段时期,特别是在20世纪80年代,(南非)国民党政府大力支持印卡塔自由党以期削弱非国大的势力,非国大毋庸置疑地得到了南非绝大多数黑人的支持。在民主化转型成为既定事实之前,许多人——包括印卡塔自由党党魁曼戈苏图·布特莱奇(Mangosuthu Buthelezi)——认为,如果政府想要全面"达成协议",那就将是与印卡塔自由党之间的协议,而印卡塔自由党将因此获得纳塔尔这一庞大自治体的控制权,如果还称不上一个独立国家的话。毕竟,这与阿非利卡人(又称布尔人,多为荷兰裔移民的后裔,属于南非白人中的多数族群。——译者注)"分别发展"的意识形态相一致,几乎没有人相信(南非)国民党会放弃对整个南非白人社会的控制而拱手让给非国大。

最终,布特莱奇和其他观察者一样对事态的实际发展倍感惊讶。随着1990年和1991年民主南非大会(CODESA)"圆桌谈判"的失败,从1992年年中开始,(南非)国民党与非国大领导人开始就南非民主转型问题进行了秘密协商并达成相关协议。这些协商和谈判完全将印卡塔自由党排除在外,虽然它曾是民主南非大会的主要参与者之一。因为印卡塔自由党已经成为达成协议的主要绊脚石之一,原因是该党并没有真正的意愿继续进行谈判,也无法在后续谈判中获得实质性的利益。自始至终,非国大和(南非)国民党均致力于维护新的民主南非的单一制国家形式。尽管印卡塔自由党宣传自己得到了广泛支持,但该党和所有其他参与者都明白:印卡塔自由党将成为这种新秩序的边缘成员。印卡塔自由党自己的民调显示,该党甚至无法在祖鲁族选民中占优势。因此,印卡塔自由党希望在纳塔尔地区建立一个独立的祖鲁国家,即使不能实现这一目标,也是越接近这个设想越好。他们谴责(南非)国民党与非国大进行谈判以及两者在1993年2月达成的协议,并开始呼吁就纳塔尔自治问题举行公投,且拒绝——几乎到最后——参加1994年4月的选举。他们希望自己能够在某种程度上阻止民主化转型的发生,结果却黯然收场。

在大选前最后几天,印卡塔自由党顾全大局,将本党的名称添加到了选票上。回顾这段历史,压垮印卡塔自由党的最后一根稻草,是戴克勒克(De Klerk)总统将300万英亩的土地转移到纳塔尔地区祖鲁王古德维尔·孜威利悌尼(Goodwill Zwelitini)的控制之下。一直以来,这位国王都坚持创建一个由他自己统治的祖鲁王国。这次贿赂足以收买他,促使他与布特莱奇分裂,并使后续的任何反对意见都无果而终,即便是布特莱奇也无能为力。② 在这次选举中,非国大最终赢得了62.6%的选票,(南非)国民党得到了20.4%的选

---

② 《纽约时报》,5月24日星期二,第A6版。

票，而印卡塔自由党则获得了 10.5% 的选民支持（相当于全国祖鲁族选民的 1/3 左右）。在纳塔尔地区，印卡塔自由党据称获得了略超过半数的选票，尽管存在着大量的选举舞弊和暴力事件，但新政府决定不予追究——这种做法可能是明智的。这个选举结果足以使印卡塔自由党获得 277 个议会席次中的 43 席，并在民族团结政府新内阁的 27 个职位中占有 3 席。③

另一个群体是右翼白人团体，他们也同样宣称谋求基于种族划分国家领土并蓄意阻挠民主南非大会，同时亦在随后的谈判中被边缘化。同印卡塔自由党不同的是，这一群体在支持率问题上受到了蒙蔽。阿非利卡人占南非总人口的 7.5%（占白人人口的 57.5%），然而阿非利卡分离主义自由阵线（FF）在 1994 年 4 月的大选中只赢得了 2.2% 的选票，这意味着每 4 个阿非利卡人里就有 3 人将选票投给了另一个政党——绝大多数投给了（南非）国民党。④ 几乎直到最后，右翼白人组织都认为大多数南非人，尤其是军人，都会把向多数人统治的转型视为一场灾难，因此会试图避免这一结果的发生并转而选择他们。在大选前的最后几个月，右翼白人组织试图通过公开支持博普塔茨瓦纳"黑人家园"的领导人而表明自身的立场，该领导人反对选举，不料却被当时明确支持（民主化）转型的军队毫不客气地逮捕了。虽然右翼白人团体继续（至今仍然）呼吁建立阿非利卡人的"公民权"（Volksstaad），但他们已经不再是南非政坛的重要力量。

印卡塔自由党与右翼白人团体都是政治化的族裔群体，他们都有着建立领土国家的野心，然而除了他们自己的选区以外，他们在南非、在国际舞台；甚至在拥护民族自决权的知识分子那里均没有博得些许同情。我认为个中缘由很有启发性。印卡塔自由党无论是在党内还是在与其他群体的交往中，都已很明

---

③ 选举结果来自于《国外广播信息服务每日报告》，1994 年 5 月 6 日，第 5 页。内阁组成人员相关信息来自美联社连线，1994 年 5 月 9 日。

④ 《国外广播信息服务每日报告》，1994 年 5 月 6 日，第 5 页；雷诺兹（Reynolds），1994 年，第 183—220 页。人口统计资料来自于《南非 1994》，第 14—15 页。

确地表现出自己对民主不感兴趣。该党认为民主的民族国家与"传统的"祖鲁社会并不相容,这种观点掩盖了下述事实,即祖鲁社会实行高度集权且公然压迫妇女。正因为如此,祖鲁王古德维尔要求在纳塔尔地区重建其"合法"（rightful）王国的定期声明并没有得到多少支持——现在的纳塔尔地区是英国人在19世纪从他祖先手中夺走的。在南非种族隔离政府推行民主化转型之前,印卡塔自由党在与其他群体的交往中一直是好战之徒和工具主义者,应该说这种态度往往受到（民众）支持。

毫无疑问,反民主的政治会招致大量的谴责,（南非）国民党与非国大在这方面的历史记录并不是没有污点,但是印卡塔自由党是从根本性上,甚至是从原则性上反对民主。布特莱奇是祖鲁王室的一员,他更关注巩固传统酋长的权力,他对前者的兴趣超过了任何形式的选举政治。相比之下,非国大与（南非）国民党的领导人现都以民主作为国家的治理原则。尽管他们历史上或许曾有过不光彩的记录,虽然他们的部分选区内仍有"不忠实"（disloyal）的政治反对派持续进行抗议活动,但他们都公开承认并致力于在宪政民主体制中实行法治原则。也许对他们而言,民主的威胁并不是很大;也许他们认为,正如丘吉尔所言,民主的所有替代品都更加糟糕。不管出于什么原因,对非国大和（南非）国民党领导人来说,民主的失败意味着需要对失败负责、进行辩解、合理化或做出解释。相比之下,印卡塔自由党的领导人则毫不掩饰他们投身于民主只是事出偶然。他们参加了1993年的大选,仅仅是因为他们显然无法阻止民主化进程,在有关永久宪法的谈判中,他们搞了类似于猫捉老鼠的游戏：除非保证夸祖鲁/纳塔尔地区获得实质上的独立,否则就拒绝参加选举,在布特莱奇看来,所谓"实质上的独立"包括了上述地区拥有自己的军队,而这些军队则听命于他个人。⑤

如果民主人士能够理性看待印卡塔自由党人的民族野心,几乎不对其抱有

---

⑤ 参见《纽约时报》,1996年1月7日,第A1、A12版。

同情之心，那他们就更不会对右翼白人团体心怀同情。阿非利卡人是保守的南非白人族群，很大程度上出于要求在南非各种族之间实行"分别发展"的理念，他们可谓在事事处处都反对南非的民主化。但是，他们划给黑人的"班图斯坦"（bantustans）和"黑人家园"（homelands）若是作为经济或政治实体，从长远来看并不可行，并且仅占据了南非最贫瘠土地中的一小部分。因此不出所料的是，即便是在种族隔离的全盛时期，也有人认为是这些来自班图斯坦的黑人劳工支持着南非白人的经济。阿非利卡人口是心非的"分别发展"主张产生了一个具有讽刺意味的结果，即他们当前在南非的地理分布十分分散。因为（民主化）转型已然不可避免，这就意味着阿非利卡人没有明确的领土用以实行他们所谓的"公民权"（Volksstaad）。当前南非的人口结构也使得人们怀疑赋予阿非利卡人"公民权"是否可行。南非的历史经验更是令人担忧，这样一个阿非利卡人的"公民权"在任何情况下都有可能成为反对新南非的无情战争的导火线。绝大部分南非白人民族主义者都不认为这是合法的，并且有可能永远都不会这么认为。在这种情况下，为什么其他人要遵从他们的分离主义诉求呢？与印卡塔自由党不同，这些右翼白人团体并不反对在他们族群内部实行民主。可是，他们却执意反对与他们意见相左的民主南非；这是对民主"不忠实"（disloyal）的反对，而不是"忠实"的反对派。说到底，这就是为什么他们的诉求会受到民主国家的强烈抵制。

巴勒斯坦人针对以色列境内部分或全部地区的民族自决诉求是个更为复杂的问题，这也说明了来自敌对族群的分裂主义诉求并非总是那么容易消除。总的来说，与新南非的阿非利卡（南非白人）分离主义者相比，以色列民族和民族主义诉求或许更不能容忍，但是与阿非利卡分离主义者不同的是，在当前中东政治现状中，巴勒斯坦人作为以色列国内主要的少数族群，不仅受到以色列国家的统治，而且被剥夺了民主参与的权利。笔者并不想否认，鉴于两者在历史上的冲突，以色列人有充分的理由害怕巴勒斯坦人；应该说，无论是巴勒斯坦解放组织（PLO），还是哈马斯（Hamas），都没有将（组织内部或外部的）民主化进程提上其议事日程。在这种情况下，分离似乎是唯一的解决办法，在巴勒斯坦起义期间，一幅卡通漫画犀利地捕捉到了这个事实，它描绘了一位著名的利库德集团（以色列右翼党派政治联盟，长期在以色列执政。——译者注）政客对外国记者说道："我们对巴勒斯坦人的政策十分简单。我们将持续打击他们直到他们停止仇恨我们！"以色列从来没有打算承认巴勒斯坦人作为犹太国家平等公民的身份（这怎么可能呢？），它也就无法完全否定这一族群的分离主义诉求，然而以色列却有理由对巴勒斯坦扩张主义诉求感到担忧，其合法性一点也不逊于右翼犹太人对"大以色列国"的主张。"两国方案"在这种零和博弈的情况下似乎是无法避免的，尽管它所体现的智慧是如此的令人沮丧。

有（少数）人对此表示否认，他们主张在整个地区建立一个世俗单一制国家；但犹太人和巴勒斯坦人沉重的历史包袱使得他们在当前陷入彼此敌视的境地，也使得上述想法显得不切实际。如果17世纪英国与欧洲的经验能够让当前中东为数众多的政治掮客认识到政教分离的好处，那或许会带来某种终极意义上的改变，会变得更好；我个人希望如此。但是这并不是目前的现实，对此的呼吁不禁让人想起1956年的苏伊士运河危机，当时那些西方政治家们曾困惑不已并公开质疑，为什么犹太人和阿拉伯人不能"以基督教的方式解决他们的分歧？"

以民主方式再建认同

可以说，笔者对上述案例的讨论具有某种理论的人为性。这些案例均涉及民族自决的诉求，对于民主情感而言，民族自决权在很多方面都是极端而令人反感的。因此，或许这些案例并没有捕捉到那些支持民族自决权之合法性的人们心中的很多想法。只有在以下情况中，这种说法才具有一定合理性：即它招致了反驳的意见,认为关于这一议题的理论文献往往过于乐观和不切实际,忽视了现实民族自决运动中的核心问题。也就是说,认为一个人不应只考虑与民主实践恰恰相反的群体诉求,这样的判断合情合理。事实上我想进一步阐述,对于民主人士而言,其创新性挑战在于构建(某种机制),使得民族自决的诉求以一种与民主更一致而非相悖的方式进行自我表达。为了进一步阐述这一观点,有必要探讨民族自决政治诉求的性质与根源。我认为有三种可能。

第一是原生论者。如果有人认为身份认同是无法改变的,那么他相应的政治立场就完全是工具性的:引导人们避免将其固有诉求中破坏性的一面相互呈现出来,从而设法防止人们相互残杀。在有关"分裂社会"(divided society)的研究文献中,这种思想产生了协商联合主义(consociationalism):即禁止设立少数否决制度或其他机制,以迫使不同民族群体的领导人达成妥协或实行"精英卡特尔"统治[李帕特(Lijphart),1969 年,第 213—215、222 页]。如果原生论者的观点是正确的,那么工具性宪政工程就具有了合理性。如果他们的观点并不正确,就像我与考特尼·荣格(Courtney Jung)在以南非为背景的论争中认为这种观点是不正确的,那么他们很容易遭到谴责,即认为相关救济措施实际上可能产生诸多弊端,而这些弊端据称是上述观点的回应。(荣格与夏皮罗,1995 年;夏皮罗与荣格,1996 年)。协商联合制度可能会制造或加剧民族分裂。

另一个相反的观点来源于对原生主义的后现代驳斥。后现代主义者认为政治认同是"社会建构"(socially constructed)而来的,它具有可塑性并随着时间推移而不断发展。根据这一观点,有关民族、种族以及其他以群体为基础的排斥和反感,既非自然形成,也毫无必要性。它们有可能发展成为不同于已然成为的形态,亦有可能在当下或未来发生转变。至于政治认同的转变如何完成,后现代作家很少深入思考其中的技术问题,但下述假设似乎是合理的——在他们看来——身份认同的形式有可能发展成为与当今世界主流形式完全相异的结果。特别需要指出的是,人们有可能逐渐接受,甚至庆祝差异的存在,虽然在当前这些差异是造成相互仇恨的根源。

后现代主义者正确地指出了政治认同会随着时代和环境的变化而发展；但是说政治认同的类型具有一定历史偶然性，并不意味它们可以被无限塑造。这甚至并不意味着，那些不需要被动员却恰恰已经被动员起来的认同形式，现在可以被遣散了。这可不仅仅是将牙膏挤回管子里的问题。事物变化的程度可能并不完全随其社会建构的程度而改变。从我们洗澡水的温度到人类的基因结构，自然界的许多特性都是可以通过人类有意的设计而改变。相反，社会建构的现象却经常挑战有意的人为控制。市场是人类建构的产物，然而我们可能并不清楚如何设计以使其在充分就业且无通货膨胀的状态下运行。民族仇恨显然是后天习得的行为，然而我们却可能并不清楚该如何防止这种仇恨在下一代人身上复制。从社会建构的观点到可变更性的观点，后现代主义者的跳跃实在太快了；这两方面至多在偶然的情况下才相互关联。

我认为处于上述两者之间的中间观点更为合理，它避免了原生主义与后现代主义所带来的困难。这一观点可以被称作为一种新亚里士多德自然主义，这里我要向哲学纯粹主义者致歉。根据这一观点，人类是由特定背景和环境所塑造的，但同时亦受其基本结构的限制。这些基本结构自身可能会发生演变，但在特定的时间与空间里，它们限制了社会建构的可能性。人类的本性总是具有一定可塑性，但从来都不可能被无限改造，某些特定的方式在塑造人性方面可能较之其他方式更加有效。这些有趣的问题涉及是什么限制了这种可塑性，以及哪些社会建构形式可能会比其他形式更加令人满意和有效。说到底，这些都是经验主义的问题，相关内容在社会科学领域并没有大量的知识积累。⑥ 因此，研究边缘领域而非核心问题、思考制度的再设计而非推倒重来，这是明智的做法。身份认同被固定在某种——通常是未知的——程度，但它们也会适应环境、刺激和制度规则。我们的目标应该是在可能的情况下重塑这些限

---

⑥ 有关这一问题的进一步阐述，请参见夏皮罗，1990 年，第 8—9 章。

制，由此，在边缘领域，身份认同将以拥抱、而非抗拒民主政治的方式发展演变。

有一种机制可以实现这一目标追求，就是选举制度。因为民族仇恨往往是政治领导人刻意动员的结果，他们把这种动员视为通往权力之路，正如唐纳德·霍洛维茨（Donald Horowitz）所说，以一种能够产生不同结果的方式来塑造获取权力的激励，这十分重要。民族分裂的社会（我们假定民族分裂并未被提上日程）所需要的是制度，这些制度能够影响一个群体的精英对其他群体的基层民众所采取的行为（霍洛维茨，1991 年，第 155 页）。这可以通过多种方式实现，所有方式都需要政治人物在本民族之外的族群中竞争选票。最明显的就是政治联盟与异质性选区的组合。霍洛维茨在书中所描述的一个来自马来西亚的案例在这方面就较为成功，在这个案例中，马来裔与华裔政治人物都不得不在某种程度上依赖其他族群政治人物所提供选票。"在事关跨越族群界限输送选票的这些群体时，除非政治领袖能够将该候选人对于这些问题的立场描述成温和的"，否则选票不会自动归集到这些候选人身上。在这种情况下，也就是霍洛维茨认为上述制度已运作了相当长的时间（然后失败）的国家，联盟高层之间的妥协被基层选举激励所强化，在这一点上它们与黎巴嫩、斯里兰卡和尼日利亚等国的情况有所不同（霍洛维茨，1991 年）。

另一种可行的解决方式就是地理分布方面有所要求，如在 1979 年和 1983 年尼尔利亚总统选举中所采用的计票方式，它要求当选人必须同时满足两个条件，既要获得最多的选票，同时又要在 2/3 以上的州（当时尼日利亚联邦共有 19 个州）获得至少 25% 的选票。然而考虑到某些国家各种族的领土分布状况，像南非这样的国家就似乎不太可能实行这一类型的制度。在这种情况下，两种最具可行性的选举制度，分别是采用单记可让渡投票制度的比例代表制和选择投票制度，在选择投票制度中，选民在选票上也是按照喜好顺序排列一个以上的候选人，但只有获得绝对多数，而不是相对多数选民支持的候选人才能当选。这两种选举制度都要求政治人物去迎合选民在其第一选项之外的选择偏好，假设是在异质性的选区中，这样的选举制度就能够使得内部激励机制起到适当的缓和作用。霍洛维茨认为，如果假设政党数量激增，选择投票制度将进一步强化这一效应（霍洛维茨，1991年）。

霍洛维茨提出了十分有说服力的观点，认为在许多情况下共享选票的制度比其他选举制度更有可能促成各民族间的政治合作，而其他类型的选举制度，无论是简单多数制还是比例制，都只是要求联合政府中的政客们共同安排席次。从民主的角度来看，这些制度也比要比其他一些方案更加优越，诸如拉尼·吉尼尔（Lani Guinier）为实现代议机关代表的多样性所提出的累积投票制。⑦ 根据吉尼尔的提议，（每个选举单位）境内每个选民手头的选票数量与该选举单位的代表席次数量相等。如果某个州有8个国会议员席次，那么该州每个选民都将获得8张选票，他们可以：把所有选票投给某一个候选人，或是将手中的选票分别投给几个候选人。如果少数族群的选民持有强烈的民族偏好，那么就可以把手头的所有8张选票投给本族群的代表；如果没有，就不用这样做。与按照种族利益不规则地划分选区（gerrymandering）相比，这种方式具有一定优势，而不规则地划分选区（如协商联合主义）则会被批评为加深了民族和种族差异。而吉尼尔所提出的方法虽然响应了可能存在于特定人群的强烈的民族偏好，但却不会引发或加强这种偏好。然而出于同样原因，吉尼尔的方法也不会消除或改善潜在的、两极分化的诉求差异。从民主的角度来看，这就是吉尼尔的方法比其他制度逊色的缘由，而其他类型的选举制度则能够对有抱负的政治领袖进行有效的激励，促使他们避免选择有可能加剧文化竞争的身份认同动员形式，而改为设计某种意识形态以呼吁（选民）超越不同群体之间的分歧。

通过选举激励以促使政治领袖避免加剧不同族群之间的相互厌憎，这一方

---

⑦ 请参见吉尼尔，1991年和1994年。有关她被提名为司法部民权事务处主任而谋求参议院批准期间的攻防，请参见吉尼尔，1994年。

法并不总是能够奏效。在一些政治化的群体中，政党可能会以星火燎原之势迅速发展，其发展方式则会破坏这种选票让渡方案背后的逻辑。⑧ 此外，一些常常被（错误地）贴上"族群间暴力问题"标签的最严重事件，实际上是不同政党在同一族群内部进行动员而引发的族群内部的暴力事件。1984 年之后在南非纳塔尔地区所发生的许多暴力事件，某种程度上可谓是联合民主阵线（United Democratic Front，简称 UDF）成立的结果，并在祖鲁地区对印卡塔自由党的支持率形成了挑战；而在白人种族主义者中所爆发的一些严重暴力事件，是类似的在白人民族主义者中竞争选票的结果。这一类型的族群内部竞争可以通过选票让渡机制得到改善，但改善的程度是有限的。理论上，这些机制具有积极作用。如果政党需要在多个民族选区内进行选民动员，那他们就应该避免以民族性政党的身份开展不必要的竞选活动。然而在现实中，像印卡塔自由党这样的政党——民族性是其存在的理由——在其他方面可能几乎没有竞选的空间。因此，他们可能会抵制——或许是激烈地抵制——对他们"传统"支持来源的任何侵犯。

很难预测上述情形是否能成为现实。在 20 世纪 90 年代初期，（南非）国民党在很短的时间内脱胎换骨，转型成为适应（时代发展）的多民族政党（在 1994 年的大选中，该党一半以上的选票来自非白人选民）。这是因为（南非）国民党的领导人逐渐认识到其面临的选择只有"适应或是死亡"。在加拿大，些许警示思想就足以让民族性政党的领导人接受，他们的诉求必须通过民主程序才能实现，否则根本无法实现。相比之下，波斯尼亚和中东的状况则表明，有时候甚至死亡的可能——事实上是肯定会死亡——都不足以阻止他们飞蛾扑火般投身于追求相互冲突的群体诉求。当然大部分人都不想牺牲。民主人士所面临的挑战是创设相应的机制，以增加民众生活在广泛参与和不受任意支

---

⑧ 有关这方面的详细内容，以及霍洛维茨的提议所面临的相关困境，请参见夏皮罗，1993 年，第 145—147 页。

配的环境中的可能性。从他们的角度来看，在民主限制下无法实现的群体诉求将会受到抵制，但更好的选择是努力创造一个新世界，在这个新世界中，上述诉求会不断减少。现在，摆脱那些反其道而行之的制度，似乎是符合逻辑的起点。

参考文献：

Guinier, Lani. 1991. "The triumph of Tokenism: the Voting Rights Act and the theory of black electoral success." *Michigan Law Review* 89(5): 1077–1154.

1994a. "(E)rasing democracy: the voting rights cases." *Harvard Law Review* 18(1): 109–137.

1994b. *The Tyranny of the Majority*. New York: Free Press.

Horowitz, Donald L. 1991. *A Democratic South Africa? Constitutional Engineering in a Divided Society*. Berkeley: University of California Press.

Jung, Courtney and Ian Shapiro. 1995. "South Africa's negotiated transition: democracy, opposition, and the new constitutional order." *Politics and Society* 23(3): 269–308.

Lijphardt, Arendt. 1969. "Consociational democracy." *World Politics* 4(2): 213–231.

Reynolds, Andrew. 1994. *Election' 94 South Africa*. Cape Town: David Philip.

Shapiro, Ian. 1990. *Political Criticism*. Berkeley: University of California Press. 1993. "Democratic innovation: South Africa in comparative context." *World Politics* 46(1): 21–50.

1996. *Democracy's Place*. Ithaca: Cornell University Press.

Shapiro, Ian and Courtney Jung. 1996. "South African democracy revisited: a reply to Koeble and Reynolds." *Politics and Society* 24(2): 237–247.

South Africa 1994. The South Africa Foundation. Parktown, Johannesburg: The South Africa Foundation.

13

美国民主与基督教新右翼：
对政治自由主义的批判

杰弗瑞·C.艾萨克、马修·F.费尔纳、
詹森·C.毕文思
(Jeffrey C. Isaac, Matthew F. Filner,
and Jason C. Bivins)

导 论

宗教原教旨主义在美国政治中的迅速崛起,是战后美国自由主义赖以建基的社会契约遭遇瓦解的诸多迹象之一,其标志便是基督教联盟的政治地位与影响力日益增强。上述这种自由主义的特点是通过促进经济增长和满足消费社会的需求来解决分配性问题,其衰落亦见证了"身份政治"（politics of identity）的兴起,所谓身份政治,即关于一系列以身份为基础的群体对法律和文化认同的需求激增的政治。这类群体——诸如女权主义者、同性恋者和非洲中心主义者（Afrocentrists）——大多是新左派和20世纪60年代文化激进主义的派生物,它们往往被认为、也自认为是"解放"（liberatory）运动或"左翼"（left-wing）运动①。

但是另一些以身份为基础的群体也同样重要,这些群体的出现和兴起是为了回应20世纪60年代的文化激进主义浪潮,并试图抵制这一浪潮中更具解放性的成果。在这些群体中基督教新右翼（New Christian Right）十分引人注目,作为一个松散的群体、组织和运动联盟,基督教新右翼力图对抗他们所认为的

---

① 有关20世纪60年代的"遗产",请参见吉特林（Gitlin）,1995年与伯曼（Berman）,1996年。

美国社会中的消极因素,并以"正派美国人"(decent Americans)和"传统基督教价值"(traditional Christian)的名义来倡导家庭观念(family values)。通过借鉴新左派的草根组织策略、坚决的意识形态作风,以及声称自己代表了被边缘化和受伤害的美国人,基督教新右翼以各种方式来提升自己在身份政治中的筹码。

身份冲突是今天美国公共生活的核心特征之一,这一特征在近期的诸多争论中得以印证,如有关黑人的争论、辛普森案的判决、平权法案、堕胎问题、男校或女校的正当性、军队中的同性恋问题、同性婚姻的合法性、反对同性恋权利合法化的公投,以及1996年联邦最高法院就"罗曼诉伊万斯"案的裁决对上述公投的挑战、独尊英语的提案、移民法以及对所谓"外国人"(aliens)的待遇。很难想象当今的公众舆论会在这些争论中缺席。这引发了一些根本性问题的争论,包括种族、性别、性取向、语言、公民权以及什么是"美国人"等。这些都是具有深刻分歧、暗含争端,且往往具有深度对立性的概念,哲学家将此称之为"存在"(being)——这些概念包括了什么是人、什么是性别认同、什么是"黑人"(blackness)、"白人"(whiteness)以及介于两者之间肤色深浅不同的人种、何为法的目的,以及政治争论的基础等,无论这些争论是否能够诉诸美国宪法、自然权利、民主、公共事业,亦或是归咎于上帝、物种的命运、历史罪行或历史清白。

我们对这个宏大的命题十分感兴趣:这种政治对于思考民主将产生怎样的影响?民主政治以何种方式控制、管理和规范这些争议?在本文中,我们将通过关注基督教新右翼的意义,以着力解决这一宏大命题的冰山一角。基督教新右翼是一支新兴的基督教右翼,其根植于一些源起世纪之交的基督教"原教旨主义"(fundamentalism)的古老形式,但一些重要的方面是在应对新左派政治的过程中得以塑造的。这是我们想在本文中讨论的政治现象。大体上,我们对"宗教原教旨主义"(religious fundamentalism)不感兴趣,但却对基督教新右翼带来的特殊困境以及身份政治在更广泛的背景下对美国自由主义发起的挑战除外。我们这里所讨论的内容并非意图去阐释阿富汗、阿尔及利亚或耶路撒冷等地由宗教原教旨主义造成的挑战，而是仅仅想探讨当今美国所存在的特殊类型的基督教原教旨主义政治化所构成的挑战②。

虽然许多自诩为"共产主义者"（communitarians）的人乐于见到这种受宗教鼓舞并以价值观为基础的政治主张的兴起，并将其看作自由主义公共生活中"薄弱"（thinness）面的一次进步，但自由主义者回应这种发展时则带有更多的自我防卫和警惕意识，他们试图重获古典自由主义对于"宗教自由"（religious liberty）和政教分离的承诺，并再次阐明自由主义政治哲学是一种包涵文明、妥协以及有序公共生活的哲学理念③。在这些主题中最突出的论述是由约翰·罗尔斯（John Rawls）1993年提出的"政治自由主义"（political liberalism），这一观点同时得到了斯蒂芬·摩西多（Stephen Macedo，1995年）、斯蒂芬·霍姆斯（Stephen Holmes，1988a和1988b）以及其他学者的维护。政治自由主义首先试图维护某种个人自由观念的优先权，反对如宗教原教旨主义等"完备性学说"（comprehensive doctrines）的政治诉求，政治自由主义者认为这种"完备性学说"的企图是闯入公共领域。政治自由主义赞同运用司法策略，尤其是法理论证的部署和法院司法审查的实际应用，将政治进程从受宗教鼓舞的美德概念中隔离出来，并限制公共生活在道德领域的政治化。而本文的目的正是要对这种政治自由主义进行批判。

---

② 本文最初是作为耶鲁大学的一篇论文呈现于世，一位哲学智者反映道其可以被解读为对所有类型暴政的一种粉饰。他声称，倘若在1932年的魏玛共和国（Weimar Germany）且"纳粹"这个词被"新基督教右翼"所替代，那篇文章将被清楚地视作纳粹党人对自身的防卫。我们如今的回答十分简单：这篇文章阐述的与魏玛共和国无关，而是1999年的美国民主，并且只有对新基督教右翼毫不知情的人才会将其比作1932年的德国国家社会主义者。在本文中，我们的主要意图之一即批判这种对美国宗教右翼所具有的重大意义的偏见，但是我们所做的努力并不会使我们成为这些宗教右翼的"守卫者"（defenders）。

③ 对于共产主义者的观点，请参见贝拉（Bellah），1991年；卡特（Carter），1993年；克劳斯（Cox），1995年。

不像许多"共产主义者",我们对于那些激励政治自由主义的关注并非毫无同情。我们认为政治自由主义者一定程度上受到了道德专制主义(moral absolutism)和经常以宗教右翼为特征的宗派主义(sectarianism)的困扰,并且正确地将宗教右翼视作对诸如个人表达自由以及文化、宗教多样性等重要历史成就的一种威胁。我们认为政治自由主义者恰当地将这些成就视为政治关切,这些政治关切无法通过诉诸形而上学的真理陈述(truth-claims)而持续存在,但却意味着以特定的方式组织政治权力。

然而,我们强烈地不赞同政治自由主义者将非政治化的政治作为一种应对原教旨主义所发起的挑战的方式。在本文中,我们将会论证政治自由主义者用以谋求隔离公共舆论并使有关美好生活的言论私人化的规避模式(modes of avoidance)或"言论限制法规"(gag rules)在哲学上和实际运用上都是缺乏完善的。哲学上,"公共理性"(public reason)应排除宗教维护模式的诉求,它依赖于政治认同和公共舆论中的一个令人难以置信的"薄弱"概念。实践当中,这一诉求过分地依赖于诸如司法审查(judicial review)的方法,这些方法在公众中声名狼藉,并与结社自由、政治多元化和集体自治等民主价值观之间存在令人不安的紧张关系。此外,这些司法强制策略易于造成原教旨主义的"反弹"(backlash),而这一"反弹"只会使得那些最初激发政治自由主义的问题更加严重。

虽然我们既不理会政治自由主义者的关切,亦对民主体制中司法审查的重要性不置可否,但我们却为一种更加公开的政治民主方式争辩不已,这种方式可以更加普遍地解决宗教原教旨主义以及身份政治在公共生活中带来的问题。我们认为解决这一问题最切实可行的"方法"(solutions)将被发掘于公民社会。找寻方法的形式以善为目的,但难免有关于基本价值观问题的激烈探讨与辩论,这些形式具有实际解决问题并授权的模式,可以有效地减少各种形式的原教旨主义所经常表达出来的异化和焦虑。

这种充满活力的民主政治接受了一种以价值为基础的且被政治自由主义者

所畏惧的公共舆论，由此较之政治自由主义者所青睐的政治便更具有争议性，且在公共生活中展现出反自由主义的危险。但是反自由主义已然存在于公共生活中——当然，这正是政治自由主义本身的出发点——我们认为这部分源于组织化自由主义的缺失，特别是其对政治争论的厌恶。讽刺的是，我们认为政治争论的扩张超越了自由主义的范围，这些对私人与公众、理性与非理性的界限永远存在并时常无情的反抗事实上加强了自由主义关于个人自由、社会多元化以及公共文明的价值理念。

本文的论述分为四部分。首先，我们将界定什么是政治自由主义并对其产生的条件予以阐释。其次，我们将研究政治自由主义的理论缺陷。再次，我们将批判政治自由主义处理基督教新右翼所造成问题的方式，重点在于斯蒂芬·摩西多所陈述的莫扎特诉霍金斯案，这一受到广泛讨论的联邦法院案件很好地囊括了我们所关心的许多问题④。最后，我们将为公共生活中的宗教政治化（更宽泛地说是道德和身份政治化）提出一个更为民主的理由。

这是一个宏大且重要的主题，我们的论述显然有些笼统。我们的中心论点是政治自由主义太过缺乏政治意义，其在自身公共生活的概念中错误地给予了文明礼仪和秩序优于民主的特权地位。我们通过维护一个更具有活力的民主观点，意图去挑战上述的特权地位，这种挑战并非打着反自由主义的旗号，而是以一个激进、有力的民主自由主义为名义，这一民主自由主义深知在历史上实现自由并对公共权力予以宪法限制的重要性，但同时亦能意识到这些成就正是持久民主论战的对象。

---

④ 莫扎特诉霍金斯案件事实上是5个独立的决定。虽然每一个决定对其自身的权利来说都意义重大，但为简单起见，我们将其凝聚成一个单独的决定。有关更详细的信息，请参见《联邦判例补编》第579卷，第1051页，1984年版；《联邦判例补编》第582卷，第201页，1984年版；《联邦法律汇编第二辑》第765卷，第75页，1985年版；《联邦判例补编》第647卷，第1194页，1986年版以及《联邦法律汇编第二辑》第827卷，第1058页，1987年版。

对政治自由主义的研究

"政治自由主义"(Political liberalism)是对自由主义的一种阐释,是主要关注文明和公众秩序问题的自由主义的一种变体。政治自由主义最杰出的诠释者是约翰·罗尔斯,他在论文"作为公平的正义:政治的,而非形而上学的"("Justice as fairness: political, not metaphysical", 1985年)中创造了这个词,并在以政治自由主义为书名的著作(1993年)中进行了系统的阐述。虽然对于这一观点最为系统的辩护由罗尔斯完成,但支持者并非只其一人,在许多其他著名的自由主义理论家的著作中都可以找到相似的观点,诸如朱迪斯·史莱克(Judith Shklar, 1984年和1989年),斯蒂芬·霍姆斯(Stephen Holmes, 1988a, 1993a, 1993b和1994年),斯蒂芬·摩西多(Stephen Macedo, 1990年),以及理查德·罗蒂(Richard Rorty, 1983年)。

"政治自由主义"以何种方式表现其政治性?至少有三种相互区分的观念,在这些观念中这种自由主义承担起修饰"政治"的角色。第一种观念是罗尔斯在上文提及的论文中提出的,这一观念将自由主义标明为"政治性"(political)而非"形而上学"(metaphysical)。从这一观念上来说,政治自由主义所建立的基础并不是对人类自我本性或人类美德的形而上学的诉求,而不过是一种解释学,诠释着西方自由民主国家的政治文化在历史长河中的演变。⑤

---

⑤ 请参见罗尔斯对西方社会公共文化的研究(1993年,第8页,第13—14页);参见对作为历史传统的自由主义的研究(1993年,第xxlv—xxlx页);参见对作为典型代表的最初状态的研究(1993年,第25—27页)。罗蒂(Rorty)对这一说法所代表的哲学观点做出了最为细致的探讨(1983年和1988年,第44—72页)。

第二，政治自由主义被认为属于司法领域而非一门完全完善成熟的道德学说。换言之，政治自由主义所依赖的基础不但具有历史性，同样亦具有形而上学的特性；政治自由主义也可能是一种有关基本自由的"薄弱"概念，这一基本自由刻意回避了对美好生活强大或实质性的设想，而对广泛的道德观念持有余地，这些道德观念作为"理性的完备性学说"（reasonable comprehensive doctrines），在公平公正的政治自由社会不受约束地蓬勃发展。于是，在一个广泛多元的以宗教、文化形式以及生活方式的多样性为基础的社会中，政治自由主义则代表了罗尔斯所谓的"重叠共识"（overlapping consensus，1993年，第133—72页）。

第三，政治自由主义在其所专注的"社会基本结构"（basic structure of society）方面表现出"政治性"的特征，有人认为这是因为其与"宪法根本要旨和基本司法的诸多问题息息相关，尤其是关系到公民和政治自由的问题"。[226] 罗尔斯的《政治自由主义》基本上是一本论述宪政自由主义的著作，其内容主要关于民族国家的司法机构，而不是关于公民社会的权力结构和财产分配，亦不是有关全球政治正义或分配正义的问题（1993年，第11—12页，第24页）。

我们认为在上述的每一方面，政治自由主义只能被理解为与其试图修正的那种自由主义存在联系，事实上它必须被视作对先前自由主义的一次重大修正。我们所讨论的自由主义是种公共哲学，对其最具有影响力的论述莫过于罗尔斯自己的著作《正义论》（*A Theory of Justice*），这篇文章于20世纪50至60年代成文，并在1971年以书的形式出版，事实上当时已经跨入一个截然不同的年代［请特别参阅1951年、1958年、1971年，序言；同时参阅沃尔夫（Wolff），1977年］。对本文试图探讨的问题来说，《正义论》的两个特征十分突出。一是文章中广受评议的理性主义，其试图从某个决策程序获得一个不言自明的正义学说，而这一决策程序正是以一层"无知的面纱"（veil of ignorance）为特征的"初始状态"（original position）。较早的理论提供了一种已然更新的自然法论述，并过于轻信正义可以建立于人类推理能力的可能性。⑥ 第二个特征是在文章论述分配正义问题时所假设的集中性。虽然罗尔斯的"差异原则"（difference principle）被授予紧随"基本自由优先"（priority of basic liberty）之后的二级词汇的地位，但十分清楚的是，罗尔斯较早期的分配正义理论对任何有意义的政治性正义理论来说都是十分重要的部分。这种假设背后表达的是毫无掩饰且极其乐观地相信，经济增长可以通过调和资本主义市场体制中的不平等，包括"最不富裕"的社会成员所获得的经济福利，去缓解更多有关分配正义的激进且具争议的概念，似乎一次迅猛发展的浪潮就可以普度众生。

因此，伊恩·夏皮罗有充分的理由可以将罗尔斯的理论称作现代自由主义的"凯恩斯时刻"（Keynesian moment，1986 年，第 204 页—第 70 页）。正如谢尔顿·沃林所指出的那样："虽然《正义论》出版于 1971 年，但其很大程度上属于 60 年代，尤其在其关于经济持续增长的假设中存在一种围绕新政（New Deal）社会政策、种族主义失败以及福利国家的美好本质而建立的共识"（1996 年）。试图对理论论述进行历史化的过程时常存在着还原主义的危险，但罗尔斯的著作显然在这一情况下激起了自由主义者的深刻共鸣，并为战后自由主义民主体系的建立提供了一个在哲学上经过谨慎论证且具有政治吸引力的正当理由。从这个意义上来说，《正义论》象征着一种论述自由主义的特殊模式，并在政治理论家之间引起了巨大的反响，即使他们曾企图批评其中细节，并且这一论述在其鼎盛时期，与战后美国自由主义的"后意识形态"（post

---

⑥ 令人难以置信的是罗尔斯否认了他曾经试图做出这一论述（1993 年，第 xv—xvii 页，第 24—28 页）。

ideological）精神产生共鸣。⑦

在这一方面，罗尔斯和他的同事们近期更加维护的"政治自由主义"必须被视作对早期观点的一次实质性的修订。首先，这种"政治自由主义"对于早期处于哲学状态的概念所做出的解释性"澄清"（clarification），如"初始状态"、"无知的面纱"以及"反思性平衡"（reflexive equilibrium），这代表了理论正当性中一种理性上倍受谴责的反基础主义（anti-foundationalist）形式，并作为对十六世纪宗教战争的回应与自由主义联系在一起［罗尔斯（Rawls），1993年，第xxiv页］。更加重要的是，"政治自由主义"探讨的内容专注于内乱的危险以及解除这些危险的需求，就这一点而言，其明显是一个不太乐观的理论。事实上，正如一些支持者公开宣称的那样，这一"政治自由主义"是一种"恐惧自由主义"（liberalism of fear）［史莱克（Shklar），1989年］而非有关社会正义的自由主义，其十分忧虑20世纪60年代后期出现的尖锐冲突，并对这些冲突形式以及早期残忍暴力的形式之间的相似之处深感恐惧。因此，这一"政治自由主义"与其前身最突出的分配性问题关系甚浅，这不足为奇，而且事实上这些问题只获得很少的关注，属于"宪法上"的次等问题。⑧

---

⑦ 在这方面，应该认为罗尔斯的书既呼吁情感，又在诸如施莱辛格1949年和贝尔1960年完成的后历史经典之作中得以发展。布林克利（1995年）对于这一消费主义（consumerist）的自由主义的演变以及其是如何理智地压制更多具有争议的有关分配正义和政治参与的问题做出了强有力的解释。值得强调的是，这种自由主义不是唯一可能的类型，我们对其的批评是无法将整个自由主义包含在内的。我们认为作为一个整体的自由主义证实了一段大众政治参与在历史上遭遇长期的质疑，和对公众与私人边界政治化更为强烈的质疑。但是自由主义的传统是丰富多样的，必定存在一些类型不属于我们在此具体批判的自由主义之列。例证请参见赖安（Ryan），1993年。

⑧ 斯蒂芬·霍姆斯（Stephen Holmes）（1993b，第39—47页）对此在其评论罗尔斯1993年著作时有所探讨。罗尔斯的政治自由主义确实承认了道德与政治多元化存在的必要性，并试图发掘一个能够界定制度化冲突的公共舆论概念。尽管如此，正如我们下面讨论的那样，这种公共舆论概念是狭隘的，其试图隔离政治进程与最具矛盾的伦理冲突，并将诸多舆论与身份政治相关的特征有效地归于私人领域。

因此，政治自由主义是一种被管制的自由主义，其产生于萧条时期，特征是共识的匮乏、利益竞争观念的蓬勃发展，各种"原教旨主义"的涌现以及因经济增长率下滑和政治重要性长久匮乏而造成的斗争趋势的恶化［参见迪翁（Dionne），1991年；埃兹尔（Edsall）和埃兹尔（Edsall），1992年；菲利普斯（Phillips），1993年；以及吉特林（Gitlin），1995年］。表达上的差异是显而易见的，因为政治自由主义涉及的中心框架正是后改革时代的宗教战争，它不断唤起并诱发反对政治自由主义发展的恒久可能性［参见罗尔斯（Rawls），1993年，第xxiv页及霍姆斯（Holmes），1994年，第601—602页］。事实上，根据罗尔斯的论述，政治自由主义对自身评价最重要的方面是反对强制实行宗教信仰，该宗教信仰一直保持可能性，无论"完备性道德学说"和具有争议的美德概念何时进入公共领域并基于政治权力组织提出诉求（参见罗尔斯，1993年，第37页以及1985年，第248—251页）。因此，政治自由主义回复了20世纪60年代的文化政治与紧随其后的组织化自由主义崩溃所抛出的严肃问题。政治自由主义是针对冲突政治存在的法律体系，其按照多个维度进行划分，其中膨胀的话语权不断干扰着公民隐私，相互竞争的身份诉求威胁着"负荷超载"（overload）的政治权力［参见亨廷顿（Huntington），1975年；克洛泽（Crozier），亨廷顿（Huntington），以及绵贯（Watanuki），1975年；葛兰登（Glendon），1991年；埃齐奥尼（Etzioni），1993年；以及艾尔西坦（Elshtain），1995年］。

如果说在过去30年中，现实自由主义政治的历史是在尖锐冲突的压力之下一段有关内乱的历史，那么政治自由主义代表的内容便如罗尔斯所直白描述的那样，是对这些争议的"规避方法"（method of avoidance）（1985年，第231页）。⑨ 正如一位评论家所说的那样，政治自由主义"试图有针对性地回

---

⑨ 有关罗尔斯另一篇支持公共生活观念更具协商性更民主的文章，请参阅科恩（Cohen），1994年。

避深刻的形而上学问题,这些问题是多元化社会的一部分,必定作为现代性的永久特性一直持续,而这一现代性则是以不可比拟且相互冲突的美德观为特征的"[亚历杭德罗(Alejandro),1996年,第3页]。政治自由主义试图通过主要范畴去影响对道德争议的"规避"(avoidance)并以此防止公共生活的不稳定,而这一范畴正是"公共理性"(public reason)。

根据政治自由主义,正义的中心规则即为"我们必须区分在根本问题上公民普遍接受正当性的公共基础与诸多从属于仅由肯定者所接受的完备性学说的非公共基础"[罗尔斯(Rawls),1993年,第19页]。政治自由主义因而坚称当个人在一个公正的社会中相信无论他们选择何种意义的人生和该意义的终极渊源如何,甚至在个人生活的有限环境中依据这些信念行动,无论这些道德信念和实践何时波及政治领域并威胁到公共权力组织的决定时,情况将变得危险。因为当这一情况发生时,原本因自身属性相互分割且竞争的信念开始形成霸权地位,威胁到那些持异见的人,并产生焦虑、防御心理和深恨的敌意。如霍布斯(Hobbes)一样,政治自由主义者担心深层次和特殊化的信念将会导致踌躇与分歧,并且他们亦如霍布斯一样,认为使这些信念通俗化和私人化以防止危险的政治后果十分重要。政治自由主义者因而建立于一项有原则性且直率的信念,该信念致力于公共和私人生活领域之间的制度与司法差异。[即从从属语义因素来看,罗尔斯所谓的"非公共"(nonpublic)生活]。回应此种差异的是适用于这些领域的舆论模式之间同等重要的差异。

"非公共理性"(Nonpublic reason)是适合于多种民间组织领域的理性形式,如"教堂与大学,科学协会与专业团体",其存在于更为广泛的社会。"非公共理性"因其多元性以及形成于诸多不同背景和特定情境形式的现实而显得与众不同。非公共形式的理性通常总结得出一系列有关最终价值的充满竞争与冲突的"完备性"(comprehensive)概念以及享受美好生活的方式。在"非公共"领域,一个人可以赞同,通常亦会表示赞同那些被民众深刻信仰的特殊信条与信念,"强烈的感情与热忱的希望"(strong feelings and zealous aspirations），以及对没有被阻碍的信念的践行［罗尔斯（Rawls），1993 年，第 190 页、第 220 页］。

另一方面，公共理性是独一无二的，其适用于作为一个整体的民族国家组织。如果非公共理性有赖于综合价值方案的多元性，那么公共理性就有赖于阐释所有"理性"人都将亦都应遵守的一般标准，而不管其怀有的非公共的愿望和信念［罗尔斯（Rawls），1993 年，第 217 页］。公共理性通常是抽象的和司法的；当面向协商中对话双方的非强制性协议，它是冷静与理性的；它以一种无论他们身份如何特殊却均能理解的方式表达。总之，公共理性是一种有关舆论和协商的模式，该模式包括对作为更广泛社会特征的身份与道德关切的深刻感受及其引起的具有争议性的问题，该模式同时能有效地使这些关注私人化，并借此将公共生活的共识提高到"更高的层次"。

公共理性的领域是公共生活本身，亦即各种形式的决定"基本制度和公共政策"（basic institutions and public policy）的公共协商［罗尔斯（Rawls），1993 年，第 190 页］。⑩ 正如罗尔斯写道：

> 公众理性的局限不适用于我们个人对政治问题的考虑和反思，也不适用于诸如教会和大学之类协会的成员对政治问题的推理，所有这些都是背景文化的重要组成部分。坦白说，多种宗教、哲学和道德考量在此将适当地发挥作用。但是，公共理性的理想适于热衷在公共领域进行政治宣传的公民、政党成员以及竞选中的候选人和支持他们的团体。同样适用于当宪法根本要旨和司法基本问题危如累卵时公民在选举中如何抉择的问题。(1993 年，第 215 页)

这里的基本点是虽然个人可以自由地实现公民自由去思考他们想要思考的

---

⑩ 罗尔斯在整篇文章中对这个问题都含糊其辞，他对于公共理性是否适用于"宪法"问题、"宪法根本要旨与基本正义"的问题以及"基础机构和公共政策"（basic institutions and public policy）的问题犹豫不决。

事，但在公共舆论和政策形成的领域，只有真正的公共理性，那些被人们抹去特殊宗教道德内容和感染力的理性才是完全有价值的，具有权威和有效性的，才可以拥有法律效力。

罗尔斯审慎地认为其他种类的公开宣传不应被取缔，因为这样做将违反政治自由主义意图捍卫的基本公民自由。因此他坚称这种公共理性的理想"强加了一种道德的，而非法律的责任——公民责任性，使得能够向他人解释"为什么一个人的观点应该被那些持有不同价值观的人所接受，并且在倾听不同观点并愿意对其妥协时保持公正［罗尔斯（Rawls），1993年，第217页］。因此政治自由主义并不取缔或禁止任何形式的政治言论（political speech）。

但罗尔斯同时坚称不符合"公共理性"要求的政治言论缺乏宪法效力，其无法囊括基本的价值承诺，也不能使我们对这些言论所倾注的热烈情感平静下来。他写道："我们运行政治权力是适当的，而且仅与那些可被接受为'合理的和理性的'（as reasonable and rational）的原则相一致时，我们运行政治权力才是正当的"；那些"对特定目标的强烈情感和热忱愿望并没有使人们做出诉求，以争取社会资源或者设计出实现这些目标的公共制度。欲望和需求，无论如何强烈，在涉及宪法根本要旨和司法基本问题时都无法证明自身的正当性"。最后，"优先权赋予了正义原则在公民协商中绝对的优先地位，并限制了公民改进特定生活方式的自由"（1993年，第217页、第190页、第209页）。所以，当存在完善的公民言论自由时，"公共理性"理想的作用就是，现在看来似乎是，使特定舆论模式处于相对弱势并且在政治上毫无效力。

因此，公共舆论被政治自由主义以公民秩序的名义限制着。矛盾的是，为了使所有公民的"基本自由"（basic liberties）具有应有的安全性，这些自由的实现必须受到政治上的限制。政治自由主义设想了两种有关这一限制的主要模式。一种模式是修辞上的，另一种模式包含了更多的制度和主权内容。对于政治自由主义，第一种简单说来即法律论述成为公共舆论的一种范式。正如罗尔斯（1993年，第254页）所论述的那样："为审视我们是否遵循公共理性，我们可能要问：我们的论述若以最高法院意见的形式会造成怎样冲击？合理吗？还是毫无道理？"从一个层面上来说，正如罗尔斯自己清楚认识到的那样，这种审视是一种空洞的形式；并且由于过去200年里美国最高法院的裁决所涉及的范围广泛得令人不可思议，因此其无法提供宝贵的指导。但是另一个层面上来说，媒介只是一种信息，形式才是真正重要的事情；罗尔斯试图告诉我们，公共理性需要一种远离"强烈情感与热忱愿望"的进化、形式与抽象性，并且"强烈情感与热忱愿望"实际上构成了现实的自由主义民主社会的公共舆论。

但是，罗尔斯在这里的观点不只是修辞上的，他提及最高法院意见的案例也远非偶然。司法协商阐释公共理性，当公共理性被违反并产生不公正时，司法审查依法予以裁定，在此种意义上，对政治自由主义而言，法院是根本上、最终的以及有效的公共理性仲裁者［参见罗尔斯（Rawls），1993年，第231—240页］⑪。更准确的说，正是司法审查的功能决定了"完备性学说"何时不恰当地超出了其固有的领域，何时进入了公共领域并试图决定"司法和公共政策的基本问题"（basic questionsof justiceand public policy）。因此，对政治自由主义而言，法院作为自由主义司法的"脊梁"（spine），发挥着重要的作用［摩西多（Macedo），1995年，第482页］。

对政治自由主义的批判

我们如何看待这样一种政治自由主义？一方面，它具有的优势是对过去三十年变化环境的应对以及将政治冲突的问题理论化，这些问题的解决方案理所

---

⑪ 有关政治自由主义的司法审查的核心是由亚历杭德罗（Alejandro，1996年，第22页）和沃林（Wolin，1996年，第102页）提出的。

当然地应该是更乐观的、有关正义论的"意识形态终结"（end of ideology）式的自由主义。政治自由主义否定存在内嵌于自身的自然和谐以及理性的形而上学形式可以毫无问题地实现立法正义的观点。它承认司法是一种政治建设（political construction），自由民主的主要制度——公民自由和代议制政府——有赖于权力的运行，它们从宪法上压制并边缘化现存的替代方式，诸如政府独裁以及直接宣扬政府独裁的各种"完备性学说"。

我们都认为公民自由是值得受到制度保护的重要成果，以宗教或道德信条的名义对其进行剥夺是非正义的，这些宗教或道德信条企图获得超越于"基本制度和公共政策"（basic institutions and public policy）之上的垄断性权力，或企图将某类公民排除在平等的法律保护与政治进程之外。尤其我们都深切关注保守的宗教政治化是如何将当下政治生活道德化的。这种道德化对有关少数民族、女性和同性恋自由的重要成果造成威胁，它代表了一些反对改革的行为，试图将带来这些真正成果的政治之钟（political clock）往回拨，并复燃那些已经被成功抗争的非正义。⑫ 总之，尽管不是宗教右派的所有要求，但许多都是与历史上出现过并被制度化的民主平等基本准则相对立的，而我们赞同的政治自由主义正是这些要求所反对的。

尽管如此，我们并不认为政治自由主义是一种合理的增进自由或者增进被自由所珍视的"文明"（civility）的方式［罗尔斯（Rawls），1993 年，第 217 页］。政治自由主义有三个显著的不足之处。首先，其错误地定义了在狭义法学方面的问题，如当其进入狭义理解上的公共领域，决定诉求是否正当时所依据的司法判定规则。如卡尔·波普尔的具有科学性的"证伪主义"（falsificationist）哲学一样，政治自由主义错误地推测彻底分离的探索方法与证实方法之间的可维持性；换言之，其假定政治理论可以以"公共"理性的形式关注

---

⑫ 在宗教右翼的反动本质方面，一定程度是其对 20 世纪 60 年代政治开放的回应，请特别参见李恩内施（Lienesch），1993 年。

自身与"公共"制度、政策,并能简明地概括公民社会中作为"背景条件"(background conditions)的制度和舆论,这些"背景条件"与社会学甚至政治学相关,但与民主社会中公共权力合法运行的理论化却毫无关联。

但是,"公共"与"非公共"之间的这种差异——政治自由主义试图通过新的方式加以恢复并产生相似效果,而无需借助于自然法或先验理性的经典自由主义差异——是完全站不住脚的。讽刺的是,虽然声称具有"政治性",但政治自由主义对于公共理性狭窄的关注使其忽视了当代自由主义社会与政治资源所处的困境。然而,当下这些烦扰自由主义问题的原因——乖戾(fractiousness)、粗暴言行、稀缺道德和经济资源的冲突,对于理解任何严肃政治理论都显得重要。这些问题在特定的历史时期出现在特定的公民社会,与这些问题相关的伦理、文化和政治的诉求的表达超越了当下所组织的自由主义;在这个程度上,这些问题可以看作是自由主义本身局限性的象征。另一推进方式是一种政治理论,其完全无法应对自身试图处理的问题,这一政治理论面对公民社会里所发生的事情、"理性的非公共运用"(nonpublic uses of reason)以及整个社会中构建与争夺权力的方式时,表明了自身伦理性与解释性的冷漠。如果罗尔斯式的社会民主自由主义在大约1971年所表现出的乐观是错误的,那么这也许表明了在悲观的、更加简约的、对于其挑战者的唯一回应就是以"公共理性"为名加以排斥的自由主义背后,需要以更加直接的方式应对自由主义的局限性,而不是做出退缩,无论这多么可以被理解。总之,政治自由主义错误地使当下困扰自由主义的正当性问题沦落成骚乱选区的病态习性问题,并忽视了他们所牵连其中的深层次权力问题。

政治自由主义对于公民社会中正在发生的事情显示出方法论上的漠然,这与其第二个缺点有所关联,即政治自由主义对于"公共"与"非公共"理性的区分不能自圆其说。除了通过专制规定,概念上区分考虑的策略、适合公共的而反对非公共过程的舆论模式,或是以可能引起所有理性人更广泛的赞同的社会争论的名义囊括基本价值问题的模式,都无法合理地延续下去。因为每一个政治共识依赖于并会加强背景假设和基本价值信念,因此公共争论须包含这些信念的要求只能在赋予原始地位特权时提出。正如哈贝马斯所认为的那样:

> 如果司法要求伦理问题被包含在一般的公共舆论之中,那么此类舆论将丧失其合理改变准政治态度(prepolitical attitudes)、寻求解释并评估导向的能力。根据"对话性制约"(conversational restraint)的这一解读,对于表面看似具有争议性的实际问题,不应只进行进一步简单地探寻。这相当于将有关美德的问题视作"私人"事务……这样一个严格的更何况是排除了伦理问题的限制至少在暗中将侵害有助于固有传统承继背景的进程(1996年,第309页)。⑬

现代自由主义的历史实际上是一段反反复复并时常成功的历史,其质疑私有化战略,破坏家庭生活的界限,违反从法律强制执行的公私界限,拒绝接受作为"背景条件"的舆论模式以及对正义感来说是种侮辱的权力模式,企图开拓这些事务的前景并将其政治化,以及改变这些事务带来的不满和不公平。现代女权运动的历史即这种过程的简单案例,它的活动、关注点以及长期被认为具有"私人性"的表达方式都被认为是历经深刻构造并具有争议,且是被迫进入公共领域的〔参见埃文斯(Evans)和伯特(Boyte,1986年);弗雷泽(Fraser,1989年);以及杨(Young,1990年)〕。事实上,将自由主义努力固化公共与非公共边界的掠夺历史完全描述成为一段自由主义民主化的历史是十分准确的。

很明显,政治自由主义试图阻止这段历史,它见证了当下饱含很多争议的问题,试图以司法机制保障有关基本问题的共识并使遗留的分歧非政治化。⑭

---

⑬ 关于运用哈贝马斯的观点去形成一个非常类似于罗尔斯批判的论述,请参阅肖(Shaw),1997年。

⑭ 由霍尼希(Honig,1993年,第26—61页)做出的类似评论,请同样参见墨菲(Mouffe),1993年。

但是这种非政治化的策略难以奏效。因为如果将特别"公共"的争论和协商模式的观念物化是极其困难的,其中的协商可能包括基本价值信念和舆论形式,那么使这样一个概念与已然在实际历史进程中演化并繁荣的民主争论所具有的混乱和争议形式相一致则更加困难。细想一下,这些舆论与废除主义(abolitionism)、民粹主义(Populism)、戴波西恩社会主义(Debsian socialism)、民权运动(civil rights movement)、第二波女权主义(second-wave feminism)有所联系。通常用以动员支持者并维护争议诉求的公共舆论和论证具有深刻道德性和争议性,有时甚至带有深刻的宗教性,其暗涵基本价值,并引起强烈的回应和热忱的拥护。这些舆论在一开始难以形成广泛共识。它们常常被看作是狂热的、教条的和"非理性的"(irrational)。我们不能忘记,马丁·路德·金(Martin Luther King)所著的"来自伯明翰监狱的信"(Letter from Birmingham Jail)[金,1991年(1963年)]向白人所谓的温和派解释,"我们为什么不能再等待"公民权了。马丁·路德·金为了支持其所谓的"创造性极端主义"(creative extremism),他援引了希伯来书和基督教圣经中的预言性传统以支持非暴力不合作主义(disobedience),这是一种非暴力的政治抵抗形式,但却是饱含热情的、具有争议并依然扰乱正常的"公众和平与文明"。⑮ 在罗尔斯看来,此类政治宣传在非公共领域似乎是适当的,但作为合法政治权力运行的辩护形式却是不合适的(1993年,第363—391页)。⑯ 然而,很难想见自由主义民主如何在此类公共舆论缺失的情况下产生,正如很难想象在此类

---

⑮ 著名的伯明翰运动被称作"C计划",其目的是为了"对抗"。请参见威廉姆斯(Williams,1988年,第182页)以及伽罗(Garrow,1986年)。如需要更加具体且具有竞争性的公共舆论概念,请参阅杨(Young,1987年)、弗雷泽(Fraser,1992年)、维拉(Villa,1993年)以及卡鲁普(Chaloupka,1993年)。

⑯ 约书亚·科恩曾经提醒我们罗尔斯(1993年,第363—391页)对于一个有关非暴力不合作主义的有趣讨论进行了概括。然而我们依旧不相信这一主题是以罗尔斯理论的任一版本为核心的,我们的论点是罗尔斯的观点与非暴力不合作主义并不相符,但是这一争议和具有深刻道德意义的舆论模式通常会鼓励非暴力不合作的实践逃避罗尔斯理论。

舆论被驱逐出公共领域的情况下，除非假定伦理—政治的冲突已经到达了一个绝对的历史终点，自由主义民主是无法在任何意义上得以繁荣的。

事实上，罗尔斯本人似乎意识到了这个问题。政治自由主义包含了对废除主义和民权运动的简短讨论，其中罗尔斯承认了"公共理性"概念明显的"排他性"，并试图以一种更加"包容性"的方式重构"公共理性"的概念。他承认废除主义者和小马丁·路德·金（Martin Luther King, Jr）所援引的完备性道德学说和宗教教义似乎已经超越了"公共理性"，然而他却声称他们没有违背"公共理性的理想"（ideal of publicreason）。他为此观点提供了两个理由。一是他们面对的"社会"并非"秩序井然"（well ordered），进而会存在关于社会基本结构的显著的并可假定的合法分歧。二是如果我们视这一问题为概念的而非历史的，我们就可以看到因公共理性理想自身的缘故，这些伦理—政治运动已经超出了公共理性的范围。正如他所说：

> 由于这个原因，废除主义者和民权运动的领袖并没有违背公共理性的理想，或者更准确的说，他们并未呈现出他们认为的，或再三考虑后认为的（因为他们当然可以这样认为），他们所呼吁的完备性原因被要求给予随后将实现的政治性概念以充足的力量（1993年，第251页）。

但是这种解释在极端情况下是以尚在争论的问题为依据的，并不能简单地发挥作用。首先，它是非常模棱两可的。说到民主积极分子，他们并未违背自身所想或者再三思量后所想呈现的公共理性，他们用以构建公共理性的道德舆论将引起一个完全假定的情境——他们可以赞成也将会赞成罗尔斯的公共理性，尽管事实上他们并没有这样做，但这为的是解释一个同样假定的诉求——即他们是罗尔斯式的自由主义者（Rawlsian liberals），如罗尔斯一样"呈现出他们所想"。但事实上，他们并不像罗尔斯那样讨论，更确定的是他们不会那样思考，这一点罗尔斯本人也十分明了。这就是为什么他如此模棱两可地构建论据并坚持"在概念层面而非历史层面上"（conceptually and not historically）

236

考虑问题。罗尔斯希望将一个假设的且"概念层面的"威廉·劳埃德·加里森（William Lloyd Garrison）或马丁·路德·金（Martin Luther King）包含在他的解释内，以此替代真实的历史人物，这些历史人物规避罗尔斯的解释，并通过运用有关道德谴责和预言性批判的丰富语料去追求自身概念上的自由。其次，宣称这些人物与失序社会相抗争的意义是什么？如果评价一个秩序井然社会的标准恰恰是其本身，那问题又是什么呢？例如，在何种基础上罗尔斯可以自信地宣称内战后的美国秩序混乱但当下美国社会并非如此。我们并不是在质疑奴隶制是错误的，也不是在质疑已经实现的解放，但我们质疑这一含蓄的见解，即自由已经实现并且我们已经到达历史终点，那样的话更进一步的争论便显得没有必要。事实上，我们可以更进一步。我们质疑这种有关公共舆论的、具有限制性的罗尔斯式概念能否公平地评判罗尔斯本人所赞赏的实际自由成果。

罗尔斯将"公共理性"用作评判合法公共舆论的行为遭受了极大质疑，而且他也没有理由来支持他理论所认同的散乱的牵制战略。采取不同的策略并对一系列可能约束公共权力的理想与程序提供一个合理的解释是有可能的，但如果这些程序特别"合理"或是超越于广泛的信念之外却另当别论了。这些将成为程序民主本身的理想和程序。这些规范可能会使得政治行为的某些形式失效，比如那些涉及利用恐怖主义并向对手进行人身威胁，或促发动乱暴力的政治行为，再比如那些运用政府权力直接导致特定个人或团体沉默或被剥夺公民权的政治行为。但是很难看到这些程序民主的规范将如何解决这些有关政治自由主义的"不文明"问题，因为今天大多数重大的且引起分歧的道德冲突正是在程序民主规范的范围内倍受争议的。

正如罗尔斯所写的那样，政治自由主义的观点是"呼吁一种正义概念去区分那些可以合理地从政治议程中移除的问题，以及那些不可以合理移除的问题……面对多元化的事实……一个自由主义的观点移除了政治议程中最具有分歧的问题、普遍的不确定性以及必然破坏社会合作基础的严肃争论。"（1985

年，第 13 页、第 17 页）但是困难恰恰是对于"可以合理地从政治议程上移除"的问题不存在共识，或者从某种程度上说存在这样的共识——例如，奴隶制是错误的，或言论自由是正确的（虽然我们对这两个共识存在疑问⑰）——这一共识与解决那些存在重大分歧的紧迫问题毫无关系。

  政治自由主义的问题在于它面对这一困境时所表现出的深刻的模棱两可性。换句话说，政治自由主义意图提供一个解决这些困难的理论化方案，该方案通过将减轻我们这个时代的不确定性并减少争论的"公共理性"概念具体化来解决困境。但是政治自由主义没有也无法提供一个合理的公共理性概念，使我们可以宣称有关诸如非洲中心主义、基督教原教旨主义、激进的女权主义、同性恋政治或批判平权运动及堕胎权利的典型政治宣传模式（the modes of political advocacy）是"非理性的"（unreasonable）。作为回应，政治自由主义挥舞着它另一只手，但事实证明并不是一支理性的柔软之手，而是一支强制的铁腕。政治自由主义者似乎认为，如果我们想减轻我们之间的对抗并享受社会合作的成果，那么我们必须在自由民主极其简单形式的价值上达成共识，并必须同意将我们其他分裂的差异非政治化。该"必要要件"（must）是哲学的祈使必备要件，也是权力统治的必备要件。最终看来，尽管许多选民拒绝承认这一规避政治的合法性，但政治自由主义要求必须实行，包括那些没有被说服的人也必须实行。这就是为什么法院在政治自由主义的理论中承担着如此突出的作用：因为他们代表了一种外在的权力形式且这一形式在理论上位于难以控制的多数民众之上，他们同时还代表了一种"理性"的形式，可以通过清除意识形态派系的公共舆论，并驱逐出政治中的嘲讽以使我们充满争议的公共生活

---

 ⑰ 为什么我们想知道这两个共识的原因超出了本文的范围。但是奴隶制议题引起了全球经济中普遍存在的奴役和强迫劳动的各种问题，自由民主参与到全球经济之中并发展繁荣；言论自由的议题引起了错综复杂的有关媒体的法人所有权（corporate ownership of the media）和竞选财务立法（campaign finance legislation）的难题。在这两种共识下，这些价值已然确定含有朴素和无疑问的意义，这一想法荒谬地冲击着我们。

归于平静与和谐。

因此，政治自由主义关于"公共理性"的假设在理论上是站不住脚的。但是其同样缺乏一个更加实际的角度去看待问题，因为它的牵制策略亦是以自欺欺人的方式反民主的。毅然坚持认为政治舆论必须采取特定的形式，结社和行动主义模式的失败在于缺乏宪法有效性，这是对辩论自由流通的破坏，是对一个民主社会重要选民的权利进行无理地剥夺。这是以牺牲更多的多数派和更多矛盾公开的领域为代价去赋予法院系统相关的司法审查权力以特殊地位，且这些矛盾公开的领域中公共辩论可能超越了罗尔斯公共理性的边界。然而，当今美国政治中的司法机构已是声名狼藉，这一现状的形成与美国自由主义所获得支持的日趋削弱是相一致的。处于政治自由主义核心的司法救济（juridical remedy）因此倍受质疑，其可能只是将试图解决的问题更加恶化，并促使产生了更深刻的反自由主义保守对抗。⑱ 政治自由主义最为重要的衰败可能是对当下有组织自由主义以及自身合法性缺陷的疏忽，以及对起初激励基督教新右翼的政治动态的无视。我们可以通过更密切关注政治自由主义对待基督教新右翼现象的方式去将这一问题看得更加清楚。

政治自由主义的局限性：莫扎特诉霍金斯一案

在"自由主义公民教育与宗教原教旨主义：神诉约翰·罗尔斯一案"（Liberal civic education and religious fundamentalism: the case of God v. John Rawls）一文中，斯蒂芬·摩西多（Stephen Macedo，1995年）提出了一项政治自由主义应对基督教新右翼所提出挑战的运用。他所捍卫的自由主义是"一个有脊梁的政治

---

⑱ 杰里米·拉布金（Jeremy Rabkin）（1996年，第3—26页）认为新基督教右派的大多活动都是自由主义法院判决的一种回应。

自由主义"（a political liberalism with spine），一种能接纳"没有哪一种自由主义能使每一个人都快乐"（no version of liberalism can make everybody happy）的观点的自由主义，以及在处理各种形式的原教旨主义时，运用国家强制权力使特定原教旨主义者诉求无效的自由主义者被认为是正当的自由主义，尽管这将给那些考虑过的原教旨主义者带来苦恼。

摩西多的论点以解释1983年5个独立的联邦法院裁决为中心，这些裁决后来统称为广为人知的莫扎特诉霍金斯案。诉讼起始于田纳西州霍金斯县七个原教旨主义家庭起诉霍金斯县公立学校，诉称学校教授的自由主义价值妨碍了他们的宗教自由以及将他们的孩子作为基督徒抚养的宪法权利。[19] 根据维姬·弗罗斯特与她的共同原告所说，学校里使用的一些阅读材料宣扬科学理性、宽容、"相对主义"（relativism）以及其他违反原教旨主义信仰的"世俗人文主义"（secular humanist）思想。据莫扎特父母所说，圣经要求他们避免"向孩子们教授或传达任何被圣经教导视作邪恶的价值、信念或概念的故事和选择"，并且因为人文主义价值是邪恶的，公立学校要求他们的孩子阅读有争议的材料侵犯了他们宗教活动的自由。[20] 莫扎特父母进一步辩称，为了推进特定的宗教，即"世俗人文主义"宗教，学校的课程违反了第一修正案国教条款（First Amendment's establishment clause）。一个由"美国女性关怀协会"（Concerned Women of America）的迈克尔·里斯所代表的漫长诉讼随之而来，周围是更加复杂的政治景象，其中莫扎特父母被公开看作基督教新右翼抗争自由主义广泛进程的一部分，代表强大政教分离的"美国公民组织"（People for the American Way）与其他拥护自由主义的团体也加入争论。

美国上诉法院最终判定原告败诉以支持教育机构，否决了原告认为的公立学校课程通过教授自由主义基本价值观以侵犯他们自由行使权利的诉求，通过

---

[19] 关于这场争论更好的解读，请参见贝茨（Bates），1993年。
[20] 由律师迈克尔·法里斯提出的申诉，引用于贝茨（Bates），1993年，第156页。

豁免教育机构将原告的诉请解释为一个无法接受的为使自身宗教特权化的要求。摩西多认为，法院的裁决概括了政治自由主义的论证。这一裁决反驳了认为公民宽容的教育传播了所谓"世俗人文主义"的特别完备性学说的想法，同时亦维护了自由国家发展多样性的权利，即使这一多样性让有些市民感到不自在；法院断言虽然学校可能不会传授宗教教义，诸如所有的信仰在上帝眼中都是平等的，但它可以也应该教育学生，在国家眼中所有的宗教都是平等且无特权的。[21]

据摩西多所说，法院认为"理性的人"（reasonable people）可能不赞同美好生活，并可能极度反对不同宗教观点的价值观，但这些分歧并不完全是公共事务，并应合法地从公共舆论和公共教育中移除。人们可能不同意终极价值观，但"可能仍然同意诸如和平、繁荣和平等自由等公共目标是重要的"。摩西多（1995年，第474页）继续说，"政治自由主义并不是要求我们放弃那些我们认为是真实的事物，而是要求我们承认公开构建关于全部真相的任何单一解释是十分困难的。它要求我们在为共同政治制度奠定基础时搁置我们（真正的）信仰"。

因而，期望维姬·弗罗斯特和她的共同原告遵守公立学校的要求是合法的，学校以共同"公共目标"（public aims）的名义要求他们的孩子搁置他们的宗教信仰，并要求他们了解一些文学知识、学习一些公民技能，无论他们的宗教信念如何。更重要的是，当在公共领域推行主张时，期望原告搁置他们的宗教信仰是合法的，无论他们的宗教信仰多么根深蒂固。如果莫扎特父母希望把他们的孩子作为原教旨主义基督徒养育的话，这是私人的事情，他们应该有这样做的权利，也可以在教会、通讯社以及其他形式的自愿团体等他们认为合适的场合促进并传播他们的观点。但是，他们没有权利将这一观点转变为公共

---

[21] 摩西多主要关于法院判决意见的论述请参见著作《真实的法律》[摩西多（Macedo），1995年，第470—475页]。

政策。或者，重复罗尔斯的阐述："此类对于特定目标的强烈情感和热忱愿望并未使人们做出对于社会资源或者设计公共制度以实现这些目标的诉求。欲望和需求，无论如何强烈，在涉及宪政根本要旨和基本司法问题时都不是能够证明自身正当性的缘由。"（1993年，第190页）

摩西多遵循罗尔斯论证的逻辑，但是其观点更加明确并因此揭露了更多作为政治自由主义"脊梁"的霍布斯主义（Hobbesianism）。他始终认为政治自由主义并未试图将宗教信仰者和宗教言论从公共领域排除出去："政治自由主义的目标是为了表明，根据宗教和其他终极信念不同的理性人共同持有的理由与论证，最基本的政治权利与制度应该是正当的"（1995年，第474页）。原教旨主义者像其他人一样拥有表达诉求的自由，但是如果他们渴望以他们的意见去决定公共政策——如果他们想让自身的意见具有政治价值，而非形而上学的价值——那么他们必须搁置他们热情的宗教信仰与基本的宗教用语，采用更加"理性"的姿态和话语。摩西多坚持认为："问题的关键点不在于舆论，而在于强制的合法性基础。"虽然市民可以自由地表达他们的想法，但"在政治时代结束时"（at the end of the political day）自由主义者有理由认为"公共正当性"（public justifications）（1995年，第475页）只有在被适当表达时才是有效的。

据摩西多所说，联邦法院在莫扎特案中的推理反映了霍金斯县公立学校课程的教学法。法院的推理与学校的教学法都"搁置此类宗教问题"，仅仅处理自由主义公共秩序的要求，应对这些基本的、非宗教的、世俗的目标，视其为有关基本认知技能（如阅读、科学和数学）以及基本公民技能（如宽容和礼仪）的传授。摩西多承认，这一规避策略并不是"中立的"（neutral）措施；在某种程度上，其歧视"极权主义信仰"（totalistic faiths），如那些像维姬·弗罗斯特的人，极权主义信仰"尤其抵制以任何方式'概括'他们特定宗教真理并以此为角度思考政治（或其他事情）"（1995年，第478页）。㉒ 虽然否认谋求政治豁免和权利——这些豁免和权利对政治自由主义者而言，构成不了任何东西，除了与自由主义正义相对的特权，但是政治自由主义者对极权主义信仰的限制是肯定存在的，他们仅允许此类信仰在私人领域发挥作用，（摩西多，1995年，第489页）。因而，莫扎特案中原告所提出的诉求是非自由主义的，并且应该受到抵制，该诉求主张公共生活应该被建构成对他们的特殊宗教世界观而言是无负担的。它应该在理论上受到政治自由主义者的批判，并应被正确地致力于政治自由主义信条的司法机关宣告无效；而更不温和的诉求——此类诉求并不简单地限制对原教旨主义的公共负担，还要求在政治上制定宣扬原教旨主义价值的法律——应该同样基于自由主义的缘由被宣告无效。

摩西多有关政治自由主义"政治承诺"（political promise）的论证对于思考美国公共生活中宗教和政治的相互作用具有深远的影响。这表明了最近被基督教新右翼镇压的整个一系列的诉求可能有充分的理由被认为是违反自由主义正义的，这些诉求有时以"家庭价值"（family values）为名义，有时以对"基督徒"（Christian）身份特别重视为名义，包括在学校里进行祈祷的人，教授"创造科学"（creation science），在公众和公立学校图书馆禁止收藏被认为侵犯宗教情感的图书和期刊，学校董事会为了在课程事务中宣扬所谓的"风化"（decency）并消除性教育而进行的干预，赋予有关否决课程决定的"亲权"（parental rights）等等，这是将私人、道德事务政治化的不恰当方式，这会将"非公共理性"引入公共领域并进而产生非正义。这似乎会遵循这样的逻辑，当这些工作获得政治上的成功，并导致地方学校董事会、州议会甚至众议院对法律法规有所要求时，这些成功应该被对"公共理性"诉求更敏感的司法机构以和平、繁荣和平等自由的名义宣告无效。

㉒ 罗尔斯（1993年）像过去一样承认，当他断言"除了某些承认自身偏袒的原教旨主义"时，"所有历史上的主要宗教教义都是'合理'完备性学说"。

说句公道话,摩西多并不会从他密切围绕莫扎特案件的论证中得出这些一般性结论。然而,他有关"具有脊梁的自由主义"的整个论点就是政治自由主义者不应该在他们所继承的原则面前退缩,"公共理性"原则确实剥夺了原教旨主义理论家政治舆论的语用力量(illocutionary forces),致使其"强制的合法性基础"(legitimate grounds of coercion)失效。在莫扎特案件中,这一立场的含义是十分明确的——法院应该驳回诸如那些由维姬·弗罗斯特与她的共同原告所提出的诉求,因为这些诉讼涉及"非公共"事务的不当政治化以及"非理性"词汇的使用。㉓

正如我们已经指出的,我们与政治自由主义者同样关注的是基督教新右翼和其他原教旨主义群体所提出的诉求,无论这些群体是否是宗教的、伦理的或者是种族的,它们通常是分裂的并的确时常威胁到我们社会中其他群体的自由,这些群体的诉求通常都对现代生活的多元性感觉迟钝。换言之,我们也关注许多以身份为中心的运动进程所带来的潜在的专断影响,特别是当这些诉求以原教旨主义的形式表达,作为必要的或应对挑战的诉求时。这种原教旨主义就带来了真正的危险。值得强调的是,这一危险并不局限于宗教舆论,虽然不可否认的是,与基督教新右翼相关的宗教舆论都是极其危险的。无论如何,摩西多有关莫扎特案所带来影响的论证是不充分的,因为罗尔斯的政治自由主义是有缺陷的。

首先,虽然摩西多声称公共政策必须"被公开证明独立于宗教与其他综合性主张",但对于他的政治自由主义不仅仅是一种供选择的完备性学说的观点并不是很清楚,一方面这一学说毫无疑问在面对多元化和多样性时比维姬·

㉓ 艾米·古德曼(Amy Gutmann)和丹尼斯·汤普森(Dennis Thompson)(1996年,第63—68页)提出了一个有关莫扎特案件的非常简单的论述,他们主张信仰基督原教旨主义的父母援引的理由无法得到广泛的认同,这些父母的反人文主义是与民主相对立的,并且他们的诸多诉求"无法通过可靠的调查方法予以维持"。虽然艾米和丹尼斯著作的目的是构造一个有关协商民族的强大概念,但这一案例表明在一些重要的方面,他们的观点与他们所批评的政治自由主义相差不远。

弗罗斯特的学说更加开放与包容,而另一方面同样因有关特定的"终极价值"(ultimate)信念、罗尔斯式公共和平、繁荣以及共享"原始的美德"(primary goods)的观念而被人知悉。这是一个有关善的概念。这一概念并非没有吸引力,但在一些重要方面仍然具有争议性。㉔ 是因为公民间的友好是一种美德,且按理胜过其他所有的美德吗?试图促使公共教育回应民主公民所理解的道德要求,这对民主公民来说明显不公平么?民主社会里教育的合法目的是什么?有关科学、数学以及阅读的教授与价值问题毫无关联,或者可能更准确地说,这些事情的价值是毫无疑问确定的,且在学术或认知方面意义浅薄,这真如摩西多想的那么清楚明了吗?事实上,是什么把这些看似不言自明的常见对象构建成主题?它们是不是都仅停留在学术科目和教学法的层面上,而没有被深入地建构和讨论?㉕ 摩西多有关公立学校应该教授"科学的"和非"(宗教)价值的"的论证所演化出的变体难道不能同样地被用以反对教授女权主义文学("我们的职责是教授阅读,而不是抨击男性"),或者劳动史("我们教授公民课,而不是共产主义")?㉖ 换言之,莫扎特案中正处于危险情况的各类议题,以及正在运用的正当性本身的模式,是否明显超越了摩西多所表达的政治范畴?追问这些问题,我们并非欲轻信基督教右翼倾向的特定答案,而是想强调摩西多关于是什么促成了一个合法公共关注的概念负荷过多,并具有可争议的非民主性。

当我们认为由摩西多代表政治自由主义梳理展开的莫扎特案并非以其最具政治挑战性的方式应对基督教右翼的原教旨主义时,这一点特别突出。首先,我们记得在莫扎特案中,正是原教旨主义者向法院申诉,要求免除民选立法机

㉔ 这一观点由斯托尔岑贝格(Stolzenberg, 1993 年)提出。有关引起类似关注的有意义的论文,请参见麦金赛尔(MacIntyre)1990 年,第 344—361 页。

㉕ 这一关于"creation science"的观点在 1996 年由泰勒非常巧妙地提出。

㉖ 这些是关键性的议题,在莱文 1996 年的著作中得到了很好的探讨,这一著作将美国历史中此类教学问题所具有的建构性,以及将深度的价值问题与宣传形式从更为广泛的"教育"(education)和公共领域移除出去的不可能性,解释得十分清楚。

构的决议。其次,正如摩西多所表示的但未能充分理论化的那样,在莫扎特案件中,原告背离了仅依据"完备性学说"建立的论述,将他们的宗教诉求嵌入到完全处于自由主义宪政主流中的一个更为广泛的叙述内,这一叙述主要是关于自由运动(Free Exercise)、美国宪法的国教条款(Establishment Clauses of the US Constitution)以及这些条款所含有的意义。这一案件的事实使申诉愈加复杂。因为很明显申诉人是难以管束的少数派,联邦法院的否决对他们所致力的民主价值观产生了非常直接的影响,尽管他们的诉求与摩西多的论述相对立,并且在许多方面都是"合理的"(reasonable),至少是自由主义的旁听者可以理解的。㉗

但是如果我们设想一个情景,其与莫扎特所呈现的略有不同,那么政治自由主义的方案与我们的民主直觉便开始分道扬镳了。假使维姬·弗罗斯特的论点不是由难以管束的申诉人提出,是霍金斯县正式合法权威的论述,将会怎么样?假使霍金斯县学校的董事会,或是田纳西州的立法机关归入到一个政党的统治之下——比如说,共和党——这一政党的权利由基督教联盟和团体主导,那将会怎么样?㉘假使一个民选机构消除了问题中的霍尔特读者(Holt reader)(读者被分配给了弗罗斯特女士的孩子所就读学校的学生),或者更为普遍地建立课程政策,而在这一民选机构中大多数人致力于以"家庭价值观"(family values)或甚至是以"基督教价值观"(Christian values)行事(第一个相对于第二个在任何情况下都是种委婉的说法),并援用这一言论以公开证明质疑中的政策,那将会怎么样?假使政治自由主义扮演的角色是受伤害的少数和难以管束的请愿者,那将会怎么样呢?合法地使这些民选公共机构的决定无效,

---

㉗ 贝茨强调即使是在既有新教原教旨主义(Protestant fundamentalist),又有政治保守派的国家,原告都是一群难以管束的少数派。

㉘ 关于宗教右翼在共和党中的作用,请参见皮尔森斯(Persinos),1994 年;贝尔纳斯(Barnes),1994 年;罗泽尔(Rozell)与维尔科特斯(Wilcox),1995 年;罗泽尔(Rozell)与维尔科特斯(Wilcox),1996 年;以及维尔科特斯(Wilcox),1996 年。

并由此以"公共理性"的名义使问题团体中在政治上组织起来的多数派所自由表达和赞同的观点无效,这难道是正确的——难道是公正的?[29]

在提出这些问题时,我们并不希望表明在民主国家少数服从多数原则总是正确的。[30] 我们承认在任何名副其实的民主社会中公民权利与政治权利的重要性,从而承认诸如司法审查的制度通过在民主国家中保障这些权利而发挥的重要作用。[31] 我们认为并非任何由选举产生的机构制定的内容都是合法的。当然,如在美国联邦制中就存在着关于竞争司法管辖范围(jurisdictions)的复杂问题,这些相互竞争的司法管辖区将任何裁决都严重复杂化,并致使任何立法机构制定的内容都存在法律上的问题。在任何宪政民主国家中,重要的宪法原则之间经常存在着需要裁决的冲突,诸如表达自由与法律面前人人平等的原则之间。在处理公共教育的问题时事情愈加复杂,因为所面临现实是普遍的"公立"(public)学校系统是一个特定的机构,其包含一系列复杂的诉求与选民,包括还未具有完全公民身份并因此还未享有有效政治权利的儿童。[32] 但是

---

[29] 在以前的一个爱德华兹诉阿奎勒(1987)的案例中,美国最高法院法官安东宁·斯卡利亚提出过这个问题,当时反对法院为避免教学演变,要求除非同时教授"创造科学"(creation science),不然将使路易斯安那州"创造法案"(Creation Act)无效。斯卡利亚坚持认为"打击一部由人民民选代表批准的法律是个不小的问题"。

[30] 这当然是一个复杂的问题,即假定一个明确的含义可以被附加到指定"大多数"(majority)身上。关于这一困难请参见达尔(Dahl),1956 年以及夏皮罗(Shapiro),1996 年。

[31] 这一论点在霍姆斯(Holmes)1988 年中成功提出。

[32] 关于这一利害攸关的复杂问题,请参见古德曼(Gutmann),1987 年。关于不能与其父母喜好混为一谈的儿童权利问题,请参见阿尼森(Arneson)与夏皮罗(Shapiro),1996 年。关于学校作为民主价值推崇者的重要性,以及需要规避反对这些公民价值观的父母所做出的抵抗,请参见古德曼(Gutman),1995 年,第 57—79 页。我们同意古德曼的观点,即民主社会中的父母对子女没有独有专制的控制,民主政治团体通过公共教育提出合法的请求。尽管如此,我们却好奇,如果可以轻易地以"公民价值观"(civic values)的名义践踏其成年成员——父母和其他公民——的喜好,那么一个政治团体可以达到怎样的真正民主,因为这个问题恰好与公民价值观有所关联。虽然我们不能否认在一个民主公共学校中某些教导形式是不合适的,但我们对许多自由主义者用以忽视程序民主进程结果的方式仍持谨慎态度。然而古德曼提出的议题是复杂的问题,其超越了我们这里讨论的范围。

我们即使走这条路线，仍然有可能同意约翰·哈特·伊利（John Hart Ely）的经典论述，即司法审查的适当领域是保存基本民主自由的本身，"它可能只在乎与它本身相关的参与问题，而不关注遭受攻击的政治抉择所包含的实质性优点"［1980年，第181页；同样参见达尔（Dahl），1989年，第359页］。采取这一立场并不是赞同伊利关于基本公民权利与政治权利对于民主自治必不可少的限制性概念。简单但却十分关键的是，除了在基本权利受到威胁的极端情况下，去致力于一个深刻的推翻正式构建的民选立法机构决议的怀疑主义。在原教旨主义的问题倍受争议的莫扎特案件和其他类似的案件中，尚未弄清楚的是除了"政治抉择的实质性优点"（substantive merits of the political choice）以外的利害关系。如果一个特定团体中致力于程序民主规范的具有政治组织性的多数派拥有了政治权力，并着手制定了与维姬·弗罗斯特的世界观以及她与她同事公开阐述时采用的方式相一致的政治抉择，那么使法律上这样的政治决定失效就显然合法吗？

我们对此的答案是有保留的。出于历史的审慎，我们将明智地倾向于对政治宗派化表示畏惧，而且民主主义者对此类决定提出的质疑理由充分。以现实和理论中的理由来否认法院因其作为权利保护机构的能力以及原则问题辩论的舞台而成为民主社会争议的一个重要领域，这是十分草率的［参见麦肯（McCann），1994年］。按照伊利的陈述，在一些案例中援引司法救济以抗拒立法似乎是具有明确依据的，比如说假使某一法律规定只有基督徒有资格担任公职，强制执行特定种类的学校祈祷或者公开表现宗派主义。㉝ 但因司法救济可能经常抑制或破坏民主自由，因此我们同样有理由去警惕政治自由主义的反多数主义（anti-majoritarianism）特征以及其如此断然地援引"公共理性"（public reason）以反抗我们这个时代最具争议性和颠覆性的政治舆论。正如卡斯·桑斯坦所言："对法院的依赖可能以两种方式损害寻求变革的民主渠道。它可

㉝ 有关这些问题上政治争论的历史，请参见克瑞蒙（Kramnick）和摩尔（Moore），1996年。

能从政治中转移出能量与资源，以及最终的司法裁决可能排除政治成果。在这两方面，对民主的损害都很严重"［1993 年，第 145 页；参见伯特（Burt），1992 年；罗森伯格（Rosenberg），1991 年；和沙皮罗（Shapiro），1995 年，第 13—23 页］。在我们因恐惧而被迅速摇去阻止政治自由主义者百般抵抗的宗教身份政治化之前，我们应当考虑，正如我们之前已经论证的，身份的政治化和对公私领域的重新界定是自由民主化历史中最为核心的决定性特征。的确，正如布鲁斯·阿克曼已经指出的那样，一旦这些重新界定产生，它们将沉淀在宪法和政治实践之中，有关偏见的有利动员亦将（mobilization of bias）随之而来；但同样真实的是，此类重新界定仅因"完备性学说"有力且热情地"侵入"（intrusion）公共领域而产生，从而扰乱之前的偏见动员。此类入侵是我们社会中政治进步的主要机制［阿克曼（Ackerman），1991 年；参见罗尔斯（Rawls），1993 年，第 233—234 页］。废除主义（Abolitionism）、女权主义（feminism）、进步主义（Progressivism）、工团主义（trade unionism）、新政改革主义（New Deal reformism）、民权运动（the civil rights movement）、环保主义（environmentalism）——每一种运动代表了对"政治"（the political）的重新界定，它们扰乱了既定方式，并通过促进罗尔斯所说的"分裂的议题、普遍的不确定性和严重的争议"导致美国生活的进一步民主化。主张政治进步应该以某种方式隔离与此类争议性是荒谬的——就像詹姆斯·麦迪逊曾经提到的［1961（1787）年］——试图通过消耗自由的氧气来消除宗派的危险也是荒谬的。

民主政治与身份抗争

当下存在于美国社会中的严重价值冲突不同于这些早期的价值冲突，它们在某些方面更加解放，在很多方面都更加难以对付、更具有挑战性。它们是有关战后自由主义和和平、繁荣及平等自由三者合一体的制度与伦理危机的象征[拉什（Lasch），1991年]。政治自由主义只是没能看到这点。事实上，对政治自由主义来说，这一危机似乎无关紧要，只是一个也许有关"背景条件"（background conditions）但无关"宪政根本要旨"（constitutional essentials）的问题。例如，在罗尔斯390页的书中（1993）对任何涉及他的有关"非文明性"（incivility）的历史和制度原因进行搜索都是徒劳的。但是，如果我们想理解美国政治中政治原教旨主义的回潮，就必须理解这些情况。因为如果美国政治中"原教旨主义"预示着什么，那么它一定预示着对战后自由主义有关政治局限性共识的废弃，而这正是政治自由主义试图恢复的。

对基督教新右翼来说尤其如此。如维姬·弗罗斯特这类的民众对公共教育自由形式的反对并非空穴来风。被摩西多称为"圣战"（holy war）的威胁不是偏离了真理，也不是一个时代错误，其是对成功和战后美国自由主义失败的反应。除此之外，基督教新右翼构成了克里斯托弗·拉什所谓的"右翼民粹主义和对自由主义的反抗"（right-wing populism and the revolt against liberalism）[拉什（Lasch），1991年，第476—532页]。再次提及，讨论中的自由主义正是罗尔斯1972年左右的自由主义，是温和的财富重分配者（redistributionist）和个人主义者（individualist）的自由主义，它慢慢转向了广泛流传的"原始美德"（primary goods）和"基本自由"（basic liberties）。20世纪60年代既代表了对这一自由主义的尊崇，也是这一自由主义因越南战争、种族冲突、城市暴力和学潮引发的冲突而走向崩溃的十年。对美国自由主义衰落的叙述超出了本文的范畴，[34]但重要的是要注意到，基督教新右翼是作为这一衰落的回应而出现的。[35]这在两个重要方面十分确切。首先，基督教新右翼必须被看作是对新左派解放运动的回应，该解放运动争取公民基本权利和公民自由、黑人权

---

[34] 杰出的概述呈现在迪翁（Dionne）1991年和埃兹尔（Edsall）1992年的著作中。

[35] 关于此的最佳来源是1993年雷尼绍（Leinisch）的著作。

利、学生权利、妇女权利以及同性恋者权利，这些权利界定了新左派，并使其反对传统的中产阶级"家庭"（family）价值观。㊱ 其次，基督教新右翼作为一种日益增长的情绪表达，出现在美国重要的人口组成之中，这一情绪认为自由主义是一种不完善的政治哲学，它过于道德宽容，在专注个人自由时太具有司法性和行政性，亦太依赖法院和官僚机构，并且自由主义过于远离权力的大众来源和传统的道德准则。㊲ 杰瑞·法威尔在《倾听美国！》（Listen America!）（1980）一书中写道：在基督教的美国（Christian America），"诸如堕胎支持者、同性恋者、色情业者、世俗人文主义者以及马克思主义者的自由派势力取得了重大进展"。他（夸张地）（hyperbolically）表达了这种情感，并阐释了对自由主义的敌意，这将不仅有助于数以百万计的保守的基督教积极分子组成广阔的网络以成长，也将助力于对自由主义、罗尔斯的自由平等观点以及保障这些自由所必需的"大政府"（big government）予以更广泛的保守的攻击［马蒂（Marty）和爱普比（Appelby），1992 年，第 33 页］。㊳ 这一情感肯定带有启示性，对它的考虑并不表示认同它，但却对它的政治权力以一种政治自由主义者关于"非理性"（irrationality）和"非文明性"（incivility）的教化未能做到方式予以理解。

基督教新右翼是对 20 世纪 60 年代基于文化的身份政治发展的突然反应，也是这一政治的镜像，在其中越来越自我意识和自我认同的"基督徒"

㊱ 对于这一反弹现象的有趣讨论，特别强调了有关性别的高度紧张的问题，参见布尔（Bull）和加拉赫（Gallagher），1996 年。

㊲ 因而弗朗西斯（Francis, 1982 年）声称自由主义精英已经"在大萧条的政治和经济危机中攫取了权力……［并且］在接下来的几十年中，其掌握权力的首要方法是通过国家，特别是联邦政府，行政机构尤甚。"但是这一观点同样被自由主义者认可。林德（Lind, 1995 年，第 4 章）有力批判了自由主义对面向种族不平等的行政和司法救济的依赖。

㊳ 关于新基督教右翼和新右派之间关系更广泛的论述，参见维格里（Viguerie），1981 年和克劳福德（Crawford），1980 年。关于"大政府"（big government），参见赫尔姆斯（Helms），1976 年和阿米（Armey），1994 年，第 27—34 页。

(Christians)谋求以特定的"完备性学说"(comprehensive doctrine)为名义动员政治权力并制定法律,在这种情况下它是一种极度保守的且富有宗派性的学说。像其他基于身份的运动一样,基督教新右翼通常以民粹主义习语的形式并以集体的名义表达其诉求,这一集体——如"正直美国人"(decent Americans)或者"基督教美国"(Christian America)——据称受制于另一集体——"自由主义精英"(liberal elites)或者"华盛顿权势机构"(the Washington establishment)㊴。但是,正如莫扎特案所表明的,基督教新右翼的诉求时常采用自由主义本身同样赞赏的权利语言,声称基督徒的宗教自由正在削减,或者他们的政治言论以法院对待原教旨主义的方式被剥夺了完全的宪法保护。㊵

当我们以这种方式处于基督教右翼当中,就可以看见以摩西多建议的方式去忽视它有多么困难。因为它的原教旨主义不是一个简单的哲学幻想,亦不在于单纯地反对大多数美国人从未听说亦漠不关心的约翰·罗尔斯论点;它是对组织化自由主义本身的显著反应和一种反抗。但是在这方面,它并不是独一无二的,仅仅是争论战后福利国家自由主义问题以及不断涌现的有关自由国家及其司法和财富重分配机构合法性的基本问题的诸多运动之一。

正如尤尔根·哈贝马斯所指出的那样,福利国家已经耗尽其成为乌托邦的可能性。它越来越多地被视为非法,这并不单纯地由于各种各样的保守派,而是因为"新社会运动"(new social movements),这些运动不对福利国家的官僚主义和政治精英主义抱有怀想,且试图扩大政治辩论的内容与范围[哈贝马斯(Habermas),1989年]。关于公民社会逐渐成长的文化解决了这一合法性危机的诸多方面,其将自由主义民主的社团生活作为政治的前景对待,而非

㊴ 关于民粹主义的政治言论,请参阅卡津(Kazin),1995年。在新基督教右翼出现时,也许最臭名昭著的民粹主义情节是反抗20世纪70年代早期西维吉尼亚州堪瓦哈县性教育的起义。参见马丁(Martin),1996年。尽管如此,二元对立是所有类型身份语言的特征。关于对这种趋势最精彩的批判,请参见霍尼格(Honig),1994年。

㊵ 关于新基督教右翼对"权利对话"(rights talk)的使用,请参见,例如,摩尔(Moore),1994年。

政治的背景条件。㊶ 公民社会越来越被视作重建社会合作与信任的基础，以及可以提供新形式公共供给的领域。从这个角度来说，我们是否可以随时驳回宗教世界观对公共认可（public recognition）的诉求？许多理论家在这一方面提出了很重要的问题，而其中没有确切的政治自由主义者。教堂、犹太教堂和清真寺是否可以作为传递者，去提供诸如日间护理、老年护理或应急住宅等受公共补助的社会服务？如果蓬勃发展的社团生活是自由主义民主政治的一个重要条件，不管是教会还是当地的"Y组织"，通过公共补贴促进以宗教为基础的社团或机构是否合法（事实上，税收减免已经是这么做的一种方式）？宗教学生团体存在于公立学校之中，抑或宗教团体使用其他社团同样可用的公共设施，这些是否适当［参见蒙斯玛（Monsma），1996年］？是否特许学校是传统公立学校具有创造性的替代选择，如果是的话，在特许学校中由宗教附属学校发起的运动起到了怎样的作用［参见瓦尔策（Walzer），1994年，第185—191页］？

这些都是十分重要的问题，对此没有简单的答案。但是这些问题的公共审议、辩论以及争议所存在的道德和法律领域，与所谓的"家庭价值观"（family values）、禁欲教导与性教育的争论、反对传统死记硬背的"渐进式"（progressive）教育改革的重要性与"重建纪律"（restoring discipline）的对抗等等问题所存在的道德和法律领域是一样的。严肃且意义重大的公共辩论参与到这里所有的问题当中并将继续参与到诸多不同种类和层次的对话当中去，以促进公民进行热烈的探讨，而我们很难发现罗尔斯式"公共理性"的概念是如何使得公民变得更加易于管教。这些冲突不会消失，亦不会轻易地被驯化或散乱地受到限制。正如谢尔顿·沃林（Sheldon Wolin）所说的那样："罗尔斯的民主可能会被比作在封闭条件下的思考，其通过禁止特定的话题和历史恩怨并将

㊶ 这一文化是博大精深的。请特别参见帕特南（Putnam），1995年和1996年，以及科恩（Cohen）和阿拉托（Arato），1992年。

不同语言的抗议排除在公共议事之外，以进行合理地统治。不经意间，罗尔斯理性的局限性已经暴露无遗：它无法理解无论是教义、经济、政治，还是修辞方面的一系列尖锐的矛盾，且对这些矛盾产生的作用亦十分微弱"［沃林（Wolin），1996年，第102页］。

与政治自由主义者相反，我们认为除了民主自身的标准，并不存在标准去解决民主公共生活中的不和谐与难以管制的争议。正如哈贝马斯所坚持的："权利理论绝不禁止一个民主宪政国家中的公民在他们一般的法律秩序中主张有关于美德的概念，这一概念可能他们既未赞同也未通过政治讨论而达成共识。尽管如此，确实禁止了公民在国内以牺牲其他公民生活方式为代价而赋予某一生活方式特权"［哈贝马斯（Habermas），1993年］。各种生活方式——结社的、文化的、宗教的——均无特权，但也并不存在争论有关价值观的以及各种因缺乏特权而被排除在政治之外的法律认知。事实上，公共辩论和争辩可单独裁定这些有关价值和认知的主张。或许这就是摩西多说"我们必须倾听持异见者，使他们参与政治对话，并鼓励他们公开的表达反对意见。我们不能保证我们将做得更多"［摩西多（Macedo），1996年，第490页］时，他所表达的意思。但是这确实描述了一种规避政治。描述了一种强有力的民主政治，其中所有权利诉求者都有权表达他们的主张并动员其支持者，公共政策（public policy）由所引起的争论和所带来的影响决定。毕竟，拒绝给予各种生活方式以保障是一回事，拒绝给予他们一个政治机会以表达他们的关注并实现他们的诉求又是另一回事。

在我们看来，政治自由主义没有提出一个令人信服或引人注目的方式去解决公共生活中的"原教旨主义"所引发的问题。原教旨主义——不管是在宗教、非洲中心主义，还是"同性恋"（queer）方面——都具有分歧。它往往表达了严重的具有历史渊源的恩怨，或是在回应遭受侮辱或痛苦的深刻感受。任何类型的政治原教旨主义都是本质主义（essentialist），也就是说，它将自身的关切视为最基本且具有排他性，而所有其他事务都是附属的和无关紧要的并被视作障碍或是政治原教旨主义走向自身成功的途径。从这个意义上来说，它与民主政治必不可少的多元主义是对立的，并对民主的政治文化和宪政民主构成了威胁。

然而，我们并不相信可以轻易避免、忽视、排除原教旨主义或使其失效，因为原教旨主义以各种各样的形式成为了我们政治生活中的重要力量，并在十分重要和现实的问题上占有话语权。此外，原教旨主义是公共生活更为广阔的道德化的一部分；它提出了许多关于价值观、社会制度及其适用意义和适合各种公民身份的公共认可形式的重要问题，我们认为这些公民身份对于民主来说具有特殊性。

坚持认为没有办法管理或规范这些在不确定性、分化性以及应变方面缺乏民主政治本身的问题，是非常缺乏指定性的，但是却明确地对一种由政治自由主义推动的司法规避策略提出了警惕。法律论证和司法救济都是民主生活十分重要且无法消除的特征，并且在与基本民主自由利害攸关的案件中，将法院视作司法媒介无疑是十分合适的。但持续关注这一层面争议的政治哲学具有严重且不必要的限制性。更确切的是，抗争原教旨主义威胁最为适合且有效的方法来自于政治领域本身，这一方法并不是通过试图避免具有争议性的身份和意义的问题，而是通过促进这些问题的积极参与。

显然，当这些参与有可能转变为内战时，我们有理由警惕它。正如波斯尼亚和卢旺达近期的事件所表明的，很难否认政治中存在一个真正的"霍布斯时期"（Hobbesian moment）。有些时候宽容应当胜过其他价值，有些时候持异见者可能在法律上被迫服从。但是过早地进入这一时期是一个重大的错误，没有理由将当下自由民主具有的冲突性视为正在前进的方向。这就是为什么参与积极的公共争论是十分重要的原因。民主不是通过其他方式进行的战争。它有着自身的准则，其中有关表达、结社和多元化的价值是中心［艾尔西坦（Elshtain），1995年］。政治理论处理这些困扰着政治自由主义的分裂冲突最为合理的方式，就是参与到公共生活进一步民主化的问题与展望中去，并推动强有力的表达、结社和多元化形式。

如今一些作家关于"协商民主"(deliberative democracy)的著作恰恰提出了这些问题,我们赞同他们的信念,即今天自由民主面临的中心问题不是有意义的民主参与形式的过度,而是不足[参见巴伯(Barber),1984年;菲什金(Fishkin),1991年和1995年;古德曼(Gutmann),1993年;古德曼(Gutmann)和汤普森(Thompson),1996年;以及哈贝马斯(Habermas),1991年和1996年]。有关基本价值问题积极的讨论,可能并且有的时候亦会,发生于一些协商论坛(deliberative fora),从立法机构、法院、公共媒体以及公共辩论至教堂和犹太教堂、学校、社区艺术中心以及最新创建的公民委员会和理事会(citizens' boards and councils)。这些论坛中的每一个都代表了一种公共空间,拥有相似心理和不同意见的个人可以在其中表达他们的观点,并试图说服其他人与形成组织。这些环境中的争论必然被热化、矛盾被加重并引发公开的冲突。政治对抗者对此并不总是认同,他们甚至不会总是同意与其他对抗者辩论,彼此的对话非常少。但是为公开差异并获得代表他们进行动员的自由,唯一的选择是一个更加尖锐的政治环境,在这一政治环境中最初的不满可以说只能被政治上的无力感(powerlessness)所激化——不满难以表达或者通过某种方式转化,那只能积聚恶化。正如马丁·路德·金在另一种情况下所说的那样,要想证明另一干扰的合法,就像永远无法治愈的疖子,只要其长实就必须揭开痂,让所有的流脓脏水接触到空气与阳光的天然药物,不公正也要像这样被揭露出来,将造成的所有矛盾暴露于人类良知的光照下和国民意见的空气中,这样它才能够被治愈。

这是一个不同的环境。我们不认为所有的政治情感,无论多么有害,都应该被表达出来。某一种类的宣传对基本的民主自由(democratic freedoms)构成了"明显且现实的危险"(clear and present danger)[霍姆斯(Holmes),1919年],这应该被劝阻,甚至在某些极端情况下应该被打压。某民兵组织的活动确实属于这一类[参见科茨(Coates),1995年];但一般情况下,这些都不是这里所讨论的宣传类型。

我们并不认为基督教新右翼的权利诉求拥有民权运动所要求的道德地位。基督教新右翼确实常常如此声称,它的发言人认为他们是宪政民主原则的受害者[参见法里斯(Farris),1992年和摩尔(Moore),1994年]。我们并不认为事实如此。在历史经验和民主原则两个方面都有充分理由去重视诸如第一修正案国教条款(the First Amendment's Establishment Clause)等事项,它是对言论自由的宽泛解读以及对第十四修正案强有力的阐释。自由民主国家拒绝授予基督教或者所谓的基督教价值观以特权,并且它代表妇女、种族及宗教少数派、同性恋者所实施的公民权利法律并不对基督徒构成侵害。这些措施是民主国家必不可少的制度承诺,它依赖于政治上被动员起来的多数派力量,并受到民主平等基本准则的支持。就基督教新右翼组织挑战这些承诺而言,他们是在谋求削弱重要的民主成就。民主主义者应该在更广泛的政治舞台上,有时亦可以通过法院,来反对这些挑战。㊷

然而,我们相信封锁事关重要和有争议的价值问题的公共辩论的工作只能加强被基督教新右翼所刺激起的愤怒感,抵制这些刺激最好的办法就是促进限制并受限于民主自由本身的有力且公开的辩论。虽然在某些方面基督教新右翼公然拥护反民主观点,但将其政治主张归为诸如公立学校的基督教化、压缩同性恋者权利,甚至是绝对禁止生育自由(reproductive freedom)等议题也是严

㊷ 这就是为什么我们支持1996年埃文斯诉罗默案中最高法院的裁决,该裁决推翻科罗拉多州不允许当地将"同性恋倾向"(homosexual orientation)看作一个禁止歧视基础的修正案,该修正案否认对同性恋者的"平等法律保护"(equal protection of the laws),这一否认与民主自由的基本准则相违背。

重错误的。㊸ 除了这些非常真实和恼人的承诺，基督教新右翼也发起了有关"公共道德"（public decency）、亲权（parental authority）和公民社会中宗教机构重要性等一系列热点问题，这些议题不能也不应该受到歧视，它们无疑是合法的公众关切。㊹ 谋求将以宗教右派为特色的宣传模式排除出公共领域同样是错误的。公开援引上帝或者《圣经》并不一定有害于民主；正如小马丁·路德·金（Martin Luther King, Jr）案表明的，这些信条的使用通常是极为民主的［参见卡罗维-托马斯（Calloway-Thomas）和拉凯特斯（Lucaites），1993年］。㊺政治自由主义运用司法机制免除这些舆论的特权，并进而限制公共辩论，这一替代方案既是反民主的也是草率的。讽刺的是，政治自由主义者不能看到这点，因为过去30年美国自由主义者的最大错误就是过度依赖司法救济而非诉诸于更广泛的政治层面。从平权运动（affirmative action）到校车接送（busing）再到堕胎权利（abortion rights），自由主义者轻易援引司法原则而损害实质的政治争论，其结果是自由主义被广泛地看成一种依赖于反民主的法院

㊸ 堕胎争议处是新基督教右翼宣传的核心，对此宣传的综合看法需要对该议题进行充分的讨论。虽然我们不能完全解释以下内容，但我们相信女性生育自由是一项基本的民主自由，在民主层面上支持此自由的法院裁决是正当的。然而，我们亦赞同鲁斯·贝德·金斯伯格（Ruth Bader Ginsburg）的观点，即在某些方面，罗案的裁决超出了这一范围，并且关于此的民主公共辩论是合法的，该辩论有关于是什么构成了对妇女的"不当负担"（undue burden），以及对国家对堕胎的任何限制如果存在的话，那么与女性平等是相一致的（夏皮罗，1995年，第13—23页）。

㊹ 沿着这些思路的有美国参议员丹·高士（众议院，印第安纳州）所支持的法案，这一法案提出用公共资源去补贴以宗教为基础的私人慈善机构，以作为培育公民社会的一种方式。有关这一想法的热烈探讨近期被出版于美国传统基金会双月刊杂志《政策评论》。有关某类型反堕胎示威的民主合法性，请参阅艾尔西坦，1997年。

㊺ 当然，这是一个复杂和重要的话题。参见狄金斯（Diggins），1984年，特别是亚伯拉罕·林肯（Abraham Lincoln）在公共舆论中对"神圣回归"（the return of the sacred）的探讨。

决议的精英哲学（elitist philosophy）。㊻

那么，基督教新右翼的论述如何更民主地参与其中？这不是一个容易回答的问题，更加充分的讨论将超出本文的范围，但我们认为追求真正的民主参与（democratic engagement）有三条道路。

一是在公民社会和国家领域，通过其他手段创造带有更少原教旨主义色彩与更多元化的宗教政治化模式。诸如《公益》（Commonweal）、《牛津新评》（New Oxford Review）、《调和》（Tikkun）、《旅居者》（Sojourners）以及《最重要的事》（First Thing）等杂志从各种宗教和政治视角代表了推进有关宗教实践、伦理和公共生活之间联系的有力辩论。公共生活中宗教参与的自由主义形式，诸如犹太教改革派宗教活动中心（the Religious Action Center of Reform Judaism）、全国教会理事会（the National Council of Churches），甚至是美国天主教主教会议（the American Conference of Catholic Bishops）的某些方面——以及这些组织中更多的专业化分支机构——同样地促进涉及从经济正义到家庭意义等一系列议题的健康和民主的辩论。此外，诸如新近成立的宗教信仰者联盟（The Interfaith Alliance）等群体谋求跨越组织化的宗教界限，以促进具有广泛基础的宗教对话，加强宗教在多元化民主社会中的作用［参见贝克斯特朗（Beckstrom），1996年］。这些工作代表了一些替代方法，可以动员起一系列宗教话语以应对由基督教新右翼所牵头的议题。这些议题涵盖教育课程，公立学校适用政策，关于"家庭价值"（family values）、"公共道德"（public decency），与"美德"（virtue）的意义，以及支持这些所必需的各类制度。这些努力并不想净化宗教右派所提出的那种有关宗教和政治舆论的政治生活，而是意图在其自身的领域内迎合宗教右派，这一领域在诸如美国之类的社会十分重

㊻ 请参见，例如，迪翁（Dionne）1991年著作以及埃兹尔（Edsall）和埃兹尔（Edsall）1992年著作中对于这一情况强有力的解读。关于法学上对这一影响的论述，请参见夏皮罗（Shapiro），1995年，第16—23页以及伯特（Burt），1992年。关于一般司法策略的缺点，请参见罗森博格（Rosenberg），1991年。

要。确实,诸如此类的工作并不属于司法上的;较之对民主社会的公民在政治上理解并组织自身的方式,它们对法律上的组织和部署方式涉及较少;但它们却是民主政治的重要形式。

二是,虽然试图获得一个规避道德争议的政治是既不可能也不可取的,但是至少在某些时间和地点,实践一种所谓的"分流政治"(politics of diversion)是可能的亦是值得的。正如我们早前所指出的,今天身份政治的诸多特征之一就是文化问题已经取代了处于政治争论中心的分配性问题。一些合理的历史原因解释了为什么会发生这样的事,而且这样的事既不令人遗憾亦不被否定。但是往往还是有可能改善严重的道德政治对立的,我们可以通过改变对象,以及将争论和探讨的领域转移至有很大可能实现共同一致的议题上。许多作者认为,以下降的生活标准及日益增加的广大中产阶级的经济不安全感为中心的更强健有力的社会民主政治的复兴可能是一种方法,其可以减轻一些我们这个时代愈加对立的文化论争。对于这些作者,我们所需要的不是去恐惧更简约的自由主义,而是恐惧更激进自由主义所带来的社会正义。我们认为,通过解决社会正义问题,有可能创造出新的共同基础;事实上在小 E. J. 迪翁(E. J. Dionne, Jr)最畅销的著作《美国人为什么憎恨政治》(*Why Americans Hate Politics*)中,他认为在一系列重要的社会经济事务上,已经存在着大量的共同基础,而且身份政治代表了一种"错误的两极化"(false polarization),这是政治领导能力和预见力失败的一种征兆[参见迪翁(Dionne),1991 年;埃兹尔(Edsall)和埃兹尔(Edsall),1992 年;拉什(Lasch),1991 年;关于批判,请参见艾萨克(Isaac),1996 年]。沿着类似的路线,诸如约书亚·科恩(Joshua Cohen)以及乔尔·罗杰斯(Joel Rogers)的理论家提倡了一些有关社团中介的新形式,即授权于联合组织并以此创造出更加公正更加民主的政治经济[参见科恩(Cohen)和罗杰斯(Rogers),1992 年]。这样广泛的社会民主战略试图回避文化上严重的身份冲突,但并不是以规避政治为名义;因为他们试图构建有关正义的新公共论证形式,并推动社会经济生活秩序的重置,这一社会经济生活按照他们自己的方式富有深刻的道德性和争议性。社会民主政治的观点并不是绕开严肃的政治争议,而是通过联盟政治和阶级冲突的结合去构建一种多数共识。这一方法面临着严重的障碍,并且它永远不会消除这些作为公共生活特征的尖锐的文化冲突。尽管如此,它代表了另一种促进民主争论的方法,这一方法应对了由原教旨主义间接而非直接发起的道德挑战。

第三,宗教右派可以通过鼓吹有关公共协商与参与的新形式而投入其中,在这些公共协商与参与中,公民可以经历一种授权的感觉,并通过这一经历降低他们政治焦虑的程度,使他们更加欣赏政治生活的复杂性和模糊性。在实践政治的替代方案缺乏或有损的环境中,政治宗派主义和愤恨会得以滋生成长,因此一个真正志在削减政治敌意的政治理论必须对这些替代方案多加关注。在政治中培育宗教参与更为健康的形式是宏大命题的一部分,该命题意图将公民社会恢复成一个具有中介机构和组织的密集网络,而个人可以通过这一网络致力于共同目标。此类组织可以有多种形式:邻里组织,社区组织,社区发展组合;全国性的活动网,比如当前社区变革协会(Association of Community Organizations for Reform Now,简称ACORN),工业区基金会(Industrial Areas Foundation)以及公民清除危险废物会(Citizens' Clearinghouse on Hazardous Waste);公立教育工作,比如公共工程项目(Project on Public Work),由明尼苏达大学汉弗莱学院的哈里·波蒂和南希·卡利组织;以及实验性的工作,比如"为生活与选择的共同点网络" (Common Ground Network for Life and Choice)和公共对话项目(Public Conversations Project),他们谋求聚集分散在诸如堕胎等有争议议题上的活跃分子,并促进他们之间建立友好关系的对话。以上提到的工作只是具有创造性工作类型的例证,这些工作最近正在构建和巩固公共协商与授权的具体形式。虽然这些工作并不直接面向被宗教右派压制的各种诉求,但它增进了对话公开、新政治技能及解决实际问题的方式,这或许有助于减弱一些我们这个时代难以应对的文化冲突[例证参见巴伯(Barber),1996年;伯特(Boyte),1989年;威利斯(Wallis),1995年;桑德尔(Sandel)，1996 年；阿梅尔（Amer），1996 年；伯特（Boyte）和卡利（Kari），1996 年]。㊼

虽然在文章的最后，我们需要坦率地承认美国社会正沿着多个维度深度分裂，并且这些分裂由来已久，亦缺乏现成的解决方法。政治自由主义努力将政治辩论限制在一个狭窄杂乱的范围内，并将我们这个时代最为分裂的冲突非政治化，这一努力毫无希望且适得其反。应对这些冲突存在一个更加民主的规划，它所具有的优点是至少承认它们是什么，并寻求脆弱但却现实的方式去管理他们。这样的政治可能包含危险，但是所有政治都包含危险。因此政治可能是不完美且脆弱的，但正如汉娜·阿伦特（Hannah Arendt）曾经指出的那样，政治中最终唯一的解决办法就是消亡。

参考文献：

Ackerman, Bruce. 1991. *We The People: Foundations*. Cambridge, MA: Harvard University Press.

Alejandro, Roberto. 1996. "What is political about Rawls's political liberalism?" *Journal of Politics* 58:1 – 24.

Amer, John (ed.). 1996. *Beyond Identity Politics: Emerging Social Justice Movements in Communities of Color*. Boston: South End Press.

Armey, Representative Dick. 1994. "Freedom's Choir." *Policy Review* 67:27 – 34.

Arneson, Richard and Ian Shapiro. 1996. "Democratic autonomy and religious-freedom: a critique of *Wisconsin v. Yoder*." In Ian Shapiro (ed.), *Democracy's Place*, pp. 137 – 174. Ithaca: Cornell University Press.

Barber, Benjamin. 1984. *Strong Democracy*. Berkeley: University of California-

---

㊼ 有关此类工作的重要概述，请查阅公民实践网络（The Civic Practices Network），一个由卡门·西里安尼和布兰代斯大学人力资源中心合作创建的在线网站（http//www.cpn.org）。

Press.

1996. "An American civic forum: civil society between market individuals and the political community." *Social Philosophy and Policy* 13(1):269 – 283.

Barnes, James A. 1994. "Rightward march?" *National Journal*: 1847 – 1851.

Bates, Stephen. 1993. *Battleground: One Mother's Crusade, the Religious Right, and the Struggle for Control of Our Classrooms*. New York: Poseidon Press.

Beckstrom, Maja. 1996. "Moral banner subject of tug-of-war among religious groups." *The Bloomington Herald-Times*. 28 December: D4.

Bell, Daniel. 1960. *The End of Ideology*. Glencoe, IL: Free Press.

Bellah, Robert. 1991. "Citizenship, diversity, and the search for the common-good." In Robert E. Calvert (ed.), "*The Constitution of the People*": *Reflectionson Citizens and Civil Society*, pp. 47 – 63. Lawrence: University Press of Kansas.

Berman, Paul. 1996. *A Tale of Two Utopias*. New York: W. W. Norton.

Boyte, Harry C. 1989. *Commonwealth*. New York: Free Press.

Boyte, Harry C. and Nancy N. Kari. 1996. *Building America: The Democratic Promise of Public Work*. Philadelphia: Temple University Press.

Brinkley, Alan. 1995. *The End of Reform*. New York: Norton.

Bull, Chris and Gallagher, John. 1996. *Perfect Enemies: The Religious Right, The Gay Movement, and the Politics of the 1990s*. New York: Crown.

Burt, Robert A. 1992. *The Constitution in Conflict*. Cambridge, MA: Harvard University Press.

Calloway-Thomas, Carolyn and John Louis Lucaites. 1993. *Martin Luther King, Jr., and the Sermonic Power of Public Discourse*. Tuscaloosa: University of Alabama Press.

Carter, Stephen. 1993. *The Culture of Disbelief*. New York: Basic Books.

Chaloupka, William. 1993. "Suppose Kuwait's main product was broccoli: The street demonstration in U. S. politics. " In Frederick M. Dolan and Thomas L. Dumm (eds.) , *Rhetorical Republic: Governing Representations in American Politics*, pp. 143 – 166. Amherst: University of Massachusetts Press.

Coates, James. 1995. *Armed and Dangerous: The Rise of the Survivalist Right*. New York: Hill and Wang.

Cohen, Jean and Andrew Arato. 1992. *Civil Society and Political Theory*. Cambridge, MA: MIT Press.

Cohen, Joshua. 1994. "A more democratic liberalism. "*Michigan Law Review* 92: 1502 – 1546.

Cohen, Joshua and Joel Rogers. 1992. "Secondary associations and democratic governance. "*Politics and Society* 20:393 – 472.

Cox, Harvey. 1995. "The warring visions of the religious Right. " *The Atlantic Monthly* 276:59 – 68.

Crawford, Alan. 1980. *Thunder on the Right: The "New Right" and the Politics of Resentment*. New York: Pantheon.

Crozier, Michel, Samuel P. Huntington, and Joji Watanuki. 1975. *The Crisis of Democracy: Report on the Governability of Democracies to the Trilateral Commission*. New York: New York University Press.

Dahl, Robert A. 1956. *A Preface to Democratic Theory*. Chicago: University of Chicago Press.

1989. *Democracy and its Critics*. New Haven: Yale University Press.

Diggins, John P. 1984. *The Lost Soul of American Politics*. Chicago: University of Chicago Press.

Dionne, E. J. , Jr. 1991. *Why Americans Hate Politics*. New York: Touchstone.

Edwards v. Aguilard. 482 U. S. 578 (1987).

Edsall, Thomas Byrne and Mary Edsall. 1992. *Chain Reaction: The Impact of*

Race , Rights , and Taxes on American Politics. New York: W. W. Norton.

Elshtain, Jean Bethke. 1995. *Democracy on Trial*. New York: Basic Books.

1997. "Civilrites. " *The New Republic*. 24 : 23.

Ely, John Hart. 1980. *Democracy and Distrust*. Cambridge, MA: Harvard University Press.

Etzioni, Amitai. 1993. *The Spirit of Community*. New York: Crown Publishers.

Evans, Sara M. and Harry C. Boyte. 1986. *Free Spaces: The Sources of Democratic Change in America*. New York: Harper & Row.

Falwell, Jerry. 1980. *Listen, America*! Garden City, NY: Doubleday.

Farris, Michael P. 1992. *Where Do I Draw The Line?* Minneapolis: Bethany House.

Fishkin, James. 1991. *Democracy and Deliberation: New Directions for Democratic Reform*. New Haven: Yale University Press.

1995. *The Voice of the People: Public Opinion and Democracy*. New Haven: Yale University Press.

Francis, Samuel T. 1982. " Message from Mars: the social politics of the New Right. " In Robert W. Whitaker (ed.), *The New Right Papers*, pp. 64 – 83. New York: St Martins.

Fraser, Nancy. 1989. *Unruly Practices: Power, Discourse, and Gender in Contemporary Social Theory*. Minneapolis: University of Minnesota Press.

1992. " Rethinking the public sphere: a contribution to the critique of actually existing democracy. " In Craig Calhoun (ed.), *Habermas and the Public Sphere*, pp. 109 – 142. Cambridge, MA: MIT Press.

Garrow, David J. 1986. *Bearing the Cross: Martin Luther King, Jr. , and the Southern Christian Leadership Conference*. New York: Random House.

Gitlin, Todd. 1995. *The Twilight of Common Dreams: Why America is Wracked By*

Culture Wars. New York: Metropolitan Books.

Glendon, Mary Ann. 1991. *Rights Talk: The Impoverishment of Political Discourse.* New York: Free Press.

Gutmann, Amy. 1987. *Democratic Education.* Princeton: Princeton University Press.

—— 1993. "The disharmony of democracy." In John W. Chapman and Ian Shapiro (eds.), *NOMOS XXXV: Democratic Community*, pp. 126 – 162. New York: New York University Press.

—— 1995. "Civic education and social diversity." *Ethics* 105:557 – 579.

Gutmann, Amy and Dennis Thompson. 1996. *Democracy and Disagreement.* Cambridge, MA: Harvard University Press.

Habermas, Jurgen. 1989. "The new obscurity: the crisis of the welfare state and the exhaustion of utopian energies." In Jürgen Habermas, *The New Con-servatism*, pp. 48 – 70, edited and translated by Shierry Weber Nicholsen. Cambridge, MA: MIT Press.

—— 1991. *Moral Consciousness and Communicative Action.* Cambridge, MA: MIT-Press.

—— 1993. "Struggles for recognition in the democratic constitutional state." In Charles Taylor and Amy Gutmann (eds.), *Multiculturalism*, pp. 107 – 148. Princeton: Princeton University Press.

—— 1996. *Between Facts and Norms: Contributions to a Discourse Theory of Law and Democracy.* Translated by William Rehg. Cambridge, MA: MIT Press.

Helms, Jesse. 1976. *"Where Free Men Shall Stand": A Sobering Look at the Supertaxing, Superspending Superbureaucracy in Washington.* Grand Rapids, MI: Zondervan Publishing.

Holmes, Justice Oliver Wendell. 1919. *Minority Opinion in Schenck v. United*

States. 249 U. S. 47.

Holmes, Stephen. 1988a. "Precommitment and the paradox of democracy." In Jon Elster and Rune Slagstad (eds.), *Constitutionalism and Democracy*, pp. 19 – 58. Cambridge: Cambridge University Press.

1988b. "Gag rules and the politics of omission." In Jon Elster and Rune Slagstad (eds.), *Constitutionalism and Democracy*, pp. 195 – 240. Cambridge: Cambridge University Press.

1993a. *The Anatomy of Antiliberalism*. Cambridge, MA: Harvard University Press.

1993b. "The gatekeeper: John Rawls and the limits of tolerance." *The New Republic* 209: 39 – 48.

1994. "Liberalism for a world of ethnic passions and decaying states." *Social Research* 61: 599 – 611.

Honig, Bonnie. 1993. *Political Theory and the Displacement of Politics*. Ithaca, NY: Cornell University Press.

1994. "Difference, dilemmas, and the politics of home." *Social Research* 61: 563 – 598.

Huntington, Samuel P. 1975. "The democratic distemper." *The Public Interest* 4: 9 – 38.

Isaac, Jeffrey C. 1996. "The poverty of progressivism: pessimistic thoughts onthe future of democracy in America." *Dissent* 43: 40 – 49.

Kazin, Michael. 1995. *The Populist Persuasion*. New York: Basic Books.

King, Martin Luther, Jr. 1991 (1963). "Letter from Birmingham Jail." In James M. Washington (ed.), *The Essential Writings and Speeches of Martin Luther King, Jr*, pp. 289 – 302. New York: Harper Collins.

Kramnick, Isaac and R. Laurence Moore. 1996. *The Godless Constitution: The Case Against Religious Correctness*. New York: W. W. Norton.

Lasch, Christopher. 1991. *The True and Only Heaven: Progress and its Critics*. New York: W. W. Norton.

Levine, Lawrence. 1996. *The Opening of the American Mind*. Boston: Beacon Press.

Lienesch, Michael. 1993. *Redeeming America: Power, Piety and Politics in the New Christian Right*. Chapel Hill: University of North Carolina Press.

Lind, Michael. 1995. *The Next American Nation*. New York: Free Press.

Macedo, Stephen. 1990. *Liberal Virtues: Citizenship, Virtue, and Community in Liberal Constitutionalism*. Oxford: Clarendon Press.

——1995. "Liberal civic education and religious fundamentalism: the case of God v. John Rawls." *Ethics* 105:468 – 496.

MacIntyre, Alasdair. 1990. "The privatization of the good: an inaugural lecture." *Review of Politics* 52:344 – 361.

Madison, James. 1961 (1787). "Federalist No. 10." In Clinton Rossiter (ed.), *The Federalist Papers*, pp. 77 – 84. New York: Penguin Books.

Martin, William. 1996. *With God on Our Side: The Rise of the Religious Right in America*. New York: Broadway Books.

Marty, Martin E. and R. Scott Appleby. 1992. *The Glory and the Power: Fundamentalists in the Modern World*. Boston: Beacon Press.

McCann, Michael W. 1994. *Rights at Work: Pay Equity Reform and the Politics of Legal Mobilization*. Chicago: University of Chicago Press.

Monsma, Stephen V. 1996. *When Sacred and Secular Mix: Religious Nonprofit Organizations and Public Money*. Totowa, NJ: Rowman and Littlefield.

Moore, W. John. 1994. "The Lord's litigators." *National Journal* 26(27):1560 – 1565.

Mouffe, Chantal. 1993. "Rawls: political philosophy without politics." In Chantal

Mouffe, *The Return of the Political*, pp. 41 – 59. London: Verso.

Persinos, John F. 1994. "Has the Christian Right taken over the Republican Party?" *Campaign and Elections* 15(9):20 – 24.

Phillips, Kevin. 1993. *Boiling Point: Democrats, Republicans, and the Decline of Middle Class Prosperity*. New York: Harper.

Putnam, Robert D. 1995. "Bowling alone: America's declining social capital." *Journal of Democracy* 6:65 – 78.

―― 1996. "The strange disappearance of civic America." *The American Prospect* 24:34 – 48.

Rabkin, Jeremy. 1996. "The Supreme Court in the culture wars." *The Public Interest* 125:3 – 26.

Rawls, John. 1951. "Outline of a decision procedure for ethics." *The Philosophical Review* 60(2):177 – 197.

―― 1958. "Justice as fairness." *The Philosophical Review* 67(2):164 – 194.

―― 1971. *A Theory of Justice*. Cambridge, MA: Harvard University Press.

―― 1985. "Justice as fairness: political, not metaphysical." *Philosophy and Public Affairs* 14:223 – 251.

―― 1993. *Political Liberalism*. New York: Columbia University Press.

Rorty, Richard. 1983. "Postmodernist bourgeois liberalism." *Journal of Philosophy* 80(10):583 – 589.

―― 1988. *Contingency, Irony, and Solidarity*. Cambridge: Cambridge University Press.

Rosenberg, Gerald. 1991. *The Hollow Hope*. Chicago: University of Chicago Press.

Rozell, Mark J. and Clyde Wilcox (eds.). 1995. *God at the Grass Roots: The Christian Right in the 1994 Elections*. Lanham, MD: Rowman and Littlefield.

Rozell, Mark J. and Clyde Wilcox. 1996. *Second Coming: The New Christian Right and Virginia Politics*. Baltimore: The Johns Hopkins University Press.

Ryan, Alan. 1993. "The liberal community." In John W. Chapman and Ian Shapiro (eds.), *NOMOS XXXV: Democratic Community*, pp. 91 – 114. NewYork: New York University Press.

Sandel, Michael. 1996. *Democracy's Discontent: America in Search of a Public Philosophy*. Cambridge, MA: Harvard University Press.

Schlesinger, Arthur F. , Jr. 1949. The Vital Center (2nd edn). Boston: Houghton Mifflin.

Shapiro, Ian. 1986. *The Evolution of Rights in Liberal Theory*. Cambridge: Cambridge University Press.

1995. "Editor's introduction." In Ian Shapiro (ed.), *Abortion: The Supreme Court Decisions*, pp. 1 – 24. Indianapolis: Hackett.

1996. *Democracy's Place*. Ithaca, NY: Cornell University Press.

Shaw, Brian J. 1997. "Liberal neutrality, 'public reason' and religion: Habermas contra Rawls." Lecture delivered at the 1997 Annual Meeting of the Midwest Political Science Association, Chicago, IL, 10 – 12 April.

Shklar, Judith. 1984. *Ordinary Vices*. Cambridge, MA: Harvard University Press.

1989. "The liberalism of fear." In Nancy Rosenblum (ed.), *Liberalism and the Moral Life*. Cambridge, MA: Harvard University Press.

Stolzenberg, Nomi Maya. 1993. "'He drew a circle that shut me out': assimilation, indoctrination, and the paradox of liberal education." *Harvard Law Review* 106: 581 – 667.

Sunstein, Cass. 1993. *The Partial Constitution*. Cambridge, MA: Harvard University Press.

Taylor, Charles Alan. 1996. *Defining Science: A Rhetoric of Demarcation*. Madison: University of Wisconsin Press.

Viguerie, Richard. 1981. *The New Right: We're Ready to Lead.* Falls Church, VA: The Viguerie Company.

Villa, Dana. 1993. "Postmodernism and the public sphere." In Frederick M. Dolan and Thomas L. Dumm (eds.), *Rhetorical Republic: Governing Representations in American Politics*, pp. 227 – 246. Amherst: University of Massa-chussetts Press.

Wallis, Jim. 1995. *The Soul of Politics: Beyond "Religious Right" and "Secular-Left."* New York: Harcourt.

Walzer, Michael. 1994. "Multiculturalism and individualism." *Dissent* 41: 185 – 191.

Wilcox, Clyde. 1996. *Onward Christian Soldiers?* Boulder, CO: Westview Press.

Williams, Juan. 1988. *Eyes on the Prize: America's Civil Rights Years, 1954 – 1965.* New York: Penguin Books.

Wolff, Robert Paul. 1977. *Understanding Rawls: A Reconstruction and Critique of A Theory of Justice.* Princeton: Princeton University Press.

Wolin, Sheldon. 1996. "The liberal/democratic divide: on Rawls's 'PoliticalLiberalism'." *Political Theory* 24: 97 – 120.

Young, Iris Marion. 1987. "Impartiality and the civic public: some implications of feminist critiques of moral and political theory." In Seyla Benhabib and Drucilla Cornell (eds.), *Feminism as Critique*, pp. 56 – 76. Minneapolis: University of Minnesota Press.

1990. *Justice and the Politics of Difference.* Princeton: Princeton University Press.

14

在自由主义与困境之间

考特尼·荣格
(Courtney Jung)

罗尔斯主义与后罗尔斯主义时代的诸多政治、民主理论着眼于自由主义（liberalism）和社群主义（communitarianism）之间的紧张关系。简言之，感知到的矛盾在于对道德来源的分歧。自由主义者诉诸一个普遍的、可能理性的且最小化的康德式标准（minimal Kantian standard），他们认为这一标准人人都会同意［罗尔斯（Rawls），1971年；摩西多（Macedo），1990年］。社群主义者（Communitarians）认为道德标准起源于共同体（community），并在此后特殊化。作为结果，共同体必然在公共生活中占有一席之地［贝拉（Bellah），1991年；沃尔泽（Walzer），1997年；麦金泰尔（MacIntyre），1984年］。公共辩论很大程度上是僵持着的，事实上部分原因是由于辩论建立于有关基本原则不可调和的差异。当下的任务是在两者之间寻找与两者都不同的"第三条道路"（third way）。这是艾萨克（Isaac）、菲尔纳（Filner）和比文斯（Bivins）的课题对本文的贡献。在他们的论述中，打击的主要路线是反对政治自由主义，但对支持社群主义也表现出犹豫不决。他们将共同体引入公共领域，并诉诸民主以解决其引入所导致的冲突。他们希望民主可以涵盖共同体，并提供了一个普适的标准。

为使我们从相同的前提开始探讨，笔者简要并赞许地概括了艾萨克、菲尔纳与比文斯的论证，以下称为"IFB"。IFB的论证构建于批判有关莫扎特诉霍金斯案中摩西多为政治自由主义的辩护［摩西多（Macedo），1995年］。尽管如此，因为IFB的论证事实上并非集中关注此案，因此笔者将呈现的不是IFB论证的结构，而是其逻辑与本质。

IFB 认为自由主义以为建基的社会契约已经解除。有关分配正义的政治已经让位于身份政治。这是自由主义自身的成功，同时亦表明了一个事实，即美德的概念将其他概念排除在外，这有助于自我认定为"被排除在外"的群体实现进入到政治领域的诉求。政治自由主义因错误地授予自由主义以超越民主的特权，因此对于政治参与的问题处理不当。自由主义亦由此使得许多具有明确政治性的事务非政治化。比如，身份不应通过上诉被囊括在司法审查当中。一些作者主张公共领域应该加以延伸，直至包括他们认为应属于政治领域的身份政治。他们声称"不存在超越民主自身的标准去判定民主公共生活中激烈且难以管束的争议"。

这一说法十分缜密且具有说服力。IFB 致力于维护企业重新进入私人领域。因为私人领域政治化历来是一种途径，去授权于政治上（以及在其他领域中）被边缘化的群体，诸如女性与同性恋，因此"自由主义民主化"（democratization of liberalism）撞击到了同情心的心弦。正是在这种最终成为一致信念的精神中，笔者对 IFB 的论述进行评论。笔者的目的是揭露并质疑它所依靠的假设，并推动而非抹黑本篇论文的方向与期望。

一些展现 IFB 论述的假设具有潜在的可疑性。首先，IFB 假设现在的事情在一些重要的方面与以前相比是不同的，并且曾一度出现过自由主义共识。他们声称正是自由主义本身以及美德的概念催生了身份政治。推而广之，想必自由主义最终将在某种程度上减弱对身份的动员。他们关于身份政治地位的论述假设了政治身份是必要的且居于政治舞台本身之前。他们假设原教旨主义与身份政治差不多，而且最终假定一项通过民主手段解决问题的共识也并不蕴含一些美德概念。笔者基本上所涉及的是这些根本前提的最后三个，笔者认为对于 IFB 来说，这些根本前提或多或少存在些问题。

IFB 未经核实的论证基础可能以批评的眼光加入到这一层次的身份。IFB 所知悉的身份概念应该得以明确，至少被部分明确，因为有关自我本质的冲突性概念被深深地卷入到社群主义与自由主义所争论的较大问题当中，IFB 亦被部分牵扯这些争论中。作者们从未明确他们对于政治身份本质的理解，但是他们留下了蛛丝马迹以表明他们认为，身份来自于私人领域，居于政治之前，并且是自然的。① 人们所持有的身份，是以诸如宗教与文化的事务为基础的，这些身份必须适应于政治领域。公民和团体拥有"基本价值信念"（fundamental value commitments），"持有根深蒂固的信条"（deeply held creeds），以及"基本宗教语言"（constitutive religious vocabularies）。政治包容是必须的，因为"美国社会沿着多个维度深刻分化"并且"这些分化由来已久"。在某种程度上，不允许在公共领域表达身份使得一些重要的选区丧失了权力。

尽管如此，另外一系列关于身份本质的假设将导致我们对处于危急之中的事情产生不同的理解。政治认同并不是预先处于自然状态并要求得到认可的。群体中的成员关系显然不是一种基本的人类信念，它构建了人类如何以及在哪里寻得有意义的政治表达。并不存在进入到政治舞台仅仅寻求表达基本信念的纯粹的先验自我。尽管如此，政治身份的实际来源对于民主欠缺的诉求是至关重要的。

政治身份至少有一部分是在政治舞台中构建起来的，而非自然与先验的。个体是多重潜在身份的载体，大多数潜在身份永远不会在政治上具有显著表现。政治认同有可能是围绕着文化或宗教符号动员起来的，或是寄托于某些经济或意识形态的参照物以指称某些可能性，但仅仅是有限的可能性。政治企业家运作于由国家（以及先前的政治格局）所创造的激励结构之内，其围绕特定标志对选民进行动员，以使他们的投票份额最大化。他们是否成功，以及事实上何种身份会表现突出，这部分取决于这个国家组织的形式，国家如何分配

---

① 这一分析建立于以下对于艾萨克，菲尔纳及比文斯文章的引用之上："'公共理性'（public reason）应排除宗教维护模式的诉求，它依赖于政治认同和公共舆论中的一个令人难以置信的'薄弱'概念。""在'非公共'领域，一个人可以赞同，通常亦会表示赞同那些被民众深刻信仰的特殊信条与信念，'强烈的感情与热忱的希望'，以及对没有被阻碍的信念的践行"；"［罗尔斯说道］……'公共理性'要求的政治言论缺乏宪法效力"；"坚持政治舆论应该采取特定的形式……使得某些重要的选区丧失了权力……"；"如果他们想让自身的意见……那么他们必须搁置基本的宗教用语"。（重点强调）

权力和资源，以及以何种方式反对国家对自身的认定和组织。例如，人们可以做出这样的论述，即作为一种政治身份，基督教原教旨主义在一群先前享有特权但地位下滑的白人群体之间引起共鸣，这些白人试图挽回已失去的相较于其他群体而不同的社会、政治与经济地位。这些关于群体性的标签（先前特权、地位向下流动、白人肤色）中的任何一个在理论上都可以用作对同一群人构建政治身份。此外，基督教原教旨主义提出了不同的诉求，它将不同的人结合为一种政治身份，而非宗教身份。并不是所有拥有可描述为基督教原教旨主义宗教信仰的人都归顺于基督教原教旨主义的政治教义。从多个层面上来说，政治空间与身份政治化深有牵连。

政治身份的另一种观点指引着两个方向。首先，我们允许何种身份进入到政治领域，这可能不单单是一个中立的问题。如果政治在决定何种身份表现突出的问题上确实起到了十分重要的作用，那么进入到国家层面很可能就是将身份政治化，否则这些身份将保持政治上的潜伏状态。为了身份将政治地位正式化可能拥有意想不到的效果，即授予那些获得充分动员与组织从而进行政治运作的身份以特权，同时继续排斥渺小的或未受充分构建的身份——例如基督教原教旨主义者，但不是今天的亚洲移民。进入到政治领域且拥有一种制度性权力基础可能获得专门授权，通过扩展剥夺他人的权力，并进一步削弱 IFB 认为民主所依赖的多元主义。

其次，如果政治身份并非个人固有和自然的组成部分，而是建基于特殊标志的构成，那么自由主义民主人士想要囊括于公共舆论的就不是特殊的选民，而是特殊的标志。在对身份的这一解读上，自由主义者认为，在公共领域中行事的政治精英不应使用一些诸如诉诸宗教或文化的离题行为（discursive moves），这些标志不应该被任何人利用。当然，即使在这一解读上也存在明显的偏见，即特殊的标志并非真的不适用于任何人，而是不适用于那些想使用它们以转移话题的人。排除一些作为合法动员工具的标志只是排除了那些为动员目的而想使用这些标志的人。然而，某些选民被排除在外的论述渐渐消失。所有的人都拥有适用于他们的多重身份与标志。群体并非永久地以既定的方式组成，并且群体的界限是可渗透的。作为个人，基督教原教旨主义者并未被驱逐出政治；只有构成他们群体性的标志被禁止于政治之外，诸如原教旨主义者。自由主义排除标志的论述显然要比其排除民众的论述遭受更轻的罪名。

然而，这形成了一些问题的子集，这些问题可能同样需要协商。自由主义民主将一些动员形式排除在外，这究竟是好的还是坏的？是否存在很好的理由使得一些标志一直处于公共领域之外？或是没有理由？自由主义民主必须将围绕身份的动员排除于民主政治之外，这似乎既不规范亦不存在概念上的显著性。当因诸如种族或性别的客观身份标签被排除在外的群体开始围绕这样的标签进行动员，以获准进入到处于自由主义价值系统假设之下的政治领域时，政治自由主义和民主可能都会被他们接纳。事实上，它们已经被接纳了。这里我的想法——对于公共领域的拓展——与 IFB 相一致。没有充分的理由认为身份政治将颠覆民主，也没有理由认为以语言或种族基础为政治目的所构成的群体在政治的决定因素上与以阶级或意识形态基础为政治目的所构成的群体是不同的。围绕文化、种族、性、性别、语言或是宗教符号构建起来的群体没有内在固有的差异，亦并非更具有冲突性。相较于其他群体，这些群体明显更不适应于民主进程。

另一方面，原教旨主义显著地不同于其他类型的政治身份。作者未经检验地合并了原教旨主义和身份政治的，就好像两者是一回事一样，这是一个错误。原教旨主义被表达为本质主义的（essentialist）、无所不包的（all-encompassing）、极权主义的（totalitarian）和排他的（exclusive）。他们的宗教、经济、意识形态或者文化身份作为原教旨主义的构成，在包括政治领域在内的所有领域，都要求严格地逐字地坚持一套基本原则。除了"民主原教旨主义者"（democratic fundamentalists）以外的任何群体在本质上都与民主相矛盾，因为它持有一整套其他的基本原则，这些原则是适应于当代政治的"硬通货"（currency of politics）。例如，基督教原教旨主义可能会诉诸他们对圣经的解读而不是解决政治冲突或分配资源的少数服从多数原则。任何类型的原教旨主义都不把民主视为他们最高的美德，甚至不会视作"附属的基本美德"（subordinate foundational good）。② 当身份以原教旨主义的方式表达时，那他们就代表了一种民主的替代选择，因此亦无法在民主中应对。

　　IFB 提供了一个笔者所需要的有关原教旨主义和民主之间不兼容性的假设案例。他们推测如果**莫扎特诉霍金斯案**（*Mozert v. Hawkins*）中的原告维姬·弗罗斯特（Vicki Frost）是霍金斯县民主选举出来的代表，而不是"难以管束的少数派"（obstreperous minority）的领导者，那么在民主方面，撤销裁决以允许一些孩子退出阅读课程就可能是非法的。他们作此论述以显示自由主义干扰了民主进程。然而，我们可以进一步研究其假设的案例，并得出一个不同的观点。如果维姬·弗罗斯特进入到一个基督教原教旨主义掌权的情况，那么她可能会加速开展基督教原教旨主义的学校课程。此类课程必将是排他性的，并很有可能破坏关于理性的运用、自由结社的价值以及平等，我们中的一些人，笔者想也包括艾萨克、菲尔纳和比文斯在内，都认为正是这些支撑着民主。有什么理由使我们必须相信维姬·弗罗斯特，作为一个忠实的原教旨主义者，她如果落选的话会服从选举的结果？最终，如果基督教右翼执掌权力，将不会存在私人空间或者他们无法改变的领域，那样我们还能拥有一个民主制度么？答案很可能是否定的。③ 在这种意义上，为那些可能破坏公共领域的人大开方便之门将是一个危险的提议。

---

　　② 例如，沙皮罗认为民主并不处于最高美德的位置（夏皮罗，1996 年）。民主应该适应我们的行动，而不应该是我们唯一的，甚至往往不是我们最高的信念。原教旨主义者大概会拒绝做出任何一个选择。

　　③ 更进一步地说，这一点正是布莱恩·巴里（Brian Barry）在耶鲁会议上提出的所谓的"哲学卓越"（philosophic eminence）。艾萨克的反驳——即我们并未讨论 20 世纪 30 年代的德国，而是 20 世纪 90 年代的美国——是屠弱的，这是在他的文章并未涉及哲学上纳粹德国被阻止结果的背景而言。他做出了一个实证的主张，即"在这里它将不会发生"，却没有考虑到——我们没有准确地预测它将在那里发生。而事实却发生了。

那么我们在承认诉求中如何裁决？如果基督教原教旨主义的价值对于民主所必需的包容来说也是无法容忍且相互矛盾的，如果他们是"分裂的并威胁到其他群体的自由"，那么他们可能就得不到接近政治的途径，而这些途径我们愿意提供给其他具有较少排他性且更加宽容的群体。IFB 似乎对这一特别问题感到了些许不安。他们将基督教原教旨主义争取承认的诉求与 20 世纪 60 年代的身份政治相比较。他们声称正如过去一样，现在政治的空间应该得到扩展，以吸纳女性和非裔美国人。他们还声称新基督教右翼的诉求缺乏民权运动的道德高度（moral stature）。但是如果我们没有裁决诉求的标准，我们如何决定一些是合法的而另一些是非法的？一旦被允许平等地进入公共领域并占据话语权，我们将含蓄地，甚至是明确地使这些诉求平等地合法化，并在政治中赋予它们同等的价值。

IFB 认为民主进程本身必须发挥合法性标准的效用。他们认为与自由主义相关的那部分问题并不只是它声称自己是中立的，或是自由主义者错误地理解了他们的政治所包含的内容，而是这样一个事实，即自由主义是否中立的，这本身是个问题。事实上自由主义不是中立的，它包含了一种美德概念，并因此将其他美德概念排除在外，这催生了所谓的苛刻的身份诉求，是我们难以管束的公共生活的特征。他们说道："如果原教旨主义意味着什么……它意味着一种对自由主义共识的抗拒，这一共识关乎自由主义试图恢复的公共理性"。

如果这是真的，那么至少在推荐民主作为解决争议的更好标准时的态度是中立的。无论如何，这一主张难以持续，即使我们诉诸的民主是纯粹程序性的，甚至极简主义民主（minimalist democracy）也不必然被"理性人"（reasonable people）认同成一个合适的裁定规则。民主包括一个通过诉诸投票机制处理裁定的共识，其中该机制的多数派、简单多数或胜者联合获胜，并实施他们的政策。那些输者必须服从赢者的意志，至少直到下一次选举。尽管如此薄弱，这些清晰的美德概念并没有得到所有人的同意。至关重要的是，原教旨主义者将不可能赞同此类裁定规则。

进而，IFB 主张"除了民主自身的标准，并没有标准去解决民主的公共生活中难以驾驭和控制的争议"。但是什么是民主自身的标准？如果我们仅依靠程序民主去裁决，民主正是如此，它对那些（a）良好组织的，（b）富有的，兼有/抑或（c）庞大的团体更有效。民主也会排斥，它排斥仅以体量和财富为基础，这似乎是比自由主义更缺乏有效性的标准。此外，如果我们将程序民主作为裁决各种竞争诉求的最高标准，我们可能很快就会被迫去接受一些令人不适或者很难维护的结果。毕竟，大多人都被认为怀有仇恨、偏见和恶意。民主并不一定导致合法的结果。如果民主和承认正义（justice of recognition）并不必然走到一起，如果前者也并不会自然地导致后者，民主总是会胜利得华而不实。

然而，作者们显然在心里对民主有一个更加丰富深厚的概念，这一民主建基于规范他们所谓的话语权、结社和多元化价值。实质性民主持有一种美德概念，这一概念包括表达自由、结社自由、信仰自由、批判性思维自由以及反对自由。它包含了一个薄弱的信念，这一信念致力于含有更开明与包容的多元主义和多样化的事物，并且脱离了这一事物民主就无法延续下去。一旦 IFB 认同了更为实质性的民主，那么愈发清晰的是民主作为中立标准不会比自由主义承载得更多。民主也必须排除那些群体，他们无法认可民主的基础或是会破坏支持民主所必需的事物。一个包含话语权、结社以及多元化价值观的实质性民主亦将基督教原教旨主义者排除在外，例如，以至于后者无法支持这些价值观。

民主与自由主义之间存在着一种矛盾，在充分揭露这一矛盾的研究上，IFB 表现出色。他们对于自由主义的批判受到了很大的关注。我们中的许多人都可能同意这样的呼吁，它要求我们质疑划分公共与私人领域的界线，并呼吁我们扩大的民主范围。然而，很可能的是前进的方向与这一矛盾共存，关于什么是政治的争论给民主提供了一个很好的地方去继续运作并发挥自身作用。尚不清楚的是，民主能否在其涉及的广泛领域中包含原教旨主义。就原教旨主义明确表明他们站在极权主义立场上反对民主来说，他们是无法在民主体制内得到处理的。最后,民主本身不能作为自由主义的"解决方案"(solution)。它拥有与自由主义一样的缺陷,即它在美德概念中不是中立的,并且它无法将受到普遍拥护的裁决标准囊括在内。在自由主义与民主斗争的问题上,民主显然不是道德的胜利者。

参考文献:

Bellah, Robert. 1991. "Citizenship, diversity, and the search for the common-good."In Robert E. Calvert (ed.), *The Constitution of the People: Reflectionson Citizens and Civil Society.* Lawrence: University Press of Kansas.

Macedo, Stephen. 1990. *Liberal Virtues: Citizenship, Virtue, and Community in Liberal Constitutionalism.* Oxford: Clarendon Press.

1995. "Liberal civic education and religious fundamentalism: the case of God v. John Rawls?" *Ethics* 105: 468 – 496.

MacIntyre, Alasdair. 1984. *After Virtue: A Study in Moral Theory.* Notre Dame, IN: University of Notre Dame Press.

Rawls, John. 1971. *A Theory of Justice.* Cambridge, MA: Harvard University Press.

Shapiro, Ian. 1996. "Elements of democratic justice." In Ian Shapiro (ed.), *Democracy's Place*, pp. 222 – 262. Ithaca: Cornell University Press.

Walzer, Michael. 1997. "Response to Kukathas." In Ian Shapiro and Will Kymlicka (eds.), *NOMOS XXXIX: Ethnicity and Group Rights*, pp. 105 – 111. New York: New York University Press.

15

理性、民主与有漏洞的边界：
垂直模块化与水平模块化的对比①

苏珊·L.赫尔利

(Susan L. Hurley)

---

① 感谢迈克尔·巴哈拉赫（Michael Bacharach）、何塞·贝姆德斯（Jose Bermudez）、约翰·布鲁姆（John Broome）、戈登·布朗（Gordon Brown）、杰拉德·科恩（Gerald Cohen）、罗纳德·德沃金（Ronald Dworkin）、迪亚戈·甘贝塔（Diego Gambetta）、拉塞尔·哈丁（Russell Hardin）、戴维·赫尔德（David Held）、理查德·赫高特（Richard Higgott）、雷门·那岸（Ramin Nakisi）、德里克·帕菲特（Derek Parfit）、吉姆·普朗克特（Kim Plunkett）、乔尔·普鲁斯特（Joelle Proust）、亚当·普沃斯基（Adam Przeworski）、约瑟夫·拉兹（Joseph Raz）、约翰·罗默（John Roemer）、保罗·西普莱特（Paul Seabright）、伊恩·夏皮罗（Ian Shapiro）、蒂姆·史密瑟斯（Tim Smithers）、伯纳德·威廉姆斯（Bernard Williams），并向宣读本文时的各位听众致以衷心的感谢，感谢各位对本文的评论及探讨。

全球化进程带来的边界问题对于民主理论而言是外源性还是内源性的？

从多数程序（少数服从多数）的角度，是否能够充分理解民主？多数程序取决于某些精确定义的参数，尤其是边界和单位的规格。对于给定的问题，我们可以这样问：多数程序是否应当用于地方性或国家边界之内，还是适用于国际层面？而在这种程序中受到平等代表的单位应该是个人还是其他单位，诸如家庭、联邦体制下的地区或是国家？这些关键参数显然并不是生来就固定的。任何边界或单位都不是简单给定的，亦不存在对于所有政治目的而言都必然正确的（边界或单位的）规格。特别是当我们采取全球性视角时，各种常见的边界和单位就会显示出其结构复杂性和目的相对论：它们相互重叠并分成各种层次、相互嵌套或彼此跨越。

应如何对边界和单位进行规定，又应如何划分相关问题的议程，以及如何将特定类型的问题分配到特定的决策领域，并在某种程度上通过边界和单位的选择得以确认？正如罗伯特·达尔（1982年）以及其他学者所指出的，我们无法简单地诉诸多数主义以解决如下管辖权问题：**什么单位中的大多数，以及在哪一个边界之内的大多数**？所以问题就来了：对于民主而言，引导这些管辖权设置任务（jurisdiction-setting tasks）的价值观，应被视为是外源性的还是内源性的？

外源性观点如下所示。各种力量与权力的运作设定了边界和单位，并将相关问题分配到各领域。我们并非必须掌控这一过程，而引导这一过程的价值，就其受引导的程度而言，是独立于民主价值的。我们不应把民主与其他价值相混淆。民主以这些参数为前提，但并没有确定这些参数。达尔曾说："事实是，人们无法从民主理论中确定什么构成了民主进程的适当单位"（1983年，第103页以下）。

而内源性的观点则与此形成了鲜明对比。（在对比的过程中，笔者将更着力于阐述内源性观点，因为外源性观点已为人熟知且已由其他学者进行充分阐述。）民主确实对管辖权问题有一定影响，民主不仅仅是带有某些预设参数的少数服从多数程序。"杰利蝾螈"（Gerry-Mandering）可能产生有悖于民主的效应，也可能会产生有利于民主的影响。诸如民族自决、自治、尊重权利、平等和可竞争性等典型的民主价值观，在边界和单位的选择方面已困难重重，在将问题分配至各相关领域方面同样岌岌可危，这些领域的界定如下：例如，族群的政治边界间的关系，难民问题，将特定议题提交全民公投、提交给个人进行私人决策、提交司法审查、提交地区代议机关等。某些边界和单位的选择，以及管辖权分配问题可能倾向于压制个体的自主性，而另外一些选择和分配则倾向于促进个体的自主性、尊重公民的权利和他们的协商与理性能力。某些边界和单位的选择以及管辖权的分配可能包含着会导致偏见或是合作失败，从而妨碍民族自决的内在倾向，而另外一些选择和分配则会避免这些问题。阐明这些问题并指导分层制度设计的价值观，无法振振有辞地与民主价值观相分离（赫尔利，1989年，第15章，以及赫尔利，1991年）。相反，这是我们对民主之最佳理解不可或缺的组成部分。否则在面对全球复杂性时，民主提供一致性典范的能力就会有所缺陷。它将只是政治理想的一个部分而已。

根据内源性的观点，分层的复杂性在本质上并非不民主。确定一个多数程序得以运作其中的边界，这本身并不是不民主的。某些边界可能更加民主，其他的则不然。针对不同类型的问题，在不同的单位和边界内，以一种复杂的、相互重叠、分层和嵌套的方式来分配相关议题的管辖权,这本身并非是更加不民主的。当然,有关管辖权的问题会在一定范围内存在分歧,无论其结构是简单还是复杂。而无论是简单还是复杂,这些问题多多少少都可以用民主方式予以解决。尽管如此,我们无法理解为何某一管辖权的分配或是边界的选择会比另一种简单多数的形式更为民主。如果我们试图这样做,那么我们将面临一种回归:这一举措根植于我们所试图回答的管辖权、边界和单位的问题。

由此就产生了介于外源性与内源性之间的观点,特别是当我们思考民主理论应如何应对全球化进程对传统国家边界的破坏时。② 身处国家疆域之外的人们可能会受到其国内决策的深刻影响,而外部因素亦能扭转内部决策程序的权力与控制,全球化使得上述情形越来越常见。具体到各个特定活动领域——经济、政治、环境、信息、技术、法律等——的功能权力网络日益超越传统的国家边界(参见赫尔德,本书第 6 章,③ 以及赫尔德,1996 年,第 10 章;阿尔

---

② 正如伊恩·夏皮罗(在私人交流中)所指出的,地方主义同样破坏了传统的国家边界。它并不需要通过创造新的、更不具包容性的边界(如处于分裂状态中),但是却可能以一种相关领域的渐进方式(逐渐破坏传统的国家边界),并由此增强对边界的网络渗透。

③ 赫尔德对于不加批判地擅用领土政治共同体的概念持怀疑态度,而这一概念正是研究民主政治的主流理论方法的核心。随着全球化的日益深化,立足于有限的自决共同体的传统民主概念开始显得勉强和紧张。赫尔德的观点与本文相似,他认为全球化对民主的打击并未严重到迫使我们必须以一种新的方式重新思考民主,即相比传统而言,较不倾向于预设边界的方式。赫尔德亦表达了在此被称作"水平模块化"的全球情境特征,虽然他实际上同样赞同垂直模块化并没有消失:"超全球化的说法"有时候被过度宣扬了,而民族国家仍然拥有无比强大的力量。赫尔德有关世界主义民主的概念亦将主权观念与固定边界和领土的观念相剥离,并且认可民众的多重国籍身份。

特瓦特，本书第 4 章；④ 达尔，本书第 2 章⑤）。如果民主理论仍然以传统方式预设全球化破坏国家边界的类型，那么什么能够或是应该取代它们的位置？

根据外源性观点，我们无法诉诸民主价值观来回答这一问题。但我们可以诉诸什么呢？或许，将边界最大限度地扩展，实际上就是世界政府的边界，就可以在全球层面恢复多数民主理论（的适用性）。但是为什么要预设这个国家边界呢？经过反复思考，就会发现国家边界跟许多其他事物一样并非是自然赋予的。倾向于破坏国家边界的特定领域权力网络往往也不支持世界政府。因此，全球化外加外源性观点都倾向于支持对民主的怀疑。如果民主基本的程序性前提都无法得到满足，那么其要求也是不确定的。也许，在应对全球化对边界的破坏性影响方面，某些方式比其他方式更为有效，但是它们不见得就更加民主。我们不应该把民主与其他价值观混淆在一起。

相比之下，内源性观点则能够在原则上回应全球化在民主价值观方面所造成的影响。一个世界政府，甚至是多数主义政府，可能在很多方面都没有吸引力，其中有一些属于民主自身价值观的内部原因。特定领域权力网络中的某些高层权力关系安排方式可能会比其他方式更加民主。

全球化背景下外源性/内源性议题的产生方式表明这一对比可能太过尖锐。民主的概念也许不是静态的，但可能它本身需要动态的适应性。当我们在全球

---

④ 阿尔特瓦特写道："对于民主的程序合理性而言，更重要的问题在于国家政治边界与全球化经济的超国界性之间所存在的矛盾……民主政治需要以空间和时间为坐标以确保'治理绩效'……为确保形式民主的程序，边界仍是必要的……国家边界的洞穿正在形塑民主政治的空间和时间，因此**主权的含义**也在发生变化"（本书第 4 章，第 52—55 页）。他强调了经济和生态因素对于政治边界及政治过程的影响。

⑤ 在达尔的怀疑主义观点中，他写道："总而言之：既然普通民众很难对他们本国的外交策加以影响，难道我们不能认为影响国际组织的障碍会更大吗？正如在民主国家，很多重大政策实际上是由公民委托政治精英决定的，国际组织成员国的公民难道不会将有效控制权委托给国际政策精英吗？国际组织中委托授权的范围难道不会远远超过可接受的民主门槛？"（本书第 36 页）

背景中重新思考民主时，也许我们所需要的更像是民主价值观演变中的某种连续性，在这种演变过程中，程序性价值和实质性价值之间的规范关系具有基本的动态特征。⑥

试回想一下在这一点上仍卓有成效的经典观点，一方面社会和政治结构存在着一定相似性；另一方面，与思维结构之间也存在一定相似性。⑦ 边界问题已成为认知科学和政治理论近年来的关注焦点。一些跨学科的横向思维可能有助于在全球范围内探寻民主价值和民主程序的合法衍生物（legitimate descendants）。为此，请思考一下理性与民主之间的一个比拟：即，认知科学理解理性的方式与政治理论理解民主的方式。以下这些问题都是当前思维哲学较为熟悉的：对于理性、认知和思想而言，支撑它们的内部因果程序具有特定结构是否十分重要？如果缺少因果关系结构，真正的理性和思想是否会被淘汰？[参见斯蒂克（Stich），1996年]。请比较一下我们有关民主的类似问题：对于民主来说，内部政治程序具有特定结构是否必不可少？如果缺乏这种程序结构，真正的民主是否就会消失？

认知科学中的垂直模块化与水平模块化：对理性的再思考⑧

传统的认知科学认为思想依赖于某种基本过程，这一过程的整体结构是**垂直模块化**的。每个垂直模块都执行广泛的功能，然后将其结果表达传递到下一个模块。

---

⑥ 这一建议与赫尔德有关世界主义民主与边界问题的观点大体一致（本书第103—135页）。

⑦ 这一观点在当代语境中的复兴要归功于赫尔利（1989年），因此在这里所提出的建议可以被视为该研究的延伸。该研究可谓是本文所论述的水平/垂直区别的前期成果，具体内容可参见赫尔利（1989年），第15章。

⑧ 这一部分的某些材料摘自苏珊·赫尔利《行动中的意识》（*Consciousness in Action*）一书，版权（至1998年）属于哈佛学院全体教职员工，未经哈佛大学出版社允许，不得转载。

在感知模块中，有关位置、颜色、运动等信息均来自于特定领域感知进程中的各种（信息）流动。来自输入流程各种信息流所产生的各种表述相互汇集，并通过感知结合在一起。统合后的结果被传递给认知，即连接感知与行动的核心模块。理性思考与协商讨论就基于这一发生过程。（认知科学）认为理性主要取决于内部程序，诸如操控各种内部象征或表述，并包括那些通过感知所传递的内容。运动计划的制定是基于当前和已存储的输入与认知过程，随后又被传递到运动规划过程以期执行。从感知到认知再到行动，形成了一个由不同处理阶段所组成的线性序列。每个阶段都可能存在平行的过程，比如在感知阶段之前，有关颜色和运动的信息是相互结合在一起的。然而整体功能结构是垂直模块化的。

谈论一个人的心理状态是一回事儿，谈论个人层面心理状态之所以形成的潜在的亚个体（subpersonal）过程，又是一回事儿，我们不应把两者相混淆。垂直模块化的观点是有关亚个体因果过程之功能结构的观点。然而我们可以理解为什么垂直模块化的观点看起来是很自然的。在个人层面上，我们对一个人的感知、她的推理以及她的意图进行区分。垂直模块化的观点在亚个体的功能和因果过程的层面亦发现了类似的区分。假定不同层级的描述之间存在着一定同构性，这也许是很自然的。

然而在当前认知科学与思维哲学领域，从神经网络到动态的系统方法，都对有关亚个体因果过程的垂直模块化概念造成了巨大压力［西伦（Thelen）和史密斯（Smith），1994年，第174页、第220页；艾尔曼（Elman）等，1996年；普朗克特（Plunkett）和艾尔曼，1997年；凯尔索（Kelso），1995年；波特（Port）和范·格尔德（van Gelder），1995年；布鲁克斯（Brooks），1991年；克拉克（Clark），1997年，第13页之后几页、第58页；哈钦斯（Hutchins），1995年，第292页、第316页、第364页之后几页；米尔纳（Milner）和古德尔（Goddale），1995年，第10—13页、第26页、第41—46页、第65页、第163页、第170页、第179页、第200页；赫尔利（Hurley），

1998b 等]。这提出了一个与此相对的概念,即有关思维的水平模块化概念,这一概念建立在分布式亚个体过程的基础上,而后者在功能结构上是**水平模块化**的。⑨ 其思考方式,就是特定内容的网络层层分布。每一层或水平模块都是动态的:从输入延伸到输出,又以各种反馈循环的形式返回输入系统。各个层次执行特定类型的任务——比如,某一网络可能主管空间感知与行动方向(即所谓的"方位"系统),另一网络则可能主管食物识别和采集型行为(即所谓"做什么"系统的一部分),另一网络可能主管着识别掠夺者和逃离型行为(所谓"做什么"系统的另一部分),还有一个网络则可能负责对观察到的他人行为做出模仿反应等等。我们可以把演变与/或发展视为对每个层次的选择。由于每一亚个体层次都是一个完整的输入—输出—输入的循环,在本质上具有连续性和动态性,包含着外部反馈和内部反馈,因此这些循环不仅结合了感觉过程与运动过程,神经网络也与生物环境直接相结合。水平模块本质上是"情境的"(situated)。每一动态层次都是一个系统,该系统分布在感知与行动机制及其相关环境因素中[也许还包括了其他机制:参见哈钦斯(1995 年)

---

⑨ 技术澄清(technical clarification):不应该把本文中所描述的垂直/水平的对比与福多尔(Fodor)所描述的垂直/水平对比相混淆(1983 年,第一部分)。本文的观点接近但不完全等同于克拉克(1997 年,第 12—14 页)和其他人所描述的垂直/水平对比,也接近于古德尔和米尔纳(1992 年)的观点,他们建议把功能性模块从正确输入扩展到输出阶段(在目前的条件下,这被看作为水平模块);同时可参见米尔纳和古德尔,1995 年。这里的对比更接近于布鲁克斯(1991 年)所提出的某些对比,主要是包容结构的水平特定领域分层与传统的人工智能方法之间的对比。请注意,在当前条件下,福罗尔的观点被认为是垂直模块化的:他在功能上区分了转换系统、输入系统、中央处理系统和运动系统,并假设信息流适用于以这一顺序排列的系统;通过产生中央认知赖以运转的思维表达,输入系统的运作处于转换系统的输出与中央认知之间;输入系统将"信息打包概括",而中央系统则不然(福多尔,1983 年,第 41—42 页)。然而在当前条件下,水平模块则具有领域特定性。我们从垂直模块化转移到水平模块化的同时,并未放弃领域的特定性。参见并对比西伦和史密斯(1994 年,第 174 页、第 220 页);艾尔曼等,1996 年,第 37 页、第 40—41 页、第 100 页、第 108 页、第 158 页;赫尔利(Hurley),1989 年,第 15 章。有关思维的水平模块化观点仍有争议且是非正统的;本文并不针对这一观点进行辩论,仅对此进行思考。

有关社会分布的自然认知的相关论述]。然而，正如给定的环境目标或特性能够以不同方式在个人层面的内容中呈现，同样也能够在不止一个的亚个体水平层次或模块或关系系统中突显出来。

根据水平模块化的观点，垂直边界会发生什么变化呢？垂直边界，诸如围绕感觉或运动过程，或围绕核心认知过程的垂直边界，再或者实际上围绕着作为整体的有机体的垂直边界，都是相对透明并且可渗透的。思维是"有漏洞的"（leaky），安迪·克拉克（Andy Clark，1997年）如是说。这并不意味着垂直边界会完全消失。但它们与水平边界一样具有其功能意义，而本文所提及的这些最新研究成果都倾向于牺牲前者而强调后者，无论是在经验还是理论依据方面。

水平模块化的视角是否能够容纳认知和理性？**如果**我们的思想依赖于执行特定任务的水平层，那么我们的理性是否会成为一种幻觉？如果这被证明是正确的，理性会就此消除吗？⑩

虽然这可能是我们的第一反应，但最新研究成果认为，认知和理性的特性能够来自于事实上的水平模块化系统。然而这些特性需要重新加以思考，其思考的方式既不取决于各不同阶段的线性序列，也无需依赖介于输入与输出之间的中央交互系统的内部程序。不同水平层级之间相互抑制、促进和协调的关系较为分散，其中每个水平层级均是动态的，并根据环境情境而变化，这些分散

---

⑩ 联结主义原理和内部经典结构的匮乏是否会消除思想，或仅仅是改变我们对于"思想是什么"的看法？这些问题与上文中所提到的问题之间的关系又是什么？（有关这一问题的最新讨论和参考，请参见斯蒂克，1996年；亦可参见赫尔利，1998a和1998b）。对于理性而言，来自水平模块的挑战是一种对整体主义实践理性的局部威胁，其方式在文中有所解释。整体主义在各种观点中均被视为理性所必需的，因此需要解除对整体主义的威胁。相比之下，联结主义对于思想的威胁据称来自于经典因果性的缺乏，以及与思想的概念结构同构的语法亚个体结构的缺失。与认为整体主义乃理性所必需的观点相比，认为个体和亚个体层次之间的同构性为思想所必需的观点，更具有争议性。从这个意义上说，"解除对整体主义的威胁"这一需求就更为紧迫了。与联结主义对思想内部语言的威胁相比，这一威胁更为基本。需要注意的是，提出上述观点的前提是需要战胜理性之必要条件所面临的威胁。但这并不意味着整体主义是理性的充分条件。

的高层关系构成了一个复杂的系统，理性可能就产生于这一复杂系统。正如进化和发展可以根据其任务需要在每一层级选取一个网络，它们也可以对不同层级间的关系进行运作，使其能够合理地对环境造就生物体的问题做出灵活反应。

然而从这方面来考虑，理性与世界有着实质性的联系。无论是作为整体的有机体，还是具有垂直边界的中央认知模块，都不仅仅取决于处于输入和输出之间的内部程序。相反，它取决于专注特定任务且又与外部世界有关的各层级间的复杂关系，这些层级监测并应对自然和社会环境与神经网络的特定方面，并记录相关应对措施的反馈情况［参见赫尔利（1998b）有关以生物有机体为中心的动态奇点的相关论述］。这些反馈回路包含了某些属于环境的方面，其中可能会包括相当于他人行动的相关事件，以及对于使用语言的生物而言，由他人所使用的自然语言。大致来说，有一些层级处于开启状态而有一些层级则保持关闭，其整体情况尚属合理。根据这一观点，理性是复杂反应模式的高阶属性，它产生于位于生物体及其结构化环境之间的直接动态耦合层级。

模仿、理性和进化研究

思考一个更具体的说明也许会有所助益，即说明水平模块化如何会对理性产生威胁，而这些威胁又该如何应对。我们不妨以模拟系统（或者体系）的某个水平层次为例。首先，请看一些事实。

新生儿会模仿对他们所做的手势：例如，当他们看见有人伸出舌头时，他们也会放心地伸出自己的舌头。很多经验已经证明这类行为是有意为之，而不仅仅是反射性的［梅尔佐夫（Meltzoff），1995年；梅尔佐夫和穆尔（Moore），1977年，1983a，1983b，1985年和1995年］。

伴有特定种类大脑额叶损伤的患者可能会受到模仿行为综合征的影响，他们会持续模仿实验者所做的手势，即便这些手势并不为社会所接受。当这些患者被问及为何在并未被要求模仿的情况下模仿这些手势，他们表现出一定程度的认知障碍：他们说他们感觉必须这么做，那是他们的责任，他们所看到的手势以某种方式包含着要求对其模仿的指令，他们的反应行为乃是自然反应。他们并不否认自己的行为，并且可能试图为其辩护。尽管他们的行为反映出他们丧失了一定的自主性和理性，但已然被认为是自愿而非反射性的。例如，一个患有大脑额叶模仿综合征的患者可能会因为戴假发而拒绝模仿梳头，怕梳头会让假发掉下来：所以他的模仿行为并不只是反射性的，而是凭其自己的意愿。但仍然存在理性的缺失：在这个例子中，并不存在模仿开始的原因，所以也就无需寻找拒绝的理由。（相比之下，重复反应失用症患者则受到另外一种脑损伤，他们会有即时的、自动的和反射性的模仿反应，患者本人可能会批评这些模仿反应却无法控制。）有人认为这些患者的大脑额叶某一区域受到了损伤，该区域的正常功能是抑制某一动作，即属于感知和行为之间特定连接系统的动作。根据这一观点，抑制性区域的损伤可能会使一些行为模仿模式失去控制。［勒米特（Lhermitte）、皮利恩（Pillion）和赛达鲁（Serdaru），1986年；勒米特，1986年；施坦格尔（Stengel）、维也纳（Vienna）和埃丁（Edin），1947年］。

然而，模仿倾向并不仅仅发生在小朋友和脑损伤患者身上。正常的实验对象听到"鼻子"或"电灯"这样的指令时，如果他们看到实验者做出正确的动作，也能够准确地指向"鼻子"和"电灯"。可是如果看到实验者做了错误的动作，他们亦难以避免错误：他们更倾向于模仿其所见而非遵从其所闻，即便他们已经受到明确指示要遵从口头命令［埃德博格（Eidelberg），1929年；普林茨（Prinz），1990年］。在很多情况下，正常成年人潜在的模仿倾向都受到了抑制，但这种倾向仍然存在并未消失，其影响可以通过实验发现。也可以在一系列自然条件下进行；功能的障碍可以揭示正常功能的某些方面。⑪

模仿的倾向涉及对理性的一个特定威胁。模仿不一定仅仅是反射性的，但却可能使认知过程陷入困境。孤立地来看，对于理性的潜在威胁是水平模块的典型（问题）（其他相关案例与讨论，参见赫尔利，1998b，第9、10篇论文）。在感知和行为之间所构建的连接过于僵硬，可能不会因某人的愿望或意图而合理地调整，就好像模仿综合征患者一样。模仿常常是事与愿违的，或是与手头任务不相关的干扰。总体来说，就模仿反应而言，外部刺激和反应之间

---

⑪ 模仿，似乎涉及一个从视觉输入到动作输出的非常复杂的映射。这吸引我们去思考和推断，神经系统如何完成所观察到的模仿倾向。这有各种可能性，涉及有关感知和行为的共享神经编码的或强或弱形式（普林茨，1990年；赫尔利，1998b）。人们已经在猴子身上发现了镜像神经元（Mirror neurons）［迪·佩莱格里诺（di Pellegrino）等，1992年；让纳罗（Jeannerod），1997年］。如同许多其他神经元一样，镜像神经元同时具有感知和动作领域：这就是说，镜像神经元的激活既与特定的感知有关，亦与特定的动作意图有关。但是镜像神经元也具有与感知和动作领域相匹配的功能：当实验对象感觉到某人以特定方式行动或者她本人也这样做的时候（或者同时这样做），它们就会激活。例如，当猴子看到实验者用手将食物送入口中**或者**猴子自己也这样做的时候，特定细胞可能就会激活和响应。

这也诱导我们去思考和推测，为什么神经系统会以这种方式相互连接以便于模仿。为解决这个问题，我们可以对神经网络的体系结构或者一般结构特征，与处于固定结构既定网络中的精细突触连接的不同程度和方向加以区别（艾尔曼等人在1996年的著作中对此有过论证）。在自然界中，进化可以在各种类型的结构起点上发生，尽管其结构的可塑性程度与发展和经验有关。因此，也许就会选择具有普通或者默认表型趋势的结构，如潜在镜像神经元的存在。然而，经验证据表明，精细突触的连接并非是与生俱来的（艾尔曼等，1996年，第315页）。相反，它们是有关发展与经验的功能，并处于由神经、身体和环境结构所构成的交互式约束之中。例如，神经元的相互连接可能有其环境根源，而相互连接的神经元的共同激活则有可能增加其连接程度和级别，因此一个神经元的激活也就会促进其他神经元的激活。身体的成长可能会改变共同激活的模式，并致使其连接性随之发展变化（西伦和史密斯，1994年）。基于文中已经探讨过的理由，我们假设进化较为偏爱具有默认模仿倾向的结构，即使这些倾向是细微而不明显的。例如，假设进化选择了"较弱的"（weak）的镜像神经元：这就创造了一个细微的倾向，即在特定情境中偏好模仿的倾向。随着经验的累积，连接性就会转为促进相互连接的神经元的共同激活，这种倾向就会逐渐得到强化。需要强调的是，上述这些可能性纯属推断，但它们或许可以使得有关模仿的复杂映射稍稍显得不那么令人费解。

严格的模仿映射对实践理性的整体论产生了威胁：有意图的行动方式取决于信仰与欲望，或是感知与意图的理性互动。

对行为主义的批判常常会提及一个与此密切相关的观点。并不存在可以仅凭其自身就能决定某人应该做什么的特定感知或知觉，因为不同目的自然会导致不同意图的行为，而目的并非是由感知所规定的。行为主义试图在感知、意图、信仰和愿望的理性互动中走一条捷径。它在感性经验的内容和行为表现之间所建构的联系过于紧密，而并未对理性主体的自由程度给予足够重视。特定环境中较为恰当的行为类型是相对于其目的而言的。"错误"的目的总是能够将其自身介入特定的感知与行为，对于从感知内容到行为类型的行为主义顺利转换造成阻碍。

然而尽管有上述观点，模仿倾向仍可能具有重要且有益的功能。为什么进化会偏爱具有模仿倾向的神经结构或亚个体结构？这不难明白。成人从遗传中获得的行为特征的一些变异可能会稍稍偏爱特定代际中的某些成员而不是其他人，由此这些特征得以不断复制而其他的则不然。子女们若是能够通过模仿和继承来获得其成功的父母的行为特征，他们可能会受益匪浅。幼龄动物有一种与生俱来的倾向，即按照他们所观察到的其他动物的行为方式行事，通过对其父母的观察，幼龄动物就习得了一些生存能力较强并能够繁衍后代的动物的行为特征。模仿倾向会持续终生，亦会在代际之间保持其适应性〔请参见并对照博伊德（Boyd）和里彻森（Richerson），1985年〕。拿人类来说，模仿在语言学习中发挥了十分重要的作用。⑫

---

⑫ 发展和进化可以共同发挥作用。如果同时激活的感知和动作神经元之间的连接得到了加强，先天较弱的模仿倾向也可能作为模仿经验的结果而得到加强。作为结果，神经连接将由有意义且具有功能性的手势和行为进行校准，这将促使更复杂的意图和复合行为的出现。有趣的是，研究发现猴子大脑中镜像神经元所在的区域刚好与人脑中的布罗卡氏区（Broca's area）相对应，这正是语言能力所依赖的区域之一（迪·佩莱格里诺等，1992年）。

所以我们应该思考思维是如何形成的,以及我们如何形成我们的思维。模仿倾向可能会在各种成长发展方式中存在,人们通过模仿来校准感觉运动系统,也通过模仿来学会关于有意图行为的基本词汇、既包括语言的也包括非语言的,从而成长为能够基本适用于理性和自主原则的成熟个体。

我们如何才能做到兼而得之?如何能够确保模仿的有益功能却又不至于对理性产生一般性的威胁?如果(研究)对象/个体想要实现理性,至少在一系列正常条件下实现理性,就需要在与其他系统的关系中适当地抑制或促进模仿行为。可能会存在着一些激励机制或其他机制来控制或抑制模仿倾向,并在特定的环境或发展阶段相应地释放这种模仿倾向。除各种专注于特定任务的水平层次之外,我们还需要能够连接这些水平层次的高阶结构,当各水平层次以特定方式彼此关联、或在不同环境条件下相互关联时,高阶结构会促进或抑制其功能。

现在,连接水平模仿系统与其他水平层次的高阶结构也就具有了有用的功能,因此也成为了进化研究的对象。进化,能够为高阶结构在水平模块间建立相互关系的可能性寻求空间,即以提升整体适应性的方式,在适当的环境背景和发展阶段中抑制或促进这些模块的运作。模仿的有益功能集中于早期发展和成长阶段,这可能是一个(过于简单的)假设。此后,在一系列正常情况下(尽管不一定是全部),模仿倾向可能受到了抑制或覆盖。即便如此,其潜在影响仍然有可能在某些非正常条件下得以展现,脑部损伤亦有可能揭示这种潜在的影响。另一个假设是,在特定环境中模仿特定行为以获取合作收益而无需负担其成本,这从进化的角度来说是有所益处的。例如,合作者可能会开启模仿系统来模仿某种行为表现或标志以便相互识别,而伪装者则会在临近回报点之前将其关闭。[13]

---

[13] 感谢迪亚戈·甘贝塔对这些观点的探讨;关于"绿胡须"基因以及它们面对模仿性虚假突变体的弱点,请参见道金斯(Dawkins),1982年,第144—145页。

在大多数情况下,可以笼统地将理性视为这一复杂系统的突现属性,分布在生物体及其结构化环境中。尽管模仿和理性之间存在着潜在冲突,但是理性可能以模仿倾向为基础并从中演变而来。理性可以从水平模块化亚个体系统之间的复杂关系中展现出来,如若孤立地看待这些亚个体系统,它们所产生的行为并不足以称得上理性。⑭ 当然,若要在上述大多数情况下对理性进行积极的解释,就需要做得更多。本文的目标并不在于此,而是在于指出如何从原则上解除威胁,这一威胁针对的是理性的必要条件,即整体主义,这一必要条件是得到广泛认可的。⑮

我们思考模仿问题的寓意在于:我们可以(因此而)重新思考理性。理性,不需要被认为是取决于垂直边界的内部程序。它也不会被水平模块所消除,甚至可能是取决于水平模块。

---

⑭ 正如哈钦斯(1995年,第5章)在他研究社会分布式认知的网络模拟中所强调的,整体认知系统的理性并不需要该系统组成部分的理性。整体理性可能是整个系统的一种突变属性。例如,"确认偏误"是指认知系统倾向于支持自己已形成的观点,并对与此相悖的证据予以低估、忽视或重新诠释。然而,即便个体存在着确认偏误,群体内部交流的特定结构性条件仍然可能会提升整个系统的认知表现,因此从整体上不会表现出确认偏误。不同个体具有不同的出发点,他们之间的互动交流也是有限的,这种个体间的确认偏误导致其观点的多元化。所以,诀窍就在于找到传播不同观点的方式,这一方式将有利于发现并确定正确的解决办法。

哈钦斯从社会分布式认知的角度来研究导航问题,其研究十分具有吸引力,对该研究的思考也引发了其他各种可能性。例如,能否从社会分布式认知的角度来理解法律制度;借鉴哈钦斯对导航的研究,类似研究是否能够用于法律问题?

⑮ 相较于其他,本文所提出的想法或许更适用于某些关于理性的观点,诸如可靠主义的观点。此外,对这一想法的深入探究可能会有助于对理性的分解。相较于理论理性,水平模块化观点更适于实践理性——但是要考虑到一种特殊的理性行动:在自然语言公共空间中的行动与互动。我们通过这一公共空间的行动以获得理论理性。这样做的话,我们就倾向于在内心投射出理论理性的公共空间,或许会从而产生中央垂直模块的错觉。

政治理论中垂直模块与水平模块的对比：对民主的再思考

我希望这一切听起来会有点耳熟，我们在本文开始部分对有关理性的边界问题与有关民主的问题进行了类比，现在这一类比已经使其变得显而易见。已经明确的是：一方面，关于思维所依赖的亚个体因果结构，有一种垂直模块化的观点。理性，被视为取决于这些结构的内部程序。另一方面，存在着一种关于权力结构的垂直模块化概念，而治理则取决于这种权力结构。民主，被认为取决于这些结构的内部程序。根据后一种观点，政治世界被认为分成为个人与国家；多数程序正是参照这些单位和边界进行定义的。这个类比并不完美，也不能过多引申。但是它具有一定提示性，并且也可能有助于我们了解，在面对边界问题时是如何反思民主问题的。因果过程是思维的承载，而有关因果过程的经典垂直模块化概念的消亡，并不如同对有关什么是理性及其本质的某些观点所形成的挑战那样，会排除理性，这一说法是言之成理的。同样，政治决策和行动是由某些过程所支撑的，有关这些过程的水平化概念，也不需要被认为如同对民主及其性质的盛行观点所形成的挑战那样，会排除民主。有关认知科学中排除理论的论争十分复杂，我并不会在本文中假装公平对待这些论争。关键在于提示这个类比（参见图15.1）。

正如我们所看到的，随着全球化的进一步发展，政治理论中的垂直模块化（观点）面临着重重压力。这反过来又对民主概念在内部程序中的适用性造成了压力，这些内部程序预设了由外部设定的单位和边界。全球化创生了跨越国家边界分配权力的结构和复杂的动态过程。当我们用这种方式观察世界，国家间的边界就变得透明而且可渗透——有漏洞的——虽然它们尚未完全消失。

虽然全球化进程所催生的功能权力网络并不一定会重视国家间传统的垂直差异，但它们往往能反映特定领域间的水平差异。正如思维所赖以存在的亚个

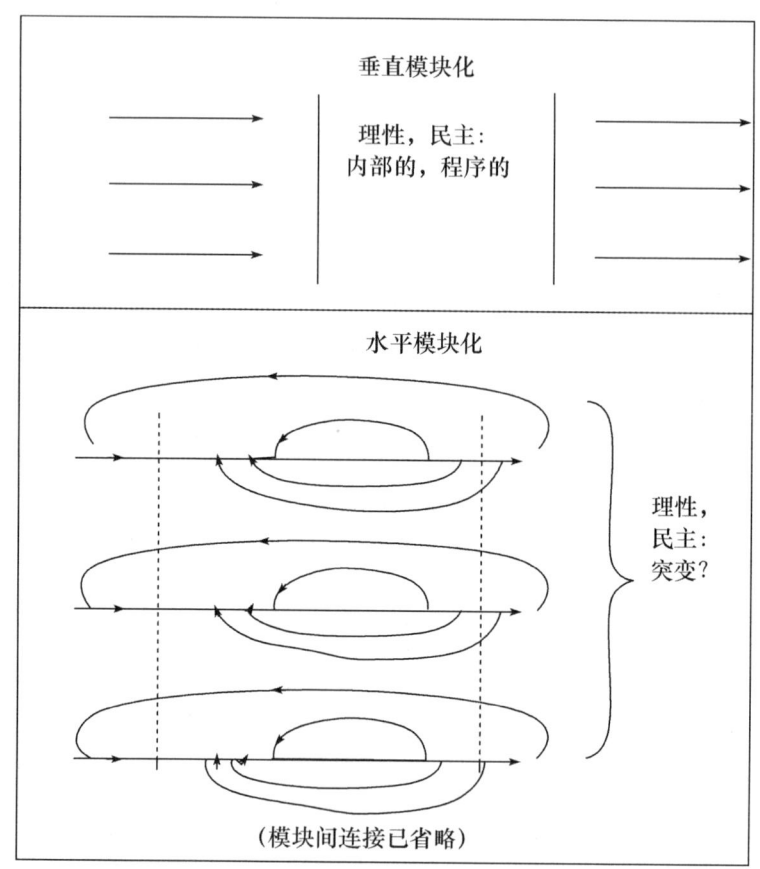

图 15.1 垂直模块化与水平模块化的比较

体过程的动态系统概念中的水平层次一样,全球进程通常专注于特定任务或特定领域。不妨想想那些处理金融、贸易、信息技术、人权、环境议题等(问题)的全球组织和流程。

那么,根据世界水平分层的观点,民主的地位何在,哪里的垂直边界正在发生变化并越来越具有渗透性?民主的概念是否仍然适用?如果我们预设民主的内部的、程序性的概念,我们的第一反应可能是"不"。但是至于有关理性的类似问题,就不妨考虑一下正确答案为"是"的可能性。同样也需要重新思考民主。民主不应该再被严格认为是内部程序,也不应被认为预设了固定的单位和垂直边界。民主需要垂直模块化的权力结构，其需求程度并未超过理性对于垂直模块化亚个体结构的需求。我们需要了解相关活动的各种水平层次是如何以或多或少民主的方式相互关联的，而这些水平层次自身也多多少少是民主的。民主，可能是某些关系之高阶系统的一种突变属性，这些关系是指各种功能性权力网络、全球性组织以及全球化进程之间的关系，上述这些部分若是被分开来独立考量，它们可能是民主的亦可能是不民主的。"外部"力量的运作能够被民主化，它不仅会受到"内部"控制的适当抑制和促进，而且、甚或是相反地，会被嵌入到具有复杂结构和动态性的较大系统中。⑯

例如：在人权法规、信息技术、生态问题、贸易、金融与工业等领域已形成了各种国际网络，在上述各种国际网络间的关系中，哪一种关系将会多多少少地催生民主？要回答这一问题，我们就需要一种（恰当的）评估方式，评估由此所导致的事态是更加民主还是较为不民主。但我们同样也需要了解可能会产生什么样的事态：随着时间推移，各种不同的安排将可能会产生什么样的结果。在这里，进化无法帮助我们探寻到各种可能性的空间。我们只有一个世界，因此承担不起在进化中将其消耗殆尽的代价。此外，为完成特定目标而精心设计一个全球性组织体系，然而这一精心设计却可能会受挫于复杂动态系统的特征和其基本的不可预测性：发现它们将会如何行事的唯一办法就是让其运行并对其观察。那么如何才能有效地探寻不同国际进程间可能存在的关系的空间，而其目的在于发现复杂的关系，正是从这些复杂关系中产生了更多、而不是较少的民主？

---

⑯ 正如其与赫尔德关于世界主义民主及边界的立场相一致，在某种意义上这一观点可以被视为达尔（1982 年）多元民主概念的根式扩张（radical extension），在多元民主中存在着"一个由几个或更多层次的民主政府所组成的复杂系统，每一民主政府各自的工作日程都略有不同"；但是请比较一下他在本书中所讲述的怀疑主义观点。这也构成了哈钦斯（1995 年）相关观点的变体，哈钦斯认为，一个群体的认知属性不仅取决于群体成员个体的认知属性，也取决于他们之间相互关联的方式。

世界可能具有的模样：在规范政治理论中模拟和想象

随着时间的推移，全球组织间所显现出来的不同关系可能会产生不同的倾向（再一次，请参见哈钦斯，1995年）。某些过于简单化的例子可以传达这一主旨。假设某些国际经济变量系数与一些环境破坏率的测量值相关联。然后假设这一系数被用作为国际货币基金组织（IMF）贷款政策中的某个参数，我们让该系统运行起来，随着时间的推移，这一系统逐步发展，由此世界上某些贫困且高依赖性地区的经济自主性就得到了加强，而与此同时环境损害程度则有所降低。另一方面，如果这一系数被用于不同作用的参数，就会造成相反的倾向。如何才能提前预测到这些不同的倾向？或是考虑一下信息技术政策之间的选择：那些对有关人权信息进行审查并拒绝与国际人权组织合作的国家，是否应该拥有对互联网的完全访问权限？例如，对于那些主动避免通过网络与信息审查国家的组织做生意的互联网商户，如果能够给予其一定的税收补贴或其他优惠，这将会产生什么影响呢？尊重人权及个人自主性的效果和影响是很难预测的。事实上，这些解释远远太过简单，现实世界的复杂性很难用简单的例子来解释。

众所周知，作为仿照神经网络技术建构的模型，复杂的动态系统尽管缺乏中央控制模块，仍然展现出了引人注目的、突变的自组织形式（凯尔索，1995年；西伦和史密斯，1994年）。考虑到其所涉及的非线性复杂性，从独立设计的角度可能无法清晰地发现这些自组织的模式，而最佳方式可能是通过计算机模拟的进化。除了模拟之外，其他方法都无法对突变顺序做出预测，即便是处于完全确定的系统中。我们可以利用进化的力量，将其作为一个通过模拟进化而排除了物种灭绝风险的探寻机制。计算机（模拟的）进化可以利用遗传算法，在我们所提供的选择压力之下，探寻可能存在的复杂系统的空间。进化技术正在被用于机器人设计（相关概述请参见克拉克，1997年，第5章）。难道就不能将其同样应用于全球性组织的设计吗？

可能用于管理水平模块化世界的某些方式，在规范性方面与其他一些方式具有实质性的差别。例如，援引一个有关民主的公民身份的共和主义概念，假设在培育自主性、协商能力、公益意识和其他公民道德方面，在鼓励（人们）广泛而深思熟虑地参与公共生活、在各种论坛中参与决策方面，在促进公平竞争方面，以及在避免权力集中到心存偏颇之人手中等方面，某些制度性安排比其他制度安排做得更好。假设这样的一些差异可以被看作是某种手段，这些手段可能会使世界在实质上更加民主。当然，其他价值观可能也会与此有关。假设特定的民主价值观也是处于在各种适用的价值观之中。如果这个前提理所当然地成立，那么我们就可以利用模拟技术，从这些实质性判断出发，以此倒推以了解在水平模块化的世界里，什么样的结构和程序算是民主的。基于这样的观点，当实体规范和程序规范被应用于不断变化的世界时，都将与民主概念产生动态的、适应性的联系。从缺乏某些在传统上预设的垂直结构和程序，到民主的消除，简短的本质主义观点确实过于简单。我们可以做得更好。

我们或许可以模仿构成了全球系统水平层次的各种机构、组织和进程，而建模的方式则得益于来自认知科学网络模拟的经验。首先，我们可以构建各种子网络（subnets），然后在各个子网络之外再构建一个超级网络（supernet）。⑰

首先，假设各个水平层次都是被各个神经网络分别模仿的，每一个神经网络都受到训练以模拟给定区域的动态实证数据：一个子网络。这些子网络中，可能会有一个用以模仿国际银行业务流程，另一个则模仿构建国际法律体系，等等。针对每一个水平领域，我们都会尝试其子网络的各种结构或"架构"，并试图对子网络进行培养（用算法调整其各单位之间的联系）直到其性能可

---

⑰ "如果某人将大脑看作为由许多个网络构成的网络，那么全球性架构的限制将关系到这些网络相互连接的方式"（艾尔曼等，1996年，第29页）。

以模拟我们所建构的特定水平层次。用以被模拟的实证数据的详细规格可以引导子网络的培养和训练。⑱ 适合的子网络本身可能就是十分复杂的。子网络的"背景单元"（Context units）可能反映了垂直模块化的其他重要方面，诸如各国人口与国民生产总值的分布，因此垂直模块性并没有完全消失。但是垂直模块可以被视为水平模块运作的背景，而不是相反的情况。

其次，请思考如下问题，即当我们将这些不同的水平子网络层以各种方式连接成一个巨大的超级网络并使其运作时，这些水平子网络层是如何互动的。即使我们保持子网络的内部结构与联系固定不变，仅仅改变子网络相互之间的联系，我们都会发现由此所产生的某些倾向在民主价值观方面较之其他倾向更为理想。在这个阶段，我们的模仿是高度规范性的。我们并不仅仅是想要模仿世界本身，而是利用模拟来帮助我们想象、理解并评价这个世界可能存在的形式。因此我们不能仅依靠经验数据来提供有关我们目标的详细规格参数，以及简单地依靠算法来调整超级网络直到其模拟到详细的实证数据。

当然，我们同样也可以单独评估子网络的民主程度，或许还能够找到提升其民主程度的方法。由此，我们可以带着经过规范化提升的子网络，进入到模仿超级网络。可以说，重要的是某些水平层次内部的民主程度如何，而不只是整个系统在其发展趋势上的有多民主。这与认识到整个系统同样具有民主倾向并不矛盾，整个系统的民主倾向源自于其子网络之间的互动，而这些子网络自身可能并不是特别民主。

再次，我们能够得益于认知科学的相关经验：运用遗传算法及适应函数，使得复杂网络进化发展出所期望的属性。通过子网络间关系的随机变化，遗传算法将会产生各种各样的超级网络。我们可以让超级网络的模拟（充分）运作，看看它们怎么做，然后选择我们所喜欢的某些超级网络并将其应用于下一

---

⑱ 例如，使用标准的反向传递技术。同样请参照卡斯蒂（Casti），1997 年。

轮突变。通过这种方法，我们可以成功使得一个超复杂的超级网络发展进化出具有吸引力的突变属性，不然还真的很难通过刻意的设计来获得这些属性。[19]

然而为了模拟进化，我们还需要提供一个适应函数。进化的压力可能会促成理性的出现，但民主在全球层面的形成则需要我们的引导。适应函数可以表达我们的选择，即在基因算法所产生的各种超级网络可能性中的选择。这可以反映出传统上认为与民主价值相联系的实质性价值（substantive values），即使这些价值观并不能够从内部的、程序性的方面来理解，而这些内部的、程序性的条件则是由垂直模块化世界所预设的。也就是说，自决、自治、尊重人权、平等和可竞争性等价值观推动了内部民主程序，与上述这些价值观同样的实质性价值也会影响那些虽然不是内部的、但涉及不同国家的人民的进程。设计相应适应函数的目的在于探求能够满足这些价值的突变模式和进程。

为确定国际网络之间的哪些关系多多少少可算作是民主的，我们既需要有一种方法去评估由此所导致的事态的民主特征，同时也需要一种方法以了解将会产生什么样的事态。我们很自然地就会认为，首先需要培养我们有关民主价值的概念，进而弄清在全球背景下如何才能以最佳方式促进民主价值：确定目的或目标，然后决定方法。第一个问题似乎是规范性的，而第二个问题则仅仅是技术性的。从认知科学中借用的模拟技术似乎仅仅有助于解决技术性问题，而不能解决规范性问题。这本身是值得的。但是我怀疑，模拟可能有助于同时解决上述两个问题，它们并不是截然分离的。[20] 主题的复杂性、以及使民主规范适用于全球背景的需求，唯有更具交互性地思考规范和技术才能更好地实现上述目标。想象的概念在这里似乎特别适用：模拟也许有助于我们的规范性想象，以及在复杂的世界中正视和评估备选方案的能力。了解什么是可能的、以及连接国际网络的不同方法会产生什么样的属性，或许有助于我们发展民主概

---

[19] 本文并不打算建议，能够从事认知工作的网络结构和权重同样能够用于从事规范的政治研究。感谢伯纳德·威廉姆斯帮助我澄清这个问题，否则我很有可能被误导。

[20] 十分感谢罗纳德·德沃金（Ronald Dworkin）的评论，它有利于这一澄清说明。

念，也有助于更加灵敏地确定能够在全球背景下被看作是民主的突变属性。创设并发展一个复杂系统以满足民主规范的详细规定，并将这一复杂系统的运作方式与中途所产生的替代系统相比较，这或许会改变我们有关规范的概念。

在这种模拟项目中，编码和解释可谓困难重重，但也许并非是不可克服的。有必要进一步探讨设计世界主义民主的新方法的可能性。在认知科学和社会科学之间，或许还存在着其他有关模仿和模拟技术相互融合（cross–fertilization）的潜在领域。

我已经运用认知科学和政治理论这两个学科中边界问题之间的类比，以提出为何能够将民主看作是一个全球分布的复杂动态系统或者超级网络的突变属性。与理性一样，民主并不需要被视为内部的、程序性的。它并不拘泥于垂直的模块化。民主也不会被水平模块所消除，它甚至可以依赖于水平模块。

参考文献：

Boyd, Robert and Peter Richerson. 1985. *Culture and the Evolutionary Process.* Chicago: University of Chicago Press.

Brooks, Rodney. 1991. "Intelligence without reason." In *the Proceedings of the Twelfth International Joint Conference on Artificial Intelligence*, pp. 569–595. San Mateo, CA: Morgan Kaufman.

Casti, John L. 1977. *Would-be Worlds.* New York: Wiley.

Clark, Andy. 1997. *Being There.* Cambridge, MA: MIT Press.

Dahl, Robert A. 1982. *Dilemmas of Pluralist Democracy.* New Haven: Yale University Press.

——1983. "Federalism and the democratic process." In Roland Pennock and John Chapman (eds.), *Liberal Democracy.* New York: New York University Press.

Dawkins, Richard. 1982. *The Extended Phenotype.* Oxford: Oxford University Press.

di Pellegrino, G., L. Fadiga, L. Fogassi, V. Gallese, and G. Rizzolatti. 1992. "Understanding motor events: a neurophysiological study." *Experimental Brain Research* 91: 176 – 180.

Eidelberg, L. 1929. "Experimenteller Beitrag zum Mechanismus der Imitationsbewegung." *Jahresbucher fur Psychiatrie und Neurologie* 45: 170 – 173.

Elman, Jeffrey L., Elizabeth A. Bates, Mark H. Johnson, Annette Karmiloff-Smith, Domenico Parisi, and Kim Plunkett. 1996. *Rethinking Innateness: A Connectionist Perspective on Development*. Cambridge, MA: MIT Press.

Fodor, Jerry A. 1983. *The Modularity of Mind*. Cambridge, MA: MIT Press.

Goodale, Melvyn A. and A. David Milner. 1992. "Separate visual pathways forperception and action." *Trends in Neurosdence* 15: 20 – 25.

Held, David. 1996. *Models of Democracy* (2nd edn). Cambridge: Polity Press.

Hurley, Susan L. 1989. *Natural Reasons: Personality and Polity*. New York: Oxford University Press.

1998a. "Vehicles, contents, conceptual structure, and externalism." *Analysis* 58 (1): 1 – 6.

1998b. *Consciousness in Action*. Cambridge, MA: Harvard University Press.

1999. "Cognitivism in political philosophy." In Brad Hooker and Roger Crisp (eds.), *Well-being and Morality: Essays in Honour of James Griffin*. Oxford: Oxford University Press.

Hutchins, Edwin. 1995. *Cognition in the Wild*. Cambridge, MA: MIT Press.

Jeannerod, Marc. 1997. *The Cognitive Neurosdence of Action*. Oxford: Blackwell.

Kelso, J. A. Scott. 1995. *Dynamic Patterns: The Self-Organization of Brain and Behavior*. Cambridge, MA: MIT Press.

Lhermitte, F. 1986. "Human autonomy and the frontal lobes, Part II." *Annals of Neurology* 19: 325 – 343.

Lhermitte, F., B. Pillon, and M. Sedaru. 1986. "Human autonomy and the frontal lobes, Part 1: Imitation and utilization behavior: a neuropsychological study of 75 patients." *Annals of Neurology* 19(4):326 – 334.

Meltzoff, Andrew N. 1995. "Understanding the intentions of others: reenactment of intended acts by 18-month-old children." *Developmental Psychology* 31:838 – 850.

Meltzoff, Andrew N. and M. Keith Moore. 1977. "Imitation of facial andmanual gestures by human neonates." *Science* 198:75 – 78.

1983a. "Newborn infants imitate adult facial gestures." *Child Development* 54: 702 – 709.

1983b. "The origins of imitation in infancy: paradigm, phenomena, and theories." *Advances in Infancy Research* 2:266 – 288.

1985. "Cognitive foundations and social functions of imitation and intermodal representation in infancy." In J. Mehler and R. Fox (eds.), *Neonate Cognition: Beyond the Blooming Buzzing Confusion*. Hillsdale, NJ: Erlbaum.

1995. "Infants' understanding of people and things: From body imitation tofolk psychology." In J. L. Bermudez, A. Marcel, and N. Eilan (eds.), *The Body and the Self*. Cambridge, MA: MIT Press.

Milner, A. David and Melvyn A. Goodale. 1995. *The Visual Brain in Action*. Oxford: Oxford University Press.

Plunkett, Kim and Jeffrey L. Elman. 1997. *Exercises in Rethinking Innateness: A Handbook for Connectionist Simulations*. Cambridge, MA: MIT Press.

Port, Robert F. and Timothy van Gelder (eds.), 1995. *Mind as Motion: Explanations in the Dynamics of Cognition*. Cambridge, MA: MIT Press.

Prinz, Wolfgang. 1990. "A common coding approach to perception and action." In O. Neumann and Wolfgang Prinz (eds.), *Relations Between Perception and Action: Current Approaches*, pp. 167 – 201. Berlin: Springer.

Stengel, E. , M. D. Vienna, and L. R. C. P. Edin. 1947. "A clinical and psychological study of echo-reactions." *Journal of Mental Science* 93:598 – 612.

Stich, Stephen P. 1996. *Deconstructing the Mind.* New York: Oxford University Press.

Thelen, Esther and Smith, Linda B. 1994. *A Dynamic Systems Approach to the Development of Cognition and Action.* Cambridge, MA: MIT Press.

索 引

(此处所列页码均为原书页码,即本书边码)

A

Abrams, Kathryn 凯瑟琳·艾布拉姆斯(203)

absolutism 绝对主义(86—89)

Abu-Lughod, Janet 珍妮特·阿布-路哥德(85)

Abzug, Bella 贝拉·阿布扎克(153,154)

Ackerly, Brooke A. 布鲁克·A. 阿克利(9—10,135,139)

Ackerman, Bruce 布鲁斯·阿克曼(173)

Afkhami, Mhnaz 曼娜兹·艾法卡米(149)

Alejandro, Roberto 罗伯特·亚历杭德罗(229)

Almond, Gabriel 盖布里埃尔·阿尔蒙德(23—24)

Altvater, Elmar 艾尔玛·阿尔特瓦特(5,6,8,58,275)

Anderson, Benedict 本尼迪克特·安德森(130)

Anderson, Perry 佩里·安德森(86)

Archibugi, Daniele 达尼埃勒·阿奇布吉(22—23)

B

Banting, Keith 基斯·班廷(114)

Barber, Benjamin 本杰明·巴伯(253)

Barry, Brian 布莱恩·巴里(270)

Beck, Ulrich 乌尔里希·贝克(59)

Beetham, David 大卫·比瑟姆(42,43,51,101)

Beitz, Charles 查尔斯·贝茨(88)

Beuilly, John 约翰·布鲁伊(91)

Bivins, Jason 詹森·毕文思(12—13,265—272)

Bobbio, Norberto 诺贝托·鲍比奥(46,47,89,90)

Brubaker, Rogers 罗杰斯·布鲁贝克(207)
Bull, Hedley 赫德利·布尔(86,104)
Bunch, Charlotte 夏洛特·邦奇(153)
Butegwa, Florence 佛罗伦萨·包提格(153)

C

capitalism 资本主义(41—42,49—51,57—60)
Carens, Joseph 约瑟夫·卡伦斯(131,204)
Cassese, Antonio 安东尼奥·卡赛斯(87)
Charlesworth, Hilary 希拉里·查尔斯沃斯(140)
citizenship 公民权利(8,45—51,107,112—25,200—208)
civil society 公民社会(57,105—108,121,134—135,143—158,170—171,250—252)
Clark, Andy 安迪·克拉克(279)
Cohen, Joshua 约书亚·科恩(236,257)
collective bads 集体危害(6,63—65,67—83)
collective goods 集体物品(65—67,69,73—74)
Comte, Auguste 奥古斯特·孔德(45)
Connolly, William 威廉·康纳利(90)
constitutionalism 宪政(38,46,105—108,121—122)
cosmopolitan democracy 世界主义民主(8—9,84,104—108,119,127,131)
cultural harm 文化伤害(195—207,232—258)
remedies for 对文化伤害的救济(200—207,216—220,248—258)

D

Dahl, Robert 罗伯特·达尔(3—4,5,8,37—39,89,90,130,246,247,273,274,275,287)
Dahrendorf, Ralf 拉尔夫·达伦多夫(50)
de facto internationalization 事实上的国际化(9,34,128—129)
definition of democracy 定义民主(19—21)
delegation 委托授权(21—22,31—32)
deliberative democracy 协商民主(106,133—137,138,143—146,253—254)
democratic accountability 民主问责制度(84,89—91,105—108,131)
lack of 缺乏民主问责制度(2—3,5,8,13,23—28,45—51)
democratic deficit 民主赤字(30,34)
democratic liberties 自由民主(10—11,105—108,168—177,183—188,189—191)
tangibility and intangibility of 有形与无形的自由民主(10—11,42,51,171—172,176—189)
democratic public law 民主公法(7—8,105—108)
Diamond, Larry 拉里·戴蒙德(157)
Dionne, E. J. E. J. 迪翁(257)

E

ecological democracy 生态民主(56—57)
economic democracy 经济民主(33,38,57—

60)

Economist,The 经济学人(25)

Ely,John Hart 约翰·哈特·伊利(246—247)

environmental deterioration 环境恶化(5,6,41,44,52—57,63,99—100)

environmental regulation 环境监管(5,6,44—49,52—57,64—65,69,70,71—73,74—75,77—78,80—83)

exit,costs of 退出成本(4—5,37)

F

Falk,Richard 理查德·福尔克(87,88)

Falwell,Jerry 杰瑞·法威尔(249)

Favell,Adrian 阿德里安·法维尔(206)

feminist criticism 女权主义批判(135—150)

Fernàndez-Armesto,Felipe 费利佩·费尔南德兹-阿梅斯托(85,93)

Filner,Matthew 马修·费尔纳(12—13,265—272)

Fishkin,James 詹姆斯·菲什金(253)

Fordism and post-Fordism 福特主义与后福特主义(58—60)

foreign affairs and policy 外交事务与政策(23—30,64,102)

Fraser,Nancy 南希·弗雷泽(193,196,197—200,201)

freedom: *see* democratic liberties 自由:参见民主自由

fundamental rights 基本权利(20,41,43—44,45—51)

G

Galbraith,John Kenneth 约翰·肯尼思·加尔布雷思(180)

Giddens,Anthony 安东尼·吉登斯(86,92)

Gitlin,Todd 托德·吉特林(194)

global communications networks 全球交流网络(98—99)

global inequality 全球不平等(5,6,44,48,55,60,132)

global political economy 全球政治经济(4,5,7,41—60,91—104,113—114)

globalization 全球化(5,6—7,8—10,34,41—42,45—51,52—57,91—104,112—125,129—130,134,275—277,285—287)

Goodin,Robert 罗伯特·古丁(132)

Gramsci,Antonio 安东尼奥·葛兰西(57)

Grimm,Dieter 迪特·格林(121,125)

group rights 集体权利、群体权利(9,11—12,132,148,193—195,200—207,210,211—220)

Guttmann,Amy 艾米·古德曼(243,253)

H

Habermas,Jürgen 尤尔根·哈贝马斯(234—235,250,251—252,253)

Halim,Asma Mohamed Abdel 阿斯玛·穆罕默德·阿卜杜勒·哈利姆(149)

Hall,John 约翰·霍尔(88)

Hardin, Garrett 加勒特·哈丁(44)

Hardin, Russell 拉塞尔·哈丁(6)

Harrod, Roy 洛伊·哈罗德(44,55)

Harvey, David 大卫·哈维(52,53)

Hassan, Riffat 利法特·哈桑(150)

Hawthorn, Geoffrey 杰弗里·霍索恩(88—89)

Hayek, Friedrich 弗里德里克·哈耶克(97)

Hegel, G. W. F. 黑格尔,G. W. F.(57)

Held, David 戴维·赫尔德(6—8,9,11,22—23,34,46,49,88,89,90,103,105,106,107,112—113,115,119,120,123,127,131,275,276,287)

Hirsch, Fred 弗雷德·希尔施(44)

Hirschman, Albert 阿尔伯特·赫希曼(4)

Hirst, Paul 保罗·赫斯特(93,97)

Hobbes, Thomas 托马斯·霍布斯(7,11,67,173,230,241,253)

Hobsbawm, Eric 埃里克·霍布斯鲍姆(58,180)

Holmes, Justice Oliver Wendell 法官奥利弗·文德尔·霍姆斯(254)

Holmes, Stephen 斯蒂芬·霍姆斯(12,224,227,246)

Honig, Bonnie 邦妮·霍尼格(235)

Honneth, Axel 阿克塞尔·霍耐特(132,193)

human rights 人权(45—51)

and women's rights 与妇女权利(101,105—108,119)

Hurley, Susan 苏珊·赫尔利(14—15,274)

Hutchins, Edwin 哈德温·哈钦斯(287)

I

identity politics 身份政治(1—2,11—13,38—39,120,148—151,193—208,211—220,222—264,265—272)

immigration 移民(1,5,10—11,31,165—166,167—168)

industrial democracy, prospects for 工业民主的前景(57)

inequality 不平等(39—60,179—91,195—200)

see also global inequality 也可参见全球不平等

international democracy 国际民主(8—9,80,127,131—132)

international institutions 国际组织、国际机构(2—4,6—8,10,19,22—23,30—34,37,45,50,101—102,124—125,134—158,211)

international law 国际法(7,9,86,100—102)

international security 国际安全(102)

Isaac, Jeffrey 杰弗瑞·艾萨克(12—13,265—272)

J

Jacobs, Jane 简·雅各布(173)

Jung, Courtney 考特尼·荣格(13)

K

Kant, Immanuel 伊曼努尔·康德(42)

Kaus, Mickey 米基·考斯(182—183)

Kennedy, Paul 保罗·肯尼迪(85)

King, Martin Luther 马丁·路德·金(236, 237)

Kiss, Elizabeth 伊丽莎白·基斯(11,13)

Krugman, Paul 保罗·克鲁格曼(181)

Kymlicka, Will 拉塞尔·哈丁(8,132,193, 195,203—204)

L

Lasch, Christopher 克里斯托弗·拉什(248, 249)

Lazarus, Emma 埃玛·拉扎勒斯(177)

legitimacy 合法性(4,9,12,13,32—34,37—39,46,104—108)

Lenin, Vladimir 弗拉基米尔·列宁(48)

liberal democracy 自由民主(12,12—13,42, 89—91,104—105,222—264)

Lipset, Seymour Martin 西摩·马丁·李普塞特(54,58)

Locke, John 约翰·洛克(79—80,173)

Luttwak, Edward 爱德华·鲁特瓦克(48)

Luxemburg, Rosa 罗莎·卢森堡(48)

M

Macedo, Stephen 斯蒂芬·摩西多(224,225, 232,239—246,248,250,252,265)

MacIntyre, Alasdair 爱兰达尔·麦金赛尔(244)

majority rule 多数统治(38)

Mann, Michael 迈克尔·曼恩(48,85,86,92)

market economy 市场经济(32—33,41—42, 46,57)

Marx, Karl 卡尔·马克思(42,58)

McGrew, Anthony 安东尼·麦格鲁(90,100)

Mill, James 詹姆斯·密尔(89)

Mill, John Stuart 约翰·斯图亚特·密尔(121)

mind, nature of 思想,性质(14—15,277—791)

minority rights: see group rights 少数群体权利:参见群体权利

monetary politics 货币政治(4—5,39)

Mouffe, Chantal 向坦尔·墨菲(235)

Moynihan, Daniel Patrick 丹尼尔·帕特里克·莫伊尼汉(179,180,190—191)

Mozert v. Hawkins 莫扎特诉霍金斯案(239—248)

multinational corporations 跨国企业(96—98)

Myrdal, Gunnar 纲纳·缪尔达尔(157)

N

An-Na'im, Abdullahi Ahmed 阿卜杜拉西·艾哈迈德·安-纳依姆(156)

nation state 民族国家(3—4,5,6—7,23—28, 30,34,38—39,41,44—51,75—78,79—80, 86—91, 91—104, 106—108, 119—125, 155—188,127—132)

and policy autonomy 民族国家与政策自主性(5,6—7,45—51,86,103,114)

and sovereignty 民主国家与主权(5,7,41,47—

49,79,86—88,102—103)

nationhood 国家地位(90—91,115—118,119—125)

Neumann,Franz 弗朗茨·纽曼(52)

Nozick,Robert 罗伯特·诺齐克(173,177)

O

O'Donnell,Guillermo 吉列尔莫·奥唐奈(21,49)

Offe,Claus 克劳斯·奥夫(92,103)

Okin,Susan Moller 苏珊·穆勒·奥金(9—10)

oligarchic goods 寡头商品(55—56)

Olson,Mancur 曼瑟尔·奥尔森(65)

P

Paine,Thomas 托马斯·潘恩(89)

Parekh,Bhikhu 比丘·帕雷克(201,208)

participatory democracy 参与民主(107)

Plato 柏拉图(27)

Poggi,Gianfranco 奇安弗兰克·波齐(85)

Polanyi,Karl 卡尔·波兰尼(43,45)

political boundaries 政治疆界、政治边界(1—2,14,15,38—39,41,43—44,45—51,52—53,75—76,86—102,273—277,285—287)

see also identity politics 也可参见身份政治

political liberalism 政治自由主义(226—239,265—272)

and religious fundamentalism 政治自由主义与宗教原教旨主义(239—248)

Popper,Karl 卡尔·波普尔(233)

popular control 大众控制(20,28—30)

lack of 缺乏大众控制(2—3,5,8,13,23—28,49—51)

Posner,Richard 理查德·波斯纳(171)

Przeworski,Adam 亚当·普沃斯基(54)

public good 公共福祉、公共利益、公众利益(25—28,65—67)

in foreign affairs 外交事务中的公共利益(27—28)

procedural and substantive conceptions of 公共利益的程序性与实质性概念(25—26)

public reason 公共理性(230—232,233—239)

R

Rae,Douglas 道格拉斯·雷伊(10—11)

rationality 理性(14—15,42—44,54,277—285)

Rawls,John 约翰·罗尔斯(12,173,196,224,226—239,241,248,250,265)

religious fundamentalism 宗教原教旨主义(12,13,149—151,222—264,265—272)

representative democracy 代议民主(89—91)

representative government 代议制政府(7,89—91)

Rogers,Joel 乔尔·罗杰斯(257)

Rorty,Richard 理查德·罗蒂(226)

Rousseau,Jean-Jacques 让-雅克·卢梭(173)

Ryan,Alan 艾伦·赖安(228)

S

Samuelson,Paul 保罗·萨缪尔森(65)

Schattschneider,E.E. E.E.谢茨施耐德(67)

Schlesinger, Arthur 阿瑟·施莱辛格(194)

Schmitt, Carl 卡尔·施密特(41,45)

Schmitter, Philippe 菲利普·施密特(23,49)

secession 独立(11—12,200—207,212—216)

Shaheed, Farida 法丽达·沙希德(149)

Shapiro, Ian 伊恩·夏皮罗(11—12,13,42,130,227,246)

Shklar, Judith 朱迪斯·史莱克(239—248)

Shore, Chris 克里斯·肖尔(130)

Simpson, O. J. O. J. 辛普森(222)

Smith, Adam 亚当·斯密(41,45,46,53)

Smith, Anthony 安东尼·史密斯(91)

sovereignty 主权(107,128—129)

Spencer, Herbert 赫伯特·斯宾塞(45)

status harm 地位伤害(195—207)

Stich, Stephen 斯蒂芬·斯蒂(277)

suburbanization 郊区城市化(10—11,183—188)

Sunstein, Cass 卡斯·桑斯坦(247)

symbolic harm 象征伤害(195—207)

T

Tamir, Yael 耶尔·塔米尔(32)

Taylor, Charles 查尔斯·泰勒(193,195)

Thompson, Dennis 丹尼斯·汤普森(243,253)

Thompson, Grahame 格雷厄姆·汤普森(93,97)

Tilly, Charles 查尔斯·梯利(85,86)

Tobin, James 詹姆斯·托宾(4—5,11)

toleration 包容(12,13)

transition to democracy, and global economy 经济全球化、民主化转型(49—50)

transnational democracy 跨国民主(5,6—10,31—32,55—57,80,81—83,84,119,134—158)

transnational forces 跨国力量(2—3,5,6—7,8,45—51,56—57,91—108,128—130)

U

urban decay 城市衰败(10—11,183—188)

W

Walker, R. B. J. R. B. J. 沃克(90)

Weber, Max 马克斯·韦伯(43)

Wendt, Alexander 亚历山大·温特(8—9,129,132)

Wessels, Bernhard 伯纳德·韦瑟尔斯(27—28)

Whitehead, Laurence 劳伦斯·怀特海(49)

Williams, Melissa 梅丽莎·威廉姆斯(204)

Wilson, William Julius 威廉·尤里乌斯·威尔逊(177—178)

Wolfe, Tom 汤姆·沃尔夫(182)

Wolin, Sheldon 谢尔顿·沃林(227,251)

women's rights 妇女权利(9—10,135—138,140—143,146,151—158)

Y

Young, Iris Marion 埃莉斯·玛丽恩·杨(197—200,201)

译后记

《民主的边界》（及其姊妹篇《民主的价值》）源于1997年2月在耶鲁大学召开的"为新世纪重新思考民主"的国际学术研讨会，与会学者对民主的性质和限度、民主的价值和边界等问题进行了深入探讨。本书主编、耶鲁大学政治学系教授伊恩·夏皮罗在会议论文的基础上编辑成书，并认为本书作者们对于民主问题的讨论迄今为止仍未被超越。作为译者，很荣幸有机会将这些优秀研究成果展现在中国读者面前，帮助我们了解西方学者对于民主的思考，以及他们的最新研究成果。

本书第1章至第10章的翻译由笔者独立完成，第13、14章由孟玫独立完成，我们共同完成了第11、12和15章的翻译，并由笔者对全书进行了统稿和校对。本书的翻译历时一年有余，翻译过程中的困难与辛苦远远超出了译者的预期，然而翻译的过程同时也是不断收获成长和进步的过程，让我们深深体会到，比寻找温暖更重要的，是让自己成为一盏灯火。

本书得以顺利出版，离不开众位师友的大力支持和帮助。书稿的翻译和出版得到了华东政法大学政治学与公共管理学院"上海市公共管理一流学科"建设项目和"上海市公共管理I类高原学科"建设项目的资助。感谢张明军教授、吴新叶教授组织了"剑桥·公共安全管理译丛"的翻译和出版，并不断督促翻译工作的进展。感谢学院的科研秘书吕晨老师,在本书翻译和出版的过程中承担了大量的联络与协调工作。感谢中央编译出版社各位同仁的支持和帮助,你们专业而细致的工作促成了本书尽快面世。感谢我家人一路走来始终如一的支持,使我能够有时间专心进行翻译工作。由于译者学识和水平所限,译文中难免有不当之处,还望诸位学界同仁不吝赐教。

是为后记。

张熹珂
2015 年 12 月